A CRITICAL INTRODUCTION TO SYNTAX JIM MILLER

言語学翻訳叢書
22

これからの言語学

ダイナミックな視点から言語の本質に迫る統語論

ジム・ミラー◉著
岸本秀樹◉監訳
吉田悦子
久屋孝夫
三浦香織
久屋愛実◉訳

ひつじ書房

A Critical Introduction to Syntax

by Jim Miller

Japanese translation by Yoshida Etsuko, Kuya Takao, Miura Kaori and Kuya Aimi
under the supervision of Kishimoto Hideki

This translation of *A Critical Introduction to Syntax* is published by arrangement with Bloomsbury Publishing Plc.
through The English Agency (Japan) Ltd.

監訳者まえがき

本書は、*A Critical Introduction to Syntax* (Jim Miller 著、2011 年)の全訳である。本書では、著者 JM 自身が認めているように、「正統」と思われている言語理論からはかなり離れた立場で、さまざまな言語は言うに及ばず、1つの言語内に見られるさまざまな変種(書きことば、話しことば、方言)がどのように分析できるかについて論じられている。著者 JM の基本的な考えは、通常は標準から逸脱していて分析の対象から外れるような言語の変種であっても、信頼できるデータを十分に観察すれば、言語現象を適切に分析できるというものである。生成文法などの理論的な枠組み(形式文法)では、使用されるデータの性質はあまり考慮に入れられず、データは、非標準的なもの、あるいは標準的なものであっても、理論化あるいは理論の抽象化に必要ないものは切り捨てられがちであり、極端な場合には、言語事実とは関係ないところで理論的な議論が展開されることもある。その意味で、筆者 JM の主張は、抽象化による普遍的な原理を追い求める形式文法への「アンチテーゼ」となっている。生成文法のような形式文法では、抽象化による説明的妥当性を追い求めるあまりに、言語にはさまざまな変種が存在するという現実を直視し、それに向き合いながら、言語の本質が何であるかという問題を追求するという方向性は、重要視されてこなかったという経緯がある。しかし、このような研究方法は、切り捨てられるようなものではなく、言語に関する私たちの理解を深めるために不可欠な視点の1つを提供する。本書で検討されているさまざまな実例から、記述文法は言うに及ばず、形式文法においても、このようなアプローチが十二分に価値を持つことを学ぶことができる。本書を読むことによって、その醍醐味を実感していただきたい。

岸本秀樹

日本語版への序

ジムと私は共にジョン・ライオンズを師として学び、1960年代にエディンバラ大学言語学科で学位を得た。ジョンはインスピレーションに溢れた教師で、我々はさまざまな言語理論研究に加え、心理言語学、社会言語学、応用言語学まで幅広い領域を見渡して、取捨選択する訓練を受けた。さらに、記述文法と理論文法の両方にとって信頼できるデータを体系的な方法で収集する重要性をたたき込まれた。そして学位取得後、我々二人は言語学科で教職のポストを得た。

ジムが言語学科に所属した初期において、彼の研究の関心は、ロシア語の統語論をテーマとする博士論文以来の課題である、アスペクト、格、他動性にあった。我々は、スコットランド英語のアスペクトを収集して記述することに焦点を当てたさまざまな共同研究を行った。1970年代後半には、共同で研究助成を受けてスコットランド英語の統語を調査した。この経験から、ジムは英語、ロシア語、フランス語の自然な話しことばの統語、そして言語と政治の関係、教育とアイデンティティの関係を、生涯続く自分の研究の中心に据えるようになった。同時に、それは、マグナ・シンタックスの概念の発展につながっていった。マグナ・シンタックスとは、マグナ・ボキャブラリの概念を拡張したもので、OEDのような大規模な総合辞書の根底にある伝統的な考え方である。つまり、「確立された書きことばは何世紀もかけて、広範囲に亘る種類のテクストで使われ、話されたり書かれたりし、辞書に記録された膨大な量の語彙を獲得するのである。ことばの使い手は、古語や方言を復元し、分析者は一般的な使用パターンを明らかにする。しかしながら、いかなる使い手も、誰一人として、マグナ・ボキャブラリのほんのわずかな一断片以上を知ることはできない」。同様に、確立された書きことばは、現代のテクストだけではなく過去から引き継がれたテクストも射程に入れ、伝統的な方法で、包括的な文法として記述されている。現代の記述文法はまた話しことばに由来するデータをも考慮している。関係詞節を例にとると、thatを含む構文も、あるいは接続詞をもたない接触節も生起する (the man (that) we met yesterday) が、これは、準備なしの話しことばや言語を獲得中の子どもにはよく見られる発話である。より複雑な例 (she is not a person on whom it would be sensible to rely) になると、即興の話しことばや小さな子どもの発話では観察されないが、格式のある書きことばでは生起するかもしれない。こうした構文はすべてマグナ・シンタックスの一部である。個人が異なれば、それぞれが異なるコンテクストをもち､拠り所になるマグナ･シンタックスの部分(セグメント)も異なってくる。このため､「母語」とは､「学習者の英語」とは､「文法性」の概念とは、そして「正しい語法」と「正しくない語法」とは、のような問いかけが生まれてくるのである。

こうした背景は、ジムの近年の業績の多くの基調をなしており、次のような考え方を土台としている：

・ 話しことばと書きことばは、等しく研究する価値がある。予め準備された書かれたテクストとくだけた会話は、両者が言語の一般的な特性、すなわち、マグナ･シンタックスを拠り所にしているという点で、深層的に同じであり、かつ、マグナ・シンタックスから選び取ったものが異なるという点で、両者は深層的に異なっている。
・ 文法と意味とは親密な関係にあるということ。
・ 形式文法と記述文法は、お互いの強みを活かし合うものであるため、形式文法はもとより､信頼できる記述文法をもつことが極めて重要である。したがって、さまざまな出所、つまり、話し手の「直観」、コーパス研究、スピーチの徹底した観察、体系的な抽出法、などを通して、信頼できるデータを集めることが不可欠である。

「現実の生きたことば」に対するジムの開かれた精神は、読者にインスピレーションを与えてくれるであろう。

Keith Brown
University of Cambridge

序論と謝辞

本書は、いささか異端児的な視点に立ち、私自身の統語論の経験と統語論の教育、そして統語論に賛同するさまざまな人々の意見が反映されている。長い間受け入れられてきたいくつかの考え方が、異なる章や異なる話題を下支えし、結びついている。おそらく最も明らかなのは、話しことば、むしろ自然に発せられた話しことばとでも言うのであろうか、つまり、最低限の準備時間しかない環境で話者が産出する話しことばを真剣に考えるということである。これは、書きことばを軽視するということではなく、むしろ、第一言語獲得の初期においては話しことばが優先されるものの、話しことばと書きことばは等しく注目に値するものとして取り扱われるということである。

自然な話しことばと形式ばった書きことばは（テクスト・タイプの連続体の両極に位置すると考えると）単に異なるのではなく、根本的に異なるために、上記の考え方が最初の布石となる。このことが、（文というものがない、節の異なる組み合わせ方、異なる構造などの話しことばの特徴のため）統語の理論の中枢に影響を及ぼし、第一言語獲得（第12章）や言語の複雑さ（第11章）、言語の進化と直接に関係することになる。最後の話題は本書に含まれないが、言語進化論では、人が書き始めるずっと以前から話していたという事実を考慮しなければならない。実際、今日でさえ、大多数の人間は、ひとたび正規の学校教育を終えると、書きことばを使う以上に話しことばを使うのである。

2つめの考え方は、すべての文法的な形態素に意味があり、文法を使う大多数の人、とりわけ母語でない言語を学習する者にとって最も満足のいく文法の説明が、効果的な意味の説明であるというくらい、文法と意味は密接に結びついているというものである。その考え方は、場所理論の枠組みを使ったロシア語のアスペクトに関する1960年代後半の著者JMの博士論文に大きな影響を与えた。本書では文法と意味との関係は、get受動文、wh語、品詞、主題役割の4つの話題を通して、第7章から第10章で論じられる。

第1章の理論、データ、分析で議論される3つめの考え方は、洞察に満ちた信頼できる記述文法が形式的なモデルとともに不可欠であるということである。これらの接近方法はともに理論的であるが、形式的なモデルは堅固な記述の裏付けがないと道を踏み外してしまう（たとえば、第1章の強い素性と弱い素性や間接疑問文の議論を参照）。今日、諸々の記述文法書、つまり文法を求める読者の数は膨大である。記述文法の市場や応用範囲は、形式的なモデルの専門家の市場よりもはるかに大きいのである。また、理論のモデルが現状のまま停まることがないのと同様に、記述文法も現状のまま停まることはない。優れた記述文法は、過去50年以上にわたって形式モデルの内外で研究されてきた膨大な成果に依拠しており、2010年に生み出された記述文法は1950年に生み出された記述文法とまったく同じではない。

さまざまな話題の議論は、信頼できるデータの収集の重要性による影響も受けている。データベースの使用者で話しことばのデータの収集者として、筆者JMは、話者の言語経験や統語の直観には限界があり、作例とは対立する自然発話のデータで形式的な規則や原理をテストし続ける必要性を痛感している。この話題が用法基盤モデルについての第6章の中心となる。

各章の話題のいくつかは、間接的にしか統語に関係しないように見えるかもしれない。本書で扱う統語の複雑さ、文法性、階層性とはどのようなものであろうか。複雑さの問題は、自然な話しことばと、学校や大学、多くの職業において必要とされている書きことばとの違いが重要であるために扱っている（ある言語が他の言語よりも複雑でありうるのか、またどのような点でそうなのかという問題については考えない）。統語の複雑さは、第一言語獲得の理論や言語進化の理論と直接に関連するテーマである。次に、文法性の概念は、すべての生成文法、記述文法、第一言語獲得の理論、第二言語としての英語の教授法、言語療法の実践にとって重要である。患者の話しことばに何か欠陥があるのか、それとも単に話しことばの構文を使っているのか、その話しことばが標準的であるのか非標準的であるのかを判断するために、言語療法士は話しことばと書きことばの英語表現や治療を行う地域の非標準的な話しことばについて精通している必要がある。

階層性は、主要部と修飾語、とりわけ名詞と修飾する指示詞や形容詞が隣接しているか、それとも節の中の他の構成素によって分離されているのかということと関係する。これらの要素が隣接しない言語がある。問題はそうした事実をどう解釈すべきかということであり、次に、このことが自然な話しことばの研究に結びつく。これらの事実は、構成素構造の問題、つまり、話しことばを研究する分析者が彼らにとって見慣れた（主にヨーロッパで話されている言語の変種である）書きことばの構造を単純に話しことばにどの程度当てはめたかということと関連する。

自然な話しことばからの例は、本書の至る所にちりばめられている。ロシア語の例はZemskaja (1973) から、英語の例は、さまざまなコーパスから引用している。

・Miller-Brown Corpus

Miller-Brown Corpusは1978年1月から1980年6月にかけてスコットランド

英語の文法に関する研究プロジェクトの一部として立ち上げられた。(このプロジェクトは旧社会科学研究振興会 (old Social Science Research Council) の基金援助を受けており、研究代表者は Jim Miller と Keith Brown で、データは Martin Millar と Bill Watson により収集された。) このプロジェクトはエディンバラ大学言語学科において推進された。コーパスはおよそ 25 万語で 100 の会話に分かれている。コーパスはエディンバラ大学の言語学科と英語学科に保管されていると共に、その複写はグラスゴー大学英語学科の管理下にあるスコットランドテキストアーカイブ (Scottish Texts Archive) にも保管されている。

・**Wellington Corpus of Spoken New Zealand English (WSC)**

Wellington Corpus of Spoken New Zealand English (WSC) は 1988 年から 1994 年にかけてニュージーランドのビクトリア大学ウェリントン校の言語学科と応用言語研究学科で収集された。このコーパスは 2000 語の抜粋からなる 100 万語で構成されている。フォーマル、セミ・フォーマル、インフォーマルな話しことばで、独話と対話があり、放送関係の題材と幅広い場面設定で収集された非公式な会話のやりとりが含まれている。ウェリントン書きことばコーパスと共に、Wellington Corpora of New Zealand English というタイトルの CD の形で 1998 年に一般に公開された。(ウェブサイトは http://www.vuw.ac.nz/lals.) このコーパスの例には Wellington Spoken Corpus を省略した WSC の呼称が付けられている。

WSC と Miller-Brown Corpus の転記資料には、句読法や大文字表記がない。読者のために、節とみなされるものの始まりと終わりを示す長めのスペースが挿入されている。

・ Macquarie Corpus、特に、International Corpus of English のオーストラリア (英語) 部門から引用された例には、Australian ICE と略されたラベルが付けられている。データは、台本によらない対話として分類されたテクストから引用されており、Macquarie Corpus では「S1A」のコードが付けられている。ICE のニュージーランド部門から引用された 1、2 例は Macquarie Archive の一部でもある。アーカイブへのアクセスを許可していただいた Pam Peters と Adam Smith に感謝したい。

・ Carter and McCarthy (1997) にあるさまざまなやりとりの転記から引用された例も 1、2 例ある。データは CANCODE プロジェクトの一部として収集され、転記されている。

・引用例の1つは、博士課程の研究者 Gillian Foy (GF) と GF の読み書き能力の調査に参加している被験者の1人である生徒の母親との会話からの転記である。

・第6章の結果構文の2つの例は、Ron Macaulay の著書 *Locating Dialect in Discourse* からの引用である。

多くの友人と同僚に恩恵を受けたことを記して、この短い序章を終えたい。私の言語や言語学についての全般的な見方は、エディンバラ大学で共に研究した人々から大きな影響を受けている。故 Dennis Ward（ロシア語学科)、言語学の John Lyons、Keith Brown、Keith Mitchell、英語学の John Anderson である。その後、ナポリのフェデリコII世大学で Rosanna Sornicola から多くを学び、パリとエクサン・プロヴァンスで Claire Blanche-Benveniste の研究に刺激を受けた。私は、オークランド大学で研究生活の最後の4年間を過ごしている間に、Andreea Calude、Jim Feist、Keith Montgomery、Helen Charters らと啓発的な議論を多く重ねた（彼らのコメントや質問がいかに啓発的だったかということは、その当時彼らはおそらく気づいていなかった)。Andreea Calude、Jim Feist、Winifred Bauer らは本書の一部にコメントを寄せ、質問に回答してくれた。最後になるが、言うまでもなく、本書のいかなる非正統性や間違いは、すべて著者の責任である。

目次

訳者によるコラム

第 1 章
理論、データ、分析

この章のアウトライン

1.1. はじめに

統語を研究するとはどういうことであろうか。人によっては「真の」ということばを入れて、真の統語を研究するとはどういうことであろうかと言うかもしれない。言語学には主に 2 つの陣営があり、第一言語獲得の理論を統語論の中心に据える言語学者と、言語の分析と記述のための概念を統語論の中心に据える言語学者がいる。前者の統語論を実践する言語学者は統語論を説明とみなし、後者の言語学者は「単なる」記述とみなす。本章では、必ずしも形式的なモデルに限られるわけではないが、すべての統語研究には理論が関わること、そしてデータが重要であることを論じる。不確かなデータに基づいていたり、データが正確であっても分析が不十分であったりする理論に、整合性があり、内的な矛盾がないことがあるかもしれないが、理論を支持する信頼に足る証拠がなければ、その理論は到底受け入れられない。書きことばでさえ、十分な証拠を集めることは簡単ではない。一方で、良質な話しことばのデータは入手することが難しく、データの転記には時間を要する上に、分析もやっかいである（データと文法性については第 5 章を参照）。

理論が拠り所とするデータを確認する必要性については 4–7 ページで間接疑問や埋め込み疑問の記述を通して説明する。自然発話の統語構造を分析することがいかに難しいかについては、12–25 ページで以下の内容を通じて検討する。まず、データ転記の問題、except 節（主節か従属節か）と be sat / be stood の構造について検討する。これら議論はすべて Carter and McCarthy（1997）に基づく。次に、話しことばに典型的な名詞句＋節（NP-Clause（NP=Noun Phrase））、動詞＋直接目的語名詞句＋補部節（V-Direct Object NP-Complement Clause）、（書きことばではなく話しことばにおける）WH 分裂構文、そして thing-is 構文について検討する。

1.2. 説明と記述

統語論の基本概念と方法論は、言語を分析し記述するために必要な 2 つの道具立てである。統語の最小単位は語である。語が組み合わされ句になり、句が組み合わされ節になり、節が組み合わされ文になる。文を組み合わせると、より長いテクストになる。しかし、テクストのまとまりを談話的につなぐものは、単語・句・節の間をつなぐものとは異なる。句と節の構造は文の構造とは異なる。構成要素の構造を決めるために使用される古典的な基準は、句や節にはうまく当てはまるが、文に対してはうまく当てはめにくい。つまり、句や節には文とは異なる分析の技術が必要となるのである。そして、テクストについては大きく異なる分析技術が必要となる。（同様に、語の構造も句や節の構造とは異なるが、本書では、語の構造は補足として取り上げる以外には取り扱うことはない。）

言語学者は統語論で何を記述するのであろうか。これまで、言語学者は個々の言語に関する文法書（reference grammar）を世に出してきている。それは、ある特定の言語について、会話・講義・詩・小説・新聞・研究論文・学校や大学向けの教科書など、ありとあらゆる種類のテクストで見いだされるすべての構造を可能な限り網羅的に記述したものである。こうした文法書の例としては、英語では Quirk et al.（1985）、その他の言語では Grévisse and Goosse（1993）や Bauer（1997）がある。このうち 2 つめの Grévisse and Goosse（1993）*Le bon usage*（Good Usage）は、あらゆる種類のフランス語のテクストで実際に見いだされる文法パターンと特別な状況で特別な意味で用いられる語法（hapax legomena）を網羅し、規範に関してはさほど厳格ではない見方を提示している。最後の Bauer（1997）は、若い世代の話者と比べるとさほど英語の影響を受けていない年長の話者が用いるマオリ語の構文を記録し分析することを目的としている。文法記述は、たとえば、英語一般というより、ジェーン・オースティン（Jane Austen）の言語や法律文書、裁判記録などのより狭い領域に焦点が絞られる可能性もある。

言語学者は、母語とは異なる言語を学習する人たちのための文法もつくる。その際には、学習者が完全に初心者であるか、その言語に関する知識をある程度もっているか、十分な知識をもつ学習者なのかなど、どのような学習者のために文法を書くのかを見定めて、それに従って、文法（および語彙）のどの領域を説明するのか、どの程度の詳しさにするのか、どれくらいのレベルの説明をするのか、などを決定する。3つめの文法は、母語話者のために書かれるものである。たとえば、言語療法士は、大人の場合、事故や発作のために、子どもの場合、発達障害のために、言語の産出が難しくなった人を治療する。言語療法士は、患者が発話しようとする構文(および、語彙・談話)について知っておく必要があり、患者の言語を臨床報告として記述しなければならない。また、裁判における法廷言語の研究の多くは、音声言語を扱うが、文法や談話が関わることもある。法廷言語について研究する人々は異なるテクストの構造を分析・比較できなければならないし、研究結果を正確かつ矛盾することなく記述する必要がある。

「記述」という言い方とともに「記述する」という言い方は、これまで何度か登場している。文法書 (reference grammar) や、言語療法士や法廷言語の研究者のための文法で使用される言語学は、記述言語学として知られている。記述言語学と対立する、あるいは、少なくとも何人かの学者により対立するとされているものが、理論的で説明的な言語学である。この名称の選択は、記述言語学が理論的でも説明的でもないことが前提になっている。しかし、2つの方法論の対立がどんなものであれ、その対立は明確なものではなく、実際のところ、多くの研究者はそのような対立を認識していない。

Anderson (2008) は記述と説明の違いを明示的に述べている (Clark 2005: 232)。生成文法学者にとって説明とは、統語構造の配置・構成素の「移動」・照応形とその先行詞との間の同一指示関係・統語構造とその意味論的解釈を結びつけるマッピングなどをつかさどる少数の一般的な原理を導き出すことを意味する。また、説明は、(生成文法学者によれば) 子どもが大人に教えられることなく、不十分な言語データにさらされながらも、どのように自分の母語を獲得するかについての理論を提供することである (これとは異なる見方については第 12 章の第一言語獲得の議論を参照)。Anderson (2008: 796) はこの影響力のある見解をしっかりと説明している。つまり、研究の対象は音や単語、文、テクスト自体ではなく、むしろ、これらのものを産出し理解できる人間の能力の基盤となる知識体系や認知能力である。言語学者は言語を支える認知能力の性質と構造に関心を抱いているのである。

より正確な言い方をすれば、言語学の研究対象の「1 つ」は発話の産出と解釈の基底にある認知能力なのである。言語の研究を行っている学者の大部分は、おそらく認知能力の性質や構造に直接的に関心をもっていないであろう。しかし、語、文、テクストそのものを研究しているのでもない。むしろ、目的は、なぜテクストにうまくまとまっているものとそうでないものがあるのかを理解することや、ある言語グループにおける言語使用の実態と態度を解明することや、自然言語を扱うことのできるコンピューターのソフトウェアの開発を進めることや、そして、すでに述べたように、言語療法を必要とする患者に影響のある言語の問題を記述・診断し治療することや、法廷言語の研究に取り組むためや、さらには、すべての教育レベルで理想的に言語教育を行うこと、などである。

Anderson は、語・文・テクストを研究することがどういうことなのかについて明言していないが、Anderson の述べていることから、その研究が何であれ、認知能力の研究には関連がないということが推察できる。第 12 章で議論するように、言語のデータ、とりわけ、話しことばのデータを研究することにより、第一言語獲得に関する生成文法理論には深刻な欠陥があることが明らかになり、さまざまな根本的な疑問が浮かび上がってくる。たとえば、固定された句や節はどう獲得されるのか、パターン操作が可能な句や節の鋳型(templates)はどう獲得されるのか、規則でつくられる(あるいは単純な制約により制御される)句や節や文の構造はどう獲得されるのか、などである。こうした問題は、記憶と暗記学習との関連、さらには、くだけた会話でじっくりと考える時間が全くないか、あるいは、ほとんどないままに自然に発話される話しことばと、時間をかけ計画・編集・改訂された書きことばとの関連についての疑問へとつながっていく。

Anderson によってなされた区別はとても明確であるが疑問が残る。Börjars (2006) と Green (2006) は、記述と理論が互いに結びつき、相互に依存していることを指摘している。言語の記述(description)には、概念(concept)、そして、これがきわめて重要であるが、一般化(generalization)と抽象化(abstraction)が必要である。観察(observation)においてさえも、関連するデータを選び出すのに、なんらかの理論が必要となる。これは、英語の生成文法で何度も繰り返し言われていることではあるが、たとえば、(1)のような例に出くわした観察者は、英語の文法書に従って、間接(埋め込み)疑問が平叙文の構造をもつことを知らなければ、太字部分の意味を理解できないであろう。このような文法の説明に従えば、(1)は(2)のような構造をもっているはずである。

(1) I'd love to know how much better **a player is Tiger Woods** than Tom Morris.
(わたしはタイガー・ウッズがトム・モリスよりどれだけ優れた選手かを知りたい。)

(2) I'd love to know how much better **a player Tiger Woods is** than Tom Morris.

(1) では、間接(埋め込み)疑問が How much better a player is Tiger Woods than Tom Morris? のように直接疑問の構造をもっている。wh 句の how much better が最初の位置に現れて、さらに主語・助動詞の倒置により Tiger Woods is が is Tiger

Woods に変わっている。一方、(2) は平叙節の構成素の語順をとっている。間接疑問の主要な特徴として wh 句は節の最初の位置に現れているが、主語名詞句は Tiger Woods is のように助動詞に先行しており、平叙節の主要な特徴を示している。

ミニマリズム (Minimalism) に精通している観察者ならば、埋め込みの yes-no 疑問は、埋め込みの C(補文) が強い Q 素性 (ここでの Q は「疑問」を表す) ではなく弱い Q 素性をもつという語彙指定があるために形成されるという「単純明快な」分析に対して (1) は反例を提供していることがわかるであろう。さらに、埋め込みの yes-no 疑問と wh 疑問は同じように弱い Q 素性をもつ節への埋め込みが起こると分析されるので、「埋め込みの wh 疑問においては倒置が決して起こらないことを正しく予測する」と Adger (2003) は述べている[1]。にもかかわらず、(1) の他にも、書きことばや話しことばの英語に反例が多く見つかる。そして、そのことが、上の予測が間違いであることを示しており、弱い Q 素性と強い Q 素性という区別を設けることに対して疑問を投げかけている。

分析者が見いだしたことが、一度限りのものではなく、話者の発話として通常の特徴を示す例がいくつかあることが重要である。(3) ～ (7) の例のように異なる種類のテクストに一連の例が見つかればさらによい。(3) ～ (7) が書きことばのテクストからのものであるという事実は重要である。なぜなら、この事実は、私たちが (言語) 運用上の誤り (performance errors) を見ているのではないことを明らかにしているからである。

(3) The question remains of **what <u>is the grant-giving body.</u>**
(残った問題は、助成団体はどこなのかということだ。)
エディンバラ大学の学科会議 (発言者はイングランド人であり、スコットランド英語ではない。)

(4) This issue about **how <u>are we</u> preparing students to flow on seems to me quite important**.
(いかにして学生に賃上げに向けて備えさせるかというこの問題こそが、非常に重要なことに思える。)
オークランド大学 (NZ) の副学部長会議 (事前準備なし)

(5) No one is sure **how long <u>are the passages leading off from this centre.</u>**
(通路がこの中心からどのくらい先まで続いているのか、誰もはっきりわか

1 引用された原文が不正確であるため、この部分は著者の主張の趣旨に合う形で翻案している。

らない。)

ドーリーン・タイラー(Doreen Taylor)による旅行記事
(*Scotland on Sunday*, 13 Nov 1988)

(6) Log on at the BBC World Service AIDS site to find out **how much do you know about condoms**.
(BBC World Service AIDSのウェブサイトにログインして、コンドームに関する知識がどれだけあるかを確かめなさい。) BBCのウェブページ2006

(7) You have to ask **why is it necessary to raise this very delicate and difficult subject in the fraught and febrile context of a general campaign**.
(総選挙運動の緊張と熱気に満ちた状況にある中で、なぜこうした非常に繊細かつ難解な主題をとりあげる必要があるのかを、問わなければならない。)
New Zealand Herald (17 Feb 05) 書きことば

(8) The biggest uncertainty hanging over the economy is **how red will things get.**
(経済全体に垂れこめている最大の不確実さは、いかに世の中が赤字になりつつあるかということである。)
The Economist 10–16 May 2008, 'American housing. Map of misery' p.97

多くの言語学者や当該言語の話者が、1つの(あるいは複数の)非標準的なことばの変種や自然発話にだけ生じる限られた構文、または(おそらくは)最近になってできた構文を分析から除外してしまう傾向があることを考えると、構文の変遷を探ることが重要になってくるかもしれない。すでに見た間接疑問の例に関して、Denison (1998: 246)は、Henry(1995)に従い、その構文がアルスター英語[2]、ウェールズ英語、最近のアメリカ英語(「最近」という点に注意)、そして、新しいさまざまな英語においては標準的なものであると主張している。(3)から(8)の例は、Denisonの調査の範囲が十分でなかったことを示しているが、そのような構文が少なくとも19世紀前半から存在していたことは付け加えておいてもいいであろう。実際に『荒涼館』(*Bleak House*)におけるエスター・サマーソン(Esther Summerson)の語り'I had thought beforehand that I knew its purport, and I did. It asked me would I be the mistress of Bleak House' (「私は読む前からその内容はもうわかっているような気がしていましたが、そのとおりでした。手紙にはこう書いてあったのです。「荒涼館」の主婦になっていただけませんか?。」[3]) (『荒涼館』第14部,第44章)のような例がある。(9)は1940年代初めの書きことばの例である。

2 アイルランド島北東部の旧地方の英語
3 青木雄造・小池滋(訳)ディケンズ『荒涼館 II』(世界文学全集 23) p.172, 筑摩書房

(9) They think that what happened in Poland could never happen here, but I sometimes wonder. **Have just asked one man did he hear this programme**, and he replied, 'No, we turned off.
(彼らはポーランドで起こったことはここでは決して起こりえないだろうと思っているが、そうだろうかとたまに思う。かつて、ある男に「この計画を聞いたことがあるか」と尋ねたら、その答えは「いや、途中でやめた。」と返ってきたのだ。)

Mass-Observation. Britain in the Second World War. Folio Society 2007 Doris Melling, p.21

記述ではなく理論を扱っていると自らを称している多くの言語学者たちは、良質で詳細な記述の重要性を認識している。唯一の重要な例外がチョムスキーで、広範なデータを集めることは重要ではなく、理論は(外的に観察できる)E–言語(E-language)ではなく(内的で抽象的な)I–言語(I-language)の解明に向けられるべきであると述べている(Chomsky (1986a)[4])。第12章では、E–言語を無視することが、チョムスキーの第一言語獲得の理論に対して否定的な帰結をもたらすことを議論する。

Börjars (2006) は、言語学者の間で何を説明とみなすのかについて意見が一致していないことに注目する。生成文法のアプローチでは、分析は、どのようなものであっても、生得的(言語能力の一部)で、子どもが第一言語獲得を可能にするような一般的で普遍的な原理と整合するものならば、説明的であるとみなしてよいとしている。現在の第一言語獲得の議論からかなり離れてしまうが、非常に多くの言語学者は、統語パターンに対して意味論的・語用論的な動機付けを与える分析が説明的であると考えている(第7章のget受動、第10章の格の議論を参照)。統語構造に意味解釈を関連づけることは、第一言語獲得の理論を適切に進展させるためには重要である。暗証番号や電話番号のような意味のない記号の連続を記憶し使用することは、人間にとってとても困難である—実際のところ、多くの人にとってそのようなことは不可能である。子どももその例外ではない。

当該言語における統語パターン・形態統語パターンを説明したり、それがお互いにどのように作用し合うのかや意味論的な解釈とは何であるのかを論証したりするのは単純なことではない。たとえば、英語で「現在形」や「現在進行形」は、お互いに複雑に作用し合っている。「過去形」や「過去進行形」、「(現在)完了形」もまた

4 原著では、Chomsky (1980) であるが、次の間違いであると思われる。Chomsky (1986a) *Knowledge of Language*, Praeger, N.Y.

同様である。また、ロシア語の「未完了形」は主節や従属節で使われると共に、不定詞節や定形節でも使われる。定形と非定形の間には関係があるのであろうか。適切な説明とは、パターンや語法が恣意的ではなく、意味に根ざしていることを説得的に示すことができる意味論的・語用論的説明である。もう1つのタイプの説明は、たとえば、人間言語に見られる関係詞節の形成パターン、とりわけ、節の中のどの名詞句が関係詞節によって修飾されうるのかを検証するときに要求されるものである。文法的機能の階層性と関係詞節化の可能性に関するKeenan and Comrie (1977) の古典的な研究は、補部と付加詞の概念を節の核、つまり主語と直接目的語、動詞、そして、その周縁である斜格目的語と結びつけている。Givónやその他の研究者による指示の接近可能性 (accessibility of reference) の研究のように[5]、Keenan and Comrie (1977) は、関係詞節化の接近可能性の階層と「ある言語が直接目的語を関係詞節化するのであれば、その言語は主語も関係詞節化できる (しかし、必ずしも斜格 (目的語) は関係詞節化できない)」のような、魅力的な含意関係を考案したのである。

すべての形式的なモデルが言語の基盤となる認知能力を扱うわけではないことは、強調しておくべきであろう。Börjars (2006: 13) はGazdar et al. (1985) を引用して、英語の形式文法が (加えて、自然な推論によれば、どのような英語の形式文法も)「いまだに未確認の心的器官 (mental organ)」の構造についての心理学的あるいは生物学的理論であると主張することは無責任であろうと述べている。一般句構造文法 (Generalized Phrase Structure Grammar) は、主辞駆動構造文法 (Head-Driven Phrase Structure Grammar) に取って代わられたが、それは英文法の特定の領域を最も明示的に説明するための枠組みであった (Ginzburg and Sag (2001) を参照)。この枠組みでは、心理学的実在については、何の主張もなされていないが、その説明は、こうしたデータを扱うコンピュータープログラムの基礎になりうる。さらに、Dikの機能文法、Van Valinの役割指示文法 (Role and Reference Grammar) (もとはFoley and Van Valin (1984) による) のような他のモデルも心理学的実在については何の主張もしていない。

1.3. データと理論

優れた信頼性のあるデータは、記述統語論にも形式統語論にも同様に重要である。(私たちは「理論」ではなく「形式」という用語を用い、記述言語学もまた理論により支えられていることや、「理論言語学」のあらゆる学派の共通点はなんらかの

---

5 Givón (1983) を参照。

形式的な枠組みを応用していると論じてきた。）では、優れた信頼できるデータとはどのようなものであろうか。それは、単に、特定の文について容認可能かどうかを尋ねられた分析者や母語話者の直観ではない。分析者の直観は、分析や理論の志向に迷わされることがありうる。

以下の議論の多くは英語の構造について扱うが、言語学の目的の1つはすべての言語に適用される概念を考案することである。よく知らない、あるいはまったく知らない言語から信頼できるデータを集めて分析することはきわめて困難である。そのようなデータに関しては、他の研究者の記述に頼ることになる。たとえば、認知文法 / 構文文法（Cognitive Grammar/Construction Grammar）との関係で「主要部（head）」の概念を分析するとき、Croft（2001: 246）は、一致（agreement）が、さまざまな言語で、主要部の性質に関して矛盾する証拠を提供すると評している。ある言語では、主要部名詞が属格修飾語（Genitive Modifier）（Croft のテクストで語頭は大文字）と一致するが、他の言語では、属格修飾語が主要部名詞と一致する。この区別については、主要部および依存語 / 修飾語のセクションで論じる。ここの議論で重要なのは属格修飾語が主要部名詞に一致することを例証するために Croft が用いたブルガリア語の句である。（10）を考えてみる。

(10) Sestr-ina-ta　　　kŭšta
　　sister-gen.fsg-art.fsg　house
　　the sister's house

sestrinata という語は属格修飾語ではない。これは名詞ではなく形容詞であり、所有形容詞であるものの、属格の標示はない。このような所有形容詞は一般的にスラブ系言語に見られ、少なくともロシア語やブルガリア語では、頻繁にではないが、決まって書きことばに現れる。だが、自然発話には滅多に現れない。sestrinata は、形容詞としてインド・ヨーロッパ語の主要部名詞との一致のパターンに従う。Croft の例の引用元である Scatton（1984: 316–7）は sestrinata を「名詞から派生された所有形容詞（possessive adjective derived from a noun）」としている。Scatton が述べているように、もう1つの所有構文では、kŭšta na sestr-ina-ta [house-the of sister-the] 'the sister's house'のように、所有者名詞を含む前置詞句が被所有名詞に後続する。

Sampson（2007）は、誤った直観が他の言語学者にとって確実であると考えるデータになる場合もあることを強調している。Sampson は、英語において動詞に接頭辞がつくと、非名詞補部（non-nominal complement）をとらないという Ross の主張を引用している。この主張は、Roeper and Siegel に取り上げられ、続いて、

Aronoffやその他の研究者に取り上げられた。ところが、グーグルの検索によって、Sampsonはそれが間違いであることを知った。*over*indulge in somethingや*rea*ffirm that such and suchのような例が、かなり頻繁に現れたからである。

話しことばとなると、人々の直観は、なおさら信頼できなくなる。Labov (1975: 34–6) は、John is smoking a lot any moreといった例を使用しているところを彼自身が目撃したことがあるフィラデルフィア英語の話者と面談をした。ここでのany moreは「続いている」や「近頃」という意味と同義である。当の話者はそのような例は使うことはないと言い、もし聞いたとしてもその例が何を意味するのか見当がつかないだろうと断言した。There are some people can't stop talkingのような関係詞節は、世界中の英語圏で話されている話しことばの英語において、提示存在文 (presentative-existential construction) として標準的である。この構文では、本来なら関係詞節標識 (relativizer) のwhoが関係詞節can't stop talkingの主語になるはずであるが、それが欠落しているという点で特殊である。標準的には、そのような関係詞節はwhoやwhichといったwh語 (wh word：whで始まる語)、もしくはthatで導かれなければならない。著者は1980年代に指導していた複数のグループの学生たちに、そのような例文を聞いたことがあるか、また、英語の構造としてあり得ると思うかと尋ねた。学生全員がこのような例を聞いたことがないと言い、英語の構造としてはあり得ないという意見を表明した。

ここで特に困難な点は、英語の話者 (おそらく、これは、話しことばと書きことばがある他の言語を話す話者にも当てはまる) は、非標準的な変異についてはもちろんであるが、標準英語の話者が自然発話で用いる正規の統語パターンについても信頼できる直観をもっていないという点である。著者自身がMiller (2010) で議論した例は[6]、sat対sittingとstood対standingの用法に関するものである。the pilot was sat in one of the seatsという発言に対する解説として、Carter and McCarthy (1997: 34) は、この話者はヨークシャー方言を話すが、標準の英語ではwas sittingを使う必要があると述べている。対照的に、Cheshire et al. (1993: 70,71) の研究は、BE sat/stoodの形は広く普及しており、「非標準的あるいは準標準的な英語の変種」に特徴的であることを示した。この構文の不明瞭な位置づけは、Trask (2001: 252, 273) が、was satを「口語のイギリス英語」、was stoodを「地方のイギリス英語」の用法と記述していることにも反映されている。

Burchfield (1981) は、BBC向けの書き物で、was sat/stood thereはいかなる状況においても容認できないと断言した。それから20年経って、この構造は、た

6　Miller (2010) は原著の文献表にない。Miller (2012) が正しい文献である。

とえば、BBC の *News at Ten* のレポーター（ただし、プロンプター[7]を読む司会のキャスターではない）によって広く使われて、事前に準備されていない発言に特徴的に現れると思われるが、Cheshire et al. (1993) の見解とは異なり[8]、これには標準英語の話者の発言も含まれる。「非標準的」と思われている多くの構造に誤った分類がなされているのかもしれない。こうした構造は、非標準的であるというよりはむしろ、あらゆる話者の自然発話においてごく普通に見られると言ってもよいかもしれない。

以下の (11) と (12) の例に示されているように、この構文は新聞記事の中でも使われるようになった。

(11) **Sat** between a beaming Tony Blair and Sir Bob Geldof, Ethiopia's Prime Minister, Meles Xenawi, pictured, could hardly have wished for a stronger endorsement.[9]
（今をときめくトニー・ブレアとボブ・ゲルドフ卿の間に挟まれて座り、写真に収まったエチオピアの首相メレス・ゼナウィ氏は、もうこれ以上は望めないくらいに強力な支持を受けているといってよいだろう。）

The Independent, 17 October 2007
('From West's favourite leader to grave-digger of democracy')

(12) The same could not have been said for John Fleck, **sat** alongside him on the bench.[10]
（同じことは、控えのベンチで彼の傍に座っていたジョン・フレックに対しては言われるはずもなかったであろう。）

The Herald, Friday Sport, 23 May 2008, p.5

(13) は、1930 年代初頭に設定された小説の会話からの引用である。話し手はイングランド教会の教区牧師の妻で、確実に標準英語の話者である。(Jim and Lesley Milroy が繰り返し述べているように、標準英語には語法の権威が想像するよりもはるかに多くの変種にあふれている。)

(13) My dear Hilary, how kind of you! Yes, indeed – I can do with all the white flowers

7 原著では autocues（オートキュー〈商標〉：TelePrompTer の英国での商品名）とある。テレビ出演者に放送スクリプトを見せる装置。

8 原著に年代の記載はないが、編者によって補足した。

9 Tony Blair: 英国元首相（在任期間 1997–2007）; Bob Geldof: アイルランドのロック歌手、慈善活動家。

10 John Fleck: サッカー選手、1991 年生まれ。スコットランド出身。

I can get. These are beautiful and what a delicious scent! Dear thing! I thought of having some of our plants **stood** along there in front of Abbot Thomas, with some tall vases among them …
（親愛なるヒラリー、なんてご親切なことでしょう。本当に。手に入るだけの白い花々があれば十分できそうです。どれも麗しくて、なんてかぐわしい香りでしょう。素敵ですわ。考えたのですが、トーマス僧院長の前に、うちの植物たちを一緒に並べて、その間に背の高い花瓶を置いて生けてみてはと。）

Dorothy Sayers (1934), *The Nine Tailors*, p.59
in the Hodder and Stoughton edition, first published
as a Four Square edition, 1959, 14th impression 1987

適正なデータを得ることは、ミニマリズムに限らず[11]、さまざまな言語研究にとって重要である。(2) から (8) で例証した間接疑問文の構文は、ニュージーランドで研究プロジェクトの一部として 2003 年から 2004 年にかけて英語の非母語話者に課されたテストにおいて顕著に現れていた。実験の参加者たちは、その構文を用いると、間違いを犯したとみなされた。「間違いを犯した」参加者は、もしかしたら多くの母語話者もまたその間違いをしていると推測するか、自分たちが普段見たり聞いたりしている構文を ESOL (English for Speakers of Other Languages) の教室においてはなぜ使うことができないのかと戸惑うであろう。したがって、その実験の結果と解釈は、到底信頼に足るようなものではないであろう。

1.4. データと分析

1.4.1 wh 語をもたない TH 分裂文

優れた録音や信頼性の高い転記 (transcription) による良質な話しことばのデータ収集が自然発話の統語法を分析する第一歩となる。その次の段階で、実際に統語分析をする際には、多くの罠が待ちかまえている。本節では、自然発話の言語において決まって、しかも頻繁に現れる 3 種類の扱いにくい構文である TH 分裂構文、except 節、そして間接話法 (reported speech) について考察する。証拠に基づく分析に到達するためには、まず、自然に発話された英語の統語法について詳細に知ること、次に、広く認められた基準を従属節に適用できることが不可欠

11 Chomsky (1995) などで提唱され、現在まで統語論研究において影響力のある理論的枠組み。

になる。とはいえ、これらの条件のもとでなされた分析でさえ、堅固で揺るがないものではないかもしれない。Carter and McCarthy (1997: 73) にある対話からの次の引用を考えることにする。最後の行に TH 分裂として扱われる構文が含まれている。この論文で扱われた TH 分裂構文は That's where Andrew works や That's why you should phone her、This is what I was talking about のような形式のものである。(TH 分裂構文の近年の研究は Calude (2008) に詳しくまとめられている。)

(14) A: Is it not er nice at all?
(そこってまったくよくないってこと?)
B: Oh some of the things are delicious yes. But it's a long way from here.
(いや、中には美味しいものもあるんだよ。でもここから遠いところにあって。)
A: Just got to be careful what you choose.
(選ぶものに注意すべきってことか。)
B: ... You can't choose. He just cooks them a meal. If they ring up and say they're going, he serves a meal.
(選べるわけでもなくて。彼が食事はちゃんとつくってくれる。
電話を入れて、これから行くって言えば、食事は用意されている。)
A: Where is it then?
(それで場所はどこ?)
B: Battersea
(バタシー。)
A: **Is that Sally lives there or something?**
(そこは、サリーが住んでいるあたりじゃないか。)

Carter and McCarthy (1997: 76) は、最後の行に関して、このひとまとまりの表現 Is that Sally lives there or something? には、3つの質問が組み合わされていると解説している。(a) Is that (where Sally lives)? (そこはサリーの住んでいるところか?) という疑問―これは誤って始められている。(b) Does Sally live there? (サリーはそこに住んでいるのか?) という疑問―これは、(a) のように誤った文を始めた結果、完全な形ではない。それと、(c) Is (it) Sally (who) lives there? (そこに住んでいるのはサリーか?) という疑問であるとする。こうした Carter and McCarthy の分析は間違っている。まず、Carter and McCarthy がイントネーションとリズムについて全く言及していないことに注目してもらいたい。話者にはためらいがあるのであろうか。どうやって誤って文を始めたことが分かるのであろうか。(b) の疑問が完全には形成されていないと言っていることは、どういう意味なのであろうか。lives が Sally と人称と数において一致しており、発話には does または does の一部に相当するものが全く含まれていないのに、どんな証拠があって yes/no 疑問文が話者の頭の中にあると言えるのであろうか。

Is that Sally lives there or something? は英語の話しことばでは標準的な構文である。Swan (2005) からの引用の (15) で例証されるように、この that は it と対比をなす。

(15) a. So she decided to paint her house pink. It upset the neighbours a bit.
(結局、彼女は家全体をピンク色に塗ることに決めた。近所の人はややうろたえた。)
b. So she decided to paint her house pink. That upset the neighbours a bit.
(結局、彼女は家全体をピンク色に塗ることに決めた。それを聞いて近所の人はややうろたえた。)

Swan は that が it よりも強意的であると言っているが、that が話者から離れた存在物を指す直示表現 (deictic) であることを考えれば、驚くに値しない。(16)～(18) のように、that は名詞句が分詞を伴うことで伝えられる状況を強調するのに使われる。過去分詞を伴う場合、that は何らかの行動や過程の結果を指している (第6章の完了と結果の議論を参照)。

(16) A. that_1 it started now?
(それってもう始まったの？)
B. that_1's it that_1's it going
(そうさ、ちょうどやってるところ。)
Miller-Brown Corpus, conversation 71

(17) That's dinner sorted.
(これでお食事揃いました。) TV advertisement, ITV, autumn 2009

(18) S1A-015 (B) :6 Yeah what we thought we'd do is Oxford ends on I think the tenth and um Edinburgh usually starts about two days after Oxford so what I thought we'd do is travel up and see if maybe stay maybe in one place on the way up to Edinburgh and then take about three days to come back and look at the couple of places.
(ああ、考えていたんだけど、オックスフォードが終わるのが

10日だと思うんだが、エディンバラはオックスフォードより2日くらい遅れて始まるのが普通なんだ。それで思ったのは、オックスフォードからエディンバラまで向かう途中で、おそらくまあ1カ所は泊まるとして、3日間くらいかけて戻れば、2、3カ所は見物できるんじゃないか、ってこと。）

S1A-015(A):12 **Is that by train**
（それって列車で行くってこと？）
S1A-015(B):13 No bus
（いや、バスで。） Macquarie Corpus, Australian ICE, S1A private dialogue, conversation 15

(18) の Is that by train は未分化の分裂構文で、車やバス、飛行機そして自転車に対して、電車（train）を強調している分裂構文 Is that by train that you're going to Edinburgh（それって列車でエディンバラまで行くってこと）に相当する。(19) では that を用いた完全な分裂構文を含んでいる。

(19) S1A-020(B):146 No I'm not the one that's depriving you
（いや、君から取り上げたのは僕じゃない。）
S1A-020(B):147 X is the one that's depriving you
（君から取り上げたのはXだよ。）
S1A-020(A):149 She's not depriving me of anything
（彼女は僕から何一つ取り上げたものはない。）
S1A-020(B):150 Well so you're getting it more than a- once or twice a week
（ふうん、じゃあ週に2、3回は連絡しているのか。）
S1A-020(A):152 Oh no no ever
（いや、それは決してない。）
S1A-020(B):154 Ever
（決して。）
S1A-020(A):155 Yeah Problem of timing this week
（ああ、タイミングの問題だった、今週は。）
S1A-020(B):156 Oh right **was that only last week that she came over for dinner**
（ああ、確かに。それって、彼女は先週ようやく食事にやって来たということ？） Macquarie Corpus, Australian ICE, S1A private dialogue, conversation 20

疑問の分裂構文 was that only last week that she came over for dinner は平叙の分裂構文 that was only last week that she came over for dinner に関連づけられる。Quirk et al. (1985: 1386–7) の用語を使うと、付帯節 (annex clause) は補部節標識の that を含む that she came over for dinner である。これとは対照的に、(20) の that 分裂構文では補部節標識のない付帯節が含まれる。

(20) S1A-084(A):151 Start at the beginning Her her[12] first husband Who's X's father was a bit of a bastard really
(はじまった当初から、彼女の最初の夫、つまり X の父親は、実のところかなりひどいやつで。)
S1A-084(A):154 He was really um really tight
(その上、本当にケチで。)
S1A-084(B):155 Oh rightie oh
(ああ、その通り。)
S1A-084(B):156 Is that the one who died or did her husband die
(そっちの方が亡くなったのか、それとも今の夫が亡くなったのか。)
S1A-084(A):157 Yeah
(そうだ。)
S1A-084(A):158 No Well **that was both of them died**
(いや、えっと、両方とも亡くなったということだ。)

Macquarie Corpus, Australian ICE,
S1A private dialogue, conversation 84

that was both of them died という表現のかたまりは it was both of them died に相当し、この文脈では、一人の夫が彼女を置き去りにし、もう一人が亡くなったのではない—そうでなく、両者とも亡くなったと解釈されなければならない (Cf. that was both of them that died)。Carter and McCarthy の対話 (14) に戻ると、私たちはようやく、Is that Sally lives there or something を That is Sally lives there の疑問と解釈することができる。関係詞節である lives there は関係詞節標識を欠いているが、これは英語の話しことばではよくあることである。間違って言い始めたとか 3 つの構造 (13 ページの (a) (b) (c)) が混ざっていると言う必要はないので

12 2 番目の her は最初の her の言い換えかと思われる。転記 (書き起こし) は音声情報にできる限り忠実に行われている。

ある。

1.4.2 except 節：主節か従属節か？

同じ対話の中に、統語的位置づけがそれほど明らかでない別の語の連鎖も含まれる。その例が(21)である。

(21) A: I suppose it's a long way to go for dinner though isn't it?
(食事に行くには距離があると思ったんですけどね。)
B: It is on a week d week night.[13]
(平日の夜だからね。)
A: **Except he can go straight from work.**
(ただし、彼が仕事から直行できるなら話は別ですが。)

Carter and McCarthy (1997: 76) は except he can go straight from work を独立した従属節として扱っているが、なぜそれを従属的とみなすのかについては説明していない。ここで、あえて回り道をして、まず、従属節の統語的特性を見て、次に談話的特性を見てみることにする。その結果、Except he can go straight from work は主節として分析されなければならないことになるであろう。文における定形の従属節は、文法的にある程度主節から独立している。つまり、主節は、従属節の動詞や他の構成要素の選択を支配していないし、参与者の役割、時制、アスペクト動詞や法助動詞の選択も支配していない(その選択は意味論的に意味をなすものでなければならないが、それはまた別の問題である)。(22) に見られる補部節の変異形を比較してみる。

(22) We heard that their team {will win the league / is winning the league / has won the league / might win the league / must have won the league / had been beaten in the final / was demoralized} 我々は彼らのチームが{リーグ戦で勝つだろう / リーグ戦で勝っている / リーグ戦で勝った / リーグ戦で勝つかもしれない / 勝ったに違いない / 決勝で敗れてしまった / やる気を失った}と聞いた。

(22) では、最後の補部節はコピュラ (連結詞) 構文 (copula constructions)[14] で、

13 a week から a week night への書き換えかと思われる。転記は音声情報にできる限り忠実に書き起こしを行っている。

14 コピュラ文 (連結詞文) とは the girls were beautiful などのように、主語の名詞句 (the girls)

最後から２番目の節は受動で、残りは能動であるが、異なる時制と相（アスペクト）を伴っている。これらのどれも主節に支配されているものはない。しかし、従属節には、主節には適用されない複数の制約が当てはまる。たとえば、主節は (23) で示されるように、平叙、疑問、命令でありうる。

(23) a. The secretary sent an e-mail to my colleague.
（秘書は私の同僚に電子メールを送った。）
b. Did the secretary sent an e-mail to my colleague?
（秘書は私の同僚に電子メールを送りましたか。）
c. Send an e-mail to my colleague!
（私の同僚に電子メールを送ってください。）

(24) に示すように、関係詞節や副詞節や多くのタイプの補部節は、平叙の統語形式をもたなくてはならない。

(24) a. *__Because did the secretary send that e-mail__, my colleague resigned.
[Because the secretary sent ...]
b. *The e-mail __which did the secretary send__ was very abrasive.
[... which the secretary sent ...]
c. *I feared __that would the secretary send the e-mail__.
[I feared that the secretary would send the e-mail.]

間接疑問は１つのタイプの補部節である。典型的な英語の書きことばの「間接 yes-no 疑問 (indirect yes-no question)」は、We asked if the secretary had sent the e-mail のような平叙節の語順をとる。より形式ばった文章では、if が whether に置き換えられることもあり、従属節は wh 語が文頭に出て、部分的に疑問文のような語順になる。典型的な間接 wh 疑問は、冒頭に wh 語が出ることを除けば、We asked who had send the e-mail のように平叙文の語順をとる。(1) ～ (8) は、現代英語の話しことばの自然発話に見られる間接疑問と、ある種の書きことばの文章の例であるが、疑問節の語順をとっている。このことは、これらの節がどの程度従属的であるかという疑問を投げかけることになるが、ここでの私たちの関心は、そのような構文の従属節が平叙の語順をとるという規則の例外となることを示すことにある。

の属性 (beautiful) を BE 動詞 (be) で連結した表現である。

従属節には、他の制限もあり、従属節から排除される構文もある。(25) を考えてみる。

1.4.3 前置詞句前置

(25) a. **Into the room** came the secretary. [cf. The secretary came into the room.]
(部屋の中に秘書は入ってきた。)
b. She said that **into the room** came the secretary.
(部屋の中に秘書は入ってきたと彼女は言った。)
c. *The person who **into the room** came was the secretary.
d. *Because **into the room** came the secretary, everyone stopped talking.
e. *When **into the room** came the secretary, everyone stopped talking.

前置詞句前置構文では、文頭に前置詞句が置かれ、その後に動詞、さらにその後に主語名詞句が来る。この構文は平叙主節 (25a) と補部節 (25b) には生起するが、関係詞節 (25c) と副詞節 (25d, e) には生起できない。

1.4.4 否定辞前置

(26) a. **Never** had he been so offended. (He had never been so offended.)
(彼はこれほど腹を立てたことは今までなかった。)
b. They realized that **never** had he been so offended.
(彼らは、彼がこれほど腹を立てたことは今までなかったことに気がついた。)
c. *The person who **never** had been so offended was Sir Thomas.
d. *Because **never** had Sir Thomas been so offended, even Mr Yates left.

(26a) では never は文頭に前置され、続いて定形動詞の had が現れ、その後に主語名詞句の he が続いている。この構文は、(26a) のような主節と (26b) のような補部節には現れることができるが、(26c) のような関係詞節と (26d) のような副詞節には現れることはできない。

1.4.5 付加疑問

(27) a. The Chairman habitually ate too rich food, **didn't he**?
(議長はふだんからこってりし過ぎた食事を摂っていたのですね。)
b. *We realized that the Chairman habitually ate too much rich food, **didn't he**?
c. *The person who ate too much food **didn't he** was the Chairman.

d. *Because the Chairman ate too much food **didn't he**, he was dangerously obese.

(27a) は、平叙節の We realized that the Chairman habitually ate too much rich food と文末の付加疑問の didn't he? からなる。付加疑問はいかなるタイプの従属節にも生じない。Edmund knew that the Chairman was dangerously obese, didn't he?（議長の肥満が危険域にあることをエドモンドはわかっていたんだよね。）では、付加疑問は主節の一部である Edmund knew に関連づけられているのであって、was dangerously obese とは関連づけられない。(27) は書きことばの例として捉えられるべきで、話しことばでは、単一のイントネーションで、途中で休止が置かれないはずであることにも注意してもらいたい。話者は、because he was dangerously obese や because he ate too much food のような発話をした後で、いったん発話を休止し、isn't he[15] や didn't he の付加疑問で質問し、そしてその後、相手の答えを受けとってから主節に戻ることもあるため、このように規定することが必要である。そのタイプの中断された構文法は、ここでの当面の目的とは無関係である。

(24) ～ (27) のデータは、従属関係に階層性があることを示している。補部節は最も従属性が低く、前置詞前置と否定辞前置、そして主要部の動詞によって決まる疑問形式を許容する。関係詞節と副詞節は最も従属性が高く、疑問および命令とともに、(24)～(27)のすべての構文を排除する。

副詞節がどの程度従属的であるかは、副詞節のタイプと文中での位置に影響される。(28) が示すように、理由を表す副詞節は主節に先行または後続することができる。主節に先行するときは、否定前置と前置詞前置は許容されないが、主節に後続するときは許容される。このことは従属節が前にあるほうが、より従属的であることを示している。

(28) a. Everyone stopped talking because in came the secretary.
（全員が話をやめたのは、秘書が入ってきたからだ。）
b. *Because in came the secretary everyone stopped talking.

譲歩の副詞節の場合は、同じ振る舞いを示さない。*Although in came the secretary, everyone continued talking と *Everyone continued talking although in came the secretary が容認されないからである。また、(29) と (30) で示されるよう

15 原文のとおりである。時制の一致を起こさない形になっている。

に、when で導入される時間の副詞節はまた異なる問題を提起する。

(29) a. *When into the room came the secretary everyone was talking.
b. Everyone was talking when into the room came the secretary.
(全員が話していると、部屋に秘書が入ってきた。)
(30) a. *When into the room came the secretary, everyone had just stopped talking.
b. Everyone had just stopped talking when into the room came the secretary.
(全員が話をやめてしまっていたところに、秘書が部屋に入ってきた。)

主節+理由の副詞節もしくは主節+時間の副詞節 (when) の連鎖は、並列された節、つまり、同じステータスの節、にかなり近くなっているとこれまで提案されてきた。特に、(b) の例のように、when が 2 つの節を明示的に等位接続する表現の and then、すなわち、節+副詞節を 2 つの等位節とみなせる表現との置き換えができる場合には、この提案は正しい方向にあると言えるであろう。

ここでようやく、(31) に再掲された (21) の対話に戻ることができる。

(31) A: I supposed it's a long way to go for dinner though isn't it?
B: It is on a week d week night.
A: Except he can go straight from work.

上記の基準を従属節に当てはめるため、最後の行を (32) のように続けてみる。

(32) It would be too far for a week night except he can go straight from work.
(平日の夜に行くには遠すぎるかも、ただし、彼が仕事から直行できるなら話は別ですが。)

(31) における except 節は、(33) で示されているように、命令形にできない。

(33) *It would be too far for a week night except go straight from work.

except 節を疑問にできるかどうかは明白ではない。(34) は except と後続の節との間に長いポーズがあれば、容認されるように思える。

(34) It would be too far for a week night except can he go straight from work?

except 節は、前置詞句前置と否定前置を間違いなく許容するが、付加疑問は許容しない。このことは、例証のために作例した (35a-c) で示されている。ただし、(35c) は、付加疑問が誰か他の人に向けて発話され、話者がその第三者に対して確認を求めている場合においてのみ、容認される。

(35) a. I would have enjoyed the trip except into the carriage came a crowd of noisy rugby fans. (旅行を楽しめただろうになあ、うるさいラグビーファンの群れが馬車でやってこなければ。)

b. I might have bought the house except never have I seen such a neglected building.
(もしかしたらその家を買ってたかもしれない、ただし、これまでに見たことがないくらいにみすぼらしい建物でなかったらの話だけどね。)

c. We had a good time, except two boys got lost in the park, didn't they?
(楽しかったね、ただし、二人の少年が公園で迷子になったことを除けばね。)

(35) が示しているのは、主節に後続する except 節が従属節に準じるものとも言い切れないということである。これは、この except 節が多くの主節の基準を満たしているからである。(31) の対話に見られる except 節はどうであろうか。これは、従属関係の基準をより受け入れやすくするために使用しなかった例である。

(31) A: I supposed it's a long way to go for dinner though isn't it?
B: It is on a week d week night.
A: Except he can go straight from work.

上記の except 節は異なる振る舞いをする。節自体が独立していて、同じ話者の会話でも主節が直前に来ていない。(36) と (37) に示すように、この except 節では疑問文や付加疑問文、前置詞前置、否定辞前置が許される。

(36) A: I suppose it's a long way to go for dinner though isn't it?
B: It is on a week d week night.
A: Except who would want to travel in the rush hour?
(ただし、平日のラッシュアワーにそんな遠くまで移動したい人がいれば別だけどね。)
A: Except nowhere can you find better haggis.

(ただし、あそこよりもっと美味しいハギス料理を出す店は他にないとなれば別だけどね。)

(37) A: I suppose it's a long way to go for dinner though isn't it?

B: Except he likes driving in London, doesn't he?

(ただ、彼がロンドン市内をドライブするのが好きならばの話だけどね。)

このデータを見れば(これは著者JMが当面の目的のためにつくった作例なので、残念ながらさらに検討を要する)、(21/31) の except 節はあたかも主節のように見える。そして、この except は、従属接続詞ではなく、おおよそ「あなたは全く間違っているわけではないけど、あなたの主張に反する別の事実もある」という発話の力(意味)を伴っている談話小辞(discourse particle)である。

1.4.6 間接疑問と破格構文

Matthews (2007: 17) は、破格構文を、たとえば、(38) のように「1つの構文から別の構文に途中で転換している文 (a sentence which switches from one construction to another)」であると定義している。

(38) He told me that he was desperate and could I please help.

(彼はもう絶望的だと言って、私に助けを求めてきた。)

could I please help の節は、He told me that の補部節標識 that とは結びつかない。Matthews の述べていることは、形式ばった書きことばの英語に典型的に見られる間接話法の古典的な構文に当てはまる。しかし、(38) は自然に発せられた話しことばの英語に典型的に見られるものである。ちなみに、古典的な間接話法構文は(39)のようなものになるであろう。

(39) He told me that he was desperate and asked if I could help.

間接話法には以下のような重要な特徴がある。誰かが直接話したことばや、紙に書かれたり、話されたりしたメッセージの内容(陳述や質問、指令)は、(He said that he was desperate と he asked if he could help というような) say や ask の動詞とその後に続く補部節からなる構文を使って伝えられる。直接陳述の語順は保持されるが、動詞の時制は現在から過去に変化し、1人称と2人称は、3人称に変わる (I am desperate は He was desperate になる)。直接疑問は平叙文の語順になり、Can you help は if I could help のように、元の疑問にはない補部節標識 if が新たに加わる。

間接話法の構文は、形式ばった書きことばの英語において必須であるが、多くの話者はそこで求められる条件を満たすのに苦労する。その理由は、お手本となるような古典的な間接話法の構文は英語の自然発話で生じることが非常にまれだからである。(40)はその古典的な例であり、話者は20代半ばの女性である。

(40) he said that they didn't even send white policemen down there and he wasn't going to take me
(白人の警官を送りこんでいないし、僕を連れて行くつもりもないと、彼は言った。) Miller-Brown Corpus, conversation 2

これに対して、(41)は、(話したり書いたりした)もとのことばづかいを話者が再現しようとする自然発話に典型的に見られるもので、動詞の時制を過去形にしたり、代名詞を三人称に言い換えたりしていない。さらに、話者は、間接話法がどこから始まってどこで終わるかを示すために、声の高さ(ピッチ)や音質を変えることを通常行う。(41)の話者は18才の女子学生である。

(41) Brenda passed the message over to me when I kick you knock the cup into Andrew's face
(ブレンダは私に伝言をよこして、足でキックしたら、アンドリューの顔にカップを叩きつけてやれ、って言うのよ。)
Miller-Brown Corpus, conversation 12

また、たとえば、X said と言って、1人称を3人称に言い換えるものの、それ以外については、Xのことばづかいをそのまま再現する混合構文を話者はつくりだすこともある(例(42)を参照)[16]。

(42) they said if they get us there again they're going to wrap the air-rifle round my neck
(彼らは、ここで自分たちを再び見つけたら、お前の首にエアライフルを巻きつけてやるぞと言った。) Miller-Brown Corpus, conversation 8

Miller and Weinert (2009)は、Miller-Brown Corpusの14の会話データについて、

16 直接陳述では、If we get you here again we're going to wrap the air-rifle round your neckとなる。

直接話法・間接話法の用例を調査した。その結果、(41) で示された直接話法の構文が 22 例、(40) で示された間接話法の構文が 3 例、(42) で示された直接話法と間接話法の混合構文が 1 例あった。間接話法の例には we thought he was going away という文があり、これは実際には we thought – 'he's going away' と表現されてもよかった例である。3 例の古典的な間接話法のうち 2 例は、(41) の話者よりも年上であり (40) の文を発した 20 代半ばの女性が発話したものである。(43) は、直接話法と間接話法の混合構文の好例である。

(43) there was this note pinned on the common room notice board … and it was a mr. c. lyon had phoned and would you phone him back …
(メモが共同部屋の掲示板にピンで留めてあり…電話の主は C. ライオンさんという男性で、折り返し電話をかけてほしいそうです…)

メモに書かれた最初の節は it was で始まり、時制は完了形または単純過去から過去完了形へと変えられている。不定冠詞はもとのままかもしれないし、後で付け加えられたのかもしれない。この場合、もとの Mr. C Lyon (has) phoned が a mr. c lyon had phoned となる。メッセージメモにおける 2 番目の節はもとのままである。つまり、would you phone him back はメモの受け取り手に向けられた依頼である。古典的な間接話法構文では、the message said that a mr. c lyon had phoned and asked her if she would phone him back となる。

ここで、He told me that he was desperate and could I please help という Matthew の例を再び考えてみることにする。破格構文は単に 1 つの構文がもう 1 つの構文に転換したものではなく、その転換が不正確な構文である。もし、話者が 2 つの補部節を発話しようとし、途中で直接疑問に変わってしまっているなら、この例を破格構文と呼ぶことは正しいであろう。ところが、話者が上で例証したような自然に発話した話しことばの英語の典型パターンに従っているならば、この疑問節は told を修飾しているのではなく、you の代わりに I が用いられるのはさておき、もとの話者が用いた構文と語を伝える独立節なのである。つまり、おそらくもとの発話は Could you please help? であろう。Matthew の例は、このような自然な話しことばの例であるならば、破格構文ではないのである。

1.5. 節と文

Cheshire (2005) は、書き起こされた発話のデジタル言語資料が簡単に手に入るようになり、分析者は自然発話の分析を避けて通る言い訳ができなくなったと述べている。Cheshireは、標準的な言語学の記述に照らして観察するだけでは自然に発せられた話しことばの本質を理解することは簡単ではないことも観察している。こうした見解に加え、3点目として非常に重要な点を付け加えなければならない。それは、転記資料には転記者(あるいは複数の転記者)の認識と分析が入っているため、その資料だけで研究をするのはきわめて不十分であるという点である。その資料の元になる録音された音源も必ず聞かなければならない。こうした事情から、Miller and Weinert (2009)は、地図課題対話(map-task dialogue)[17]を含む小規模の言語資料とMiller-Brown会話コーパスを使用し、元の音源の各部を徹底して聞き、その会話の統語構造を分析した。

Ochs (1979) は、自然発話の会話における統語と談話構造についての研究のきわめて初期に、転記資料がデータとなることに注目した。さらに、Leech et al. (1995) は、今日では転記資料とその他のコーディング情報がともにデータになることを付け加えた。自然発話の会話の転記データを手に入れることは便利であるが、同時に危険性もある。それは分析者が(おそらく正しくない)転記者の判断に囚われてしまうという単純な理由による。このため、自然発話の会話のMiller–Brown Corpus (1977–80) は、大文字や句読点を使わず、ポーズの長さや非言語音は示さずに、転記されている。そして、おそらくは、そういう理由で、Wellington Corpusも同様の転記がなされているのである。

重要なのは、コーパスが単なる転記資料ではなく、録音テープを付属する転記資料であることである。このため、長いポーズや、うめき声、吸気音、笑い声などの非言語音の詳細な情報を含んでいるにもかかわらず、Wellington Corpus of Spoken New Zealand English と Macquarie Corpus of Australian Spoken English で研究することは容易ではない。編者がコーパスを編纂し、管理している Peters et al. (2009) との関係で、著者JMはMacquarie Corpusの個々の会話の記録を入手した。しかし、New Zealand Corpusの基になっている録音データを聞くためには、研究者たちはウェリントン(Wellington)まで旅をしなければならない。

転記資料に盛り込まれる情報が多ければ多いほど、利用者は、元のデータからますます遠ざかり、ますます第三者の分析に囚われてしまうことになる。この点は、会話における韻律の役割の方法論的考察をした最近の研究によって強調されている。Selting (2007) は、15年以上にわたる最近の研究をふり返り、今後さらに研究を進めるためのさまざまなポイントを挙げている。その中には、発話の交替

---

17 地図に書かれたルートについて話し合う対面対話データのことであり、課題指向型の二者対話コーパスである。エディンバラ大学のHuman Communication Research Centre (HCRC)のプロジェクトとして構築された(詳細は、Anderson, et al. (1991)を参照)。

やその他の相互行為の単位を分けるのにどのように韻律が使用されるかということが、文法構造の範疇化が韻律にどのように関連するかという点と共に、挙げられている。Selting (2007) と Gilles (2007) は、自分たちやその他の優れた経験を有する分析者が韻律と単位を表記するために考案された GAT システム[18] の諸側面と、そのシステムに基づいた決定の信頼性に対して疑問を呈してきたと説明している。GAT システムは（特にドイツ語の）転記に関して飛躍的な進歩を遂げ、比較的目立たず、一貫した形式で転記を提供してきたが、今後、次世代の公開話しことばコーパスは、転記資料と音声が配置されるであろう。こうすることにより、方法論の背後にある理論が可視化され、すべての利用者が自分たちで元のデータの最善の分析法を決めることができるようになるため、コーパスはさらに透明性が増したものとなる。しばらくの間は、細心の注意を払いながら、モデルが何であれ、標準化されたアノテーション（つまり注釈）付きの転記資料を利用する必要がある。

Cheshire が標準的な言語学の記述装置ではうまくいかないと述べていることは、とりわけ「文 (sentence)」についてよく当てはまる。自然発話を研究対象とする分析者の多くは、文を分析の単位として使うことを断念した。この動向は、少なくとも話しことばの英語について、Crystal (1976) が提唱したもののようである。文が使えない理由についてはこれから省察していくが、最初に「文 (sentence)」という用語に与えられた 2 つの概念を区別しなければならない。Lyons (1977a: 29–31) に従うと、文は、テクスト文 (text sentences) とシステム文 (system sentences) に分けられる。システム文は、歴史的には、命題を表現するための体系としてとらえられた言語についてのギリシャ・ローマの哲学者による作品に由来する。これは、言語を分析するための理想化された抽象的な単位である。テクスト文は、ある種のシステム文に典型的に対応する発話のまとまりである。分析上の問題は、成人の通常の書き手はテクスト文の始まりと終わりの合図をする一方で、自然発話では、成人の話者でさえ、いわゆる文がどこで始まりどこで終わっているのかについての合図が一貫しないか、合図をまったくしないことすらある、という点である。（第 12 章で見るように、こうした書きことばと話しことばの落差が、生成文法の言語獲得理論に対して大きな問題を提起する。）

「文」は論外ではあるものの、「語 (word)」や「節 (clause)」、「主要部 (head)」、「修飾語句 (modifier) / 従属要素 (dependent)」などのその他の記述装置は、話しことばの分析に使用できる。しかしながら、問題は他にも潜んでいる。これから文に

18 GAT はドイツ語の Gesprächsanalytisches Transkriptionssystem の略語である。

ついて論じた後で、自然発話に統語構造を当てはめることは決して一筋縄でいくものではないことを見る。実際、この問題は、すでに扱ったTH分裂構文やexcept節において検討した。節の中心部分は、動詞とその補部を認知することで確立されるが、一方で付加詞の配置についてははっきりしない文という概念の放棄に関わる例を1つ取り上げてみる。ある話者がthe garage is in Broughton Place Lane ... just round the corner from Broughton Placeという発話をしたと仮定する。後半のjust round the corner from Broughton Placeという句は、長いポーズで前半の句Broughton Place Laneと分断されて、その長さゆえに後からの思いつきとして付されたことは明らかであると仮定する。just round the corner from Broughton Placeはthe garage is in Broughton Place Laneの句に属しているのであろうか。それとも、garageを修飾していても節の外にあるのであろうか。

この種のデータを扱うためには、構造についての仮定を最小限にとどめ、文と節の境界線を越えて両者を結びつけている修辞関係の概念(the notion of rhetorical relations)を援用する必要がある。上の例で付加された思いつき部分であるjust round the corner from Broughton Placeは、節の構成要素ではないが、修辞関係の理論や談話表示の理論の解釈メカニズムによって、節と結びつけられる。自然発話を分析する他の研究者と同様、節は、節どうしが相互に関係し合う(節の)複合体へ組み込まれることを認めるが、こうした節の集まりが文を構成すると仮定する正当な理由はない。文は書きことばの単位であり、(多かれ少なかれ)書き手が恣意的に決めたものを反映するからである。

先のthe garage in Broughton Place Laneの例は、他の一流の分析者をも自然発話の言語について同様の見解に導いた典型的ではあるが、「控えめな」データである。Sornicola (1981) は、ナポリのイタリア語のデータを提示し、自然発話が非常に断片的な統語をもちうることを立証している(例については、Miller and Weinert (2009: 58–9)を参照)。Sornicolaはそのような断片的な統語を、基底の完全な句と節が運用の誤りによってゆがめられたとして分析するいかなるアプローチにも反対している。Sornicolaは多くの自然発話が整合性のあるまとまった個体としてではなく、情報のまとまりを併置した結果であると分析されるべきであることを示唆している(つまり、そうした情報のまとまりの連鎖は、別々の文ではじまる別個の統語のまとまりを扱える談話解釈のメカニズムによってのみ、解釈が可能になるのである)。Linell (1988) は、話しことばには、書きことばにある明確な文が欠けていることを再確認し、話しことばがお互いに緩やかに関連し合う句と節から成り立っており、文法書で取り扱われている構造よりも明確さや階層性の低い構造に統合されると付け加えた。類似の指摘はBrown et al. (1984)、ロシア語についてはZemskaja (1973)、フランス語についてはBlanche-Benveniste

(1991) においてなされている（詳細な議論については Miller and Weinert (2009: 22–71) を参照）。

Miller and Weinert (2009: 28–71) は、話しことばの分析において、なぜ文が不適切なのかを詳細に議論した。(Miller and Weinert は、書きことばの分析では文が中心となることを認めている。) その主張を要約し、新たなデータと新しい論点を加える。1つの論点は、文の始まりと終わりを決めることの難しさにある。なぜなら、文の始まりと終わりが確実にポーズによって示されるわけではないし、それ以外の位置でもポーズは生じるからである。もう1つの論点は Wackernagel-Jolles (1971) によるドイツ語の研究に基づく。ゆっくり注意深く発話されたテクストを聞いても、それが会話であろうと有名な物語を読んだものであろうと、転記資料をどのように文に分割するのかについて、ドイツの上級学年の大学生の間で意見の一致が得られなかったことを Wackernagel-Jolles は証明している。(転記資料は句読点がなく、文は区切られず、節も区切られていなかった。)

3つめの論点は、児童たちが節を文に結合する方法を学校で学ばなければならず、書きことばに触れる経験が増えれば増えるほど、この課題がたやすくなるという事実に基づいている。統語の研究では、依存関係と構成素構造の中心理念は単一節内で最もすっきりと当てはまり、依存関係の最も入り組んだネットワークを単一節内に見いだすことができることが論じられる。(このことによって、依存関係が節境界を超えて生じる可能性があることを否定しているのではない。pp.51–68 の依存と構成要素についての議論を参照。) Miller and Weinert (2009) は節の複合体 (clause complexes) という Halliday の考えを採用した。それは、統語の断片の関係で先に言及した Scornila や Linell、Brown、その他の研究者にも支持されている考えである。

ここでは詳細を説明しないが、Wackernage-Jolles の研究が明らかにし掘り下げていった問題は、Carter and McCarthy (1997) のテクストできちんと例証できる。イギリス・バーミンガムで放送された地方のラジオ番組からの抜粋である (44) を考えてみる (Carter and McCarthy 1997)[19]。

(44) Presenter: … I'd have thought the first thing you do when it gets as dark and as wet as miserable as this. You turn your lights on and I don't mean the parkers. I

19 Carter and McCarthy (1997: 110–4) を参照。抜粋は、イギリスの地方ラジオ局の番組 (radio phone-in) の一部。番組司会者 (presenter) は、リスナーからの電話に直接応対し、そのやりとりをそのまま番組で流すトーク番組である。

mean the light.[20]
(司会者：暗くなって雨降りのこんな悲惨な状況で、まず最初にすることとして、自分の車のヘッドライトをつけることを考えるでしょう。パーキングライトではないですよ、ヘッドライトです。)

the first thing you do when it gets as dark and as wet and as miserable as this で終わる文として転記されたかたまりは、書きことばの英語としては完全な文ではない。書きことばの構文としては、the first thing you do ... is to turn your lights on となる。話しことばでは、名詞句の the first thing you do when it gets as dark and as wet as miserable as this は You turn your lights on と単に併置されている。ここにはコピュラである be 動詞がないが、対応する書きことばでは、The first thing you do when it gets as dark and as wet and as miserable as this **is** you turn your lights on のようにコピュラが現れる。(以下の WH 分裂構文の議論を参照。) もし、Carter and McCarthy が文に固執するなら、より正確な転記は、話しことばの構文も考慮すると I'd have thought the first thing you do when it gets as dark and as wet as miserable as this—you turn your lights on. And I don't mean the parkers. I mean the lights. となる。

Carter and McCarthy の転記には一貫性がない。(44) の取り扱いとは対照的に、Carter and McCarthy (1997: 142) に見られるテクストのかたまりは、容易に文に分けられそうなのに、分けられていない。そのテクストは(45)である。

(45) Because originally when we thought we were going I thought we were just going to Amsterdam and that was it we were just spending our week in Amsterdam cos there's loads to do【原文にはピリオドがない。著者 JM】
(だって、そもそも行こうと思い立ったわけで、アムステルダムに行こうと自分は決めていたからね、それは間違いないさ。アムステルダムに 1 週間くらい滞在するつもりでいた。やることは山ほどあるわけだから。)

ポーズやイントネーションがあれば、we were just spending our week in Amsterdam と cos there's loads to do は別のテクスト文とみなすことができるであろう。

転記に見られる一貫性のなさも 1 つの問題であるが、音声録音への注意が欠け

20 the parkers は、自動車の 'parking lights' あるいは 'side lights' を意味する (車の主灯である headlights と対比されている)。司会者は、抜粋の後半で 'full lights' としても言及している (Carter and McCarthy 1997: 113)。

ていたことからCarter and McCarthyはLIKE構文の分析を誤ってしまった。関係するテクストは(46)である。

(46) A： … you'd like to have a building where you could go yourselves, would you?
(自分たちが自由にいけるような建物があるとうれしいよね。
B： Yeah … in the night, like, when, it's cold.
(そうだね…夜とか、こんな寒いときにはね。)

イントネーションから明らかであるが、話者Bの発話の転記は、likeがin the nightとまとまっていることを示せていない。このことは、Carter and McCarthy (1997: 126)の分析とは異なり、likeが'for example'に相当する表現でないことを示している。そうではなく、これは、説明を与えたり求めたりするために発話の最後に現れるlikeの例である(Miller 2009を参照)。話者Bはなぜ自分たちで行ける建物がいいのかを説明しているのである。おそらく、レジャーセンターのような場所はちょうどその時間には開いていないのか、座り込んでおしゃべりをしたいだけの10代の若者を歓迎しないということであろう。

Miller and Weinert (2009)は文を下位レベルの談話単位と考えており、この考え方がここでも引き継がれている。Miller and Weinertは、どのような文が適格(well-formed)でよく整えられた(well-organized)とみなされるかは、言語によって異なり、また、当該言語の歴史の時期によっても異なるという事実に訴えている。これらの議論は依然として有効である。もう1つ議論を付け加えるとすれば，文体上の理由から、文章を書く人は、全く非典型的なテクスト文―文法書や表現マニュアルで禁じられているという意味で非典型的なテクスト文―を産出できるということも挙げられる。このような文体の操作が節レベルの統語というよりはむしろ談話上の配置であることを示唆している。

ディケンズ(Dickens)の *Bleak House* (『荒涼館』)[21]は、(47)の段落のように定形動詞が全くない段落で始まっている。テクスト文のうち2つは、LondonとImplacable November weatherという名詞句からなる。定形動詞を1つ含む節は従属節のas if the waters had but newly retired from the face of the earthである。

(47) London. Michaelmas Term lately over, and the Lord Chancellor sitting in

21 Charles Dickens(チャールズ・ディケンズ)は19世紀を代表するイングランド生まれの小説家。代表作に *Oliver Twist* (1838)や *A Tale of Two Cities* (1859)などがある。『荒涼館』は代表作の長編小説の1つで、1852–53年に月刊分冊の形式で *Household Words* に連載された。

Lincoln's Inn Hall. Implacable November weather. As much mud on the streets, as if the waters had but newly retired from the face of the earth ... Smoke lowering down from chimney-pots, ... Foot passengers, jostling one another's umbrellas in a general infection of ill-temper. Fog everywhere. Fog up the river ... Fog down the river.
(ロンドン。ミクルマス開廷期＊もこのほど終わり、大法官はリンカン法曹学院＊＊内の大法官裁判所にいる。11月の厳しい天候。通りという通りは、さながら洪水がつい今しがた地球の表面から退いたばかりのように、泥にまみれ…煤煙が家々の暖炉の煙突から舞いおり…道ゆく人たちはみな不機嫌が伝染して、たがいにこうもり傘をぶつけ合い…どこもかしこも霧。テームズ川の川上も…川下も霧[22]。)

リー・チャイルド (Lee Child) の小説 *One Shot*（『アウトロー』）は、奇妙な主節を伴い、名詞句・前置詞句・分詞・従属節からなる2つの段落で始まる[23]。(48) を考えてみる。

(48) Friday. Five o'clock in the afternoon. Maybe the hardest time to move unobserved through a city. Or, maybe the easiest. Because at five o'clock on a Friday afternoon nobody pays attention to anything. Except the road ahead.
The man with the rifle drove north. Not fast, not slow. Not drawing attention. Not standing out. He was in a light-coloured minivan that had seen better days. He was alone behind the wheel ...
(金曜日。午後5時。だれにも見られずに街のなかを移動するのがおそらくいちばんむずかしい時間。あるいは、たぶんいちばんたやすい時間かも。金曜の午後5時なので、だれも何も気にかけていない。気をとられるのは、道路の前方を除けば。ライフルを持った男は、北へむかった。速くもなく、遅くもなかった。人の注意を引かないように。目立たないように。彼は、古くなった明るい色のミニヴァンに乗っていた。ひとりで運転していた…)[24]

---

22 日本語訳の出典は、青木雄造・小池滋（訳）ディケンズ『荒涼館 I』（世界文学全集 22）第1章、p.7、筑摩書房。(＊ミクルマス開廷期「大法官裁判所の4つの開廷期の1つで11月2日から同月25日まで」＊＊法曹学院「英国における法廷弁護士養成機関の1つ」) 解説は訳書からの引用。

23 Lee Child（リー・チャイルド）: 1954年イングランド生まれの推理小説家。イギリスの推理小説家。代表作はジャック・リーチャーを主人公としたシリーズ。

24 日本語訳の出典は小林宏明訳『アウトロー』（上下巻）（上 p.7）講談社より一部引用。

このテクストは、Friday, Five o'clock in the afternoon, Maybe the hardest time to move unobserved through a cityという名詞句からなるテクスト文を含む。他のテクスト文は副詞のNot fast, not slow、分詞句のNot standing out、前置詞句のExcept the road aheadから成り立っている。DickensもChildもともに、節形式をとらないテクスト文を用い、細部を静的に描くことにより詳細な背景描写を作り上げている。定形動詞を含む主節は、the man with the rifle drove northのように、行為が始まった時にだけ現れる。

1.6. 自然に発話された話しことば英語のやっかいな構造

1.6.1 which：関係代名詞か談話連結詞か？

リズムとイントネーションを綿密に観察したとしても、統語構造を特定の発話にどう割り当てるのかを突き止めるのは、非常に難しい可能性がある。英語やドイツ語、ロシア語、日本語などであっても、自然発話の統語法は十分には理解されていない。次のBurchfield(1996)からの例である(49)を考えてみる。この例は、「文や句の文法的な構造の変化や中断、たとえば、くだけた会話で繰り返される代名詞類」と定義された破格構文の項目の最初に出てきている。

(49) put little bits of bacon on which the fatter they are the better
(その上に細切れのベーコンをのせます、脂身が多いほどいい味が出る。)
The Victorian Kitchen, BBC2, 1989[25]

この例で、おそらくtheyは(不要な)繰り返しの代名詞(recapitulatory pronoun)であり、もしこの例を破格構文でない形にすると、put little bits of bacon on which the fatter the betterとなるであろうが、著者JMにとっては、この構文は大変ぎこちなく感じられる。しかし、重要な点は、Burchfieldがwhichを関係詞節の始まりとしてみなしているが、the fatter they are the betterが主節であるとすると、この見方は却下されることになる。別の分析として、(49)のwhichは、関係代名詞ではなく、談話連結詞であって、構文の変化がないので、(49)はまったく破格構文の例ではないと考えることもできる。

どのような証拠があればこの分析は支持されるであろうか。自然発話においては、ほとんどの関係詞節はthatやゼロ・省略で導かれる、つまり、接触節(contact clause)であるという観察をもとに議論を始めることにする。(どれくらいの数にな

25 シェフによる実況中継の例である。

るかについては Miller and Weinert (2009: 105) と Biber et al. (1999: 610–5) を参照。) 関係詞節標識の that は代名詞ではなく、接続詞なのである。(who と whom、who と which、whose といった wh 代名詞の形式とは対照的に) that は形が変わらず、前置詞は節の最後に置かなければならない (the book in which I found the quote. と the book that I found the quote in. の対立があり、*the book in that I found the quote は正しくない)。歴史的には、確かに that は代名詞だったが、接続詞として文法化されているのである (そして、もちろん現在でも、that は指示代名詞としても機能する)。which も同様にもともと代名詞であったし、いまだに、代名詞としても機能する (不定の直示詞 (deictics) としての wh 代名詞の議論については pp.221–239 を参照)。which は that に続いて同様の過程をたどり、接続詞としての用法を確立したのである。

Burchfield (1996: 844) は、which の見出しの項目の 3 つめの下位項目においてこの構文の例を示している。その下位項目では命題内容やできごとの状態に言及する which について扱っているが、最後のところで Burchfield は「これらの例は「単なる接続詞 (conjunction)、あるいは導入的な不変化詞 (introductory particle) としての低俗な (vulgar) 用法である」と OED で非難されたタイプ (18–19 世紀) に極めて似ている」と解説している。Burchfield は 1905 年発行の Daily Chronicle から次のような例をあげている：If anything ‘appens to you – which God be between you and ‘arm – I'll look after the kids[26] (もしあなたの身の上に何か起こっても、その災いとの間に神がいてくださるから、私は子どもたちの面倒をみよう)。この構文は、単なる低俗な用法であったか、全ての階級の話者の間で使われている自然発話で一般的な用法であったかにはかかわらず、今日では広く普及している。

(50) と (51) は Dickens (前出の『荒涼館』1853/1966) からの例である。話者は Snagsby 氏で、氏自身は法律家ではないが、教養人で、法律代書人として生計を立てている。法律代書人は、法的文書を複製する段取りをしたうえで、複製原稿が正確で基準を満たしているものかを検閲する。

(50) ‘About a year and a half ago' says Mr. Snagsby strengthened, ‘he came into our place one morning after breakfast, and, finding my little woman (**which I name Mrs Snagsby** when I use that appellation) in our shop, produced a specimen of his hand writing and gave her to understand that he was in wants of copying work to do...

---

26 現代英語では If anything happens to you – which God (shall) be between you and harm – となる。

（「1年半ばかり前」スナグズビー氏は力を得ていう、「ある朝、食事がすんでからこの人が手前どもへやってまいり、うちのちびが（わたくしは家内のことをこう呼んでいるのでございます）店にいるのを見まして、自分の筆跡の見本を取り出し、いろいろ話をしているうちに分かりましたが、この人は筆跡の仕事をほしがっていて…）[27] Dickens,1853/1996, p.170

(51) ‘I was only going to say, it’s a curious fact. sir, that ... .that you should come and live here, and be one of my writers, too. **Which there is nothing derogatory**, but far from it in the appellation,’ says Mr Snagsby ...’
（「格別大したお話ではございませんが、ふしぎなことでございますよ…それからあなたもここへまいって住みつき、私の代書人におなりになったとは。そう申しても、決して軽蔑しているわけではございません、とんでもないことでございます。」スナグビー氏は言って…）[28] Dickens,1853/1996, p.508

(52)は、現代のスコットランド英語からの例である。

(52) k13 this was what i wondered if it was basically these families that were still in the dumbiedykes[29]
（それが私の不思議に思ったことだ。ダンビーダイクス家の領地にまだ留まっていたのが実はこの家族だったとしたら。）
s13 no well actually they’re one or two that went back in [=returned JM] **which so happens that i’m a member of the kirk** [=church] **just locally here** the kirk o’field church which is the parish of dumbiedykes area (uh huh)
（いや、まあ実際に戻ってきたのは一人二人で。そんなことはよくあることで、私もこのあたりの地元の教区教会の教会員です。ダンビーダイクス家の領地にあるパリサイ派の教会ですよ（うん、うん））

Miller-Brown conversations conversation1
[recorded by Karen Currie for Brown et al. (1980)]

Burchfieldは、こうした談話接続構文をwhichが命題やできごとの状態を指示する構文と関連づけている。しかし、それよりもっと近い構文がある。それはあ

27 青木雄造・小池滋（訳）ディケンズ『荒涼館 I』（世界文学全集 22）第11章、p.150、筑摩書房
28 青木雄造・小池滋（訳）ディケンズ『荒涼館 II』（世界文学全集 23）第32章、p.8、筑摩書房
29 ‘Dumbiedykes’ (Sir Walter Scott の The Heart of Midlothian『ミドロジアンの心臓』(1818) に登場する強欲な地主。

らゆるタイプの話者が、自然に発話される話しことばの英語において頻繁に使っている構文である。エディンバラ大学の上級会計士の発話を(53)に例として挙げておく。

(53) You have a little keypad down here **which** you can use your mouse to click on the keys.
(小さいキーパッドがここにあるから、マウスを使ってその中のキーをクリックすればいい。)
Presentation on Financial Information Systems, Old College, University of Edinburgh, 1 May 1996

(53)は統合されていない関係詞節の例、つまり、指示対象となる先行詞を指定するwh語もなく、wh語かthatによって占められていたであろう空所もない関係詞節である。You can use your mouse to click on the keyは主語名詞句youと直接目的語名詞句mouseがある完全な節である。thatを使った例にはa filing cabinet **that** you can only open one drawer at a time(ファイル用のキャビネットは、一度に1つの引き出ししか開けない)(筆者JMの妻の発話)がある。統合された表現なら、a filing cabinet that only allows you to open one drawer at a timeかa filing cabinet only one of whose drawer you can open at a timeのようになるであろう。(2つめの表現は自然発話としてはかなり非典型的になるが、非常に形式ばった文書の中ではしっくりするであろう。)ニュージーランド英語からの例は(54)にある。

(54) even if we have any meetings over here it's still just as long as those **that we go somewhere else**.
(たとえここで何か会議があるとしても、どこか他のところに行ってからでも間に合うくらい、まだ長くかかりそうだ。)
Wellington Corpus of Spoken New Zealand English, DPC004:0385:IB

thatは後続の節をthoseに結びつけているが、節は主語名詞句weと方向を示す句somewhereを含む。統合した表現ではjust as long as those for which/in connection with which we go somewhere elseあるいはthose that we attend elsewhereのようになるであろう。重要な例はwhichを伴っている(53)である。Miller and Weinert (2009: 110–1)はそのwhichを統合されていない関係詞節を導く関係代名詞として扱っていた。しかし、このwhichは、後続の完全な節と先行する談話のまとまりを結びつける談話連結詞として扱うほうがよいであろう。

1.6.2 名詞句＋節(NP-Clause)：単一節、それとも単一節＋外部名詞句？

(55)における語の連鎖は、話しことばの英語(またはフランス語、ロシア語、ドイツ語の話しことば)に典型的なものであるが、さまざまな分析がなされてきた。ここでは、この構文を「名詞句＋節構文(NP-Clause construction)」と呼ぶことにする。この名称は、最初の名詞句が節の一部ではないという見方を反映している。新しいデータはそのテキスト機能に光を当て、その構造は類型論において未決着の問題と関係することになる。節は、空所がなく統語的には完全な形であり、私たちの分析では、最初の名詞句は節の外にあり、通常「左方転位(left dislocation)」という名称が用いられているものの、節の中からその位置に動かされたものではないと仮定する。この分析は、最近のフランス語の名詞句 - 節構文の詳細な研究(de Cat 2007)によって支持されることになる。その研究で示されていることは、もし名詞句が節内から移動されるならば、移動を阻止する統語制約に違反することになるということである。

Miller and Weinert (2009: 237–9)(そのフランス語やロシア語に関する議論も参照)は、当初から名詞句＋節構文を、名詞句とその指示対象を際立たせる焦点構造(focus structure)として分析している。(55)から(58)で提示されたデータが示しているのは、話者が1つの名詞句を別の名詞句と対比させるためにこの構文を使うということである。((55b, c)–(58)は、新聞記事からの引用であるが、ジャーナリストの作成した録音音源から直接転記されている。)

Quirk et al. (1985: 1416–7)は、この名詞句＋節構文を緩やかな形式ばらない話しことばに典型的なものと捉えている。This man I was telling you about – he used to live next door to me のような発話において、先頭の名詞句の this man I was telling you about には発話の「出発点」を設定する機能があると分析した。この構文では複雑な名詞句の主語を含む節を処理しなくてもよかったため、話し手と聞き手のどちらにとっても好都合であった。

確かに、自然発話では複雑な名詞句主語が避けられるが、目的語の位置にあればより許容されやすい。しかしながら、多くの左方転位された名詞句は単純な形であり、多くは以下の(55a-c)のように、対比の機能を果たす。

(55) a. **this film** it does give a real close-up of what goes on behind the scenes.
(この映画の場合は、舞台裏で起こっていることを如実に浮き彫りにしている。) Tom Brook, Talking Movies, BBC World, 19 April 2007

b. 'I like his [Keith Floyd's] style of cookery,' adds Fenton's wife Patricia. 'He

just throws everything in. **Rick Stein—he's only copying Floyd, isn't he?'**
（「彼［キース・フロイド］の料理スタイルは好きだ。」とフェントンの妻パトリシアは付け加えた。「材料を全部放り込む感じ。リック・ステインの場合は、フロイドを真似しているだけじゃない？」）

The Independent, 11 October 2007, Extra, pp.2–3.

c. **My youngest daughter** gets embarrassed when she sees me on television,' says Stewart. '**My eldest**, she doesn't mind so much because it gives her extra street-cred at school.'
（「一番下の娘は、私がテレビに出ているのを見たら気恥ずかしいようでね。」とスチュワートは言う。「一番上は、そう気にしていない。学校で受けがいい流行りネタが１つ増えるからね。」）

Dr Iain Stewart being interviewed by Susan Swarbrick – 'Preparing to rock your world', *The Herald* [Scotland], 13 November 2007, p.17

しかし、(56) から (58) のように、この構文は、同時に、複雑な発話を作り出しやすくし、対比を示すこともできる。

(56) What struck me was that **people who behaved the way my ex and I did**, their children were fine, but **those who made more mistakes**, their children suffered more. That cause and effect was quite clear.'
（衝撃だったのはそういう行動をした人間が自分と前の私の連れ合いだったことで、子どもに罪はない。しかし、親が過ちを重ねれば重ねるほど、子どもはさらに苦しむことになった。その原因と結果は明らかだ。）

'Divorce doesn't have to be a disaster,'
（離婚は災難とは限らない）
The Herald, 3 December 2007, p.15

(57) Contrasting the fortunes of different sub-sectors, he said: 'Electronics is performing particularly well. **The areas of industry that were being hit quite hard** – the one that stood out was the food industry.'
（異なる下位部門の資産と対比させて、彼は次のように述べた。「電子機器は特別にうまくやっている。ひどく打撃を受けていた産業分野一目立った領域は、食品産業であった。」）

The Herald, 27 October 2007

(58) 'You know, it's an amazing building. **The one that was never built,** that would have been even more amazing. It was going to be over 550 feet in height, and

unbelievable sight.'（「やはり、驚くべき建物だね。これまで建てられたことがなかったのだから、それはもっと驚くべきことだろう。高さが550フィート以上になるということだ。信じられない光景だ。」）

Sir Terry Leahy, Interview in *The Tablet* by Chris Blackhurst, 22–29 December 2007

ここで、重要な論点が3つ出てくる。この構文は新しいものではない。Dickensに以下の例がある：'**Your cousin, Mr. Jarndyce. I owe so much to him**. Would you mind describe him to me? '（あなたのいとこのジャーンダイスさまには、わたし、本当にお世話になったの。どんな人か教えて下さらない？）[30]（Dickens, *Bleak House*（『荒涼館』）1996年、ペンギン社、第4章）。（話し手はMr. Jarndyceに話しかけているわけではない。Mr. Jarndyceは、Your cousinと同格である。）過去30年で、この構文は英語の話しことばでよりいっそう頻繁に見られるようになった。この構文は、単に統語的な結びつけをする手段を提供するのではない。(55b, c)、(56)および(58)は、この構文が対比を示すために用いられていることを立証している。すなわち、Rick SteinはKeith Floydと対比され、the eldest daughterはthe youngestと対比され、the one that was never builtはthe one that wasと対比されているのである。最後に、名詞句＋節構文は、主語卓越(subject-prominent)言語と主題卓越(topic-prominent)言語との間に類型論的な違いがあるという提案に疑問を呈し、自然発話の話しことばの英語の類型と形式ばった書きことばの英語の類型にかかわる興味深い問題も提起することになる(Miller and Weinert 2009を参照)。

1.6.3　直接目的語名詞句＋補部節

構成素構造が不可解なもう1つの語の連鎖は、いわゆる名詞句＋補部節(NP-Complement Clause construction)である。自然発話の話しことばに決まって現れる。(59)のスコットランド英語の例、(60)のニュージーランド英語の例、(61)のアメリカ人作家の小説からの引用例を見てみる。

(59) Everyone **knows Helen Liddell how hard she works**.
（ヘレン・リドルが如何に一生懸命に働いたかは誰もが知っている。）

Discussion programme on BBC Radio Scotland

(60) i can never **remember any of my family how old they are**.

30 ディケンズ『荒涼館』第1巻、佐々木徹訳（岩波書店）p.109

（私は家族の誰も思い出せない、歳がいくつなのか。）

New Zealand ICE, Macquarie Corpus

(61) everyone turned to [Stoichev] with a smile … I **remembered Rossi, how he'd listened so modestly** to the cheers and speeches

（みんなストイチェフの方ににっこり向きなおり…私はロッシを思い出した、とても控えめに喝采と演説に耳を傾けていたそのようすを。）

Elizabeth Kostova, 2005, *The Historian*

論理学的な視点からは、(59) は誰もが何か（つまり、Helen Liddell がいかに一生懸命努力しているか）を知っているという命題を伝えている。(59) を発話した話者は、2 つの目的を達成していると考えられる。つまり、（男性の）話者は感嘆を表す従属節（wh 語に主語名詞句と動詞の組み合わせ）と比較的複雑な主語名詞句を避けている。この構文を用いることによって、話者は Helen Liddell が注目されており、この状況で話題になっている主人公であることを再確認している。このことを主節で行った後で、話者は従属節に移り、新しい特徴である彼女の仕事に対する能力を強調している。

話者が直接目的語名詞句＋補部節の連鎖を用いている理由は、わかりやすい。わかりにくいのはその構成素構造である。名詞句は主節動詞の直接目的語である。同じ動詞が補部節をとる場合、その節は動詞句の一部を構成するのであろうか。書きことばの例の (61) における名詞句と節の間のコンマの統語的な意味は何だろうか。最も単純な解決法は、この連鎖を二重目的語構文として扱うことであろう。

1.6.4 WH 分裂構文と'thing is'構文

最後に WH 分裂構文について見てみる。書きことばの古典的な WH 分裂構文は (62) に例示されている。(63)–(65) では自然発話による WH 分裂構文の例を示す。

(62) a. What you need most is a good rest.

（一番必要なのは十分な休息である。）

b. What he's done is spoil the whole thing.

（彼のしたことですべてが台無しになった。）

典型的な WH 分裂構文は、What you need most や What he's done のように、wh 節である分裂節により導入される。構造上、最後のまとまりは、分裂した構成要素であり、それは(62a)の a good rest のような句か、(62b)の spoil the whole thing のような非定形の節である。2つのまとまりは is や was や will be のようなコピュラ(連結詞)でつながれる。ここで特に興味深いまとまりは、主語名詞句をもたず、裸の動詞語幹 spoil が現れる非定形の節である。主語名詞句、時制、相の欠落が主節に統合されている節であることを示しているのである。what を不定の直示語として扱えば(詳細な議論は 221–239 ページを参照)、what を関係詞節 you need [　] や he's done [　] に修飾された名詞とみなすことができる。関係詞節には空所に what と同一指示をもつ発音されない直接目的語名詞句を含み、what がその指示対象となる分裂要素—(62a)では a good rest、(62b)では spoil the whole thing—を前方から指示しているのである。

(62b)が特に興味深いのは、英語の自然な話しことばで規則的に起こる WH 分裂構文が、分裂節と分裂構成素を含むものの、分裂構成素が主語名詞句、時制、相を含む完全な節で、典型的に、分裂節と分裂構成素が be でつながれず並置される点である。イギリス英語からの例は(63)と(64)にあり、(65)はニュージーランド英語からの例である。

(63) A　What you do
　　(今度することは)
　B　right
　　(はい)
　A　you drop down then you go right
　　(下に向かってから右に進んでください。)　Map Task Dialogues

(64) And what you're doing now is you're going along the right
(そしてこれからすることですが、右に進んでください。) Map Task Dialogues

(65) but i used to—like—what we'd do when i was a kid in the sounds we used to sometimes catch fish catch blue cod and th just head for the beach and light a fire on the beach[31]
(子どものとき砂浜でよくやっていたことはね、ときには魚、銀鱈とか釣りをしに行ったり、ただ海辺に出かけて行って、浜で焚き火をしたりね。)
WSC, DPC079:0705:AC

(64)は、[what you're going to do now] +is+ [you're going to go along to the right]

31 blue cod はニュージーランド産トラギス属の緑青色の海産食用魚(『リーダーズ英和辞典』第2版)

となり連結詞（コピュラ）is が現れている。(63) と (65) は [what you do] + [you drop down] と [what we'd do ...] + [we used to ...] となり、連結詞がない。各々の節の構成素構造は、定形であれ非定形であれ、分析者の通常の方法がどんなものであれ、ともかくその通常の方法で扱うことができる。節は、どのようにして結びつけられるのであろうか。分裂節はそれ自体では完全なテクストにならない。つまり、what you do や what you're doing now や what we'd do when I was a kid in the sounds はどれも、聞き手が十分な解釈を組み立てるためには、後に何かが続かなければならない。what は不定の直示語で、その指示対象は聞き手によって特定されなければならない。ここで提案する分析は、その 2 つの節が「WH 分裂文 1」とでも名づけられるより大きな構造の一部をなすというものである。(「WH 分裂文 2」は、(62) で例示された書きことばの英語における古典的な WH 分裂文に対する名称としてよいであろう。）実際、2 つの構文に対して、2 つの名称が必要である。分裂節と分裂された構成素が be によって結ばれる構文は「WH 分裂文 1a」、分裂節と分裂された構成素が並置されるだけの構文は「WH 分裂文 1b」という名称を用いる。(この最後の説明は、どのような時に異なる語の連鎖が 1 つの構文になり、どのような時に 2 つの異なる構文になるのかを考える第 4 章での議論を先取りしたものである。）

これまでの例では、主語の指示対象・時制・相が分裂節から分裂された構成素へとつながっている。この事実は、(65) のような例を空の連結詞があると分析することを示唆するものかもしれない。私たちは少数派かもしれないが、連結詞の欠如が重要な違いを示す兆候であるとの立場をとる。イギリス英語からの (66) とニュージーランド英語からの (67) を考えてみる。

(66) **What I thought I'd do** Chairman as you know, the most important issue at the moment is the poll-tax.
(私がしようと思っていたことですが、議長もご存知のように、当面で一番重要な問題は、人頭税です。）
Member of Parliament addressing a meeting in Edinburgh

(67) yes i'm astonished and would very much have liked to ask him to question him more closely but **what we ARE going to do** he HAS spoken to one of our journalists and we're going to repla replay that for you in its entirety so that you can hear what he said but it does leave a lot of things unanswered
(ええ、私は驚いて、彼にもっと詳しく尋問してしっかりと問い詰めたかったのだが、我々が聞こうとしていたことは、彼が記者の 1 人にすでに語ってしまっていた、だから、彼が何を語ったのかを聴けるように、完全に再生することはできるが、まだ答えられていないままのことが多くある。)

WSC, DGB005: 0060:HS

what I thought I'd do と what we ARE going to do は、連結詞によって後続の節に結びついていないだけではなく、主語の指示対象・時制・相に断絶がある。(66) では、主語名詞句 I は the most important issue に置き換えられ、過去時制である thought は現在時制の is に置き換えられている。(67) では、主語名詞句 we は he に置き換えられているが、we は次の節で再び登場している。こうした例において、what I thought I'd do や what we ARE going to do は複雑な強調の談話不変化詞として機能し、WH 分裂節の複合体の一部となっているようには見えない。what は依然として不定の直示語であるが、後続するテクストのまとまり全体を指示していて、必ずしも単独の節を指示しているのではない。

さらにややこしい構文が、自然に発話された英語の話しことばに現れていた。ニュージーランド英語の例が (68) と (69) にあるが、イギリス英語、アメリカ英語でもこの構文は日常的に起こる。

(68) DN I cleaned out the cupboards with the mice pooh in them
(食器棚にあったネズミのフンを掃除した。)
AL you're nesting
(こもっているところか。)
DN oh yes very much so julia told me and since then I've been doing it
(ああ、全くその通りだよ、ジュリアの言う通り、あれ以来ずっとこもりっぱなしだ。)
CH laughs
(笑)
BT laughs
(笑)
AL what nesting
(こもっているとは。)
DN **this is what you're meant to do is nest**
(君がやろうとしていること、これこそがこもるということだ。)

Wellington Corpus of Spoken New Zealand English
DPC066: 1175–1210

(69) I mean kids ARE really cruel and roz **that's the reason roz had such ha had such a thing about HER ear was because she'd had such a hard time**

(つまり子どもは本当に残酷なもので、そのために彼女の耳には相当に重かった。だからあれほどつらい思いをしたんだ。) WSC, DPC062: 0380:AL

TH 分裂構文で始まる構造である this is what you're meant to do と that's the reason roz had such ha had such thing about HER ear は、2 つめの be によって定形節または非定形節—(68) では nest、(69) では because she'd had such a hard time—に結びつけられている[32]。Calude (2008) は Ross-Hagebaum (2004) を引用して、この構文を、図 1.1 に内部の構成素構造が示されている TH 分裂構文と WH 分裂構文の混交体(amalgam)と捉えている。Calude は「指示詞分裂構文(Demonstrative Cleft)」という用語を使用しているが、私たちは TH 分裂構文という用語を用いる。

分裂文の混交体

TH 分裂文			基本的な WH 分裂文	
分裂文の構成素	コピュラ	分裂文の節 / 分裂文の構成素	コピュラ	分裂文の構成素
That	's	what you ' re meant to do	is	nest

図 1.1　(68) の可能な構成素構造

混交体仮説は、複数の分析によって指摘された自然発話の中心的な特徴と整合する。Calude (2008) は、話しことばの構成要素が糸に通した数珠のようであると評した Brazil (1995) と、書きことばの階層的な構成とは対照的に話しことばの線条性を強調した McCarthy (1998) を引用している。Brazil と McCarthy の考えは、先に言及した Sornicola や Linell、Blanche-Benveniste、Zemskja、Miller and Weinert の見解と合致している。

一般論としては、自然に発話された話しことばの線条的でばらばらな構成は、混交体 (amalgams) の形成を容易にする (ただし、ばらばらであることを誇張することには慎重であるべきである)。しかし、二重分裂文は運用上生じる現象ではない。文法におけるすべての変化のように、二重分裂文は言語運用の過程で出現したが、現在ではさまざまな英語で日常的に起こり、多くの話者の発話において記録されている。Massam (1999) は、McConvell (1988) が学生のレポートから実例を見つけ、Ellen Prince がニュースグループから配信された電子メールで例を見つけたことを報告している。

Massam (1999) は、TH 分裂構文については論じておらず、自身の論文から引

32 原文では連結詞は is となっている。

用した(70a–e)のような種類の例を集中的に議論している。Massamはこの構造をthing-is構文と呼んでいる。

(70) a. The problem is, is that we can't find the evidence.
(問題なのは、証拠が見つからないことだ。)

b. My feeling was, was that she doesn't have a professional hold on the situation.
(僕の感触では、その状況で彼女は専門職をもてないということだ。)

c. The hitch is, is that it seems to be occurring in the opposite direction.
(その障害は、反対方向で起こっているようだよ。)

d. The only things is, is that I couldn't move down here because I don't drive.
(ただ1つだけ言うと、僕は車を運転しないからここまでは移動して来られないよ。)

e. The fact of the matter is, is that the policy is totally unclear.
(事実をいうと、方針は全く不明だということだ。)

Massamは、thing-is構文がWH分裂構文[33]と連結性(connectivity)という点で重要な特性を共有していると言う。この構文は2つの節から成り立つが、いくつかの点で1つの節のように振る舞う(Massam(1999: 340–6)を参照)。さらに、その主張を強めることができる。Massamはthing-is構文は(The thing is we got to have lunch together)のようにbeによってつながれなくてもよいが、WH分裂構文では結合するbeがなければならないと考えている。(63)と(65)の例はMassamが間違ったタイプのWH分裂構文について考察していることを示している。What he saw was an appleはWhat he did was eat the appleやWhat he did was he ate the appleと対立する。しかし、後者のタイプのWH分裂文は実際には接続用法のbeは必要ではない。(Massamの論文のこの部分は、正しい理論が正確なデータに依存することについてすでに指摘した論点と関係する。MassamはThe thing is, is he can't be dismissed[著者JMの例]において、2番目のisは動詞ではなく焦点を示す標識であるため省略可能である(The thing is he can't be dismissed)と断定した。what he likes is marzipanにおけるisは動詞であるため省略は不可能である。しかし、もちろんwhat he does is he refuse to answer the phoneではisが省略可能なので、別の説明をする必要がある。)

Massamの分析の他の部分の細部に私たちは関与する必要はない。簡潔に言え

33 著者JMによれば、Massamは「疑似分裂構文(pseudo-cleft)」という用語を用いている。

ば、Massamは、原理とパラメータ理論の枠組みで、空範疇にかかわる派生とWH分裂構文の派生を並立させることを提案している。最も基本的な構造は[[the thing is ec_i] is [that I like you]]で、これから[[that I like you]$_i$ [the thing is] is t_i]が派生される。次に、これが[t_i the thing is that I like you] is t_iという構造を派生する。角括弧の中の2つのまとまりをつないでいるisは焦点/連結詞の主要部とされている。[the thing is __]というかたまりの中に生じる名詞は、problem、thing、claim、feeling、hunchなどのような、少数の同格的な名詞の部類と言われている。角括弧の中の2つめのまとまりであるthat I like youはこうした同格的な名詞の指示物の内容を提供している。このような同格的関係によって、なぜisだけが2つのまとまりをつなぐことができるのか、そしてなぜisだけが同格を示すことができるのかについて説明できると考えられる。

Massamの説明は、thing-is構文を原理とパラメータ理論のモデルの中で扱う方法があることを示しているが、構造がどのようにして生じるかという問題を提起してはいない。一方で、混交体分析は、二重のisが生じてくる根拠と魅力的な表層構造を示すことができる(もちろん何を魅力的とするかは個人の理論的な好みによる)。また、別のデータの見方もできる。Massamが指摘しているように、thing-is構文内に出てくる名詞は限られている。たとえば、problem、thing、claim、feeling、hunchなどにfactも追加でき、Massamの例ではfact of the matterという句も挙がっている。構文と形式の視点からは、名詞が限定されているという事実は、自由に構築できる構文ではなく、限定された修飾語句を容認する雛形(template)があることを示唆している。

この構文はおそらく談話標識へと文法化されていく兆候を示しているが、最終の状態はまだ見えていない。こうした過程は、the thing isがthing isに縮約されていく(71)のような例文に垣間見ることができる。

(71) B 117 : yeah i mean he does tend to drop things an awful lot in fact
(そう、つまり、彼はひどく何度も取りこぼす傾向がある、実のところ。)
l 115 : yeah he seems to take his eye
(うん、目ではとらえているようだけど。)
B 118 : **thing is** he's watching the man he's not watching the ball
(要するに、相手は見えているが、ボールは見えていないということだ。)
Miller-Brown Corpus, conversation 60.
(会話で議論されているのはラグビーのゲームである。)

著者が聞いたことがある他の省略句としてfact isとproblem isがあるが、話しことばの録音にはなかった。

ここで、(66)の What I thought I'd do Chairman as you know と the most important issue at the moment is the poll-tax に戻ってみる。すでに述べたように、wh 節の主語名詞句、時制、do につながるものは、後続する要素からは独立している。それでは、(72) はどう考えるとよいだろうか。A は wh 節の what you're going to do と連結詞の is を発話し、その後ポーズを置く。短いポーズの後、A は what you're going to do の内容を指定する。Massam はこのような例を単文として取り扱っているが、節の複合体という視点から見ると、(63) と (66) の wh 節は全く独立の節であり、(66) のように、短いポーズまたは長いポーズによって後続する節から分離されているかもしれない。(Regina Weinert は、導入節の what I thought I'd do は、後に長いポーズが置かれていたと報告した。) 次の例 (Miller and Weinert 2009 から引用) では、wh 節は平叙文から命令文への叙法 (mood) の変化のため、さらにより独立しているように見える。

(72) Eh, **what you're going to do** is go in between the camera shop and the lefthand side of the page, right.
(ええと、それから今度は、カメラ屋さんとページの左側の間を進んでください。いいですね。)

(73) Okay. Now **what we have to do** is sort of v-veer to the left just a wee bit, ...
(はい。ではこの先ですが、左方向にほんのわずかだけ向きを変えてください。)

(74) **what we need to do** is turn turn right ... . straight right ...
(この先必要なのが、曲がること、右に、まっすぐ進んでから右に。)

Map Task dialogues

(72) のむずかしいところは、リズムやピッチのパターンが、go in between the camera shop and the lefthand side of the page が命令の意味を表す主節であることと整合している点である。what you're going to do is という連鎖は早めのテンポで話されている。(他の例 (73, 74) で起きていることとは対照的に) is のところでピッチや振幅 (amplitude)[34] の低下はないが、is と go の間に短いポーズがある。そして go の母音は、振幅の増加を伴う二重母音として発音される。次に (73) では、what we have to do is sort of という連鎖は、中程度のポーズによって v –veer to the

34 音の振動の大きさを表す単位のこと。言語学では、主に音響音声学の用語として使用される。

left から切り離されている。(74) では、what we need to do is という部分が早いテンポで話される一方、次に続く連鎖 turn turn right はゆっくりしたテンポで話される。つまり、(73) と (74) の両方の例において、ポーズとテンポにより、主要部をもたない関係詞節に後続する連鎖を命令節とする分析が妥当であることが示唆されるのである。

Massam (1999) は異なるパターンのポーズとイントネーションをもつ2つの thing is 構文の例を提示している。

(75) The problem is, we can't find the evidence.
　(問題は証拠を見つけられないということだ。)
(76) The point is that she doesn't want to run for mayor any more.
　(要するに、彼女はもう市長選に出馬したくないということだ。)

(75) では、(Massam の記述によれば、) is に高 / 下降 / 上昇というイントネーションが置かれ、その後にポーズが続いている。(76) では、(こちらも Massam の記述によるが、) is にイントネーションの変化はなく、point のあとに軽いポーズが置かれる。Massam は2つの例に同じ構造を与え、ポーズを論拠に、2つの基本の連鎖の the problem is is と the point is is から、(75) においては2番目の is が脱落し、(76) では最初の is が脱落していると主張している。この分析の難点は、ポーズが統語構造を測る信頼できる基準とはならないことである。Crystal (1987: 94) がかなり以前に指摘したように、ポーズは想定される文の始まりと終わりを示す基準にさえならない。Brown et al. (1980) は、みずからのデータについて3つのタイプのポーズがあることを提案している。話題の終わりと関係する 1~1.8 秒の長いポーズ、音調曲線 (contour) のポーズとみなす中間的な長さのポーズ、そして、3番目に、語彙や統語構造の検索と関連づけられているとても短いポーズである。(75) と (76) の違いは、(75) が、独立した「話題」節と2番目の節からなり、別々の統語単位を構成し、単一の文の部分とはなっていないことである。(もちろん、先にも述べたように、文が自然に発話されたことばの分析の単位とならないのであれば、(75) の文分析は成り立たない。) これに対して、(76) は2つの節から成り立ち、節の複合体として十分に統合されているようである。

[(72) (73) (74) のような] 地図課題の対話における WH 分裂文の多くは、ピッチとリズムによって、2つの部分に分けられる。wh 節は素早く低いピッチで発音され、その後に続く節は高いピッチ (おそらくはそれぞれの話者にとっての標準的なピッチ) で発音される。wh 句には、ポーズで後続の節から分断されているものもある。こうした wh 節は話題節として機能しており、(少なくとも地図課題

の対話においては）既知情報を担っているとさしあたり仮定できる。

それでは、十分に統合された節複合体で、形容詞がthingを修飾しているthing-is構文の例を取り上げて、この節の議論を完結することにしよう。

(77) and i looked it up in the Scottish national dictionary and it gave the — cannae mind [= can't remember] how it gave it now—but **the strange thing is** that now it's more prevalent in the borders [area of Scotland next to the border with England, JM] than anywhere else
（それで、スコットランド国語辞典で調べてみると、出ていたんだが、どう定義してあったか今はもう覚えていなくて。でも、奇妙なことに、今では他のどこよりもボーダー地方［イングランドとスコットランドの境界地域一帯の名称］で普及している。） Miller-Brown Corpus, conversation 33

このthing-is構文は、(78)のように、主題節(topic clause)を構成する部分さえも拡張することができる。

(78) **the only thing is with Beth**—Beth'll not spend money she's mingy she's really mean she wouldn't give you two halfs for a one)
（ベスのことで1つだけ言えることがある。ベスはお金を使わないし、ケチで、本当に意地悪で、1つしかないものは絶対分けてくれない。）
Miller-Brown Corpus, conversation 12

最後に、thing-isのまとまりは、(79)のように、TH分裂構文の一部にもなりえる。このことにより、Massamによって主張されたようなthing-isとWH分裂節の類似性がさらに広がる。

(79) **that's the bad thing about the halls of residence**—there's always people knocking on your door
（寮のことでまいってしまうのは、いつも誰かがドアをノックしてくることだよ。） Miller-Brown Corpus, conversation 58

1.7. 結論：統合された構造と統合されなかった構造

これまでの議論ではごく少数の構文を扱ったに過ぎないが、さまざまな問題が提起された。その問題の1つは、何が運用上の誤りで何が通常の構文であるかを決定したり、通常の構文のうちどれが標準的でどれが非標準的なのか、なおかつ、どの構文が話しことばに限定されるのか、どの構文が書きことばにも現れるのかを決定することの難しさにある。もう 1 つの問題は、自然発話を転記するのに、書きことばの構造を無理やりはめ込もうとすることを排除することが、非常に困難なことである。句や節を集めて単一の文がつくられると考えるのは、あまりにも魅力がありすぎてついつい引き込まれてしまう。実際に、そのような考え方は、原理とパラメータの理論またはミニマリズムのようなモデル、あるいはあらゆる統語の形式的なモデルでは避けられないかもしれない。私たちはみな教科書で解説するという目的のために、統語と談話の間に明確な境界線を引きたがる。しかし、自然に発話されることばでは、その境界は非常に流動的で、多くの連続する構成要素を説明するのには、おそらく談話モデルと節の統語モデルの両方を組み合わせる必要があるであろう。

訳者によるコラム：自然な話しことばのデータ

自然な話しことばの英語をさまざまなスピーチ・ジャンルや談話から収集し、分析を通して従来の文法の記述を捉え直すという視点は、イギリスでは 1990 年代に入って、話しことばのコーパス構築と共に次第に広まってきたように思う。本書で紹介されている、Miller-Brown Corpus は、さらに 10 年以上以前に遡ってこの構想を取り入れていたわけであり、注目に値する。ここでは、本章で紹介されたものを中心に簡潔にまとめておきたい。1995 年前後から、Carter and McCarthy がノッティンガム大学で話しことばの収集と分析を精力的に行った CANCODE (Cambridge-Nottingham Corpus of Discourse in English; part of Cambridge International Corpus) の共同プロジェクトがある。このコーパスは、談話のデータベースとしての価値が高く、さまざまなジャンルの自然な発話データが収集された。その成果が、Carter and McCarthy (1997) であり、ナラティブや雑談、ディベート、service encounters などの社会的コンテクストとインタラクションを含むやりとりを豊富に取り入れている。このプロジェクトは、文法と談話に新たな洞察を加え、同じく Carter and McCarthy による *Cambridge Grammar of English* (2006) に結実した。この文法書において 'Heads and Tails' のような話しことばの実態に即した新たな用語が投入され、Ellipsis, Deixis, Discourse Markers, Hedges and Tags, Clause Structures, Backchannels, Fixed Expressions などの項目別に、話しことばの文法という視点からその意味機能が解説されている。同時期の記述文法書としては、英語の話しことばと書きことばの文法の違いに正面から取り組んだ Biber et.al. (1999) による *Longman Grammar of Spoken and Written English* (*LGSWE*) が既にあり、大規模データベースの統計処理に基づくコーパス研究の成果を量的にも質的にも強く印象付けた。データ量でははるかに及ばないが、Carter and McCarthy (2006) の功績として特筆すべきは、言語研究のみならず、英語教育 (ELT) 分野において、自然な発話データを活用する教育的意義を唱え、ELT 教材の開発に大きな転換を促したことだろう。さらに、ほぼ同時期には、心理学や情報工学の分野では対話理解のメカニズム解明を目的として、実験的手法による課題指向対話コーパスの構築や音声言語データ収集が盛んに行われた。本章でも事例が引かれ、著者 JM 自身も参画した地図課題対話コーパス (Map Task Dialogue Corpus) は、1990 年代にエディンバラ大学の Human Communication Research Centre (HCRC) を中心とした共同プロジェクトによる成果である。詳細は Anderson et al. (1991) を参照のこと。当時は、音声のみのデータが主流とはいえ、分析ツールによるタグ付けやアノテーション技術を駆使して、話者交替やオーバーラップのタイミング、非流暢性の生起位置の特定など、精緻な分析により発話の実態を明らかにする研究が着々と進行していたのである。（吉田悦子）

参考文献

Anderson, A. H., Bader, M., Bard, E. G., Boyle, E., Doherty, G., Garrod, S., Isard, S., Kowtko, J., McAllister, J., Miller, J., Sotillo, C., Thompson, H. and Weinert, R., (1991). " The HCRC Map Task corpus " *Language and Speech*, 34(4), 351–366.

Carter, R. and McCarthy, M. (2006) *Cambridge Grammar of English: A Comprehensive Guide*, Cambridge, UK: Cambridge University Press.

第 2 章
依存関係

この章のアウトライン

2.1. 主要部とは

2.1.1 主要部と修飾語句

統語論の議論を始めるにあたり、2つの中心的な考え方に触れておく。1つは、語が集まると**句** (**phrases**) ができるということで、もう1つは、句の中で**主要部** (**head**) となる一語が、**修飾語** (**modifiers**) となる他の語を統制するということである。主要部は、複数の修飾語をとってもよいし、修飾語はなくてもよい。たとえば、the large dog では、dog が主要部で、the と large は dog の修飾語である。barked loudly では、barked が主要部で、loudly は修飾語である。(主要部と修飾語を認定する基準は以下で述べることになる。) もう1つの考え方として、節は動詞を主要部にとるというものもあるが、これは、多くの統語論者が採る考え方であるものの、その考え方を採らない統語論者も多い。英語、フランス語、ロシア語など多くの言語の書きことばでは、主要部とその修飾語は、句の中でお互いに隣どうしで現れる。語から句へ、句から節へ、そして、節から文へと配列することは、構成素構造分析の主要課題である。「構成素 (constituent)」は、句であれ、節であれ、文であれ、より大きな単位を作り出すために組み合わせる要素に対して与えられる便利な名称である。66–70 ページでは、構成素構造の分析について簡潔に述べる。統語論の入門書には、このテーマが常に含まれる。しかし、本書は批判的な入門書であることを踏まえ、第3章では分離名詞句の現象から浮かび上がってくる構成素構造の主要な問題を議論する。

句とは、相互に関係づけられた語のまとまりで、あらゆる句はなんらかのタイプの構文になる (第4章の構文の議論を参照)。句の主要部は構文の主要部でもある。第3章で観察するように、相互に関係づけられた語のまとまりは、1つの単位として**節** (**clause**) の内部で移動させることができる。ここで注目するのは、そのような語のまとまりの中において、語と語の間や主要部と修飾語の間でさまざまな結びつき方が認められることである。このような**修飾（modification）**の関係は統語論において基本的なものである。修飾は、異なる節タイプの説明に重要な役割を担うだけでなく、異なる言語間の語順を議論する際にも重要になる。

主要部の概念は、統語論では「記述的な」枠組みと「説明的な」形式モデルの双方で広く用いられているが、研究者はそれを当然のものと考える傾向がある。主要部の基準については1980年代に広く議論されており、たとえば、Zwicky (1985) と Hudson (1987) の間で交わされた意見や、名詞句 (NP) の主要部が決定詞 (determiner) であることを提唱する Abney の論文 (Abney1987)、さらには、Corbett et al. (1993) への寄稿者らによる広範な議論がある。一般的に認められている Matthew(1981)の基準は、Hudson (1990)にリストされている。

2.1.2　補部と付加詞

構文の主要部を認める基本的な基準は、主要部が義務的であり、修飾語と呼ばれる構成素(語)を統制することである。修飾語は、主要部を修飾する、あるいは、主要部に依存すると言われるが、主要部からの何らかの統制を受けている修飾語と、統制を受けていない修飾語は区別される。前者は補部で、後者は付加詞である。これらの概念は、節における構成要素の数と種類を決める動詞に最も明確に当てはまる。動詞には、(1a) のように主語だけを要求するもの、(1b) のように主語に加え、直接目的語も要求するもの、(1c) のように主語、直接目的語と方向を表す前置詞句を要求するもの、(1d) のように主語と方向を表す前置詞句を要求するものなどがある。

(1) a.　The Cheshire Cat[1] faded.
　　　(チェシャーキャットが消えてしまった。)
　b.　The dog chased some pheasants.
　　　(イヌはキジを追いかけた。)
　c.　The lawyer put the deeds[2] into his safe.
　　　(法律家は不動産譲渡証明書を金庫に入れた。)
　d.　The boys dived into the pool.
　　　(少年たちはプールに飛び込んだ。)

1　Lewis Carroll, *Alice's Adventures in Wonderland* に登場する木の上でにやにや笑う猫のこと。Alice と問答した後、にやにや笑いだけを残して姿を消す。(リーダーズ英和辞典 第3版)

2　不動産譲渡証書

Matthews (1981: 121–45) は、動詞の構成素に対する統制は、「要求 (requiring)」と「除外 (excluding) 」という２つの形で現れるという重要な指摘をしている。動詞は何か特定の種類の構成素を要求することがある。たとえば、put は方向を表す句を伴わなければならず、*put the deeds という表現は容認できない。対照的に、dive は Do you know how to dive? や The boys spent ten minutes diving and splashing then went home のように、方向を表す補部を要求しない。重要なことは、動詞 dive が方向を表す前置詞句を典型的に要求するが要求されないこともあるということではなく、dive が方向を表す前置詞句を許容するのに対して、discuss や exclude、play、sit (=be sitting)、lie (=be lying)、stand (= be standing) など、多くの動詞は方向を表す前置詞句を排除するという事実である。(ただし、play into somebody's hands (誰かを有利にしてしまう) や play to the gallery (俗受けを狙う) のような慣用句は、おそらく例外となる。)

方向を表す前置詞句は補部である。場所を表す前置詞や時間を表す前置詞は付加詞である。付加詞は、随意的に現れる修飾語であり、いかなる動詞に対しても要求されたり、排除されたりしない。(例外もある。be はある種の補部を要求する。They were in France のように、場所の前置詞句であったり、The concert is on Friday のように時間の前置詞句であったりする。stand、sit、lie もまた、場所の前置詞句を要求する。The longcase clock stands in the dining room (大型の振り子時計はダイニングルームに置かれている) は文法的であるが、*The longcase clock stands は非文法的である。The castle sits on the ridge (その城は山の背に佇む) は文法的であるが、*The castle sits は非文法的である。The town lies in a sheltered valley (その町は谷に守られたところにある) は文法的であるが、*The town lies は非文法的である。)

多くの言語において、動詞が修飾する名詞の形態を決める。ロシア語では、(2) のように、動詞 tolknul 'pushed' は直接目的語に対格の接辞を要求する一方、動詞 pomog 'helped' は与格の接辞を要求する。

(2) a. Petr tolknul Ivana.
Petr push Ivan-acc 'Petr pushed Ivan.'
(ピョートルはイヴァンを押した。)
b. Petr pomog Ivana.
Petr helped Ivan-dat 'Petr helped Ivan.'
(ピョートルはイヴァンを助けた。)

伝統的には、動詞は名詞の格を統制すると言われる。動詞 pomog は目的語を与格で統制する。統制する構成素や語は、構文の主要部である。また、動詞は形態・統語的な（morpho-syntactic）節の中心である。つまり、動詞は、節と節、句の場合には、句と句あるいは節、の間の関係を示す標識をもっているのである。多くの言語では、動詞は、主節の主要部であるか従属節の主要部であるかにより、何らかの接辞をとることになる。たとえば、フランス語では動詞 est 'is' は通常主節に現れるが、sort 'is' は接続法（subjunctive）の形で、ある種の補部節や副詞節に現れる。

2.1.3　数：一致か統率か

主要部には他に、一致を統制し、機能語の項として働くという２つの特性がある。Zwicky (1985) は、基本的な英語の「名詞句＋動詞句」の平叙節構文において、名詞句が一致を統制すると結論づけ、主語名詞と動詞の間の一致について、動詞が名詞に一致するという伝統的な見方を採用した。ここには、一致と統率の違いは何か、なぜ動詞が名詞に一致すると見るのかという２つの問題が生じる。Lyons (1968) は、一致と統率という伝統的な区別が、表面上の構成素の標示に関係することを指摘している。統率の場合、統率している構成素は形を変えないが、統率された構成素は形が変わる。古典的なインド・ヨーロッパ語族では、動詞と前置詞は名詞に特定の格接辞を要求するが、動詞と前置詞自体には格の標示はない。しかし、統率と一致の両方において、統制する範疇がある。名詞句における名詞は、修飾する形容詞に対してさまざまな素性を指定する。たとえば、ロシア語の širokaja reka「広い川」において、名詞 reka「川」は女性・単数・主格の形をもつ。伝統的な見方では、名詞がこうした素性を形容詞に付与して、形容詞には正しい接尾辞が現れる。širokoe pole「広い野原」の pole は中性・単数・主格の形、širokie reki の reki は女性・複数・主格の形をもつ。前置詞句では、前置詞が主要部である。たとえば、ロシア語の za rekou「川の向こう側」では za が道具格を rekou「川」に付与する一方で、iz reki「川から」では iz が属格を reki「川」に付与する。

何が名詞句 (NP) ＋動詞句 (VP) 構文の主要部であるのか。統率するのは名詞句の名詞なのであろうか、それとも動詞句の動詞なのであろうか。Lyons (1968: 241–2) は、（一部の言語学者が主張してきたように）「主語の人称や数は、動詞の人称や数によって決まると主張するのは正しくないであろう」と述べている。その理由は、数と人称は名詞の範疇であり、動詞や動詞句に標示されることもあれば、されないこともあるため、というものである。意味論的には、数や人称は存在物の特性であり、原型的な存在物（prototypical entities）は、椅子、イヌ、スプーン、乳母車、靴、ベビーベット、ミルク、ジュース、パンのような具体物（concrete objects）や、小さな子どもが人生の最初の局面で出会うその他の存在物であり、名詞によって表される。こうした多くの具体物を指示する名詞は、可算名詞であり、単数形あるいは複数形で生起してもよい。

話し手、聞き手、それ以外の人物など、人間は、代名詞や名詞で言及されるだけでなく、動詞の人称接辞によって言及されることもある。さまざまな言語の自然発話では、動詞が代名詞を伴わずに用いられることもありうる。(しかし、動詞のみが起こるのか、動詞が代名詞の主語を伴って起こるのかの頻度については、まだこれから厳密な調査研究をする必要がある。)より重要な点として、名詞に内在するある特性、より正確には名詞によって表される意味は、意味論と関係する。人称と数は、モデルや記述の意味部門で、存在物の特性として認識されうるし、節中の動詞に主語の人称や数を指定させたとしても、こうした属性(attribution)は変わらない。英語の場合、過去形と現在形の動詞は、実際に、三人称単数を除き、あらゆる人称や数を含めることが可能である。ただし、動詞は特定のものを表す主語を要求することもある。たとえば、FLOW は(比喩的でない用法で)液体を表す主語を要求するとみなすことができる。

動詞が節の中心的な位置を占めることを示す究極的でかつ強力な証拠は、節が動詞単独で成立する言語から得られる。(3)から(5)を例に挙げる。

(3) **Latin**

a. pugnatur.
is-fought 'There is fighting.'(戦いだ。)

b. tunuit.
thundered 'There was thunder.'(雷だ。)

(4) **Turkish**

konus ul maz. [一語]
spoken Passive Negative 'it is not spoken,'つまり'No speaking'
(だまっている。)

(5) **Luganda** (Africa–Bantu language)

a li gi goba. [一語]
she future it chase 'She will chase it' (a chicken)
(彼女はそれ(ニワトリ)を追いかけようとする。)

(3) のラテン語の節は動詞 pugnatur だけで成り立っている。この動詞は受動態である。主語の省略があると考えられるかもしれないが、その名詞句が何であるかを突き止めることは難しい。同じことは(4) のトルコ語の受動態の動詞にも当てはまる。(5) のルガンダ語は能動態で、独立した名詞句が必要とされないのは、文脈から、追いかけているのは人であり、追いかけられているのは鳥であることが、聞き手にとって明らかなためである。

2.1.4 主要部の概念に関する Croft の見解

主要部の概念、とりわけ動詞句や節における動詞の主要部としての位置づけについては Croft(2001)から異議が唱えられている。Croft は、どのような動詞でも、1 つあるいは複数の下位範疇化のフレームをとるという、動詞のよく知られている特性を取り上げ、たとえば、give のような動詞は、give the dog a bone のように名詞句＋名詞句のフレームをもつものと、give a bone to the dog のように名詞句＋前置詞句のフレームをもつものという明確に区別できる 2 つの語彙項目として扱うのでなければ、動詞とその下位範疇化フレームの間の数学的な関数関係を主張することは難しいと論じている。Croft は、動詞と補部との間に指向性はなく、多対多の写像関係 (many-to-many mapping) があると提案している。Croft のこの反論は、どれくらい示唆的なのであろうか。1 つの返答として、単一の項構造に関連するいくつかの下位範疇化フレームを(適切なところで)もたせることによって、語のリストを系統化することが考えられる。そうすると、下位範疇化のフレームと統語構造の間に 1 対 1 の写像関係 (one-to-one mapping) が成立するであろう。たとえば、give は ［Cause［X move from Y to Z］］ という概念的構造をもつ。Y は起点で元の所有者であり、Z は着点で新しい所有者である (詳細は 10 章の主題役割の議論を参照)。これに関連付けられる下位範疇化フレームは、名詞句＋前置詞句と名詞句＋名詞句である。これに必要となるリンキングのメカニズムは、たとえば、Goldberg (1995) や Levin and Rappaport-Hovav (2005) で論じられている。

こうしたレキシコンの組織化は、一致と統率、特に格標示に関する事実に適合する。たとえば、ロシア語で、上の英語に対応する表現は、dal sobake kost' ‘(he/she) gave dog-［与格］ bone' であり、動詞の dal は sobake に与格を与え、kost に対格を与える。そして、文脈によって dal kost' sobake、sobake dal kost'、kost' dal sobake のように、さまざまな語順が可能である。レキシコンの組織化は、以下に記述するような、主要部と修飾語句の間で成立する一般的な意味関係にもうまく適合する。動詞のクラスが確立されて、語彙と統語を結びつけることに成功している多くの項構造の研究にも適合する。そして、多くの言語において、平叙節の唯一義務的な構成素が動詞であるという事実にも適合する。

Croft は他にもさまざまな主張をしているが、ここでは、そのうちの 3 つについて見ておく。まず、場所格交替を例に用いて、Croft は下位範疇化フレームが節の意味に影響を与えることに言及している。Mary sprayed paint on the wall の例では、壁がペンキで全体的に塗られたのか部分的に塗られたのかわからない。

Mary sprayed the wall with paint では壁が全体的にペンキで覆われている状況を記述している。Croft は言及していないが、異なる解釈を導くカギになるのは直接目的語である。他の指定がない限り、動詞によって記述される行為は、その直接目的語の指示対象に完全な影響を与えると仮定される。the wall が直接目的語なら、その壁がスプレーされることで完全な影響を受けた存在物になる。Mary partially sprayed the wall with paint のように partially を付加すると意味は変化する。動詞の依存関係（verb-dependency）の研究ではこれまで、動詞が節全体の解釈を決定すると提案されたことはない。また、下位範疇化フレームが節の解釈に貢献することで、どうして動詞を節の主要部とする考え方が台無しになるのかは明らかでない。（参与者や主題役割に関する例については第 10 章を参照。）

2 つめの議論は、コピュラ構文において名詞句が動詞句と等価であることがわかると Croft が解釈しているロシア語のデータからである。Croft（2001: 251）は、「もし、ロシア語のように、述語名詞構文（predicate nominal construction）において、名詞句がコピュラを付加したり、動詞の屈折を伴わずに使われるのであれば、名詞句は分布の上では動詞句と等価となる」と主張する。Croft が注目した並行的な分布の例は、(6) で čitala knigu が student と同じスロットに現れていることである。((6b) において、student は［著者 JM により］女性形の studenta に変えられている。）

(6) a. Ona čitala knigu.
  She read a-book.
 b. Ona studentka.
  She is a student.

データは Croft の説明よりもさらに複雑である。Croft は「もし、述語名詞構文において、名詞句がコピュラを付加したり、動詞の屈折を伴わずに使われるのであれば」と述べている（Croft 2001: 251）。ロシア語の言語事実としては、現在時制の節でのみコピュラが現れない。現在時制でない節では、コピュラに、何らかの過去時制の形式 byl や byla、bylo、byli あるいは何らかの未来時制の形式 budu や budet などが必要となる。Croft は誤って ona student（原典のまま）を、'She was a student' と訳している。訳は 'She is a student' とすべきであった。'She was a student' は Ona byla studentka であるが、好ましくは、一時的な状態を表す道具格の studentkoj を用いる方がよい。定義をしたり、強調が入ったりする際には、変化しない現在時制の est' が用いられる。結果として、動詞と名詞が一見すると並行的に見えるのは、現在時制の節だけであることになり、Croft の議論は弱いものになってしまう。このデータに対しては、伝統的な扱いが可能で、現在時制の述語名詞節にはゼロ形として現れるコピュラを含むとみなすことができる。

3つめの議論は、外心構文(exocentric construction)[3]、つまり主要部をもたない構文があることである。Croft の例を(7)に挙げる。

(7) a. [What really bothers me] are all of those square brackets.
　　b. I said [(that) I was going to do it]

Croft (2001) は、認知文法の用語を使って、用例 (7a, b) では、構文全体と同じものをプロファイル(profile)する要素はないと述べている。(7a) に関しては、Bresnan and Grimshaw (1978) が、主要部を伴う構造を作る代案を提案している。Bresnan and Grimshaw は、wh 語を直示語とする第 8 章での議論で用いる (8) の分析を示唆している。

(8) What [ϕ really bothers me] are all of those square brackets.

(8) の構造で、what は all of those square brackets を指す直示代名詞であると言える。つまり、伝統的に「主要部のない関係詞」と名付けられた関係詞節は主要部をもち、動詞依存の視点からは、主節の主要部は are ということになる。もしもコピュラが等価性(equivalence) を表すのであれば、主節の構文全体は、Halliday の用語で言えば、(同定(identificational)や所在(locational)と対立する)等式(equative)の等価性を示している。つまり are は構文全体と同じ抽象的な「物」をプロファイルしているとみなされるのである。

(7b) に関しては、非定形の節を含んでいるため、補部節の I was going to do it は複雑な構造をもつ。もし、was going が主要部として扱われるのであれば、それは going「進行する」という出来事をプロファイルする。そして節全体がこの出来事の詳細を記述することになる。非定形の節は do をその主要部としてもつ。was going と do は補部節内の主要部であるが、Croft は、おそらく補部節全体を言及されたものとしてプロファイルする外的な主要部であると考えている。一般的に受け入れられた仮説は、もともとは補文標識 that がまさにそのような外的な主要部であるが、英語や多くの他言語では従属節に外的な主要部がないことがある。このことは、すべての節が内的な主要部をもつという分析に影響を与えるものではなく、低いレベルの談話単位としての文がもつ特異な性質からくる帰結

3　内心構文(endocentric construction)に対する用語で、Bloomfield が最初に用いた。

であるとみなすことができる(節と文の議論については第1章を参照)。

2.1.5 主要部と意味

第7章から第10章にかけては、文法と意味の間に密接なつながりがあることを論じる。実際、多くの分析者や文法家が説明とみなすものは、格を表す接辞類や動詞の特定のアスペクト形式などに対する意味特性である。残念ながら、提案された一致の扱いでは、名詞は統率する構成素とはならないが、そのことによって、人称や数が名詞によって表される具体的な存在物の特性であることが否定されるものではない。ここでは、動詞が他のすべての構成素を統制する節の統語関係を扱う。好ましい意味特性は確かに存在する。節、名詞句、前置詞句、副詞句であれ、すべての構造において、主要部は中心的な情報を伝え、修飾語句は補足的な情報を伝えるものとみなせる。したがって、expensive books という句では、主要部の books は本とみなされる物の巨大な集合を指している。一方で、expensive は、話し手が本の集合全体ではなく高価な本という下位集合に注目していることを示している。さらに長い句の the expensive books では、話し手は the によって、すでに言及したか、そうでなければ、特定の文脈から明らかな本の集合に言及していることを示している。

同様の意味の絞り込みは、節でも起こる。drove と drove a Volvo という例を考えてみると、drove は一般的に運転するという意味を表すが、drove a Volvo はその行為を特定のメーカーの車を運転するという意味に絞り込む。さらに on the plate という句を考えてみると、最初の語 on は、ある存在物(たとえば、トーストやナイフ)と何かの表面との関係を示しており、the plate はその何かがどのようなものであるか、つまり「上にある(being on)」ことから「特定のお皿の上にある(being on a particular plate)」ことへと意味が絞り込まれている。付加詞である修飾語も同じ効果をもたらす。Juliet bought a book for Jennifer in Berwick last Tuesday という節には、a book や for Jennifer、in Berwick、last Tuesday という bought の修飾語が4つ含まれている。a book は買われた物であり、単なる買い物から、毎週の食料品の買い物ではなく、本を買う買い物へと行為を絞り込む。for Jennifer は、単に本を買うことではなく、ジェニファーのために本を買うことへとさらに意味を絞り込む。in Berwick や last Tuesday のような句も同様である。

2.1.6 前置詞句と名詞句の主要部

これまで、前置詞句と名詞句については、途中で触れてきたものの、何も実質的なことを言っていなかった。前置詞句の主要部は前置詞である。前置詞は、名詞と名詞(books about antiques)、形容詞と名詞(rich in minerals)、動詞と名詞（aimed at the target）を結びつける。ほとんどの前置詞は、（They sat）round the table、（Claude painted）with their paintbrush、（I've bought a present）for Freya のように、名詞を含む語群、あるいは、単独の名詞が後続しなければならない。前置詞が主要部であり、前置詞句の中に起こるものを統制することは、英語において少数の前置詞が、In behind the woodpile（was a hedgehog）「薪の山の後ろにいたのは（ハリネズミだった）」やAn owl swooped on the rabbit from up in the beech tree「フクロウがブナの木の上から突然ウサギに襲いかかった」のように、前置詞と名詞の間に別の前置詞の生起を許すという事実から明らかになる。In は behind の生起を許し、from は up の生起を許すのである。統制の別の側面として、標準的な英語では前置詞の後に代名詞が続く場合、*I've bought a present for she は非文であり、I've bought a present for her が正しい文となるように、I や he, she, we, they は排除され、me や him, her, us, them が要求されるということが挙げられる。いくつかのインド・ヨーロッパ語において、前置詞は名詞を特定の格で統率する。たとえば、ロシア語の v 'in/into' は、移動を表すか場所を表すかにより、対格あるいは所格を付与し、iz（out of）は属格を、pod（under）は道具格を付与する。

名詞句の主要部は、論争の対象になる。1980 年代の中頃までは、名詞句の主要部は名詞であると一般的に仮定されてきたが、Lyons（1975/1991）は指示語を主たる構成要素として提案し、かなりさりげない言い回しながら、名詞句の主要部は名詞ではなく決定詞であることを示唆した（Lyons 1977b, 1981）。Abney（1987）が公刊されて以来、名詞句の主要部が決定詞であることは、ほとんどの生成文法学者によって当然のこととして受け入れられ、名詞句は DP（決定詞句）という名称に変更された。この再分析がもたらした 1 つの好ましい帰結は、DP と VP は並行する構造を有し、決定詞は助動詞に相当するとみなされることである。助動詞は生起する際に、人称や数を伴い、また、直説法と接続法の区別がある言語においては叙法（mood）を示すため、動詞句の主要部であるとみなされる。

これまで当然と思われてきた分析を再検討することから何か得るものが出てくる。そうした多くの分析は直観的に魅力的で、申し分のないデータや議論に基づいているが、DP 分析を含むいくつかの分析には異議が唱えられる可能性がある（データの質に関する Sampson の見解は第 5 章を参照）。DP 分析の 1 つの難点は、動詞の修飾語句が、記述された出来事のタイプを絞り込む一方で、名詞の修飾語句は表す存在物のタイプを絞り込むという、動詞句と名詞句の間の意味論的な並行性が失われることである。決定詞の修飾語はその意味を絞り込まないのである。動詞句と決定詞句の間の統語的な並行性以外に、DP と向き合うにはどのような統語的な議論をするとよいのであろうか。

Hudson（1990）は、Hudson（2007）にはない次のような論点を挙げている。まず、

any student のような句において、随意的な語は student である：I haven't insulted any student に対する I haven't insulted any を比較のこと（any の後に来る名詞は student、colleague、policeman など文脈から理解できるものである）。このような分析に対しては、any student の any は量化詞の決定詞として分析できるが、I haven't insulted any では any は代名詞として分析できるという観察から反論できる。同様に、This project is fascinating の this は決定詞であると考えられる一方で、This is fascinating の this は代名詞であると考えられる。こうしたことは、単数の可算名詞を含む名詞句にだけ適用されるという事実として注目に値する。たとえば any coffee や any projects のように、集合名詞や複数名詞を含む名詞句においては Did you find (any) coffee in the kitchen? や Have you (any) projects in preparation just now? のように、決定詞も省略可能である。

Hudson の2つめの論点は、英語において（正確には Hudson は英語の文法を扱っているが、）決定詞が、名詞を含むいかなる句においても、その分布を決めるのに重要となる数、否定、定性の情報の中心部分となることである。この点は、否定と定性については有効であるが、いくつかの変化をしない名詞を除いて決定詞が単独で数を決めることはない。つまり、in these books において these と books は両方とも数の情報をもっているのである。Hudson の否定と定性に関するコメントは the book の分布が book の分布と異なる、つまり book は the と結びつくが、the book は the と結びつけられず、*the the book とはならないという問題を提起する。

Hudson の3つめの論点は、名詞の省略が随意的かどうかに関して、決定詞は語彙的かつ恣意的に異なることである。There were several houses to choose from, and each had its attractions（選べる家がいくつかあり、それぞれに魅力があった）は文法的であるが、*and every had its attractions は非文である。Hudson によると、こうした特性は異なる結合価をもつ主要部に典型的に見られる。別のデータの見方としては、each は決定詞か代名詞になりうるので決定詞か代名詞の位置に生じるが、every は決定詞としてしか機能しないと考えることもできる。ここで問題になるのは、語の基本的な語彙のクラスと、語が占めることができる統語的なスロットとの間に、ある種の緊張関係があることである。わかりやすい例は、remarkable、delicate、sharp などの語によって提供される。これらの語は、基本的に形容詞であり、統語では典型的に形容詞のスロットに生じる。しかし、The Remarkables はニュージーランド南島の山脈名である。[4] We passed the Remarkables just before Queenstown（クイーンズタウン到着直前にリマーカブル

4 Queenstown の東南方向にあり、Wakatipu（ワカティプ）湖東岸沿いに連なる山脈

連山を通過した）において、the Remarkables は名詞でその主要部は Remarkables である。Remarkables は名詞の主要部として機能する形容詞ではない。複数形の接辞をもつので、名詞として分析されなければならない。Wash delicates by hand（デリケートな衣類は手洗いする）において delicates は、直接目的語名詞句の唯一の主要部である。delicate は基本的に形容詞であり、通常、形容詞のスロットに出現するが、ここでの delicates は複数形の接辞をもち、名詞として分析されなければならない。（洗濯機の使用説明書の文脈で名詞に変換される他の形容詞には woollen と cotton がある。また tights よりも以前には、女性は nylons を身につけていた。）sharp も同様に基本的には形容詞だが、No sharps in this container（この容器に針混入無用のこと（病院の警告掲示））では複数形の接辞をもつ名詞である。つまり、英語の文法において、基本的に X であるが、時にあるいはかなり頻繁に Y として機能する形式があるという現象が知られていないわけではないのである。

Hudson の 4 つめの論点は、決定詞はいつも名詞句の周辺に位置しており、主要部と捉えると説明しやすいことである。名詞句の残りの部分は決定詞の補部とみなされ（Hudson の 5 つめの論点）、英語では補部は主要部に後続する。たとえば、意味論的・語用論的な説明では、the、this、that は存在物の特定の下位集合の中の構成員を取り出す。たとえば、the blue car with alloy wheels and bald tyres（安っぽい合金のホイールと擦り切れたタイヤを履いた青い車）において、the は blue car with alloy wheels and bald tyres によって表される存在物を選び出す。the はその文字列全体を修飾している。そして、このことから、the が極端に周辺的な位置にあることがわかる。

Hudson の 6 つめの論点は、決定詞と名詞、および助動詞と主動詞の関係の並行性に関するものである。並行性は次に挙げる特性において見つかる。決定詞と助動詞は名詞と主動詞に比べると意味的な内容がはるかに乏しい。決定詞と助動詞は純粋に統語的な理由で時に必要とされる。名詞と主動詞は一般的に随意的である。決定詞と助動詞は同じ概念の意味の異なる部分を定義する。これらの点は正しいが、それぞれに対してどのような比重を与えるべきであろうか。それは分析者の理論的な好みによる。つまり、これらの点のいずれもそれ自体で強い説得力はなく、いずれもそれぞれを合わせた集合とはならない。先ほどの「同じ概念の意味の異なる部分を定義する」という言い方は解釈が難しい。上記の統語的並行性と、表されるもの（denotata）を絞り込んでいく意味的並行性のどちらかを選択するのであれば、著者 JM は後者を選ぶであろう。

Payne（1993）は、ロシア語、ギリシャ語、ファルシ語（Farsi）、チュクチ語（Chukchi）、ワルビリ語（Warlbiri）、その他の言語のデータを調べ、名詞を名詞句の主要部とみなす他の理由を提示した。その理由は以下のとおりである。決定詞ではなく、名詞が(そして助動詞ではなく、動詞が)編入された要素を受け入れる構成素である。動詞の下位範疇化(すなわち、節の中で出現する構成素は、動詞によって統制される)は、決定詞とその修飾語ではなく、名詞とその修飾語によって決まる。名詞句において名詞は一致を統制する(統率子である)。名詞は同格の構造において構造の軸(pivot)である。(名詞句において一致を統制するのは名詞であるという点は、節において動詞が数の一致を統制するという前の議論とは矛盾しない。名詞句の中で起こるものは名詞によって統制されるのである。)

名詞が動詞に編入されることは、(9a, b)の南ティワ語(Southern Tiwa)の例で例証される。

(9) a. Wisi seuan-in bi-mu –ban.
two man-PL 1.SG-see-PST
I saw two men.(私は2人の男を見た。)
b. Wisi bi-seuan-mu-ban.
two 1.SG-man-see-PST
I saw two men.(私は2人の男を見た。)

seuan 'man'は複数形の標識inを失い、語根seuan 'man'は、mu 'see'と組み合わされ、人称と数を示す接頭辞biと時制の接尾辞banと複合語根を形成する。Payneは、古(代)シベリア語族のチュクチ語(Chukchi)やコリャック語(Koryak)において、形容詞が名詞に統合される並行的なプロセスを指摘している。Payneは、(10a, b)のチュクチ語の例を挙げている。

(10) a. ne-tur-qine-te kupre-te
new-INST net-INST
with a new net(新しい網で)
b. tur-kupre-te
new-net-INST
with a new net(新しい網で)

(10a)で、neとqineは形容詞語根tur 'new'が自由語彙項目(free lexical item)であることを示している。形容詞と名詞語根kupre 'net'は、ともに道具格の接尾辞-teをもつ。(10b)では、tur 'new'はneとqineが欠如していることからわかるように、もはや自由語彙項目ではなく、turとkupreを組み合わせたものに単一の道

具格接尾辞 -te が付く。動詞への編入と名詞への編入の間の並行性は明らかである。動詞は節の主要部であり、その並行性が拡張されるなら、名詞は名詞句の主要部であるべきである。

下位範疇化に関する Payne の論点は、ここではほとんど議論する必要はない。動詞の下位範疇化の議論では、名詞と名詞句、前置詞と前置詞句、形容詞と形容詞句を扱うが、たとえば each 対 every、all 対 some、this 対 the、the 対 a のような異なるタイプの決定詞は扱っていない。

2.2. 依存と構成素構造

依存理論(dependency theory)における中心的な考え方は、あらゆる句に必ず主要部があり、義務的で、句の中で他にどのような構成素が起こるかを決定するというものである。他の構成素は主要部の修飾語であり、主要部と修飾語は典型的に隣接して起こる。ただし、分離名詞句の議論については pp.92–119 を参照。主要部と修飾語が結合したものは共に「移動」する、つまり、異なる構文や同一構文内の異なる位置で共に起こる。主要部と修飾語の結合体は、単一の語で置き換えたり、省略したりできる。こうした点については、以下の(11)で例示されている。

(11) The Ethel that we knew and loved has left—just packed her bags and walked out.
(皆が知り、皆が愛するエセルが去ってしまった—バッグに荷物を詰め、立ち去った。)

固有名詞である Ethel は通常、定冠詞 the を許容しない。しかし、関係詞節によって固有名詞が修飾されるならば、定冠詞が許容される。おそらく、(11) を発話する話者は Ethel を一個人としてではなく、状況に応じて現れたり消えたりする個人を束ねたもの、あるいは(劇の)登場人物(ペルソナ)と考えている。The Ethel that we knew and loved という句は(たとえば Ethel that ate administrative staff for breakfast (事務スタッフに散々小言を並べたエセル)と対比して)これらの個人の集合の中の 1 人を選び出すのである。レキシコンにおいて、関係詞節を伴う場合に限って定冠詞が許容されるという情報を固有名詞の下位範疇化に含めなければならない。Ethel は名詞句 The Ethel that we knew and loved の主要部である。その名詞句の内部で、固有名詞は the という語句と that we knew and love という関係詞節の出現を統制している。

そのような語の連続は、全体を単一の語 she で置き換えることができる。省略の現象は2番目の節 just packed her bags and left に見られる。この節には主語がない。主語があるとすれば、それは she あるいは The Ethel that we knew and loved であろう。上の2番目の節のように、長い語の連鎖は代名詞で置き換えられるか、省略されるかどちらかである。

2.2.1　動詞句

先に説明した操作は、very difficult、in the garden、amazingly quickly など形容詞句、前置詞句、副詞句にはうまく適用できる。主要部が名詞、動詞、前置詞、形容詞のいずれであれ、修飾語が主要部の意味を絞り込むという意味の並行性の議論では、動詞と節を関係づけたが、動詞と動詞句は関係づけていなかった。英語や他の言語についての多くの記述で、動詞句という句の概念を使うが、ここでは、動詞が節の主要部であるという見方を採用する。動詞句の概念は、英語では確固たる証拠に基づいていないし、多くの言語、たとえば、主要な能動の平叙文において無標の (unmarked) 構成素の語順が「動詞ー主語ー直接目的語」である言語には当てはまらない。

互いに結束して句を形成する語の連鎖を認定する最も強力な基準は、転置 (transposition) と代用 (substitution) である。これらの操作はあらゆる動詞句にすんなりと適用されるわけではない。(12) のような do so の出現は基準の1つとなる。

(12) Norman Lemming jumped off the cliff and William Lemming did so too.
（ノーマン・レミングは崖から飛び降り、ウィリアム・レミングもそうした。）

実際、do so は jumped off を代用しているが、2つの語が関わり、動詞 did は jumped の代用で、so は jumped の補部の代用であることは明らかであろう。(12) はアメリカの言語学者の間の議論で出されるような例であるが、イギリス英語では、通常の構文ではなく、(13) が一般的な構文となる。(13) では、語の連鎖が so did となるが、動詞とその補部が so did を作り出すように変換されなければならないため、did が jumped で、so が off the cliff であるというような直接的な代用ではない。

(13) George Lemming jumped off the cliff and so did Anthony Lemming.
（ジョージ・レミングは崖から飛び降り、アンソニー・レミングもそうした。）

(14) で示されているような自然に発話された英語の構文であればうまくいく

かもしれない。

(14) Came right in he did without so much as a knock.
（彼はまさに、ノックさえせず、入ってきた。）

残念なことに、(14)の構造ははっきりしない。(14)の came は過去時制である一方で、come には時制が付かないという点を考慮しないならば、Came right in he did は、He did come right in を再構成しているとみなせる。しかし、話しことばの英語の新しい電子データベースには、They complained about it all the time they did（彼らはいつも不満を訴えた）のような例文が見つかる。この例では、They complained about it all the time と後ろに付されたthey did という2つの節がある。そうすると、自然な話しことばでは通常起こるような最初の節（Came right in）に主語が欠けているという、2つの節が合わさった構造を(14)はもっと分析することができる。すなわち、(14)は基本構文ではなく、省略の結果生じた構文であると考えられるのである。

Walking the dog is good exercise（犬の散歩はいい運動になる）や Buying his son a car was a mistake（息子に車を買ったのは間違いだった）などの例は He likes walking the dog や He regretted buying his son a car の例と同様に、動詞句があるために規則的に作られる。ここでの議論は、Walking the dog や Buying his son a car が、動詞とその補部（及び付加詞）が節の中の異なる位置に生起可能であることを示しているというものである。しかし、この議論は盤石ではない。Walking や Buying は確かに動詞から派生されているが、名詞（nominal）である。この動詞句のように思えるものは、It is good exercise や It was a mistake のように、did so や does so ではなく名詞句の代用形の it によって置き換えられる。格式ある書きことばの英語では、His walking the dog four time a day is a bit excessive（彼が1日4回も犬の散歩に行くのは少々やり過ぎだ）や Their buying their son a car was a mistake（彼らが息子に車を買ったのは間違いだった）のように、-ing 形の前に所有格代名詞が現れる。

こうした転置の操作はどのくらい厳密に適用されるのであろうか。The documents were in his desk と In his desk were the documents のような例では、in his desk という連鎖は、形式を変えることなく異なる位置に生じている。同様に、We need the latest documents from the developer、What we need is the latest documents from the developer、The information is in the latest document from the developer、The latest documents from the developer are what we need のような例では、the latest documents from the developer という連鎖が異なる構造の異なる位置

で形式を変えることなく生じている。(同様のコメントは、形容詞句や副詞句についても当てはまる。)仮に転置が形式を変えることなく適用できなければならないのなら、動名詞は動詞句の証拠とはならない。(この手の議論は、不定詞や自由分詞を含む連鎖にも適用される。)もし仮に小さな形式上の変化が許されるなら、動名詞は、名詞句、前置詞句、形容詞句、副詞句の証拠よりも弱い動詞句の証拠にしかならないであろう。

動詞句の議論は、(15)と(16)のような種類の例にも広げられる。

(15) Harriet couldn't marry Mr Knightley but Emma could.
(ハリエットはナイトリー氏と結婚できなかったが、エマはできた。)
(16) What Harriet did was marry Mr Martin.
(ハリエットがしたことは、マーティン氏との結婚だ。)

ここでの議論は、(15)では marry Mr Knightley に省略が起こっているということで、Emma could marry Mr Knightley は [Emma] could[5] に縮められている。省略は句に適用されるので、省略された連鎖は句とみなされる。(16)では was は WH 句 what Harriet did を主語として、marry Mr Martin を補部とする。つまり、marry Mr Knightley と marry Mr Martin という連鎖は異なるスロットに現れているのであり、(16)に転置を適用すると、(17)が作られる。

(17) Marry Mr Martin was what Harriet did.
(マーティン氏との結婚はハリエットがしたことだ。)

問題は、Marry Mr Martin は基本的な能動文に動詞句として生じることができないということで、*Harriet marry Mr Martin は平叙節としては誤り(incorrect)である。(16)や(17)において、marry Mr Martin は did ではなく、what によって相互参照(cross-reference)されているのである。結局、転置は形式の変化を許すのかという、動名詞において問われたのと同じ疑問に行き着くことになる。その疑問に対する答えにもよるが、結論としては、動詞句の証拠がないか、他のタイプの句より弱い証拠しかないか、のいずれかになる。

対照的に、動詞が節の主要部であるという証拠はより堅固である。依存関係に焦点を当てた記述では、動詞句に対して賛成か反対かの議論にはそれほど時間を割いていないが、依存に基づいて節内の他の要素を区分することがより重要であ

---

5 原文は could となっていて Emma が抜けていたため補った。

るという見解を取り入れている。節は、中核(nucleus)と周辺部(periphery)をもつとして分析される。中核は、動詞とその補部(主語、直接目的語、間接目的語、斜格目的語、方向を示す副詞)を含む。周辺部は、時間副詞か場所副詞である斜格目的語とその他の副詞から成り立つ。(副詞は非常に大きく、かつ異質のものからなるクラスであり、少なくとも1つの構文ー中間構文ーでは、たとえば、Her new book reads well は完全に容認可能であるが、*Her new book reads は非文であるように、いくつかの動詞には様態の副詞を伴うことが義務的であると思われる。)

中核と周辺部との二分法は、Foley and van Valin (1984) や Van Valin and LaPolla (1997) のように、内核(core)、中核(nucleus)、周辺部(periphery)の三分法で時に代替される。節の内核は動詞であり、中核には動詞と補部が現れ、周辺部は前述した通りである。動詞が節の中心であるという考え方は、動詞が節内の他の構成要素を統制するものとして分析されることと合致する。

2.3. 依存関係と従属節

従属関係は、定形と非定形ともに、異なるタイプの従属節があることを認める統語分析の他の領域でも重要になる。英語の2つのタイプの定形節の関係詞節と補部節から話を始める。関係詞節を(18)、補部節を(19)に例示する。

(18) a. the car she drives
b. the car that she drives
c. the car which she drives
d. the car that she drove to Spain in
e. *the car in that she drove to Spain
f. the car which she drove to Spain in
g. the car in which she drove to Spain
h. the car she drove to Spain in
i. *the car in she drove to Spain

(19) a. She said that she drove to Spain
b. She asked who drove to Spain
c. She inquired whether/if we were driving to Spain
d. She asked when we were leaving
e. *She said which she drove to Spain

2つのタイプの従属節は、それぞれ異なる形式的特性をもっている。その1つである関係詞節は that や who/which /whom、φ（ゼロ形）によって導入される。補部節は that やφによって導かれるが、(19b) の who や (19c) の whether のような wh 語によっても導かれる。補部節は、主語、直接目的語、動詞、斜格の目的語などを含む完全な構成素の集合を含む。関係詞節には空所がある。(18b) は the car［that she drove φ］として分析され、(18e) が容認できないことから示されるように、that は従属接続詞・関係詞節標識であるが、代名詞ではない。関係詞節では、関係詞節標識の that の前に前置詞が現れることができないが、which や who (whom) では、前置詞が現れることができる。この which や who (whom) は、関係詞節標識としても機能する代名詞である。

常にではないものの、通常、関係詞節は名詞句の内部にあり、必ずそうなるわけではないが、たいていの補部節は、通常、動詞に隣接する動詞の主語か目的語である。The manager announced yesterday in a meeting convened with little notice that she was making half the workforce redundant（ほとんど事前に知らされないまま召集された会議で、経営者は、従業員の半分の解雇を進めていることを告知した）という文において、補部節 that she was making half the workforce redundant は、動詞から離れているが、それでも動詞の直接目的語である。関係詞節と補部節の重要な違いは、関係詞節が名詞を修飾するのに対して、補部節は動詞を修飾することである。この修飾関係は、他の形式的な特性や文中で現れる位置とは独立のものである。もちろん、the proposal that we accept the offer や the hypothesis that the temperature will not rise more than 3 degrees、the idea that she is the right person for the job のように名詞を修飾する補部節もある。こうした例においては、which が that やφで代用できるかどうかを問わなければならない。もし、できなければ、その節は補部節である（the proposal that we accept the offer と *the proposal which we accept the offer の文法性の対比を比較のこと）。別の手がかりは、補部節が思考や予定、理論、仮説、提案などの内容を伝えていることである。

when で導かれた節は、(20a) のように関係詞節、(20b) のように補部節、(20c) のように副詞節になれる。

(20) a. the time <u>when</u> you left your briefcase on the train
（あなたが列車にブリーフケースを置き忘れた時）

b. I asked <u>when</u> she was leaving.
（彼女がいつ出て行くつもりなのかを尋ねた。）

c. <u>When</u> she announced her resignation, there was a long silence.
（彼女が自分の辞職を告げると、長い沈黙が流れた。）

副詞節は完全な節を修飾する。(20c)では When she announced her resignation は there was a long silence を修飾している。つまり、副詞節は沈黙がある状況、すなわち、沈黙が生じた際のさらなる情報を提供している。if によって導入される節は、たとえば、Can you tell me if you have read that book のように補部節、あるいは If you have read that book や please take it back to the library のように副詞節であってもよい。if you have read that book は、補部節として tell を修飾し、副詞節として please take it back to the library の節全体を修飾している。

節が何を修飾するのかという問題は、特に非定形節で重要になる。Huddleston and Pullum (2002) は、形式的な区別がほとんど不可能であるため、動名詞 (gerund) と自由分詞 (free participle) の区別を放棄した。Huddleston and Pullum は、これらを -ing 節と to 節として言及している。ここで採る見方は、何を修飾するのかに注目すれば、異なるタイプの非定形節を完全に区別できること、および、異なる非定形節が異なる談話機能を果たすので、わざわざ区別する価値があるというものである。

動名詞は名詞を修飾し、動詞の主語あるいは目的語になりうる。先述の例において、I like walking the dog の walking the dog は like の目的語であり、walking the dog is good exercise の walking the dog は is (good exercise) の主語である。自由分詞非定形節 (free-participle non-finite clause) もまた -ing の接尾辞をもつ動詞を含むが、動名詞とは異なり、節全体を修飾する。(この点において、自由分詞非定形節は定形の副詞節に似ている。Drinking his coffee and brandy, Sir Louis felt better (コーヒーとブランデーを飲んで、ルイス卿は気分が少し良くなった) において、Drinking his coffee and brandy は Sir Louis felt better を修飾している。自由分詞非定形節は、コーヒーやブランデーを飲んでいたという、何時その状況が生じたかについての情報を提供している。Knowing the country like the back of her hand, she was able to find the shortest route (その地域を隅々まで熟知していたので、彼女は最短のルートを見つけることができた) において、Knowing the country like the back of her hand は she was able to find the shortest route を修飾している。自由分詞非定形節は、彼女の能力についての理由を示しており、理由の副詞節 because/as she knew the country like the back of her hand と同等である。

2つめのタイプの動名詞は、(21) のような例において見つかる。

(21) a. I saw the burglar climbing in the window.
(泥棒が窓を伝って登るのを見た。)

b. I caught him opening the safe.
(彼が金庫を開けているところを捕まえた。)

c. I found Cordelia sitting on the terrace.
(コーデリアがテラスに佇んでいるのを見つけた。)

d. We heard the boys driving off in the car.
(少年たちが車で出かけていくのを聞いた。)

-ing を含むまとまりである climbing in the window や driving off in the car は、見たところ、縮約関係詞節(reduced relative clause)の可能性があるが、この分析は、固有名詞 Cordelia がある(21c)には当てはまらない。the burglar climbing in the window は、I saw the burglar who was climbing in the window を短くした縮約関係詞節として分析できる。The burglar climbing in the window was seen by everyone のように主語名詞句にもなることができるからである。対照的に、*Cordelia sitting on the terrace looked woebegone[6] は容認されない。少なくともいくつかの例は、(22)のように、直接目的語名詞を文頭に移動し、-ing を含むまとまりを後に残して、受動化することができる。

(22) a. The boys were heard (by us) driving off in the car.

b. Cordelia was found (by me) sitting on the terrace.

c. The burglar was seen (by me) opening the safe.

I saw the burglar climbing in the window は I saw the burglar who was climbing in the window のように拡張でき、who did you see? という質問に対する的確な答えとなる。The burglar was seen (by me) climbing in the window は、*The burglar was seen (by me) who was climbing in the window のように拡張することはできない。これらの受動態の例は、-ing を含むまとまりが burglar や boys のような名詞を修飾するのではなく、the boys were heard by us や the burglar was seen by me、Cordelia was found by me のような節を修飾していることを示している。このことは、I saw the burglar climbing in the window もまた What was the burglar doing when you saw him? という質問に対する的確な答えとなる事実と整合する。事実としては、(21a)が文法的にあいまいなので、-ing を含むまとまりは、縮約関係詞節、あるいはII型動名詞と呼ぶもう1つの構文のいずれかに解釈できるのである。この2つめの構文には、We heard the boys in the act of driving off in the car や We heard the boys as they were driving off in the car のような異なる言い換えが可能である。

---

6 woebegone「悲しみに沈んだ」の意味

別の構文があることと、その構文を動名詞として正当化できるかどうかは別問題である。歴史的事実にその根拠を求めることができる。(21a)の構文は、歴史的にはI saw the burglar a-climbing in the windowに由来しており、aはonから派生し、-ingを含むまとまりは名詞である。主要部と修飾語との関係は先の議論に重要ではなかったが、要するに、すべての -ingの連鎖をひとくくりにすることは極めて不適切なのである。異なるタイプの -ing構文、動名詞、自由分詞、そしてII型動名詞を区別することは重要であり、依存関係を理解することにより適切に切り分けられる。

訳者によるコラム：依存文法の考え方

第２章では、依存文法(dependency grammar)の考え方を基盤にして、文法構造を理解することに重点が置かれている。依存文法は、句の中で中心となる要素(主要部 head)と句の中の他の構成素(修飾語 modifier)との関係を依存関係(dependency relation)ととらえ、その関係に基づいて構想された文法理論である。従属文法とも訳され、「文の統語的構造は文の要素の間の支配従属関係の相対とする立場に立った文法」(益岡ほか 1997：159)と定義される。ほかの主要な文法理論と比較すると、「句構造文法が語と文の中間に動詞句や名詞句などのフレーズを認めるのに対し、依存文法では直接に文の要素の間の関係を考慮する」(ibid: 159)。また、変形生成文法が階層性という概念に重点を置くのに対して、依存文法では、「階層性以外の情報に重点を置き、変形という操作を排除して構造を説明しようとする文法理論」(ibid: 80)であると特徴付けられる。また、日本語では、伝統的な国文法における「係り受け」と同等の考え方であるとも言われる(詳細は石綿(1983)を参照)。

さらに、この文法の利点は、意味と重要な接点をもたせた解釈を可能にすることにある。たとえば、本章で例示された例文(11)の分析から、Lyonsが示唆した名詞句の主要部は名詞ではなく決定詞であるという証拠を見いだすことができよう。(11)の名詞句 The Ethel that we knew and lovedでは、通常、固有名詞には冠詞が付かないが、関係詞節を伴う場合に限って定冠詞が許容される。この定冠詞と後続の関係詞節が固有名詞を修飾し、名詞句全体の意味解釈が決定される。つまり、修飾語句が意味を絞り込み、定性という意味情報を固有名詞に付け加える必要が生じる。この結果、名詞句の主要部は、固有名詞のEthelから決定詞へと移行する。定冠詞は、既知情報として、Ethelという人物を知っている人々が個々に思い描くことができるその人物の意味情報の総体を示しており、定冠詞が名詞句全体を意味的に支配するということにつながっている。このことは、文法と意味が密接に関わることを示唆するだけでなく、意味論的な概念が構造分析に影響

を与えることを実証しているといえる。　（吉田悦子）

参考文献

石綿敏雄（1983）「結合価からみた日本文法」『文法と意味 I』（朝倉日本語新講座，第 3 巻），pp.81–112，朝倉書店
益岡隆志・仁田義雄・郡司隆男・金水敏（1997）『文法』（岩波講座言語の科学 5）岩波書店

第 3 章
名詞句と非階層構造性

この章のアウトライン

3.1. 非階層構造性：ワルピリ語・ロシア語と自然発話の話しことば

第２章では、修飾語が主要部の周辺に集まり、単一の構成素をなす例をいくつか検討した。構成素は、転置（transposition）や代用（substitution）といった主要な分類基準と、省略（ellipsis）や等位接続（conjoining）といった副次的な分類基準を適用することによって確認できる。古典的な句の構成素は名詞句（NP）であるが、本来なら１つの句にまとめられる複数の語が節内に散らばる言語が存在する。このような現象が見られる言語は非階層構造的（non-configurational）と呼ばれるが、非階層構造型言語では、潜在的な名詞句の構成素であっても名詞句の階層構造に組み込まれる必要がない。英語は非階層構造型言語ではないものの、話し手が、とっさに話す場合、節中の複合名詞句（complex NP）を処理しなくて済むような構文か、非常に単純な名詞句を用いることを示していく。非階層構造的な現象は、複合名詞句を避けるという目的を達成するための手段であると解釈できる。

1980 年代以降、非階層構造型言語については、頻繁とまでは言えないものの、たびたび議論されてきた（本章で引用する文献を参照）。非階層構造性は、1970 年代後半に Ken Hale によって行われたオーストラリア先住民言語であるワルピリ語（Warlpiri）の研究を通じて、生成文法学者に注目されるようになった（特に Hale (1983) を参照）。Hale は、ワルピリ語やその他、多くのオーストラリア先住民言語が、階層構造を中心にして展開する形式的な統語論に対して問題を提起することに気づいた。英語のような言語では、名詞、指示詞、数詞、形容詞など隣接する構成素が１つのまとまりを形成する。他方、ワルピリ語のような言語ではそのような構成素を１つの句にまとめることもできるが、構成素が節のいたるところに分散し、指示詞や形容詞がそれらが修飾する名詞と隣接しない非統合構造（unintegrated structures）が作られることも多い（以下の例文（16）～（28）を参照）。Hale（1983）は、このような非階層構造的な特徴（あるいは統語的に不連続な表現があるという特徴）が、自由語順（free word order）やゼロ照応（null analphora）と相関すると提案した。

ワルピリ語やオーストラリア先住民諸語のデータから、いくつかの重要な疑問が生じる。これらの言語は、主要部と修飾語が分離した「分離名詞句（split NP）」をもつ非階層構造型言語として、独自のグループを形成するのであろうか。Baker（1996）は、モーホーク語（Mohawk、北アメリカ先住民言語）も非階層構造的な語の配列をもつため、そのようなグループが形成されないことを立証した。この現象について最初に言及したと思われるZemskaja（1973: 383–93）は、話しことばのロシア語では主要部と修飾語は必ずしも隣接しないが、いわゆる「科学的なロシア語」（つまり学術専門書や公式文書、新聞での真剣な議論などの改まった書きことば）においては、常に隣接するという観察をしている。また、ロシア語の話しことばのテクストで（そして実際には書きことばのテクストでも）ゼロ照応や柔軟な語順が観察されることが多い。（語順は自由ではなく、情報構造（information structure）に左右される。おそらくオーストラリア先住民諸語の語順も同じように情報構造の影響を受けると推測される。）

Zemskajaの観察は我々に興味深い展望を提供してくれる。ワルピリ語や類似する諸語のふるまいは類型論的に珍しくないというだけではなく、名詞と修飾語（ここでは便宜的にこれらの用語を使う）の扱いは、個別言語のなかでも話しことばや書きことばの変種、特に例を挙げればリラックスした状況下の会話に見られる話しことばにおいて異なる可能性がある。したがって、ロシア語の書きことばとワルピリ語ではなく、ロシア語の自然な話しことばとワルピリ語の間に類似点があると言える（これは我々にできる最も強い主張である）。

ワルピリ語とロシア語のデータは、構成素分析に対して問題を提起する。１つの問題は、動詞と動作主名詞句（agent NP）、被動者名詞句（patient NP）の語順が自由であることと関係する。Jelinek（1984）は、ワルピリ語の助動詞は主題役割と格の情報を担った完全に指示的な接語代名詞（clitic pronouns）を含み、さらにワルピリ語の節内に起こるどのような名詞もその接語代名詞と関係づけられる省略可能な付加詞（adjunct）であると提案している。（Elson and Pickett（1967: 72）はミヘ・ソケ語族の（現在は高地ポポルカ語と呼ばれる）シエラポポルカ語に対して同様の分析をしている。）もう１つの問題は、「分離名詞句」に関連する。分離名詞句の名詞、指示詞、形容詞、数詞、所有名詞などは、最初互いに隣接して「名詞句」と呼ばれるものを作り、その後、(「移動」の意味が何であれ) 移動して分離されると考えられるのであろうか。それとも、名詞、指示詞などはもともと分離した位置にあり、節には高度に非統合的な構造が与えられ、談話表示理論 (DRT: Discourse Rreprentation Theory) のような形式的なシステムによって、これらが関係づけられる (つまり、意味内容が関係づけられる) のであろうか。以降の議論では、ロシア語の「分離名詞句」に対して移動分析を提唱する Pereltsvaig (2008) とは対照的に、要素がもともと分離した位置に現れるとする分析を採用する。

最後の問題は、すべての言語の自然発話の変種に影響する。ワルピリ語やロシア語の話しことばに見られるような構造は、自然発話における名詞句の理解という一般的な問題の一部が関係しているとみなせる。英語は統語的にも形態的にもワルピリ語とは大きく異なるが、話しことばの英語を調査すると、話者が複雑名詞句の使用を避け、人称代名詞やその他の代名詞を多用していることがわかる。(多くの話者にとって、形容詞を 1 つ含む名詞句ですら複雑であり、そのような名詞句は自然発話においてわずかな割合でしか出現しない。) 英語には、名詞句を節から分離させる働きをするさまざまな統語・談話機能を有する構文がある。そのような機能のおかげで話者は、節の構造の処理とは別に、単純であるかもしれないし複雑であるかもしれない名詞句を処理することができるのである。ワルピリ語やシエラポポルカ語で動詞に付く接語代名詞と任意の名詞を含む節は、同様の問題を解決するための 1 つの方法であると考えられる。

3.2. 単純な名詞句と指示の成立

これ以降で示されるすべての例は、他の研究者によるものも含め、潜在的に、あるいは実際に、テクストの一部である。先の問いに関係するより一般的な問題は、話し手や書き手がどのようにして存在物の指示・記述を確立するかというものである。どのようなタイプのテクストを作っているか、どのようなタイプの聴衆を相手にしているかによって、書き手は単純な構文やきわめて複雑な構文、とりわけ、きわめて複雑な名詞句を使用する。特に、準備することなしに自然な発話をしている話し手は、複雑な名詞句を通例使用しない。これにより、Austin (1981) が示すオーストラリア諸語のディヤリ語 (Diyari) や Donaldson (1980) が示すンギヤンバー語 (Ngiyambaa) のテクストにおいて、3 つ、4 つはもちろんのこと、1 つの形容詞を含む名詞句ですら、見つけることがなぜむずかしいかの説明がつく。このような矛盾は Dixon (1972: 60) によって指摘されている。Dixon によれば、名詞句は原則として、いくつ形容詞を伴っても構わないが、実際のテクストにおいては複数の形容詞を伴う名詞句はほとんど現れない。形容詞の数が少ないという事実は、テクストが対話ではなく語り (narrative) であることを考えると、実は驚くべきことである。ある種の物語は、繰り返し語られ、やがて書きとめられ、新たな物語が繰り返し語られていくものだからである。しかし、こうした語りには特別な性質がある。分析者によって聞き取られる前に語りのほとんどは失われてしまっていて、通常は元の言語で再現できない。このような状況があるために、テクストが磨かれ、練られていくことができない。そして、このことが、語りに現れる単純な統語構造を説明することになるであろう。ここでは、分析者が複雑な名詞句の証拠を見つけた時、どのような直観を用いているのかという問題がまさに生じる。

3.2.1　名詞句、複雑性、テクストのタイプ

自然発話のデータの分析から、名詞句の構造の種類とその複雑さの度合いには大きな違いがあることがわかっている。1960 年代後半に、Hawkins (1969) と Coulthard and Robinson (1968) は、書きことばにおける名詞句 (彼らの表現では「名詞グループ (nominal group)」) の構造は話しことばのものより複雑で、書きことばでは、すべての種類の修飾語が普通に現れるが、話しことばではまれであると結論づけた。(彼らは、話しことばや書きことばのテクストのタイプの違いを区別していないが、改まった書きことばと自然な話しことばに顕著な差が出ることは文脈から明らかである。)

Biber (1988: 89, 104–8) は、英語の複数の異なるテクストを見分けて比較するために、さまざまな「次元 (dimensions)」の概念を提案した。Biber は話しことばと書きことばを研究する誰もが認める点として、話しことばのすべての種類のテクストが書きことばのテクストと完全に異なることは*ない*と強調する。話しことばと書きことばの両方に現れる構文が存在するのである。それでも、Biber の 6 つの次元に関する議論から、とりわけ会話での自然発話が、その他のテクスト類と大きく異なるのは明らかである。たとえば、1 つの次元では、「共感型産出 (involved production)」と「情報型産出 (informational production)」が関係する。共感型産出とはリアルタイムで産出される談話のことで、正確な語彙を選択したり、わずかな量のテクストに大量の情報を詰め込んだりする時間のかかる過程を通常は排除する。情報型産出では形容詞や前置詞句、分詞句などを使用する必要があり、この次元では、これらすべてに対してきわめて否定的な評価が与えられる。つまり、このような複雑な構造は、自然発話の英語には現れないのである。この事実は Biber et al. (1999) においてデータで裏付けられており、書きことばのテクストの中でも学術的な書き物が最も緻密で複雑であり、多くの従属節の埋め込み、

複雑な主語名詞句、派生形態素の多いギリシャ・ラテン系の語彙が多用される複雑な構文が含まれる。名詞句に関して言えば、最も複雑な構文は、(たとえば、学術書、法的文書、百科事典の記事、大判の新聞など)緻密な専門的文書に見られ、最も単純な構文はタブロイド紙、漫画、児童書籍などに見られる。

自然発話の顕著な特徴の1つとして、前述したタイプの書きことばのテクストに起こる名詞句と比べて、名詞句の構造が単純であるという点が挙げられる。しかし「単純である」とはどういうことであろうか。英語の書きことば(そしてロシア語やドイツ語の書きことばなど)においては、比較的単純な名詞句は、an impressive performanceのように形容詞1つか2つで修飾される名詞、some showersのように数詞や数量詞を伴う名詞、the branches of the treeのように前置詞句で修飾される名詞、あるいはsome heavy showersやthe highest branches of the treeのようにこれらの修飾語の組み合わせで修飾される名詞である。自然発話の口語英語においては、最も単純な名詞句は1つだけの名詞または代名詞からなる。Miller and Weinert(2009: 133–76)は、さまざまな自然発話を調査し、単一の人称代名詞からなる名詞句の使用割合がかなり高いことを発見した。その割合は、英語の語りにおいて44.9%、英語の会話において48.9%であった。対照的に、高級紙であるインディペンデント(*The Independent*)に寄稿された読者からの手紙では、割合は14.1%であった。ロシア語の会話では、数値は21.9%であったが、新聞(11.9%)や学術書(12.1%)の約2倍である。しかし、それは人称代名詞が名詞句に占める割合が16.8%であるロシア語の小説からの抜粋と比べてもさほど高い数値ではない。ドイツ語では、名詞句全体のうち単一の代名詞からなる名詞句の割合が電話での会話において43.9%、対面の会話において38.7%、地図課題対話(map-task dialogue)[1]において52.4%を占めた。ドイツ語の新聞のテクストにおいては、名詞句のうちわずか6.6%が代名詞単体の名詞句であった。決定詞、疑問代名詞、数量詞、固有名詞、集合名詞、複数名詞など単独の構成要素からなる名詞句を考慮に入れると、単一の構成要素をもつ名詞句の割合は全体の62.5%(英語の会話)や64%(英語の語り)にまで上昇した。(これらの数値は、以下で言及するICE[2]のオーストラリア英語部門における数値と一致する。)

英語の語りと会話の両方において、形容詞を含む名詞句の割合は、語りでは5.6%、会話では6%であった。しかし、その場合でも1つの名詞句に含まれる形容詞の数は1つだけである。語りにおいては3.2%、会話においては3.8%の名詞句が関係詞節を含んでいた。ここでの関係詞節とは、主にthe cup I broke (can

1　R.Weinertが制作に関わったドイツ語版の地図課題対話コーパス

2　International Corpus of Englishの略称

be replaced ）のような接触節（contact clause）、または the cup that I broke のように補文標識 that をもつ関係詞節である（詳細な説明は、Miller and Weinert（2009: 143–59）を参照）。

英語の語りと会話では、たとえば、a rigorous and valid examination on applied economics that consists of three papers（3 つの論文で構成された応用経済学の厳密で有効な検証）や、the desire of Oftel to retain the geographic significance of the area code despite the fact that this is already being attenuated（すでに先細りとなりつつある事実にもかかわらず地域コードの地理的重要性を保持したいというオフテルの欲望）のようなインディペンデント紙に寄せられた読者の手紙にある複雑な名詞句の例は、全く見られなかった。こうした名詞句は、学術論文、法律文書、地方自治体の公文書などに現れる典型的な表現とさえ言えるかもしれない。こうしたタイプのテキストにも、より単純な名詞句は出現するが、それでも Thubron（1987）からの the beautiful marble gates（美しい大理石の門）や a wild apricot tree red on the bare slopes（むき出しの斜面に赤く映える野生アプリコットの木）のように、2 つ以上の形容詞を伴ったり、縮約関係詞節（reduced relative clauses）を伴ったりしている。Miller and Weinert（2009）が分析した英語の語りと会話には、このような例は含まれておらず、形容詞を 1 つだけ伴う名詞句が複雑な名詞句とみなされている。

複雑な名詞句について言及に値する特徴がもう 1 つある。書きことばにおいてさえ、複雑な名詞句は動詞に先行する位置、つまり主語位置には生じない傾向にあり、自然発話の主語となる名詞句は、典型的には、代名詞、単独名詞、もしくは、せいぜい「決定詞＋名詞」の形式である（Quirk et al. 1985: 1350–2, Jucker 1992, and Thompson 1988 を参照）。

3.2.2　2 種類の話しことばテクストにおける名詞句

なぜ話し手はこれでうまくやっていけるのであろうか。熟練した書き手や話し手であれば、単刀直入に必要な情報を伝えると考えられる構文を避けながらも、どのようにしてコミュニケーションを成功させることができるのであろうか。手がかりは付録 3.1 の 1000 語の抜粋にある。このデータは、ICE のオーストラリア英語部門、「プライベート・ダイアローグ（private dialogue）」と呼ばれるセクションからの引用で、下準備なしの会話で構成されている。1990 年代初頭に Miller and Weinert が分析したイギリス英語の会話のように、このデータでも単一の構成素からなる名詞句がかなり高い割合を占める。その内訳は、人称代名詞が 52.3%、固有名詞が 15%、単体の一般名詞が 3.4% で、合計 70.7% である。「決定詞＋名詞」という 2 つの構成素からなる名詞句は、16.5% で、合計すると、非常に単純な名詞句の割合は 87.2% にまでのぼる。関係詞節は about three bunches of flowers **that we bought them**（彼らのために買った３束くらいの花）と some little plastic containers **to put it in**（それを入れるためのいくつかの小さなプラスチック容器）の２例があり、fire extinguisher（消火器）、fire brigade（消防隊）、peak hour（イギリス英語のラッシュアワー）、freezing compartment（冷蔵庫内の冷凍室）、deep freeze（急速冷凍）、pumpkin soup（かぼちゃスープ）（3 例）、news flash（ニュース速報）、harbour bridge（ハーバーブリッジ）（2 例）のような複合名詞は、どれもオーストラリアやイギリスの日常生活において頻繁に使われる。ただし、harbour bridge はシドニー（とオークランド）独特の表現かもしれない。

Appendix 3.2 の引用からの一部引用である以下の短い会話を考えてみることにする（固有名詞を避けて'firstname 番号'で匿名表記）。

(1) S1A-057 (A):55 So who else was ov who who was firstname6 and firstname7 there were they
（それで、他は誰だった、６番さんと７番さんだったっけ、そこにいたのは）
S1A-057(B):57 Yes（はい）
S1A-057(A):58 Oh and how's firstname1 Is he alright today
（ああ、それで１番さんの具合はどう、今日は大丈夫かな。）
S1A-057 (B):60 Yes He's sitting out on the chair and
（はい、彼はすでに椅子に座ってて、そして）
S1A-057(A):61 Has he still got a drip（もう点滴を終わってた？）
S1A-057(B):62 No He didn't have the drip Well I don't think so
（いや、彼はまだ、えーっとまだだと思う）
S1A-057(B):64 I didn't see any drip but I didn't stay I just went sort of in and out and when they were all there I took the flowers and put them in water for them
（今日は点滴しているのは全く見てないよ、でもはっきりは言えないけど、出たり入ったりしてたから、私が花をもってきて、生けてあげた時には皆、そこにいたけど）
S1A-057(A):68 Oh（ああ、そうかあ）
S1A-057(A):69 Did mum（母さんは）
S1A-057(A):70 Ho what flowers（へー、どの花）
S1A-057(B):71 We got about three bunches of flowers that we bought them
（花束を３つくらい、彼らのために買ったものだけど）

S1A-057(A):73 What did ah mum have a drip in
(あら、母さんは点滴を受けた？)
S1A-057(B):74 Yes She's still got it(ああ、受けたよ)
S1A-057(A):75 Did they say how long she's gonna be in hospital for
(どのくらいの入院になるか、病院から聞かされてる？)
S1A-057(B):76 Well I really wasn't talking to anybody this morning but see they've gotta get her back on food and see how that goes
(えっと、今朝はまだ誰とも話してないけど、食事の時に回ってくるだろうから、どうなるか聞いてみよう)

55は統語的には分裂した文である。話し手は2つのwh疑問詞で文を始め、was firstname6 and firstname7 there? というyes-no疑問文で文を終わらせている。次の58の疑問文では、wh疑問文とyes-no疑問文が連続している。How's first nameのように、コピュラに後続する2番目の名詞句として固有名詞が導入され、yes-no疑問文には、Is he alright today? のように、単純に人称代名詞がある。

一見、些細な帰結として、この配列のおかげで2つめの節の主語名詞句の構造が単純になっているが、これは、自然発話に見られる一般的なパターンに一致している。病院へのお見舞いという短い語りに出てくるすべての登場人物は、2人の対話者にとって既知の存在(おそらくは親族)であり、その人たちをわざわざ完全な名詞句で言及する必要はない。もしも指示について何らかの補助が必要であれば、chair、drip、flowers、three bunches of flowersなど、語彙的な名詞を通して行われる。しかし、一旦指示が確立されれば話し手は人称代名詞に戻る。

付録3.2の500語の抜粋は、ヘビに関する番組の解説から引用したものである。ここで特筆すべき言語的特徴としては、名詞句に占める人称代名詞の割合が52.3%から22.5%へ急落し、「決定詞＋名詞」の名詞句が16.5%から24%へ緩やかに上昇、そして「決定詞＋形容詞＋名詞」の名詞句の割合が2.3%から20.3%へ急増したことである。この2つの抜粋(付録3.1と3.2)における複合名詞の割合はおおよそ同じであるが、テレビ番組の解説には、a strike and release method of attack(殴打して解放する攻撃の方法)やtaipan anti-venom(タイパンの解毒薬)のように、より複雑な名詞句が現れる。また、テレビ番組の解説にはone of the last to be developed(最後に開発されるべきもの(解毒薬)の1つ)、the longest of the venomous snakes(最長の毒ヘビ)、their preferred diet of small rodents(小齧歯類好みのヘビの食餌)、birds and the occasional bandicoot(鳥類と時折のフクロアナグマ)、the most densely populated corner of the continent(大陸の最も人口が過密なところ)、the process of breaking down the food(食べ物を分解する過程)などの複雑な名詞句もいくつかある。

Biber (1988: 129–69) の用語を用いれば、会話は、(交流や交歓目的の談話である) 共感型産出から生まれ、(状況に対する知識をもたない外部の人にはわからない) 状況依存の指示が用いられ、かつ、その場で情報がやりとりされながら詳細化される (話し手は節や統語的なまとまりごとに情報を産出し、節や句の連続により情報を追加していく)。対照的に、テレビ番組の解説は (注意深く構成・編集されていて) 情報指向的であり、明示的な指示を用いて (話し手は、聞き手の世界に関する知識や、前に言及された事柄の記憶を前提とせず)、情報がその場で詳述されることはない。付録 3.2 のさまざまなヘビや、その生息地、獲物、身体的特徴や行動パターンなどの情報は高度に統合された緻密な名詞句によって表現されている。

3.3. 節内の複雑な名詞句：その回避法

話しことばの英語で、話し手や書き手の名詞句の処理を手助けする道具として考えられる構文が 2 つある。しかし、すぐにわかることになるが、「名詞句＋節」構文は特定の談話機能を獲得しており、また、もう 1 つの「直接目的語名詞句＋補部節」構文にも談話機能が備わっているようである。まずは多くの分析者が左方転位 (left dislocation) が関係するものとして扱う「名詞句＋節」構文から検討を始める。我々の見解は、何も左方転位されていないだけでなく (変形文法およびその後継理論の用語では移動であるが、それはあくまで比喩である)、典型的な転記テクストであるにもかかわらず、実は名詞句が後続する完全な節 (complete clause) の一部であるとする証拠は何もないというものである。当該構文の例を (2) に示す。Quirk et al. (1985: 1416–7) は、(2) をくだけたインフォーマルなスピーチとしている。

(2) This man I was telling you about - well, he used live next door to me.
(私が話していた例の男だけど、いやあ、彼はかつてお隣さんでね。)

Quirk et al. は This man I was telling you about がその発話全体の「出発点」を設定し、そのことにより複雑な名詞句を含む節の処理という厄介な作業を話し手が回避できるようになると分析する。話し手は自然発話で複雑な名詞句を実際に避けるが、左方転位された名詞句の多くは単純である。Quirk et al. は言及していないが、重要な点は、この構文がある項目を強調したり、対比するために使用されることである。(3a) では、話し手は、this film を議論の話題 (topic) として改めて設定し、it does give a real close-up of what goes on behind the scenes という重要な評言 (comment) へと移っている。(3b) では、リック・スタインがキース・フロイドと対比され、(3c) では一番下の娘が一番上の娘と対比されている。

(3) a. **this film** it does give a real close-up of what goes on behind the scenes. (= 第1章(55a))
Tom Brook, *Talking Movies,* BBC World, 19 April 2007

b. 'I like his [Keith Floyd's] style of cookery,' adds Fenton's wife Patricia. 'He just throws everything in. **Rick Stein** - he's only copying Floyd, **isn't he?'** (= 第1章(55b))
The Independent, 11 October 2007, *Extra,* pp. 2–3

c. **'My youngest daughter** gets embarrassed when she sees me on television,' says Stewart. **'My eldest,** she doesn't mind so much....' (= 第1章(55c))
Dr lain.Stewart being interviewed by Susan Swarbrick – 'Preparing to rock your world', *The Herald,* 13 November 2007, p. 17

この構文は、(3b,c) のように、単純に対比を示すか、(4) や (5) のように、複雑な発話の産出を抑えるのと同時に、対比を示す。

(4) 'What struck me was that **people who behaved the way my ex and I did,** their children were fine, but **those who made more mistakes,** their children suffered more.' (= 第1章(56))
'Divorce doesn't have to be a Disaster,' *The Herald,* 3 December 2007, p.15

(5) 'You know, it's an amazing building. **The one that was never built,** that would have been even more amazing. It was going to be over 550 feet in height, an unbelievable sight.' (= 第1章(58))
Sir Terry Leahy, interview in *The Tablet* by Chris Blackhurst, 22–9 December 2007

(6) では、指示対象を特定する情報が3つの統語的なまとまり、つまり3つの名詞句により提供されている。1つめは the rest of them で、2つめは them の指示対象である製粉場の少女たち、3つめは、着飾ったり、風船をもってカップルの後について行ったりした製粉場の少女たちの部分集合を指している some of them であるが、書きことばとして編集されると、some of the other mill lasses、または some of the remaining mill lasses となるかもしれない。

(6) and then **the rest of them**, **the mill lasses**, **some of them** dressed up wi[3] funny hats or they'd carry balloons and follow them, just singin.
(そして、残りは製粉場の少女たちで、そのうちの何人かは変てこな帽子で着飾るか歌いながら風船を手にカップル(彼ら)について行くだろう)

Bennett, 1992, p.108

(7) では、名詞句 people who say they don't like bats が特定の人々を強調するために用いられ、そんな人でさえコウモリが驚きである、と述べるために使われている。書きことばでは、When we take people who say they don't like bats out to meet them, even they stand there with grins... となるかもしれない。この書きことばの書き換えは不十分である。なぜなら、take が複雑な名詞句 people who say they don't like bats を目的語にとり、方向句 (directional phrase) と不定詞の out to meet them を when 節の末尾に残してしまうことになるからである。

(7) Mr Tomlinson said: 'Possibly, they once flew around the heads of dinosaurs, which is a mind-blowing thought. **Even people who say they don't like bats,** when we take them out to meet them, they stand there with grins that if they got any bigger would split their heads in two.'
(トムリンソン氏は言った、「もしかするとコウモリは昔恐竜の頭のあたりを飛び回っていたのかもしれないって考えると衝撃的だよね。自分はコウモリが苦手だと言う人でさえも、そういう人たちをコウモリに出会わせるために連れ出すとそこに立ち尽くすのさ、にやりと笑いを浮かべて。コウモリがもしも今より少しでも大きかったなら自分たちの頭が２つに引き裂かれる」ってね。)

The Independent, Friday, 5 October 2007, p. 26

(8) は、書きことばのテクストなら Of the areas of industry that were being hit quite hard the one that stood out was the food industry となるかもしれない。この書き換えには、前置された前置詞句があり、そこに関係詞節 that were being hit quite hard が付いて複雑になっている。

(8) Contrasting the fortunes of different sub-sectors, he said: 'Electronics is per forming particularly well. **The areas of industry that were being hit quite hard** –the one that stood out was the food industry.' (= 第 1 章 (57))

3　原文の通りであるが、おそらく with の誤植であると思われる。

The Herald, 27 October 2007

ついでながら、ここで第1章の議論で言及したこれらの例に関する3つの重要な論点を思い起こしてもらいたい。この構文は新しいものではなく、対比の談話機能をもち、主語卓立(subject-prominent)言語と主題卓立(topic-prominent)言語という類型論的な差異について興味深い問題を提起する。

「名詞句＋節」構文には、情報処理機能と談話機能があり、ヘビに関するテレビ番組のために準備された解説のような完全に書き起こされた原稿を除き、すべてのタイプの話しことばのテクストで広く見つかる。この構文は文学のテクストにも現れる。(9) の *Little Dorrit* からの引用がその1例である。テクストが文学的な書きことばであり、作者が Charles Dickens であることを考慮すると、太字の8つの名詞句が2番目のテクスト文の主節に先行し、主節の直接目的語 these によって指示され、かなり複雑な名詞句が、3番目と4番目のテクスト文の主節に先行するというふうに、この構文が活用され拡張されていることは驚くに値しない。これらの主節はすべて wh 疑問文であり、自然発話ではめったに起こらない。

(9) Everybody knows how like the street the two dinner-rows of people who take their[4] stand by the street will be ... **The house so drearily out of repair, the occasional bow-window, the stuccoed house, the newly-fronted house, the corner house with nothing but angular rooms, the house with the blinds always down, the house with the hatchment always up, the house where the collector has called for one quarter of an Idea, and found nobody at home** —who has not dined with **these?** The house that nobody will take, and is to be had a bargain—who does not know her? The showy house that was taken for life by the disappointed gentleman, and which does not suit him at all—who is unacquainted with that haunted habitation?
(テーブルの両側に居並んでいるハーリー街の住人がいかにお屋敷に似ているかは、誰もが承知の通りだ。…**ひどく古びて使い物にならなくなっている家、ところどころに張出し窓がついている家、化粧漆喰の飾りを施した家、正面を改造した家、四角張った部屋ばかりの角屋敷、ブラインドがいつも下がりっぱなしの家、忌中紋標をいつも上げっぱなしの家、借金取りが期末ご**

4 原著における引用で欠落しているとみられる2語(take their)を補っている。出典は *Little Dorrit* の Book the First: Poverty Chapter 21: Mr Merdle's Complaint http://www.classicreader.com/book/552/21/

とにお知恵をちょうだいにやって来るが、いつもお留守の家―こうした方々と食事をともにした経験は誰でもお持ちだろう。誰にも目をかけられずに売れ残り、バーゲンセールにかけられる家―こうしたご婦人は誰でもご存じだろう。失望した紳士が買って一生の伴侶としたが、どうしてもうまが合わない見かけ倒しの家―こうしたお化け屋敷は誰でもお馴染だろう。)[5]

Charles Dickens, 1967, *Little Dorrit,* Penguin edn, Chapter 21, p.292

「名詞句＋節」構文に関する議論の最後として、この構文は英語に限ったことではないことに注目したい。フランス語にも非常に類似した構文があり、事実、後で「節＋名詞句」と呼ぶ構文も存在する。以下の対話は Vargas (2008: 114) からの引用である。

(10) —Il a bossé, ton chien
—he has worked-hard, your dog
—'He's been working hard, your dog'（彼はよく働いたね、君の犬のことだけど）

—La bave de chien, c'est antiseptique
—The saliva of dog, it is antiseptique
—'Dog saliva is antiseptic'（犬の唾ってさ、殺菌効果があるんだよ）

対話の最初の部分は、完全な名詞句を発話の最後に添えることによって節の外に置くという選択肢がフランス語話者にあることを示している。(10) は、書き起こされた対話からのものであり、Vargas は、il a bossé と ton chien の間にカンマを入れ、両者が同じテクスト文の中にあることを示している。もし我々が話しことばの対話を書き写しているのであるならば、イントネーションのパターンで、この統語上の２つのまとまりが単一の文の部分ではないことがわかったかもしれない。特に、文という単位が自然発話の分析には適さないことを認めるならばなおさらである。代わりに、我々は、この２つの部分を隣同士に並べて、談話表示理論で用いられるような手続きにより関係づける方法を選択するであろう。

対話の２つめの部分は、この文脈では英語が「名詞句＋節」構文を容認しないため、著者 JM が通常の節として訳した。話し手は、何も焦点化していないし、対照もしていない。話し手は単に強調のない陳述をしているだけである。フランス語の構文は英語の構文と似てはいるが、談話上の機能が異なる。フランス語の

5　チャールズ・ディケンズ『リトル・ドリット 2』小池滋訳、ちくま文庫 (1991: 54)

構文でも、話し手が名詞句、特に複雑な名詞句を独立して処理し、次に、単純な代名詞主語ないし代名詞目的語のある主節を処理できるという点で、英語の構文と似ている。フランス語では「名詞句＋節」構文が頻出する。Ball (2000: 1301) によれば、「くだけた、大衆的なフランス語では転位文(dislocated sentence)の頻度は50% という高さ」であり、社会階層を問わず若者に顕著に用いられる用法である。22 年前、著者 JM は 3 歳児のフランス語母語話者に話しかけられたことをはっきりと思い出す。その子は、自分の弟である赤ん坊が床の上で泣き叫んでいて、il n'aime pas être par terre, Ranald (あの子は床の上にいることが好きじゃないの、ラナルドは) と言った。3 歳児がこの構文を用いるということは、彼女の両親がこの構文を頻繁に使用していたことを物語っている。

欽定 (ジェイムズ王) 訳聖書 (1611) では、マタイ伝 6 章 28 節が Consider the lilies of the field how they grow (野の花がどうして育つのか、よく考えなさい) と訳されている。[6] ギリシャ語の原典をまねているのであるが (Miller & Weinert 2009: 362 の議論を参照)、この構文には、単文の直接目的語の指示対象として、the lilies of the field を中央に置き、それに関連する性質を別個の補部節で述べるという利点がある。the lilies of the field も how they grow も consider を修飾するが、構成素構造は不明確である。他の翻訳者はこの構文が気に入らず、改訂版英訳聖書 (Revised English Bible (1989)) では the lilies of the field を補部節の主語にして、Consider how the lilies of the field grow と表現した。この文は統語的には適正であるが、the lilies of the field は卓立されず、注目の対象 (焦点) ではなくなっている。

このような構文は、このところ自然発話で目立ってきている。1978 年にエディンバラ生まれの 17 歳のスコットランド人男性は (11) を religion と the damage の間にポーズを入れずに発話したのである。

(11) i was brought up a catholic and i hate religion the damage it does to human people ...
(僕はカトリック教徒として育ったけど、宗教は大嫌い。それが人間に及ぼすダメージがね…)　Miller-Brown Corpus, conversation 13

(11) では、hate の直接目的語は religion で、補部節は religion に関する性質を伝える the damage it does to human people である。(12) も ICE (NZ 英語部門) からの引用であるが、これもポーズのない例である。

---

6 『聖書 新改訳 (2017)』より。

(12) i can never remember any of my family how old they are. (= 第 1 章 (60))

NZ ICE, Macquarie Corpus

(12) では、remember の直接目的語は any of my family でそれに関連する性質は how old they are によって伝えられている。

(13) は、2008 年 11 月英国の法廷で検事により発話された。(文字は TV の画面に映し出され、俳優が読み上げた。)

(13) Did you threaten Michael X at any time that you would have him killed?
(あなたはいつかマイケル X を脅迫しましたか、彼を殺してやると?)

threaten の直接目的語は Michael X で、that you would have him killed という節は、Michael X の性質ではなく、推定される脅迫の内容を伝えている。書きことばであればDid you threaten to have Michael X killed...? となるであろう。(OED は、Wycliffe Bible (1380 年) からの And he threatenyde hem, that thei schulden not seie to any man of him (そして彼は彼らを脅した、自分のことを誰にも言わないようにと) を表面上類似した例として挙げている。しかし、that thei... は目的を表す節である。人々は何も言わないように脅されていたのである。)

最後に、書きことばからの構文である (14) を検討して、本節を終えることにする。(14) において remembered は Rossi を直後の直接目的語としてとり、how he'd listened so modestly to the cheers and speeches を第 2 の直接目的語、あるいは少なくとも、第 2 の修飾語として従える。

(14) everyone turned to [Stoichev] with a smile ... I remembered Rossi, how he'd listened so modestly to the cheers and speeches (= 第 1 章 (61))

Elizabeth Kostova, 2005, *The Historian*

構成素構造と依存関係は明確ではない。上述の話しことばの例は 2 つの並列構造節からなると分析できる。たとえば、(12) の i can never remember any of my family と how old they are の 2 つの節は、隣接性および前方照応の代名詞 they が any of my family を指示することにより関連付けられる。この構文を用いる書き手は、ページ上で複数の節をどのように構成するかを決めなければならない。通常ではないとしても、(14) を (15) のように書き換えることができるであろう。この構成は、32 ページで引用したリー・チャイルド (Lee Child) の小説の抜粋とも整合するであろう。チャイルドよりも保守的な作家であるコストバ (Kostova) は補部節だけで構成される文を選択せず、(14) を書くことで、コストバは Rossi と how he'd listened so modestly to the cheers and speeches の両方が remembered の直接目的語となる分析、つまり、1 つの表示で [V NP Comp Clause] となる VP 構成素構造を作り出したのである。

(15) I remembered Rossi. How he'd listened so modestly to the cheers and speeches.

3.4. オーストラリア先住民諸語における非階層構造性

ここからはオーストラリア先住民諸語の非階層構造に目を向けることにする。Bowe (1990) はオーストラリア先住民語であるピチャンチャジャラ語 (Pitjantjatjara) の文法現象に関する見事な説明をしている。Bowe (1990: 30) によれば、ピチャンチャジャラ語の名詞と限定修飾語は、2 つの異なる方法で結びつく。まず、(16) のように名詞も修飾語も名詞句内の単独の構成素として生じることができる。

(16) a. minyma-ngku-ni nya-ngu.
woman-Erg-1SgAcc see-Past
'the woman saw me.'(その女性は私を見た。)

b. wara-ngku-ni nya-ngu.
tall-Erg-1SgAcc see-Past
'the tall one saw me.'(その背の高い方が私を見た。)

一人称単数の直接目的語は、主語名詞に付く -ni という接辞で示される。(17) では minyma と wara が結びつき、名詞句が構成される。

(17) minyma wara-ngku-ni nya-ngu
woman tall-Erg-1SgAcc see-Past
'the tall woman saw me.'(その背の高い女性は私を見た。)

wara と minyma は単一の名詞句を形成し、wara に 1 つの格接辞が付くが、(18a, b) のように両者がそれぞれ格接辞を担うことができ、語順が前後することも許される。

(18) a. minyma-ngku wara-ngku-ni nya-ngu
woman-Erg tall-Erg-me see-Past

'The woman, the tall one, saw me.'（その女性、背の高い方は私を見た。）

b. wara-ngku minyma-ngku-ni nya-ngu
tall-one-Erg woman-Erg-me see-Past
'The tall one, the woman, saw me.'（背の高い方、その女性は私を見た。）

ピチャンチャジャラ語の名詞句が、一見、分離できるという特徴は（19）のような典型的な関係詞節においてさらに明白になる。

(19) a. wati-ngku **panya** kuka ngalya-kati-ngu
man-Erg Anaphor meat back-bring-Past
'that man brought the meat back.'（あの男が肉を戻してきた。）

b. panya **paluru** mutaka palya-ngu
Anaphor 3sgNom car fix-Past
'that one fixed the car.'（あいつが車を修理した。）

この構文は、第1章で論じた非統合的な節構造を強く想起させる。この構文の主な特徴は、書きことばの英語の関係詞節構文に見られるように、名詞句内に節が埋め込まれる代わりに、2つの節が並列され、両者の関係が直示詞で表されることにある。Boweはpanyaを「前方照応指示詞（anaphoric demonstrative）」として記述している。

興味深いことに、Bowe（1990: 101）は、ピチャンチャジャラ語には、（20）のように関係詞節を形成する方策があると述べている。Boweによると、これは、2つの動詞、つまり2つの節と1つの顕在的な主語名詞句からなる、より統合的な構文である。

(20) wati **panya** waru atu-ntja-lu ngayu-nya u-ngu.
man Anaphor wood chop-lnf-Erg 1Sg-Acc give-Past
'the man who chops wood gave me some.'
（木を切った男がそのうちの幾らかを私にくれた。）

この構文の主な特徴はwati（男）が格標示されず、動詞atu（切る）が格標示されることである。Boweによれば、この格標示は、関係詞節の主要部は本動詞ungu（やる、与える）の他動詞主語（transitive subject）であることを示す。さらなる特徴は、関係詞節内の動詞には時制標識がないことである。Boweは、（20）の統合された文を「語りにおいてはそう頻繁には使われない」と記述しているため、この文はピチャンチャジャラ語では典型的ではないと仮定できる。妥当な仮説として（会話は通常あらかじめ準備されていないが、語りは準備されたものであるという前提に立てば、）この構文は、会話でも使用されず、あらかじめ予定され練習された話しことばで使われた構文なのかもしれない。Bowe（1990: 30）は、他の個所で、主要部名詞はいくつもの限定形容詞で修飾できるが、実際にはその数は限られているとコメントしている。この見解はデータの本質について疑義を呈することになる。pp.243–244で言及した名詞句の働きから、自然発話では、名詞句内に現れる形容詞はごく少数か、まったく皆無であると予測されるからである。

Jelinek（1984: 40）は、（21）のデータを空照応（null anaphora）の例として引用している。

(21) a. Ngarrka- ngku ka panti-rni.
man Erg Aux spear-Non-Past
'The man is spearing him/her/it.'
（この男が{彼を/彼女を/それを}槍で突いている。）

b. Wawirri ka panti-rni.
Kangaroo AUX spear-Non-Past
'He/she is spearing the kangaroo.'
（{彼は/彼女は}カンガルーを槍で突いている。）

c. panti-rni ka.
spear-Non-Past AUX
'He/she is spearing him/her.'
（{彼は/彼女は}槍で{彼を/彼女}を突いている。）

（21a）には動作主名詞と能格接尾辞（ergative suffix）のningarrka-ngkuがあるが、表面に現れた被動者名詞はない。（21b）では被動者名詞wawirriが表面に現れているが、動作主名詞はない。（21c）には動作主名詞も被動作名詞も存在しない。これは通言語的に頻繁に観察されるパターンであり、三人称の動作主と被動者は表層の統語ではゼロ名詞として現れる。対照的に、一人称・二人称の動作主と被動者は（22–24）のように、形態素として表層に現れる。

(22) ngajulu-rlu ka- rna- ngku nyuntu-ϕ nya-nyi.
I-Erg Pres- 1sgNom- 2sgAcc you-Abs see-Non-Past
'I see you.'（私にはあなたが見えます。）

(23) nyuntulu-rlu ka- npa- ju ngaju-ϕ nya-ny1.

you-Erg Pres- 2sgNom- lsgAcc me-Abs see-Non-Past

'You see me.'(あなたには私が見えます。)

(24) nyuntu-ϕ ka-npa purla-mi.

you-Abs Pres-2sgNom shout-Non-Past

'You are shouting.'(あなたは叫んでいる。)

(22)から(23)の例では、独立した一人称・二人称代名詞のngajuluとnyuntuにそれぞれ動作主を表す能格接尾辞と被動者を表す絶対格接尾辞(absolutive suffix)が付いている。加えて、助動詞のkaは動作主には主格接辞、被動者には対格接辞という2つの接尾辞が付いている。自動詞構文の(24)には、絶対格の接尾辞を伴う独立した代名詞が1つと主格(nominative)の接尾辞を伴う助動詞kaがある。

語順が自由であることは、(25)で示されている。助動詞kaは2番目に現れる必要があるが、他の構成要素はどのような順序で起こってもよい。(26)は、名詞句の2つの構成要素に見えるものが隣接していないだけでなく、節の両端に分かれて現れていることを示している。

(25) Ngarrka-ngku ka wawirri panti-rni.

man-Erg Aux kangaroo spear-Non-Past

'The man is spearing the kangaroo.'(その男はカンガルーを槍で突いている。)

(26) Wawirri kapi-rni panti-rni yalumpu.

Kangaroo Future-1sg spear-Non-Past that

'I will spear that kangaroo.'(私はあのカンガルーを槍で突くだろう。)

(26)のような例を分析する試みは、すべて生成文法の形式モデルの観点から始まった。Hale (1983)は、このデータを統率束縛理論(Government & Binding Theory/GB理論)の枠組みで扱った。この理論では、名詞が欠損する構造を(21a–c)のような節に当てはめると投射原理(Projection Principle)により排除されてしまう。投射原理を有効にするために、英語のGB分析では、空の名詞句に主題役割が付与されることを許容し、(ロシア語、イタリア語などの)節の構造に対して空範疇*pro*が導入された。そして、動詞に付加された直示接尾辞で十分に動作主との指示関係を確立でき、主語名詞句が不要であるとされた。*pro*は独立した直示指示(deictic reference)の機能をもっていた。Halleは、非階層構造性が句構造と語彙構造(述語とその項)の関係から生ずることを示唆した。語彙的な動詞は主題役割と格を項に付与する。随意的な名詞が表層構造に存在する場合、規定されたこれらの格配列が、名詞のもつ格の種類を指定したのである。(21a–c) のように、特定の項がどの名詞にも関係づけられないこともあれば、(26) の例のように、1つの項が2つ以上の名詞に関係づけられることもありえる。複数の名詞が1つの項に関係づけられることを認める理由は、(18)(便宜上再掲)で例証される。

(18) a. minyma-ngku wara-ngku-ni nya-ngu
woman-Erg tall-Erg-me see-Past
b. wara-ngku minyma-ngku-ni nya-ngu
tall-one-Erg woman-Erg-me see-Past

wara などのような語は(18a)のように、それ自体名詞として機能したり、(18b) のように名詞の修飾語として機能したりする。名詞類と同様、wara はどのような位置にも現れることができるが、2番目の位置に現れる際は、動作主と被動者それぞれに割り当てられる文法的な人称を表す二重接尾辞 (double suffix) を伴う。その他の位置では、接辞を1つだけ伴う。Pensalfini (2004: 364) は (27) のオーストラリア先住民言語であるジワルリ語(Jiwarli)の例を挙げている。

(27) **Kutharra-rru** **ngunha** ngurnta-inha **jiluru**.
two-now that lie-Pres egg (Nom)
'Now those two eggs are lying there.'
(ほら、その2つの卵はそこに横たわっているよ。)

(16b) や (18)、(27) のような例に関する Baker の見解は、これらの言語では、名詞と形容詞は分布上も形態上も単一の名詞類に組み込まれる格標示を伴う要素であり、お互いの語順や動詞に対する語順が自由になるというものである (Baker (1996) を参照)。これらの要素は、統語的には形容詞と同様の分布を示し、項の位置には現れず、真の(空)項を叙述するようである。結果として、いくつもの形容詞が単一の空項と組み合わせられることができ、隣接する必要もない (Baker はこの現象を稀であるとしているが、一般に広く認められる現象である。次節のロシア語の論考を参照)。

Jelinek (1984) は、Halle のワルピリ語の説明に空範疇がなく、任意の名詞類があると提案したのは正しいとしながら、投射理論を維持しつつ、空範疇に関する Halle の主要な知見を統合した代案を提示した。Jelinek (1984: 43–5) の解決法は、動詞の項として機能し、格標示を受け、完全に指示的である接辞代名詞を助動詞の一部として入れるというものである。名詞類は文法に関わる格標識をもたず、文法的な機能もなく、決して項の位置に現れない。代名詞と同様に、ワルピリ語の助動詞に含まれる接辞は、統率範疇(governing category)の外に先行詞をもつことができる。(これと本質的に同じでありながら、技術的な概念と語彙が必然的に異なる分析法は Elson and Pickett (1967) で提案された。) シエラポポルカ語(*Elsevier Encyclopedia of Language and Linguistics* 第2版によると、高地ポポルカ語と呼ばれるメキシコのミヘ・ソケ (Mixe-Zoque) 語族の言語である) の節構造に関する短い論考において、Elson and Pickett (1967) は、imacpa t^{y}aka tahpi 'he-grabs-it chick hawk, The hawk grabs the chick' (鷹が雛鳥をひっつかむ) のような例を挙げ、「シエラポポルカ語の節の内核 (nucleus) は動詞であり、自由な名詞は詳細情報を追加するだけである。名詞は真の主語や目的語の位置 (slot) ではなく「詳述」の位置 (*detail* slots) に現れている」と述べている。このコメントは、節が動詞の語幹と人称・数の接辞から構成される義務的な中核 (obligatory core) をもつ中央アメリカの言語にも適用される。Elson and Pickett は、完全な名詞句 (full NP) を義務的な中核の外にある付加詞として扱ったのである。Pensalfini (2004: 360) は、格標示された接辞代名詞を節の中核に取り込むという構成法は、節中のどの位置が百科辞典的情報を担うか、という制限から生じると提案する。言語能力の計算システムは、節の中核に適用され、形式素性のみを有する機能要素を直接操作するが、機能要素と百科辞典的な参照情報を担う語彙要素が組み合わされることはないのである。

Pensalfini (2004: 374) の分離名詞句に関する最後のコメントによると、オーストラリア先住民言語であるジングル語 (Jingulu) でも、1つの節内で、顕在的な名詞と同じ指示をもつ代名詞が見つかることや、(28) のように名詞の繰り返しが見つかることは一般的である。Pensalfini は、このことから、これらの語が単一の名詞句内で同時に生成され、後の派生段階で何らかの方法で分離される可能性は低いと述べている。(28) では、bikirra が2度生起しているが、2つめの bikirra は焦点接尾辞 (focus suffix) を伴う。さらに (28) には、指示的な力 (demonstrative force) を有する構成要素も2つある。1つは this と逐語訳される jimikini で、もう1つは指示詞 (demonstrative) で DEM と逐語訳される nyambala である。同じ項目が2度生じているという一般的な点は明らかであるが、(28) の統語構造やその談話的、言語外の文脈、およびイントネーション構造と韻律については全く記述されていない。

(28) **Jiminiki**	*bikirra*	**nyambala**	kurdarlyurru	ka-ju	*bikirra-rni.*
this	grass	DEM (n)	green (n)	3sg-do	grass-FOC

'This grass is green.'（この芝は青い。）

3.5. ロシア語の名詞句の非階層構造性

次にロシア語のデータと、ある種の修飾語、およびそれが修飾する名詞句の関係に目を向ける。この関係が興味深いのは、「分離名詞句」、すなわち、主要部である複数の名詞（または書きことばにおいては1つの名詞句内の主要部名詞となるもの）が別の構成素によってその修飾語と分離される現象が生じるためである。「分離名詞句」という用語が間違ったネーミングであるのは、関係する構成素が、当初、統合された名詞句の一部分であり、それが分離すると仮定するからであることをこれから見ていく。ロシア語のデータは「分離名詞句」の見解を反証する重要な証拠になる。「分離名詞句」構文は、ロシア語の形式的な書きことばでは一般的でなく、ロシア語の話しことばで観察され、どのようなものが名詞句の主要部であるのかについて疑義を呈することになるため重要である。

（ここで紹介するデータやその他の関連するデータは、Zemskaja（1973）、Lapteva（1976）とMorozova（1984）からのもので、Kapanadze and Zemskaja（1979）のデータの分析とともに引用したものである。形式的な書きことばのロシア語とは異なる多くの変種に対して、教養あるロシア人の多くが批判的で、頑な態度を示したことを考慮すれば、ZemskajaとLaptevaが、リラックスした状況下で教養あるロシア人によって話されたことばを録音し転記したことは注目に値する。）[7]

分離名詞句には3つの典型的な例がある。(29)のように形容詞と名詞句が両方とも前置詞に後続する場合、(30)のように形容詞と名詞が節の反対側の端に出てくる場合、(31)のように、数量詞･数詞･所有名詞と名詞が依存関係にあるものの、隣接していない場合である。関連する形容詞・数量詞と数詞は太字で表す。

(29) 形容詞と名詞が前置詞句内にある場合

živem	v	**novom**	**v**	**rajone.**
we-live	in	new	in	quarter

'we live in a new quarter.'（我々は新しい居住区に住んでいる。）

(30) 形容詞と名詞

Interesnuju	prinesi	mne	**knigu.**
interesting	bring	to-me	book

'bring me an interesting book.'（おもしろい本をもってきてくれ。）

---

7 通常、挿入句のみで構成されるパラグラフは稀であるが、ここでは原文のまま残す。

(31) 数詞と名詞

Trista	ja	nasobiral	**znackov**
three-hundred	I	collected	badges

'I collected three hundred badges.'（私はバッジを 300 個収集した。）[8]

(29) では、形容詞の novom は、名詞 rajone を修飾し、格・数・性の一致を起こす。ロシア語の書きことばでは（伝統的な説明によれば）v novom rajone は単独の前置詞が場所格を名詞句に付与し、その名詞句が次に形容詞に場所格を付与する。(29) では、2 つの前置詞句が存在する。(30) では、形容詞の interesnuju が名詞 knigu を修飾し、格・数・性の一致を起こす。knigu は prinesi の直接目的語であり、ロシア語の書きことばでは、prinesi mne interesnuju knigu という語順か、interesnuju knigu prinesi mne、あるいは knigu interesnuju prinesi mne という語順をとる。書きことばでは、こうした異なる語順が可能であるが、形容詞と名詞は常に隣接する。(31) では、数詞 trista が znackav に属格を与える。書きことばでは、ja nasabiral znackov trista となり、数詞と名詞が隣接する。

隣接しない形容詞や名詞は常に文の反対側の端に生じるわけでもなく、形容詞が常に最初に来るわけでもない。(32) から (35) の例を考えてみる。

(32)

zdorovennuju	oni	**kanavu**	zdes'	rojut
huge-acc-fem-sg	they	trench-acc-fem-sg	here	dig-3Pl-lmperf
I	ukladyvajut	vot	**eti**	vot	**truby**.
and	lay-3Pl-lmperf	look	this-PI-Ace	look	pipe-PI-Ace

'They are digging a huge trench and laying – just look at them – these pipes.'
（彼らは巨大な溝を掘っていてーちょっと見て欲しいのだがーこのようなパイプを埋めている。）

(33)

nekotorye	daže	do	vos'mi	turov
some	even	to	eight	turns

'Some ballerinas even do up to eight turns.'
（バレリーナの中には 8 回転までするものがいる。）

(34)

Kuricu	na	**bol'šuju**	položi	**tarelku**.
chicken-ACC	on	big-Acc-Fem	put	plate-Acc-Fem

'Put the chicken on a/the big plate.'（そのチキンを大皿に置きなさい。）

8　原文に英語訳がないため、訳者によって追加した。

(35) **Doma** ne dudu stroit' **zimnego**
house-Masc-Gen not Aux build-inf winter-Masc-Gen
'They're not going to build a winter house.'
(彼らは冬の別荘を建てるつもりはない。)

隣接しない形容詞と名詞をどのように分析するべきか、という議論では、(32) の2番目の節と (30) の語順が特に興味深いことになるであろう。ここでは、単に際立った構造的特徴だけを提示する。(32) の最初の節では、形容詞は文頭にあるが、それが修飾する名詞は、節の主語である oni 'they'だけで、形容詞から分離されている。2番目の節では、eti 'these' と truby 'pipes' が直示小辞 (deictic particle) の vot により分離されている。書きことばとより改まった話しことばでは、vot eti truby という直示小辞が指示詞と名詞に先行する語順のみが見つかるであろう。(33) の節の始めの構成要素は、英語では数量詞として訳されるが、形容詞である。ロシア語の nekataryе はそれが修飾する名詞と、数・性・格の一致を起こすため、形容詞として分析されなければならない。(34) では、形容詞は文頭にはなく、動詞によって名詞から分離されている。対格の tarelku は položi の直接目的語である。(35) では、文頭に現れるのは名詞で、形容詞は文末位置に現れている。

例文(36)から(38)は数詞と名詞が隣接しない例と、所有名詞と名詞が隣接しない例である。(36) では、数詞 tri は動詞 prixodili 'came'に後続し、形容詞によって修飾された名詞が先行している。(37) では、属格の所有名詞 igorja は節の先頭位置に現れ、その主要部名詞は文末に現れている。(38) はその逆であり、所有者名詞 Tamary が節の最後に、その主要部名詞 podružki は2番目の位置に現れている。

(36) **Ital'janočki** **moloden'kie** prixodili **tri** k nam v gosti.
Italian-girls young came three to us into guests
'Three nice young Italian girls came to stay with us.'
(若くて素敵なイタリア人の女の子が3人、我々と暮らすためにやってきた。)

(37) **Igorja** k nam sobiralas' priexat' **mama**.
Of-Igor to us was-intending to-come mother
'Igor's mother was intending to visit us.'
(イゴールの母は我々を訪ねるつもりだった。)

(38) kogda **područki** priedut **Tamary**?
when friends will-arrive of-Tamara
'When are Tamara's friends arriving?'(タマラの友人はいつやってくるのかい?)

3.5.1　非階層構造性と情報構造

語順は、自然発話の会話でさえ、完全に自由であることは、たとえあったとしても滅多にない。Lapteva (1976: 213–23) は、語順の違いが、異なるイントネーションパターンと異なる情報構造に関係することを示唆している。Lapteva は 'distantnaja postpozicija' という2種の後置構文、および前置構文を区別する。(前置・後置という用語は、2つの要素が最初は隣接していて、その後に分離すること、あるいは、2つの要素が隣接する構文は分離した構文より基本的であることを前提とする。)　離れたところに後置された形容詞は、後から思いついたことの補足 (afterthought) やメッセージの重要な部分であるかもしれない。補足であれば、焦点アクセント (focal accent) (「動的な強勢」(dynamic stress)) を担わないまま、早いテンポで発話される。メッセージの重要な部分の場合、焦点アクセントを担い、客観的には新情報ではなく、特定の状況において既知情報である存在物の性質に言及する。Lapteva によれば、このようなことは強勢を受ける構成素と強勢を受けない構成素の連続体で構成される節においてよく見られ、聞き手はリズムによって分離した形容詞と名詞を理解することができるという。後置された形容詞の例として、Lapteva は (39) を補足、(40) をメッセージの重要な部分を表すものとして挙げている。

(39) ja　tože　platok　vzjala　teplyj.
I　too　shawl-nom-masc　took　warm-nom-masc
'I took a warm shawl, too.'
(私もまた、あたたかいショールをもっていった。)[9]

(40) a　zamok-to　vstavila　novyj.
and　lock-nom-masc-particle　has-put-in　new-nom-masc
'And has she/you put in a new lock?'
(それで {彼女 / あなた} は新しい錠を取り付けましたか？)

文頭であれ文中であれ、前置された形容詞は、情報負荷の点で名詞と同等か名詞より重要である。Lapteva の例は (41) であるが、形容詞 čistoj は下降のピッチを受け、net でピッチは急激に上昇し、その後、名詞 rubaxi でもう一度下降する。

(41) a　u　tebja　čistoj　net　rubaxi?
and　at　you　clean　not　shirt

9　原著には英語訳が掲載されていないので、日本語訳と共に訳者で補った。

'But haven't you got a clean shirt?'
（だけど、新しいシャツはもらってないのですか？）

(39) のような例を補足として分析するには不都合な点がある。ここで紹介した Lapteva の例や他の例は、転記によれば、実際にはポーズなしで発話されたが、通常の補足、もしくは少なくとも型にはまった補足は、短い沈黙の後に生じるという事実と一致しない。別の考え方として、補足的な表現はそれ自体に固有のイントネーション型があるとすることもできる。たとえば、get me a pizza a small one という英語の発話は、pizza と a small one の間に（ごく短くても）ポーズがあるのでなければ、もしくは、a small one に別のイントネーションパターンがあるのでなければ、奇妙に聞こえる。同じことはロシア語にも観察されるが、Lapteva は、30 余りの例のうち 1 例のみポーズがあるとしている (Lapteva 1976: 213–4)。(42) として再掲する別の例で、Lapteva は、コンマによって節の切れ目を示しているが、節の末尾に後置された形容詞はコンマに先行している。つまり、この形容詞はイントネーションとリズムの両方において、最初の節の要素として解釈されることが意図されているのである。

(42) a potom devčonki tak pripustilis' zadnie, tak bežali, uẑas.
and then girls-pi so quickened-pace rear-pi, so ran, horror
'And then the girls, the ones at the back, quickened their pace so much, ran so fast, that it was terrifying.'
（そして、それから後方にいる女の子たちですが、ペースをかなり上げてきて、異常に速かったですが、それはもう驚異的でした。）

実際、Lapteva の (39) の例は Lapteva (1976: 213) の情報に従えば、(43) でより明確になる。

(43) A U menja platok.
at me a-shawl
'I was with a shawl'（私はショールをもっていた。）[10]
B ja tože platok vzjala teplyj.
I too a-shawl have-brought warm

10 原著には英語訳が掲載されていないので、日本語訳と共に訳者で補った。

‘I have brought a warm shawl, too.’(私も暖かいショールをもってきた。)[11]

つまり、platok は既知情報なのである。話し手 B は、話し手 A のことばを取り上げ、自分のショールが暖かいという情報を追加している。teplyj が新情報を伝えることは確実であるが、それが補足であるのかどうかは定かではない。明らかに、ロシア語の自然発話での形容詞の位置に関する研究をもっと行わなければならない。我々の目的にとって重要な点は、語順は自由ではなく談話要因によって制御されることである。

分離名詞句のうち、2 つだけが「名詞 – X – 形容詞」という語順である。ここでの X は何らかの構成素を表す。すなわち、形容詞と名詞を伴う分離名詞句の大半の例を補足として説明するべきではないのである。興味深いことに、たった 1 つだけ明らかに補足であるか、言語の並行処理と記憶の情報へのアクセスの問題を含む例がある。

その例は、(44) の会話の抜粋の中にある。

(44) kak raz　popal　na　etot　samyj/　na　festival’ //　Venecianskij
particle　fell　on　that　very　on　festival　Venetian
‘What should he do but end up at that festival – the Venice festival.’
(彼はどうすべきなのか、結局その祭りには行くことにしたーヴェニス祭に。)

‘//’は、統語構造が完結することを示す音調曲線 (intonation contour) を表している。形容詞 venecianskij は、独自の音調曲線を有し、それ自体で別個の統語のまとまりを構成している。言語処理上の難しさは、(英語話者が he went to that em what’s its name Venice festival で使用する what’s its name に相当する) samyj という虚辞の使用に示されている。samyj の直後には「発話はまだ終わっていない」というイントネーションパターンを示す一重斜線があり、話し手は festival’ という適切な語彙項目を発話すると共に、前置詞 na を繰り返す。このことすべてが言語処理の問題の兆候を示しており、イントネーションは、発話が festival’ という語で完了した合図になっている。venecianskij はまさにここでは補足として解釈されうるのである。

前置された形容詞は多大な情報負荷を抱えるという Lapteva の分析は、形容詞が統語的にはまだ終了していないことを示すイントネーションの切れ目によって節の他の部分から分離されている Zemkaja の例に適用できる。Zemskaja の例を

11 原著には英語訳が掲載されていないので、日本語訳と共に訳者で補った。

(45) に再掲する。形容詞 glazirovannyx は、話し手が関心を抱いている対象の境界を設定する。発話の残りの部分は話し手がこれらの対象について知りたいことを指定する。

(45) A glazirovannyx/ net u vas syrkov?
And glazed-gen-pl not at you cheese-gen-pl
'And what about glazed cheese curds? Have you got any?'
（そしてつやつやしたチーズカスタードはどうかな？　食べたことある？）

Lapteva の見解に照らせば、形容詞と名詞が隣接しない構文を発話するのは、文の組み立ての想定に問題があり、構成素を補足として追加せざるをえなかった結果であるか、あるいは形容詞を際立たせるという情報構造上の特別な目的のためであると述べたくなる。際立ちの効果は、形容詞を名詞句の元位置から移動させれば得られる。しかし、このどれをもってしても、なぜ形容詞と名詞が隣接していない構文が自然発話の話しことばのロシア語には観察され、書きことばのロシア語には観察されないのかが説明できない。すなわち、主要部と修飾部が分離した特殊な構文が、単純な統語法をもつ変種において観察されるのはなぜなのかを説明できないのである。本章の後半に向けて提案する解決案は、屈折により形容詞と名詞は関係づけられるが、形容詞は、より正確には、独立の名詞句で、名詞がもう 1 つの分離した名詞句を構成するとみなせるというものである。つまり、(32) では最初の節は It's a big one they are digging – a ditch (大きなものだよ、彼らが掘っているのは。溝だ。) と注釈できるのである。

Siewerska (1984) はポーランド語の類似構文について議論しており、それを「分離名詞句」ではなく「句の不連続」と名付けている。言語学者としてまた母語話者として、Siewerska はその構文の談話機能について貴重な情報を提供している。例文の 1 つは (46) であるが、Apparently they have a beautiful house (どうやら彼らは美しい家を所有している) という意見への応答と想定できる。

(46) Nie! **Pekny** maja **ogród**. **Dom** maja **kiepski.**
No! Beautiful they-have garden. House they-have crummy
'No! It's the their garden that's beautiful. The house is crummy.'
（いいえ。美しいのは彼らの庭です。家は安物です。）

文頭の形容詞 pekny と文末の形容詞 kiepski は対比されている。pekny は、冒頭のコメントから繰り返されているので既出の情報であり、kiepski は新情報で文末の位置で焦点化されている。つまり、ロシア語の例のように、形容詞と名詞の配列は無秩序ではなく、対比構文を形成しているのである。

Zemskaja と Lapteva は分離名詞句の生起回数を数えていないため、数値を補足し、本節を終えるのが有益である。2,310 例の名詞句を含む会話の抜粋には、36 例の分離名詞句があるが、これは全体の 1.6% でしかない。一見したところ、名詞句の総数のごくわずかな割合であり、わざわざ取り上げる価値はないと考えられるかもしれない。しかしこのような第一印象は誤解を招く。なぜなら、分離の候補となる名詞句は 285 例のみであるからである。つまり、形容詞と名詞で構成される名詞句は 285 例で、その候補の名詞句の 12.6% が実際に分離されるのである。この比率は圧倒的とまでは言えないが、分離名詞句構文が真剣に考察されるべき構文であることを示している。総体的に見れば、分離名詞句の数は、関係詞節を含む名詞句の数よりも多く、前置詞句を含む名詞句の数の半分であった。

3.6. 「分離名詞句」の分析

本節ではロシア語のデータに限定して分析を進める。その理由としては、著者 JM 自身がワルピリ語やピチャンチャジャラ語よりもロシア語に精通していること、ロシア語のデータの方がより入手しやすいこと、そして、前述したように、分離名詞句と情報構造に関する注釈の収集が可能であることが挙げられる。しかしながら、著者 JM は、自然な話しことばを代表するという点で、オーストラリア先住民言語のデータは、ロシア語のデータと同様であるため、以下の議論が同じように適用できると信じている。

「分離名詞句」はどのように分析されるべきであろうか。Lapteva の前置・後置という用語は、たとえば、最初に、形容詞(または数量詞・数詞)と名詞が組み合されて 1 つの名詞句になり、次に、形容詞が名詞句から移動し、分離した構成素を形成するという分析を示唆する。まさに、この見方を Pereltsvaig (2008) は採用しており、名詞句から構成素を直接抜き出すことを批判し、代わりに名詞句全体をコピーし、その一部のみを解釈に用いると提案している。Pereltsvaig は、要素の直接の抜き出しが移動に関するいくつもの制約を破ることになることを指摘している。このことは、(47) のような非構成素、(48) のような等位接続された片方の等位要素、(49) のような通常であれば抜き出しが不可能な格標示を受けた名詞のような島 (island) に当てはまる。

(47)	Protiv	sovetskoj	on	vystupal	vlasti.
	Against	Soviet-fem-gen	he	demonstrated	power-fem-gen

'He spoke out against Soviet power.'
（ソビエト権力に反対して彼は声を上げた。）

(48) Ja tvoi vystirala chulki i rubashku.
I your-pl washed stockings and shirt
'I washed your stockings and shirt.'
（私はあなたのストッキングとシャツを洗った。）

(49) Po sintaksisu ona byla starshe professora
of syntax she was older professor-gen
'She was older than the professor of syntax.'
（彼女は統語論の教授より年上だった。）

Pereltsvaig は、移動された構成素が、(47) で取り上げた非構成素よりもさらに複雑な非構成素を形成することができるとコメントし、(50) の例をあげている。

(50) Ja prosto probovala
I simply tried
vot eti češskie s supinatorami kupit' tufli.
see these Czech with arch-supports to-buy shoes
'I simply tried to buy these Czech shoes with arch-supports.'
（私はアーチサポート[12]付きの、このチェコ製の靴をただ買おうとしただけだった。）

(50) で直接抜き出すことによって移動される要素は eti češskie s supinatorami 'these Czech with arch-supports' であり、おそらく Pereltsvaig はこれに対して Det AP PP のような構造を与える。(Croft が分離名詞句をどのように分析するのかは定かではない。Croft (2001: 186–7) は、大抵の場合、統語的な連続性が意味的な関係を反映するが、不一致も起こりうることを観察している。Croft は、オーストラリア先住民言語の 1 つであるワルダマン語 (Wardaman) の例について議論しているが、そのコメントは (46) のポーランド語の例にも当てはまる。) (46) の太字で示した部分を構成素として分析する唯一の理由は、庭とその土地が美しいことと、家とその土地が安いということなど、両者をつなぐ意味関係が成立するためであると Croft は述べている。この捉え方は Pereltsvaig や、我々がこれから展開する説明と同じであろうか。ここで間違いなく言えることは、Croft は構文を

12 靴の土踏まず部分を支える材料である踏まず芯のこと。

自然発話と結びつけてはいないということである。

自然な話しことばを分析する統語論者にとっては、いともたやすく思いつく代案がある。それは、形容詞(または数量詞や数詞)と名詞をそれぞれ独立した構成要素とし、決して単一の名詞句にはならないとして扱うことである。この章の冒頭で観察したが、英語やロシア語の自然な話しことば(および他の言語でこれに相当する変種)では、名詞句はきわめて単純で、大抵は代名詞や名詞といった単一の構成要素、もしくは、決定詞と名詞で構成される。文脈により、そのような単純な名詞句は、聞き手が話し手の意図する指示物を特定できるほどの情報を担っていないかもしれない。さらに情報を提供することも可能であるが、その場合、すでに考察した抜粋のように、話し手は、別の節に情報を分散させるか、もしくは、比較的複雑な名詞句を産出するのであれば、節の主語や目的語としてではなく、単独で発話することになる。「分離名詞句」をもともと統合していた名詞句が分離されたとする分析は、自然な話しことばからの証拠に合致しないが、話しことばのロシア語は階層構造的ではないという趣旨の、本章の冒頭で引用したZemskajaの観察には合致する。ここで、オーストラリア先住民諸語には、話しことばしかないということを指摘しておきたい。そうすると、妥当な仮説は、指示詞、数量詞、形容詞、名詞を名詞句の中で結合することは、言語の使用者の集団が、公共の儀式(または私的な儀式)で用いるために、語りや神話のような口承、あるいは書き残されたテクストを発展させることで起こるというものである。複雑な名詞句もまた、書き物のテクストが現れ、精緻化されていく際に増大するのである。

英語の名詞句に関して、すでに主流になっている2つの分析がある。Abney (1987) 以後、the quick brown fox のような表現は、名詞句ではなく、the が主要部となる決定詞句 (Determiner Phrase) であるという分析が一般に受け入れられている(たとえば、Cann (1993) の議論、本著の 61–64 ページの議論も参照)。以下の議論では、決定詞を名詞句の主要部とする分析は統語論で真剣に検討すべきであると提案する(統語を強調するのは、名詞句に最も意味負担がかかる構成素(典型的には名詞)と、句構造の詳細な統語クラスを決定する構成素(典型的には決定詞)は区別されなければならないからである)。

3.6.1 ロシア語の長形形容詞：名詞と直示詞

ロシア語の「分離名詞句」は単純明快に説明できる。長形形容詞 (long adjectives) はきわめて名詞的で名詞句内部で単独の構成素として機能することができる。まず、ロシア語の形容詞について一言述べると、ロシア語の形容詞は長形形容詞と短形形容詞 (short adjectives) に分けられる。長形形容詞は限定的な (attributive) 用法と叙述的な(predicative)用法があるが、短形形容詞は叙述的な用法しかない。
interesnyj 'interesting'の短形の例を(51)に挙げる。

(51) a. Odin proekt byl **interesen** 'One – scheme – was – interesting.'
(おもしろい案がある。)
b. Odna mysl' byla **interesna** 'One – idea – was – interesting.'
(おもしろい考えがある。)
c. Eto opisanie bylo **interesno** 'This – description – was – interesting.'
(この記述はおもしろい。)
d. Eti teorii byli **interesny** 'These – theories – were – interesting.'
(これらの理論はおもしろい。)

短形形容詞である interesen や interesna, interesno, interesny は主語の名詞と同じ性と数をもつが、格変化は起こさず、byt' 'be'の補語としてのみ生じる。短形形容詞は、名詞句の内部には決して現れない。また、kazat'sja 'seem'のように道具格を補部に要求する動詞の補部としても起こらない。それは道具格の接辞をとるために長形形容詞でないといけないからである。
長形形容詞を(52)に例示する。

(52) a. **interesnyj** proekt '(an/the) interesting–project'(おもしろい計画)
b. **interesnaja** mysl' '(an/the) interesting–idea'(おもしろい考え)
c. **interesnoe** opisanie '(an/the) interesting–description'(おもしろい記述)
d. **interesnom** idei '(the) interesting ideas'(おもしろい考え)
e. v **interesnom** proekte 'in–(the) interesting–project'
(おもしろい計画において)
f. avtor **interesnogo** proekta '(the) author of–(the)–interesting of–(the)–project'(おもしろい計画の立案者)

(52)の形容詞形は、語幹と接尾辞 -yj, -ja, -oe, -ogo, -ye, -am で構成されるため、「長形」と呼ばれる。長形は、組み合される名詞と同じ数・性・格をもち、(52)のように名詞句の中にも、byt' 'be'を含む動詞の補部としても起こることができる。(ロシア語の文法では、叙述用法の形容詞が長形か短形かという問題は論争になる話題であるが、ここでの目的とは関係しない。)
重要な事実は、長形形容詞の接尾辞が歴史的に直示代名詞(deictic pronouns)から派生し、現代ロシア語でも依然として直示的であるという点である。疑問文の Ty kakoe plat'e kupila? 'You which dress bought?/Which dress did you buy?'（どのドレスを買ったの？）に対しては zelenoe '（the） green （one）'（緑色のもの）や šerstjanoe '（the） woollen （one）'（ウールのもの）のように、一語で返答ができる。この一語での返答は čto za plat'e ty kupila? 'What kind of dress did you buy?'（どんな種類のドレスを買ったの？）という疑問文への返答としても適切である。この「形容詞」形は、指示語としても、そして、主語、直接目的語、斜格目的語としても機能できる。たとえば、ドレスがいくつか飾られているという状況で、plat'e 'dress'という語が使用されていなくても、話し手は、zelenoe dorogo '（The） green （one） - （is） -too dear'と発話することができる。この時点で、名詞と形容詞が、分布的にも形態的にも格を担った単一の名詞類の中に組み込まれるが、互いの語順や動詞との語順が自由であるという、例文（16b）、（18）、（27）についての Baker の見解を思い起こすことが有用である。Baker のコメントは、自然発話のロシア語について書かれたものとして受け取ってもよいかもしれない。

（もう 1 つのスラブ語族の言語であるブルガリア語の歴史的な変遷は、直示（deixis）を基盤とするここでの分析を間接的に支持する。rokljata e zelena 'the-dress is green'と zelena roklja 'a-green dress'を比較するとわかるように、ブルガリア語は長形形容詞と短形形容詞の区別を失った。ブルガリア語は直示詞から定冠詞を発達させた。rokljata 'the dress'と zelenata rokija 'the-green dress'を比較するとわかるように、直示詞は、名詞句の最初に現れる構成素が名詞であっても形容詞であっても、その構成素に接尾辞として付加される。構造的には、zelena + ta は、（ブルガリア語の形容詞と合わせるために女性形にした）ロシア語の zelena + ja に相当し、zeleno + to は、同じくロシア語の中性の長形形容詞 zeleno + je に相当する。）

これらのデータからある重要な疑問が生まれる。上記の例で、長形形容詞は、英語の the green dress において我々が認識するような形容詞であるのか、それとも後続する名詞と並列される名詞であるのか。つまり、zelenoe plat'e '（the） - green - dress'の構造は、plat'e 'dress'が直示要素 -oe に内包（intension）[13] を提供する 'the green one - dress'のように注釈されるべきなのであろうか。後で論じるように、これら 2 つの疑問の答えは「イエス」である。

それでは、次に、（53）として再掲した、（32）の 2 番目の節について考えてみる。

(53)	I	ukladyvajut	vot	**eti**	vot	**truby**
	And	lay-3Pl-imperf	look	this-Pl-Acc	look	pipe-Pl-Acc

'They are digging a huge trench and laying—just look at them—these pipes.'

13 ここでは「意味内容」という解釈をして差し支えない。

指示詞 eti 'these'は、直示小辞 vot に後続し、別の vot が入ることにより、修飾する名詞から分離されている。(vot は一般に、英語の Look! に相当するため、この小辞は直示的であるとして扱われる。) vot eti truby は、句として発話したり書いたりすることができ、eti は truby を修飾する指示形容詞であると言われる。eti truby が (32/53) における eti vot truby の起源、つまり vot で分離されている名詞句と見ることもできる。しかしながら、eti の代名詞的な性質や先行の例とよりうまく合致する代案は、eti と truby はそれぞれ別個の名詞句であり、vot は、名詞句を分離しているのではなく、それぞれの独立した名詞句の前に起こっているとするものである。文脈上、その発話は適切なものである。話し手は、口頭とおそらく動作で指し示し、vot eti 'look – these ones'と言い、その後、直示詞の指示対象を完全に明確にするために、vot truby 'look – (the) pipes'という情報を追加するのである。(ロシア語の名詞は定冠詞を欠くため、単数名詞は文脈や構造によって定名詞にも不定名詞にも解釈できる。)

ロシア語の長形形容詞が名詞句の唯一の構成素となったり、指示表現として機能したりできるということは、何ら特別なことではない。(上の段落にある eti や tot 'that one'のような) 指示詞や (vse 'all'や každyj 'each'のような) 数量詞や (特に、集合数詞 (collective numeral) のような) 数詞はすべて、単一の構成素として名詞句内に生じうる。これらの要素は、長形形容詞よりも直前の文脈に依存するが、指示表現として機能することもできる。関連する構文の詳細を述べると形容詞の議論から離れすぎるため、これ以上論ずることを控えるが、関心のある読者は Corbett (1993) の数詞の優れた論考を参照してもらいたい。

(54) から (57) に再掲する Pereltsvaig の例も同じように分析できる。難点は、文脈が構成素の語順を決定することは疑う余地もないが、Pereltsvaig が構成素の順序を決めるテクストの文脈を全く提供していないことである。

(54)	Protiv	sovetskoj	on	vystupal	vlasti.
	Against	Soviet-fem-gen	he	demonstrated	power-fem-gen

'He spoke out against Soviet power.' (= (47))

(55)	Ja	tvoi	vystirala	chulki	i	rubashku.
	I	your-pl	washed	stockings	and	shirt

'I washed your stockings and shirt.' (= (48))

(56)	Po	sintaksisu	ona	byla	starshe	professora
	of	syntax	she	was	older	professor-gen

'She was older than the professor of syntax.' (= (49))

(57) Ja prosto probovala
I simply tried
vot eti češskie s supinatorami kupit' tufli.
see these Czech with arch-supports to-buy shoes
'I simply trired to buy these Czech shoes with arch-supports.' (=(50))

(54) には'against the Soviet one he demonstrated – the/their power'という注釈、(55) には 'I washed your ones/things – stockings and shirt'という注釈、(56) には 'the one of syntax – she was older than the professor'という注釈が付けられるが、(56) については、彼女が教授の誰かと比べて年齢的に上か下かを議論している文脈が想定されると、より適切になるように思える。(57) は 'I simply tried, see, these Czech ones with arch supports, to buy the shoes'と、ごく自然に解釈できる。文脈から、eti češskie s supinatorami というまとまりは完全な名詞句であることがわかる。

3.6.2 ロシア語の反復された前置詞

最後に、ここに(58)として再掲する(29)の例に戻る。

(58) zivem v **novom** **v** **rajone.**
we-live in new in quarter
'We live in a new quarter.'

(29/58) にどのような統語構造を与えたらよいのであろうか。単一の前置詞句 (PPs) があり、たまたま 2 つの v 'in'となって現れたと言うこともできる。この 2 つが出現することを説明するには、前置詞分散(preposition spreading)というこれまで知られてない統語操作を仮定することになる。解決案は、統語的事実を額面どおりに受け取り、(29/58) には 2 つの前置詞句が含まれ、1 つめの前置詞句が v novom で 2 つめが v rajone であると考えることである。v rajone は v novom と同格で、注釈は'We live in a new one in a quarter'になる。前置詞分散は魅力的な変形文法の解決法のように聞こえるが、重大な問題を提起する。前置詞分散、あるいは後置詞分散という現象は他言語でも観察されるのであろうか。格分散 (case spreading) は、特にロシア語では、おなじみの現象である。v novom rajone のような句では、名詞と形容詞は格の一致を起こす。伝統的な見方では、格標示が名詞から形容詞に分散、あるいは付与されるのである。再び、Baker のコメントを思い起こすと、名詞や長形容詞はともに名詞的であるので、ロシア語のデータは何も問題にならない。(もちろん、これはインド・ヨーロッパ諸語の非常に伝統的な分析である。)

前置詞分散は非常に不自然なだけではなく、コピーした前置詞を付加するために空範疇の前置詞句が必要になるであろう。空範疇を用いることはよくあるが、それは名詞句の場合であり、さまざまな名詞句の移動は主動詞の周辺で起こる。原理とパラメーター理論の能動態と受動態の分析では、動詞とその補語名詞句は初期の構造で単一の節点(node)の下に生成される。その構造の上層に、空の名詞句節点(NP node)があり、どちらの補語名詞句もこの空の名詞句節点に移動できる。もともと主語である名詞句が移動すれば、節は能動態になり、もともと目的語である名詞句が移動すれば、節は受動態になるのである。

空の前置詞句節点を仮定する根拠はない。いずれにせよ、空の前置詞句節点を設定することは、それぞれ名詞句を含む2つの前置詞句があることになる。言い換えれば、想定される前置詞分散の規則は、novomとrajoneが2つの並列された前置詞句で、それ自体で名詞句でもあるという、以下に提案する第2の分析につながる。前置詞分散分析の3つめの難点は、統語構造が比較的単純な言語の変種を扱うのに、より複雑な構造を仮定する点である。要するに、「分離」名詞句構文や二重前置詞構文は、長形形容詞を名詞として扱う独立した根拠を提供するのである。

前置詞句の例のように、それぞれの構成素が同格関係にあるか、あるいは1つの構成素がもう1つの構成素の指示を精緻化する関係をもつ独立の構成素からなるとする「分離名詞句」の分析は、シエラポポルカ語の節における名詞が、単に動詞にある代名詞接辞に詳細な情報を加えるだけであると提案する、97ページに引用したElson and Pickettの見解と整合する(Elson and Pickett 1967: 72)。さらには、直示決定詞と名詞で構成される指示表現の発生に関するLyonsの仮説とも合致する(1991に再版されたLyons 1975を参照)。変形文法の標準理論におけるthat dogやthe dogといった指示表現の算出に関するLyonsの議論は取り上げないものの、他の議論は依然として有効である。たとえば、Lyonsはthat dogやthe dogといった英語の句において、単数・可算名詞がある種の決定詞や数量詞なしには指示表現として用いることができないゆえに、主要部はdogではないと提案する。Lyonsはdogがthatまたはtheと同格であると分析することを提案している。

3.6.3 自然発話における分離名詞句と指示

話しことばのロシア語(および話しことばの英語)と名詞句のデータの関連は、以下のとおりである。1つの構成素からなる指示表現、特に人称代名詞、直示決定詞(deictic determiners)、数量詞などの生起確率が高いのは、文脈の中での言語の用法を反映している。話し手は、聞き手が発話の直前の文脈から何を取り上げるのかについて、当然のことながら通例、幅広い想定をする。このため、統語的に単純で情報的に軽い指示表現が多用されることになる。もし、話し手が追加情報を提供したい場合には、名詞を追加することができる。つまり話し手がロシア語を話していれば、名詞を追加できるが、もし英語を話していれば、定冠詞と名詞を組み合わせたものを追加しなければならない。要するに、「定冠詞＋名詞」の構文は歴史的に「直示決定詞＋名詞」の組み合わせに由来し、定冠詞は縮小された直示決定詞なのである。自然発話では、依然として「直示決定詞＋名詞」の組み合わせが生じる状況が存在し、名詞が直示詞と並置関係にあるとみなす状況的な証拠が存在する。

書きことばのみ、または書きことばを中心的に分析する研究者は、非統合的な統語に固執する前述の議論を曖昧で、退屈とすら感じるかもしれない。意味を構成的に取り扱うアプローチで処理することが可能な不完全な名詞句を産出する場合、なぜ直接の抜き出しや移動・コピーを基にする分析を拒否するのか。もちろん、構成性(compositionality)は自然発話の分析に関与するが、書きことばにおける通常の統語単位よりもずっと小さな統語単位の特性にすぎない。書きことばにおいてさえも、意味の構成性に加えて、なんらかの別のメカニズムが必要である。その理由は単純で、個体の記述がいくつものテクスト文にわたって築き上げられ、また、個々のテクストには、それが記述する場面に参加するものがどのようなものであれ、個体に言及する指示表現が多数含まれるからである。談話表示理論は、個体が既知情報であれ新情報であれ、連続した節において言及される個体に言及する指示表現を処理するために、過去30年にわたって開発されてきたメカニズムである。個体に関する情報はファイルカードに収納されると考えられ、個々の情報がテクストで供給されるにつれて追加される。好例は、(59) にあげるリー・チャイルドの小説 One Shot の冒頭のパラグラフに見いだされる。

(59) The man with the rifle drove north. Not fast, not slow. Not drawing attention. Not standing out. He was in a light-coloured minivan that had seen better days. He was alone behind the wheel. He was wearing a lightcoloured raincoat and the kind of shapeless light-coloured beanie hat that old guys wear on the golf course when the sun is out or the rain is falling. The hat had a two-tone red band all round it. It was pulled down low.
(ライフルを持った男は、北へむかった。速くもなく、遅くもなかった。人の注意をひかないように。目立たないように。彼は古くなった明るい色のミニヴァンに乗っていた。ひとりで運転していた。明るい色のレインコートを着て、明るい色のくたっとしたビーニー帽をかぶっていた。日差しが強いときや雨が降っているとき、ゴルフ場で年配の男たちがかぶっているような帽子だ。周囲に赤い濃淡のバンドが巻いてあった。帽子は目深に引きさげられていた。）[14]

読み手はまず個体のファイルを開き、[man（男）][has rifle（ライフルをもつ）]を入力する。5つのテキスト文の後に、読み手は [is alone in minivan（ミニバンに1人である）] を追加し、次に、[is wearing raincoat (raincoat is light-coloured)（レインコートを着ている（レインコートは明るい色である））] と [is wearing beanie hat（ビーニー帽をかぶっていた）] を追加し、次に、ビーニー帽についてのすべての情報を追加する。なぜなら、この部分も男性についての記述の一部だからである。これは書きことばのテクストであるため、情報は少しずつ導入される（第1章のテクスト文についての議論を参照）。

ファイルの比喩（the file metaphor）は、少し違った形で、それでも単刀直入な形で、(60) として例を再掲する (50) のような例に適用できる。

(60) Ja prosto probovala
I simply tried
vot eti češskie s supinatorami kupit' tufli.
see these Czech with arch-supports to-buy shoes
'I simply tried to buy these Czech shoes with arch-supports.' (=(50))

(60) が会話の冒頭に来るのか、それとも途中に来るのかはわからない。靴はすでに言及されていたのかもしれないし、話し手はただ単に買い物に行くと言及しただけかもしれない。もし、靴がすでに言及されていれば、聞き手は靴に関するファイルを開くであろうし、特定の靴に関する下位のファイルを開く準備ができているかもしれない。もし話し手が単に買物に言及していたのであれば、ファイルは開かれなかったであろう。Eti には内容がないが、目前に控える情報を受け取る合図として機能する。話し手は'are Czech（チェコ製である）'をファイルに追加することができ、s supinatorami 'with arch-supports（足のアーチサポートがある）'と聞いたらすぐに、話し手が tufli を発するのを待たずに、'are shoes（靴である）'という情報をファイルに追加することができる。（Pereltsvaig にはイントネーションやリズムに関する情報は提供されていない。tufli は、おそらく kupit' とはポー

14『アウトロー（上）』小林宏明訳（2013: 7）講談社より一部引用。

ズで分離された、節本体の外部にある補足として分析されるべきであろうか。)

Zemskajaが引用した例は、主要部と付加部の生起位置の制約を公式化する近年の試みと関連する。Hudson (1990: 117) は、DとHの間にあるあらゆる語がHに従属するか、DとHの共通の主要部に従属するならば、DはHに隣接する (Hに隣接するとみなせる) という「緩やかな隣接性の原理 (relaxed Adjacency Principle)」を提案している。このことを(61)で考えてみる。

(61) Kuricu na bol'šuju polozi tarelku
chicken-Acc on big-Acc-Fem put-Imper plate-Acc-Fem
'put the chicken on a/the big plate'
(チキンを大皿にのせて)

Dはbol'šujuで、tarelkuはHである。これら両者の間に来る語が、bol'šujuに従属するか、tarelkuに従属するか、あるいは両者が共に依存する語に従属するのであれば、DとHは互いに隣接し合うとみなされる。ここでは、介在する語položiが節の主要部であるため、(Hudsonが採用する長年続いている伝統的な動詞依存文法では) これらの条件は満たされない。つまり、bol'šujuとtarelkuは共にpoložiに依存するが、položi自体は他のどのような語にも依存しないのである。本論では、隣接性や主要部・付加部の関係は書きことばでは公式化できるが、自然発話の断片的な本質を考慮すれば、一般的な制約がすべての種類の言語において成立することはあり得ないという仮説を提案する。

2つめに、複雑さに関する疑問がある。かきまぜ操作 (Scrambling) による分析は、それを前提しない分析よりも複雑であり、かきまぜ操作によって分析された例はかきまぜ操作なしに分析された例よりもより複雑であると予測される。問題は、ロシア語の分離名詞句は自然発話に生じるということで、まさに、話しことばでは、考える時間がないため、最も単純な統語構造が選ばれるのである。この観点からは、より複雑な分析を単純な構造に適用することは魅力的ではない。さらに、この分析はロシア語の長形形容詞の直示機能や前方照応分析の可能性を無視することになる。

では、(61) にあるKuricu na **bol'šuju** polozi や **tarelku** 'the-chicken a/the-big-one place a/the-plate'のような例はどのように分析できるのであろうか。形容詞bol'šuju 'big'と名詞tarelku 'plate'は統語的に連結するが、隣接はしていない。解決への第一歩は、この問題がロシア語の長形形容詞に限ったことではないことに目を向けることである。Pollard and Sag (1994) は、フランス語の母語話者が、なぜ、テーブルや車を指示し、男性・単数の代名詞ilではなく女性・単数の代名詞elleを用い、男性・単数・形容詞 beau ではなく女性・単数・形容詞 belle を用いて、elle est belle と言えることを知っているのかと問うている。関連するフランス語の名詞 table と voiture あるいは bagnole は女性形であるが、例には明らかな完全名詞は含まれていない。

統合制約(unification constraint)に基づく枠組みの研究である Pollard and Sag (1994: 60)は、名詞の素性構造は 3 種類の一致に関連する指標を含むと提案する。それらは、格の値(case value)のような統語的構築物(syntactic objects)を含む統語的一致(syntactic agreement)、(ii) 指標がトークンを同定する(token-identical)際に生じる指標一致(index agreement)、(iii) 文脈背景上の前提が一貫している必要がある場合に生じる語用論的一致(pragmatic agreement)である。さらに、指標は統語範疇の一部としてではなく、指示指標の内部構造の中で指定される。指標とは、語られる存在物を追跡するという談話機能をもつ抽象的な構築物である。たとえば、My neighbour$_i$ thinks she$_i$ is a genius という文において、下付きの'i'は三人称・単数・女性の指標である(Pollard and Sag 1994: 66–7)。すでに提示したフランス語の例に関して、Pollard and Sag (1994: 79) は、代名詞が言及する存在物を含む存在物の集合を表すフランス語の一般名詞の指標と、代名詞の指標が一致しなければならないと提案している。

今まで述べたことは、分離名詞句に現れるロシア語の長形形容詞と関連がある。形容詞は名詞と、性・数の一致を起こす。すでに議論したように、長形形容詞は、語幹と歴史的に直示詞から派生した接尾辞で構成されるが、現代ロシア語でも依然として直示詞として機能する。Pollard and Sag (1994) の提案を利用すると、長形形容詞を含むロシア語の代名詞の発生は、関連する語彙項目に言及しなければならないと言える。

我々の問題に対しては、このアプローチがとりわけ好都合である。特に自然発話の統語構造に関して、言語能力と言語産出の区別が明確であると考えるべきではないという、第 1 章の終わりで提示した見方と整合するからである。(61) に関しては、話し手は、始めに話される状況を固定し、その後、最初に何に言及するべきなのかを決定するとみなせる。この場合は、皿という特定の存在物である。この場合の指示は長形形容詞 bol'šuju によって行われるが、Pollard and Sag が言うように、bol'šuju の指示は、tarelku という語彙項目によってもたらされ、そのことによりその名詞およびそれを指示するいかなる代名詞も女性形でなければならないという情報が供給される。存在物の数は 1 つであり、tarelku は複数形の名詞ではないため、数は単数となる。

話しことばのロシア語における「分離」名詞構文は、主要な語彙項目ではなく、副次的な文法項目に構文の主要部としての地位を与えるような近年の研究に関係する。(話しことばと書きことばのロシア語両方において)形容詞を形容詞＋名詞の連続体の統語的な主要部とする議論ができるために、ロシア語の構文が関連するのである。話しことばのロシア語では、形容詞と名詞は独立した不連続の名詞句として生起するという事実は(ここでは、事実として考えるが)、統合した名詞句において、形容詞がまさに名詞と同じように重要な役割を担うという議論を支持するものである。

特定の構文に対する分析全般については賛同しないものの、Hudson (1987) は Zwicky (1985) が設定した基準を採用している。構文の主要部は屈折形態素をもつ言語においては、(形態・統語の核となる) 屈折語尾を伴う構成素で、構文が表す存在物の種別を表す構成素 (planted potatoes はジャガイモの種類ではなく、植樹の種類であり、その場合 planted が主要部となる) であり、構文内で姉妹関係にある構成素に下位範疇化される構成素であり、姉妹の構成素の形態・統語的形式を決定する構成素 (統率子 the governor) であり、義務的な構成素であり、その分布が母の関係にある構成素に類似する構成素である。Hudson は Zwicky の基準のうちの 1 つを排除し、構成素間の一致に関して方向性は無関係であると結論づけた。分離していようが、統合されていようが、名詞句内の長形形容詞は他のほとんどの基準を満たす。(名詞がそうであるように) 長形形容詞は屈折形態をもち、伝統的な説明では、名詞の性・数・格に関して下位範疇化され、すでに示したように、名詞と類似した分布を示す。意味基準は明示的意味 (denotation) と関係があり、構文の主要部は構文全体によって表される存在物の種類を表す。Hudson(1987)が動詞句に、この基準を当てはめたのは見識ある判断である。Hudson は、planting potatoes はジャガイモの種類ではなく、植樹の種類を表すと分析している。この基準は曖昧さ無しに形容詞と名詞の結合に対して適用されるわけではないが、その曖昧さ自体が重要である。重要な問題は、次のようなものである。bol'šuju tarelku 'big plate (大皿)' のような句は大きな物体の種別を表すのであろうか、それとも皿の種別を表すのであろうか。その答えは、文脈によりどちらの意味も可能であるとしなければならない。ややぞんざいな言い方になるが、それは、その表現が kakaja bol'šaja vešc? 'what big thing? (大きな物は何？)' という質問への返答となるか、それとも čto za tarelka? 'what for a-plate? (どんなお皿？)'、つまり、'what kind of plate? (どんな種類のお皿か？)' という質問への返答となるかによって異なるのである。つまりロシア語では名詞と長形形容詞は同じ基準を満たすため、両者に等しく「名詞句」の主要部として分析される権利があるのである。

長形形容詞と名詞を含む分離名詞句は、単一の名詞句からかきまぜ操作によって派生されるのではなく、2 つの構成素は基底生成されると考えるべきであると論じた。長形形容詞と名詞句が隣接する組み合わせはどうであろうか。最初に、長形形容詞は直示的であることを思い起こしてもらいたい。たとえば、形容詞 xorosij 'good'は語幹の xoroš- と直示接尾辞 -ij からなる。ロシア語の文法では、これらの接尾辞は格接辞として記述されるが、この接尾辞が歴史的に直示詞に由来することや、長形形容詞が頻繁に直示詞として使用されることを考慮すれば、これらの接辞が直示詞としての性質を失っていないと仮定することは妥当である。Lyons が英語や他の言語において「決定詞＋名詞」構文では名詞が直示詞と並列されることから始まったことを示唆したように、ロシア語の「形容詞＋名詞」構文も、名詞が直示的な長形形容詞と同格に配置されることから生じたと我々は示唆する。つまり、xorošij meč 'a/the-good sword'などの例は、'good-that-one a/the sword'のような注釈がつけられる構造から生じたのである。その現代ロシア語の句は、英語では単に'a/the good sward'と翻訳される。

範疇文法（Categorial grammar）はこの分析にさらなる光を与える。まずは簡単な例から始める。範疇文法では、動詞句は文を産出するために名詞句を要求する範疇であるとする。たとえば、swam in the loch は単に動詞句であるが、the children や the monster などの名詞句を追加することによって文に転換される。モンタギュー文法の用語では、動詞句は t/e のタイプ[15]に属する。すなわち、存在物に言及するタイプ e に属する要素を 1 つ要求し、真理値に言及するタイプ t に属する要素を作り出すのである。文は、命題に付与される真理値に言及するのである。

ここでは、タイプ e の要素である名詞句の内部にあるさまざまな範疇要素について考えていく。出発点は、一般に広く受け入れられている分析で、決定詞を単一の名詞もしくは形容詞と名詞の組み合わせに適用するという分析である。the red cup では、決定詞 the は、赤い物の集合とコップの集合からある特定の存在物を選び出す。すでに観察したように、英語の普通可算名詞は、決定詞と結合しない限り指示的にならない。単数の普通可算名詞は、タイプ e の構成員となるには決定詞が必要となる要素として扱われる。純粋に統語的には、そのような名詞には決定詞や数詞、数量詞を加えることができるが、一旦、加えられれば、それ以上決定詞や数詞、数量詞を追加することはできない。

この見方では、形容詞はどのように出現するのであろうか。英語では、単数の普通可算名詞に形容詞を加えても、出来上がった構成素は、タイプ e の構成員となるのに、決定詞などが要求される範疇に依然として属したままである。つまり、

---

15 モンタギュー文法では、通常はタイプ（type）と呼ぶものを、原文では範疇（cagtegory）として言及している。ここでは、タイプという用語を使用する。

範疇という点では名詞が形容詞・名詞構文の主要部なのである。ロシア語の状況は異なる。čaška 'cup'のようなロシア語の単数の普通可算名詞は構文の種類によって、指示的にも非指示的にもなりえる。長形形容詞を追加して出来上がった表現も、構文の種類によって指示的にも非指示的にもなりえる。英語とロシア語の大きな違いは、red 自体はタイプ e に属さないがロシア語の形容詞 krasnaja はそれ自体でタイプ e に属することができることである。実際、čaška と同様に、構文に応じて指示的にも非指示的にもなりえる。

3.7. 結論

これまでの内容をまとめると、範疇という視点がロシア語と英語の形容詞の違いを明らかにする。ロシア語にとって重要な証拠は、直示の由来や長形形容詞の性質である。形容詞・名詞構文において、形容詞は少なくとも名詞とステータスが同等であるという証拠に基づいて、形容詞が名詞句の潜在的な主要部である可能性を提案した。上述した同格構文は途絶えたわけではなく、現代ロシア語、(そして、本節の冒頭で行ったコメントを取り上げると)ワルピリ語やピチャンチャジャラ語において、脈々と受け継がれているのである。

訳者によるコラム：階層構造的言語 vs. 非階層構造的言語

Configurational と Non-configurational という対比は Kenneth Locke Hale (August 15, 1934 – October 8, 2001) によって提唱された。Ken Hale は、本書でも紹介されているアメリカ先住民族の言語(ナバホ語(Navajo)など)やオーストラリア先住民族の言語(ワルピリ語 (Warlpiri) など) を研究し、英語と異なるこれらの言語の特徴をもとに、世界には階層性をもった言語と階層性のない、フラットな構造をもつ言語があると仮定した。本書の 77–79 ページで紹介したように、1983 年の論文で Hale はワルピリ語は語順が自由であること、構成素分離が許されること、ゼロ代名詞 (null pronoun) を許容することなどを明らかにした。ワルピリ語の Nagrrka-ngku ka wawirri panti -rni(「男はカンガルーを槍でついた」) という文は 3 通りの語順が可能で、唯一語順が固定されているのは、助動詞 ka のみである。また、名詞句 yalumpu warirri 'that kangaroo'の限定詞 yalumpu は、名詞の前に出てきても文法的であり、動詞などの要素を飛び越えて文末に出てきても同じ名詞を限定していると解釈される。

日本語の階層構造性についても多くの研究がある。Farmer (1984) は、日本語に WH 移動がないこと、かきまぜが許され語順が比較的自由であること、主題卓越型言語であることを指摘し、こうした特徴の一部がワルピリ語の特徴に通ずるものがあるとして、日本語は非階層構造的言語であると分析した。その後、Saito and Hoji (1983) は日本語にも WH 移動は存在し、その移動が英語のように顕在的 (overt) ではないものの、解釈に影響することから LF (Logical Form) で非顕在的移動(covert movement)が起こっていると考えた。また、日本語にも VP が存在することなどを根拠にして、日本語も階層構造的な特徴をもつ言語の 1 つであることを主張した。Hoji (1985)、Saito (1985)、Whitman (1986) にも同様の議論があり、現在では日本語を階層構造性言語の 1 つとして分析することが定説となっている。

(三浦香織)

参考文献

Farmer, A. K. (1984) *Modularity in syntax: A study of Japanese and English.* Cambridge, MA: The MIT Press.

Hoji, H. (1985) *Logical Form Conrations and Configurational Structures in Japanese,* Doctoral Dissertation, University of Washington.

Saito, M. (1985) *Some Asymmetries in Japanese and Their Theoretical Implications,* Doctoral Dissertation, MIT.

Saito, M and Hoji, H. (1983) Weak crossover and move α in Japanese. *Natural Language and Linguistic Theory* 1, pp.245–259.

Whitman, J. (1986) Configurationality parameters. In T. Imai and M. Saito (eds.), *Issues in Japanese Linguistics,* pp.351–374. Dordrecht: Foris Publications.

第 4 章
構文

この章のアウトライン

4.1. ネットワークを構成する構文

構文とは何であろうか。構文を分析する時、私たちは、組み合わされることによってより大きなまとまりを作り出している小さなまとまりに注目する。たとえば、crush+ed や into the house という語順は可能でも、ed+crush や the house into のような語順は不可能であるというように、どのような種類のまとまりが存在し、それらがどのような順序で並べられているのかを観察する。そして、こうしたより小さなまとまり同士がどのように結合されているかを考えるのである。先の例は語順の場合であるが、統語上の連結については、The girls were swimming は可能であるが、*The girls is swimming は標準英語として不可能であるといった数の一致、あるいはロシア語における ja slušaju 'I obey' や on slušajet 'he obeys'、oni slušajut 'they obey' のような人称と数の一致などの例がある。「構文」は Huddleston (1988) や Collins and Hollo (2000) のような入門書ではこのように了解されているが、Hudson (1998) の入門書では全く触れられていない。Culicover (2009) の入門書では言及されているものの、Culicover の定義は独特なものであり、通常のものよりずっと限定的である。Culicover は構文を「意味が、部分の意味とその組み合せ方によって完全には予測できない統語的に複雑な表現である (Culicover 2009: 33)」と定義する。この定義によれば、構文は Croft and Cruse (2004) や Goldberg (1995) で構文として認められている統語単位の連続体の一端に置かれることになるであろう。

本章では、節における構文に目を向ける。次の 3 点を中心に考える。はじめに、単純な節(simple clauses)とより複雑な節(more complex clauses)があることを確認し、それらの関係を考える。構文は、孤立した構造ではなく、ネットワークの中に組み込まれている。次に、さまざまな構文のおかげで、話し手や書き手は、ある発話を用いて動作を表現したり、さまざまな言語行為を行ったりすることができる。(これらは「発話行為(speech act)」として知られていて、話しことばと書きことばの両方で観察される。)さまざまな構文を使って陳述や質問、命令や依頼を行うのである。種類が異なる疑問文を使ったり、さまざまな方法でもって現況を表す。3つめは、先の2点目から出てくるのであるが、話し手や書き手が会話や講義、スポーツの解説、小説、詩、新聞記事などといったテクストを作るためには、異なる機能をもったさまざまな構文が必要である。さまざまな構文のおかげで、話し手や書き手は会話内容に新しいことを入れたり、すでに言及したことを効率的に処理したり、ある特定の情報を際立たせたり、会話や話の内容に登場する人物や物事をたどったりすることができる。コミュニケーションを成功させるためには、さまざまな構文が必要不可欠なのである。

基本構文とその構文から他の構文へとつながる道筋は、(1)に例示した構文で説明することができる。角括弧内の小型大文字は、それぞれの構文の名称を表している。この名称は説明上、便宜的に用いているだけである。体系的に名称を与えるとなると、それは本章の議論で必要なものよりもはるかに複雑になるであろう。

(1) [平叙文(DECLARATIVE)]
   a. Frank bought the piano for Jane. [斜格目的語(OBLIQUE OBJECT)]
      (フランクはジェーンのためにピアノを買った。)
   b. Frank bought Jane the piano. [二重目的語(DOUBLE OBJECT)]
      (フランクはジェーンにピアノを買った。)
   c. The piano was bought for Jane by Frank.
      [受動態・斜格目的語(PASSIVE, OBLIQUE OBJECT)]
      (そのピアノはフランクによってジェーンのために購入された。)

(2) [疑問文(INTERROGATIVE)]
   a. Did Frank buy the piano for Jane? [斜格目的語(OBLIQUE OBJECT)]
      (フランクはジェーンのためにピアノを買ったの?)
   b. Did Frank buy Jane the piano? [二重目的語(DOUBLE OBJECT)]
      (フランクはジェーンにピアノを買ったの?)
   c. Was the piano bought for Jane by Frank?
      [受動態・斜格目的語(PASSIVE, OBLIQUE OBJECT)]

（そのピアノはフランクによってジェーンのために購入されたの？）

基本構文である (1a) の平叙文は (1b, c) の他の構文とつながっており、同時に、(2a-c) の疑問文ともつながっている。その経路は、基本構文から直接それぞれ個別の構文へと伸びているわけではない。たとえば、(1a) から (1b)、(2a)、(2c) へとつながるのではない。基本構文の[平叙文]から他の[平叙文]へと広がり、さらに、個々の [平叙文] からそれぞれに対応する [疑問文] へとつながっていく。つまり、1 つの経路は、(1a) から (1b) の[二重目的語]へと延び、また別の経路は、(1b) から (2b) の [疑問・二重目的語] へと延びている。さらに別の経路では、(1a) から (1c) の [平叙・受動態・斜格目的語] へとつながる。同時に、(1c) から別の経路が伸びており、(2c) の [疑問・受動態・斜格目的語] 構文へとつながる。ここで取り上げた経路は、変形文法理論の標準モデルの変形規則のような、1 つの構造から別の構造をつくりだす規則として解釈すべきではない。どちらかというと、一般化句構造文法 (Generalized Phrase Structure Grammar, GPSG) が提案する「もしある言語 X に構文 Y が存在すれば、その言語には構文 Z も存在する」といった含意規則 (implicational rule) と同じ種類のものである。

4.2. 構文と発話行為、談話機能

異なる発話行為を表すには、異なる構文が必要になる。平叙文は陳述を伝え、疑問文は疑問を伝え、命令文は広い意味で指示を伝える。異なる種類の疑問にも異なる構文がある。もし話し手が何かが起こったか尋ねるなら、Did the parcel from Jennifer arrive yesterday? のような構文が用いられる。話し手が荷物が届いたことを知っていて、どういう状況なのか詳細を知りたいならば、Which parcel arrived yesterday? や When did the parcel from Jennifer arrive? などの [WH 疑問] 構文が用いられる。もし話し手が昨日ジェニファーから荷物が届いたことをかなり確信していて、聞き手から確認をもらいたいなら、The parcel from Jennifer arrived yesterday, didn't it? のように[付加疑問]構文が用いられる。

異なる談話機能をもたせるのにも異なる構文が必要になる。話し手が状況について語り、その動作主について言及したくないならば、The car was being driven badly のような [受動] 構文が選ばれる。話し手が、行為を受ける側が状況をコントロールしていることを語りたいならば、his car drives beautifully on twisty roads のような[中間]構文が選ばれる。話し手が、あるものを他のものと対比したいならば、It was Juliet's car that broke down (not anybody else's) のような [IT 分裂] 構文を使用するのが適している。

4.3. 分割する(splitting)のか統合する(lumping)のか：構文と構文の境界を設定する

どのような言語にも多数の構文が存在する。話しことばと書きことばの両方をもつ言語では、自然発話に典型的に用いられる構文や、書きことばに典型的に用いられる構文がある。そして、両方に用いられる構文もある。古めかしい構文もあれば、現代風の構文もあり、その他に、特定のジャンルに限定されている構文もある。構文は、固定化した表現の let well alone(現状のままにしておいて)から、as far as I can see/make out/know (the banks won't lend anybody any money)(私の知る限り(銀行はだれにもいかなるお金も貸さないであろう))のように、限られた変異が認められる定型表現、平叙文など無限に変更できる表現までさまざまである。多くの構文は、節を1つだけ含むが、IT分裂構文・WH分裂構文・付加疑問などのように2つの節を含む構文もある。

(3) a. It was only on Monday that we realized the dog was missing.
(月曜日になってはじめて、犬が行方不明であることに気がついた。)
b. What we're going to discuss today is renewable energy.
(今日、我々が協議する内容は、再生可能エネルギーについてである。)
c. You're going to the ball aren't you?
(社交ダンス大会に行くんだよね？)

(3a)のIT分裂構文では、that we realized the dog was missingが1つの節で、It was only on Mondayがもう1つの節である。(3b)のWH分裂構文では、2つの節は、what we're going to discuss today と what we're going to discuss today is renewable energyである。(Bresnan and Grimshaw(1978)の分析を採れば、最初の節はdiscussの目的語が省略されたwe're going to discuss ø todayである)[1, 2]。(3c)では、話し手は平叙節you're going to the ballで陳述を表しており、aren't youという節で疑問を表している。

構文に関する1つの重要な問題は、ある言語から得られるデータをどのくらいきめ細かく分けるかである。Miller (2008)のような入門用の教科書は、大抵、there's a fox in the gardenに代表される存在・提示文について言及している。「存在

---

1 原文では、the first clauseではなく、the second clauseである。

2 2番目の節は、実際は空所ϕを含むようなwhat we're going to discuss ϕ todayである。ここでは、表記上の配慮から空所を省略した表現が用いられていると思われる。

構文」という単純な名称は、1つの(一般的な)構文のみがあると分析者がみなしていることを意味する。「存在・提示構文」という名前は、その構文には2つの機能があり、常にというわけではないが、大抵の場合、同時に作用することを意味する。Croft and Cruse (2004) は Lakoff (1987) のデータをもとに、存在構文には4種類のものがあることを提案している。(4) はそのリストである。

(4) a. There's a fox in the garden. [中心的存在 (CENTRAL EXISTENTIAL)]
(一匹の狐が庭にいる。)
b. There's a man been shot. [想定外の出来事 (STRANGE EVENT)]
(ある男が射殺された。)
c. There is a Santa Claus. [存在論的 (ONTOLOGICAL)]
(サンタクロースは実在する。)
d. Suddenly there burst into the room an SS officer holding a machine gun.
(突然、機関銃を持った親衛隊が部屋に押しかけてきた。)
[提示的 (PRESENTATIONAL)]

(4a) は使用頻度が最も高い構文である。会話では、後続する名詞句が単数であっても複数であっても、この構文では、典型的に there's が文頭に現れる。1つの見方は、この短縮形が、there is が縮約され文法化されて単一の標識になってしまっているというものである。存在構文の最初の名詞句 (NP) は大抵、不定 (indefinite) である。それはこの構文が、前の会話で言及されていないものを導入するために使用されるからである。(4a) は in the garden という場所表現を含んでいる。最も典型的な存在構文では、テクスト全体やテクストのセクションを開始する場合には、このような場所表現の使用が義務的である。(4c) に挙げた存在論的な存在構文にも不定名詞句が含まれているが、場所表現は含まれていない。これはおそらく、この種の存在構文が、一般に物の存在を述べるために用いられるからである。一方、中心的存在構文は、あるものがある場所に存在することを述べるために用いられる。

(4b) は、存在物と出来事が提示されているが、(4d) は出来事のみが提示されている。(4d) の動作主は不定名詞句である。なぜなら、これは、この文脈ではじめて the SS officer について言及がなされているからである。Suddenly there burst into the room the two policemen we had noticed in the square のような例も同じように、提示文としては無標の構文である。定名詞句の the two policemen が用いられているが、これは、警官がすでに先行する文脈で言及されていると仮定されているからであろう。この構文に生じる動詞は、There appeared big black clouds

(大きな黒雲が現われた)や There arrived a car at the door(ドアのところに車が着いた)、There strolled into view a lady with a little dog(小さな犬を連れた婦人が目に入った)、There sailed into the harbor a very elegant yacht(とても豪華な客船が港に入ってきた)などのように、大抵の場合、移動動詞か出現動詞である(非存在から存在への移動と解釈することもできる)。

Croft and Cruse によって(4b)に付けられた「予想外の出来事」という名称は、全く適切ではない。表された出来事は必ずしも予想外とは言えないからである(車庫に対する期待は人によって異なる、など)。他にも、There's a mechanic working on your car right now(今、技術士があなたの車の作業をしている)や There's several policemen just been sent to control the traffic(交通を制御するためにちょうど送り込まれた警官が数人いた)などの例があるが、完了形 been sent が用いられている例は、結果と考えてもよさそうである。Croft and Cruse の「予想外の出来事」構文は「結果」と「出来事」に分けられるべきであろう。ここで提案した「出来事」構文について注目に値する点は、関係詞節を含むということである。先の 2 例には、短縮関係詞節(reduced relative clauses)が含まれている。しかし、(5)を考えてもらいたい。(5a)は中心的存在構文であるが、この文には in our street という場所表現と随意的な関係詞節 owns two Rottweilers が含まれている。(5b)は、先に提案した「結果」の存在構文の例である。

(5) a. There's a guy in our street [ϕ] owns two Rottweilers[3].
(うちのご近所にロットワイラーを 2 匹買っているやつがいる。)
b. There's a tree [ϕ] has fallen on a very expensive car.
(高級車の上に木が倒れている。)

(5)の ϕ を who や which によって置き換えると、これらの関係代名詞は関係詞節の主語となるであろう。英語の存在構文以外では、直接目的語の関係代名詞だけ省略を許される。しかし、話しことばの英語では存在・提示文の関係詞節の主語を省略することができる。事実、これは存在・提示構文の主たる特徴の 1 つである。(6)は、修正した存在構文の一覧である。構文の名称は、ここに例示した構文がすべて存在構文であるということを表すために変更してある。

(6) a. 存在物を提示する存在構文(Existential presenting an entity)
There's a fox in the garden.

3 ドイツ原産の大型犬で、黒色牧畜犬や番犬としても知られている。

There's a guy in our street [ϕ] owns two Rottweilers.

b. 存在論的存在構文(Existential ONTOLOGICAL)
There is a Santa Claus.

c. 出来事を提示する存在構文(Existential presenting an event)
Suddenly there burst into the room an SS officer holding a machine gun.

d. 出来事の結果を提示する存在構文(Existential presenting an event resultative)
There's a man been shot.

英語や他言語を記述する際に、構文を理論的な基本型(primitive)として取り扱うならば、意味や統語の違いを説明するために、多数の異なる構文を設定しなければならない。同じことはConstruction Grammar(構文文法)などの文法モデルについても当てはまる。1960年代後半から70年代に立ち上げられたHallidayの文法と、その文法から生まれた体系機能選択文法(Systemic Grammar)ではさまざまな種類の構文が認められているが、それらの構文は、異なる選択肢を組み合わせた結果出来上がったものである。たとえば、We sent Barnabas a book on entomology(我々はバーナバスに昆虫学の本を送った)という構文は、[直接法][定性][断定][能動][二重目的語][無標]という機能が選択された結果として生じる。これらの機能のうち、[無標]のかわりに[有標]が選ばれれば、a book on entomology we sent Barnabasという文が生じる(文脈がなければ、奇妙な語順になるが)。

4.4. 構文と第一言語獲得

構文の間にどれくらい詳細な線引きをするかという問題は、単なる形式的な文法モデルや個別言語の記述文法以上のことと関係する。母語を獲得している子どもの第一言語獲得の研究にも直接的に関係する。この種の研究の難しさはCrain and Nakayama (1987)でうまく説明されている。彼らは子どもたちに主語の関係詞節を含む平叙文を疑問文に変えてもらう実験を行った。用いられた方法は、キャラクターの人形に対して子どもたちに質問させるというものであった。子どもたちへの口頭の指示は、たとえば、Ask Jabba if [the boy who is watching Mickey Mouse is happy]などであった。実験では(7)に紹介する6文が使われた。

(7) a. The boy who is unhappy is watching Mickey Mouse.
(不満がある男の子がミッキー・マウスを見ている。)

b. The dog that is sleeping is on the blue bench.

(眠っている犬は青いベンチの上にいる。)

c. The ball that the girl is sitting on is big.
(女の子が座っているボールは大きい。)

d. The boy who is watching Mickey Mouse is happy.
(ミッキー・マウスを見ている男の子は幸せだ。)

e. The boy who is being kissed by his mother is happy.
(お母さんにキスされた男の子は幸せだ。)

f. The boy who was holding the plate is crying.
(お皿を持っている男の子は泣いている。)

第一言語獲得について扱う第12章では、2つの問題を取り上げる。まず、子どもたちのグループが特定の構文を獲得したと、どの時点で適正に言えるのかという問題である。そして、1つの子どものグループから得られた結果が、特定の母語を獲得中である他のすべての子どもに対して一般化できると、どの時点で言えるのかという問題である。ここで、私たちは、Crain and Nakayama の実験に参加した子どもが実験前に wh 関係詞節をすでに獲得していたという主張を疑うことになる。(7) の例には2種類の wh 関係詞節が含まれている。両方の構文とも who が主語であるが、(7e) の関係詞節は受動態で、その他は能動態である。そして、(7a) の関係詞節は who is unhappy というコピュラ文を含むが、他の能動態は他動詞文である。ここで「2つのタイプ」として言及した wh 関係詞節は能動態と受動態であるが、能動態の関係詞節がコピュラ文を含むか、そうでない文を含むかで、さらなる分類ができることは明らかである。関係詞節がコピュラ文以外である後者の場合、他動詞文か自動詞文かという観点によってさらに分類がなされる必要がある。

より重要なのは、(7) の例文は、文法性に関する第5章と複雑性 (complexity) に関する第11章で紹介する (12) から (14) のような、より複雑な wh 関係詞節を1つも含んでいないことである。whom や whose を用いた関係詞節もないし、the shop in which we bought this carpet (私たちがこの絨毯を買った店) や the guy to whom you were talking (君が話していたやつ) というような前置詞と wh 語で成立している関係詞節もない。言うまでもないことだが、the man by whose dog we had been chased (私たちが追いかけていた犬の飼主) のような文もない。明らかに、for all of whom this was the best treatment (これが最善の処置である方々へ) や moved to London, in which city he spent the rest of his life (彼が残りの人生を過ごした街、ロンドンへ移住した) などの文もない。つまり、Crain and Nakayama の実験で wh 関係詞節を正しく理解したとされる子どもたちは、wh 関係詞節のうち最も単純な2種類の関係詞節を理解していただけと言えるのである。被験者の子どもたちは、wh関係詞節構文そのものを習得していたのではなく、wh関係詞節構文の集合のほんの一部しか習得していなかったのである。Bavin (2006: 389) が言うように、「子どもの自然発話の産出と、子どもが実験で示すパフォーマンスがどのように解釈されるかは、設定された理論的前提にかなり大きく左右される」のである。

4.5. 構文と統語的特徴

4.5.1 古典ギリシア語の条件構文

構文という視点は、条件節(protasis)と主節(apodosis)の組み合わせにおいて観察される時制の一致というやっかいな現象にも説明を与えてくれる。例として、(8)のような古典ギリシア語の条件節を見てみる。

(8) a. ei touto epoioun, edikoun
if this they-were-doing, they-were-wrong
(もしこれをしていれば、まちがうことになるだろう。)
b. ei touto epraxen, edikesan an
if this they-had-done, they-would-have-been-wrong
(もし、これをしていたなら、まちがっていただろう。)

通常、依存関係は節の境界を超えて副詞節にまでは及ばないが、副詞節と主節の組み合わせの場合、節を越えての依存関係が関与するようである。(8a) の英語のコピュラ動詞と形容詞の組み合わせ were wrong は、ギリシア語の一語の動詞 epoioun に対応する。この動詞は未完了時制 (imperfective) で現れているが、これは古典ギリシア語の文法で完了条件節に求められるものである。条件節は未完了動詞 epoioun を含むのである。(8b) は過去の未完了の条件を表している。条件節は不定過去時制(aorist)[4] の epraxen を含み、主節は不定過去の動詞と接辞 an を含んでいる。しかしながら、このような例は古典ギリシア語とそれに対応する英語の両方で、節をまたぐ依存関係を表すような例ではない。統語的な制約は主節と副詞節の両方に影響するものであって、2つの節の依存関係は主節から副詞節

4 不定過去時制(aorist)とは、古典ギリシア語の4つの動詞の語幹の1つで、基本的には動作の展開や持続を考慮せず、単に動作が起こったことを表す。しかし、時に現在に対立して、起動的、完了的な意味を表すこともある。

へ、あるいは、逆に副詞節から主節へというよりは、むしろ２つの節全体が同等に関係するようである。

4.5.2　ロシア語の状態範疇構文

以下 (9) から (14) にあげる例は、長年、ロシア語研究者の間でさかんに議論されてきた。

(9) V gorode bylo teplo, syro i duŝno.
In town was warm humid and stuffy
'It was warm, humid and stuffy in town.'
（街は気温が高くて蒸し暑く、そして息苦しいほどむっとしていた。）

(10) Ivanu bylo gor'ko i dosadno.
Ivan-DAT was bitter and annoyed
'Ivan was grieved and annoyed.'
（イアンは嘆き、困惑した。）

(11) Mne nuẑno exat' v Moskvu.
I-DAT necessary to-travel to Moscow
'I have to go to Moscow.'
（モスクワに行かなければならない。）

(12) Jasno, ĉto Zenit – luĉŝaja komanda[5].
Clear that Zenit better team
'It is clear that Zenit is the better team.'
（ゼニトがよりいいチームであることは明らかだ。）

(13) Vsem ponjatna novaja politika.
All-DAT understandable new policy
'Everyone understands the new policy.'
（みんなは新しい方針を理解している。）

(14) Nam byla slysna gromkaja muzyka.
We-DAT was audible loud music
'We could hear loud music.'
（私たちは何とかうるさい音楽を聴くことができた。）

5　ゼニト (Zenit) はロシアサンクトペテルブルクを本拠地とするサッカークラブ。ロシアプレミアリーグのチームの１つで、正式名は FC ゼニト・サンクトペテルブルク。

これらの例には、構文という考え方を用いてうまく扱える統語的・形態統語的な特徴がある。(9)から(14)は状態構文であり、特に、(13)と(14)は、Lakoff (1970)で指摘された状態構文に対応するロシア語の構文である。(13)と(14)は、状態構文の下位類を形成するが、他の例は、別の下位類に入る。(13)と(14)の例を単純に状態1類(Stative 1)と呼び、他を状態2類(Stative 2)と呼ぶことにする。状態1類では、文頭の名詞は有生(典型的に人間)であり、与格(dative)で標示される。状態2類では、文頭の名詞は無生であり、典型的に場所を表し、前置詞の格(場所格)で標示される。状態1類と状態2類は共に、bystro 'quickly'や s èntuziasmom 'enthusiastically'、lovko 'skilfully'など様態の副詞(adverbs of manner)や道具格の副詞(adverbs of instrument)である molotom 'with a hammer'や umom 'with one's brain/intelligence'などと同じ文中で共起しない。一方、状態1類と状態2類は共に、V gorode teplo ot juznogo vetra 'In town warm from southerly wind, It's warm in the town because of the southerly wind'(町は南風のお陰で暖かい)や Ivanu gor'ko ot neudaĉi 'To-Ivan bitter from failure, Ivan is bitterly disappointed by his failure'(イアンはその失敗でひどく落ち込んでいる)などのように、継続や慣習を表す時間副詞(durative and habitual time adverbs)や原因の副詞(adverbs of cause)を許容する。

初期のロシア語研究者である Ščerba (1928) や Vinogradov (1938) は、teplo 'warm' や syro 'wet, damp', dušno 'stuffy', gor'ko 'bitter', dosadno 'annoyed', nužno 'necessary', jasno 'clear' の品詞は何か、という問題を提起した。形態的には、副詞であるかもしれない。というのも、形容詞 šumnyj 'noisy'と副詞 šumno 'noisily'、あるいは形容詞の lučšij 'better'と副詞 lučše 'better'の対立で示されるように、ロシア語の副詞は -o か -e で終わるからである。またこれらは、形容詞の中性の短形(short neuter form)でもありうる。他の言語の形容詞と同じように、ロシア語の形容詞は名詞句の修飾要素(限定形容詞)やコピュラ節で byt' 'be'の補語(叙述形容詞)になることもできる。形容詞には2種類ある。1つは短形(short form)で、形容詞の語幹(可能性としては、3種類の接辞、女性単数 -a、中性単数 -o; 複数形 -i/-y のうち1つ)で構成される。もう1つは長形(long form)で、語幹と、格・数・性で活用する「長い」接尾辞で形成されている。これには、男性・主格・単数の umnyj 'clever'や男性・属格・単数の umnogo、男性・属格・複数の umnyx などがある。短形形容詞は byt' 'be'の補語の位置にだけ現れる。短形は叙述形容詞としての働きしかもたないが、長形は叙述形容詞や限定形容詞としても機能する。

Ščerba は、teplo などの品詞が何であるのかを決めることは不可能であると考えたため、「状態の範疇(category-of-state)」という名称の別の品詞を導入した。この解決策は物議をかもしたが、Tixonov (1960) など一部の研究では受け入れられた。Švedova (1970) などのその後の文法では、(9) から (14) の例は副詞的な類 ('narečnyj klass') に属する種々の「構造スキーマ (structural schemas)」の例として記述されている。これらのスキーマの主要部 (head) は叙述要素 (predicative) である。「叙述要素」という用語は、分析者が品詞の問題を回避することを可能にする使いやすい用語であるが、この構文は主節、従属節にかかわらず、あらゆる種類の節に生じることができるため、「副詞的 (adverbial)」という用語は不可解である。

実際、統語論ではこの問題に答えを出すことができる。teplo や syro、dušno、gor'ko、dosadno、jasno は、ešče bole dosadno 'even-more- annoyed' や v gorode bylo teplee 'in town was warmer' などのように比較級 (comparative) で現れることができる。形容詞は比較級を作れることから、teplo などを形容詞として分類することには十分な理由がある。では、この単語は通常、短形の形容詞接尾辞 -o を伴うという事実はどのように説明できるであろうか。最初に、状態 1 類に現れる接尾辞は -o のみではないことに注目したい。(13) や (14) では女性形の形容詞 ponjatna と slyšna は、女性形名詞である politika と muzyka にそれぞれ呼応する。接尾辞の -o は、形容詞と一致する名詞が存在しない場合に生じる。

状態 2 類には常に一致する名詞が存在しないという特徴がある。この特徴は状態 1 類にとっては、典型的ではあるが、必ずしもそうであるわけではない。文頭の名詞の種類やその格、それが前置詞に統率されるか否かは、状態 1 類と 2 類に共通する特徴である。つまり、副詞の種類や原因句に関わるさまざまな制約と短形の接尾辞 -o が生じるという 2 つの特徴は、他の 2 つを下位類として含む状態構文全般の特徴であると考えられる。すなわち、呼応する名詞が存在しない場合にどの形式が選択されるのか、というデフォルト規則を拡張する代わりに、-o 形をもつことがその構文の特徴であると規定できるのである。以前の論文で、著者 JM は、-o 形は特別な構文で機能し、伝統範疇としては形容詞であること、および (生成文法が発展していた段階に典型的であった) 1 つの大きな基本規則群を設定するよりも、異なる種類の文[6]には異なる規則群を設定するほうがより有益であることを示唆した (Miller 1973)。これらの見解の着想は Halliday の一連の研究と Anderson (1971) から得られたものであり、構文という概念が現代文法理論において、少なくとも 1 つの主流をなす Construction Grammar (構文文法) や Cognitive Linguistics (認知言語学) で正当に扱われていることを目の当たりにすることは、嬉しい限りである。

6　引用元では、「異なる種類の文」は原著では different types of sentence で、sentences ではなく sentence となっているが、原文通りの引用であることが示されている。

4.5.3 数の一致と存在構文

ここで存在構文とIT分裂構文の話に戻ることにしよう。Henry (2005) はベルファスト英語に見られる変種のうち、書きことばではなく、話しことばの変種について調査している。Henryは、以下のような例文を主に分析している。

(15) a. There's three books on the table.
(3冊の本がテーブルの上にある。)
b. There is three books on the table.
c. There was three books on the table.
(3冊の本がテーブルの上にあった。)

Henry (2005) は、標準英語の数の一致を用いる母語話者の集団を調査した。それによると、その母語話者のグループは (16a,b) のような文は使用するが、(17a,b) のような文は使用しない。

(16) a. The eggs are cracked.
(卵がいくつか割ってある。)
b. The doors were opened.
(ドアが数カ所開けてあった。)
(17) a. The eggs is cracked.
b. The doors was opened.

(15a-c) の存在構文には、複雑な用法の変異があることがわかる。Henryが調査した人々のうち、there'sという表現しか使用しなかった話者のグループがいたが、別の話者のグループは、there'sとthere isを使用するが、there wasは使用しなかった。そして、もう1つのグループの話者は、there areとthere wereを使ったが、there isは使用しなかった。また、There was lots of booksかThere were lots of booksのどちらを使用するかについて、さらに別の変種が存在していた。あるグループの話者ではThere weren't any booksのように、存在構文が否定された場合に数の一致を示す一方、別のグループの話者ではThere were booksのように、肯定の存在構文において常に数の一致を起こすが、There wasn't any booksのような否定の存在構文では数の一致を起こさなかった。別のグループの話者は、There seems to be many students in the room (部屋には多くの学生がいるようだ) は容認できると判断するが、*There appears to be many students in the room は容認できないと判断する。

統語論の長年の中心的な目標は、母語話者個々人の脳や心に言語表示の理論を発展させることであったが、Henry (2002) の説明では、この目標は Chomsky (1995, Chapter 4) の存在構文の取り扱いとは合わないことになる。Chomsky は、there's が低いレベルで there are と置き換えられたもので、一致は疑問文や過去時制の非縮約形式では起こらないため、生産的な構文でないと論じている。(Chomsky のこの議論は誤りである。なぜなら Is there any biscuits left (ビスケットは残ってるかい) や、Henry が示しているように、There was three books on the table を使用する話者が多数いる。一方で、Henry も示しているように、Chomsky が不可能であると報告するパターンの用法が可能な話者もいるからである。) Chomsky の説明ではうまくいかない。there's を使用する多くの話者は there are を使用しないのであるから、there's は他の何かを置き換えた表現ではないのである。

Henry (2005) の解決策は、規則の概念に立ち戻り、その性質を認め制約を課すための研究プログラムを提案するというものである。別の解決法は、それぞれ固有のパターンをもつ個別の構文という考え方を追求し、存在構文をさまざまな固有の特徴をもった構文として取り扱うというものである。とりわけ、後続する名詞句が単数であろうが複数であろうが、通常の現在形の存在構文には there's という表現が使用されるという特徴があるとして扱うのである。別の話者にとっては、is や was の両方が存在構文に現れるという際立った特徴があり、また別のグループは、was を許すが is や 's を許さないという特徴があるのである。また存在構文に特有の別の特徴として、There were books は許されるが、There wasn't any books は許されないということもある。存在構文の数の一致は通常の平叙文の一致とは異なるのである。

4.5.4　話しことばと書きことばにおける IT 分裂構文

最後に考察する構文は英語の IT 分裂構文である。この構文について、Quirk et al. (1985: 18.28 & 18.48) の説明から 2 つの全般的な問題点を取り上げ、論評する。その 1 つが、英語の書きことばと話しことばで IT 分裂構文にはかなり違いがあること、そしてもう 1 つが、その違いは、両者の構文の違いを認め、それぞれの特徴をこの構文の違いに由来させることで最もうまく扱えるというものである。(18) の IT 分裂構文を考えてみる。

(18) It's the girl that I was complaining about.
　(私が文句を言っていたのは、あの女の子だよ。)

Quirk et al. はこの文中の that I was complaining about という節について細かく

考察している。この節はIt's the girl who I was complaining aboutのように、節内のthatとwhoを置き換えることができるため、表面上は、関係詞節のように見える。そして必要とあれば、It's the girl about whom I was complainingのようにwhoは、非常に形式ばって堅苦しいabout whomでも置き換えができる。(18)のIT分裂構文の末尾の節と関係詞節の間には違いがないように思われる。しかしQuirk et al.は(19)と(20)の例を挙げている。

(19) It was because he was ill (that) we decided to return.
(我々が戻ることを決めたのは、彼の体調が悪かったからだった。)
(20) It was in September (that) I first noticed it.
(そのことにはじめて気がついたのは、9月のことだった。)

(19)と(20)の文末の節は、that we decided to returnとthat I first noticed itである。Quirk et al. (1985: 1387)は「(19)や(20)のように先行詞となる名詞句が存在しない文では、thatという連結要素を「代名詞」と呼ぶことは相応しくない」と論じる。(このコメントは通常の関係詞節にも当てはまる。p.33を参照) Quirk et al.は、*It was because he was ill which we decided to returnのように、thatとwhichを入れ替えることができないことを指摘する。(19)の末尾の節は理由を表す副詞節because he was illを修飾しており、(20)の末尾の節は前置詞句in Septemberを修飾している。(文中に名詞句の先行詞が存在しないからといって末尾の節が関係詞節ではないとは言い切れない。なぜなら命題(proposition)が関係詞節の先行詞になることがあるからである。たとえば、He showed us round, which we thought was very nice and beyond the call of duty(彼は私たちを案内してくれたが、それはとても有難く、彼の任務を超えたことだった)のような例ではwhichの先行詞は命題あるいは出来事、つまりSHOW ROUND (HE, US)「彼が私たちを案内すること」である。)

先に述べたように、(19)と(20)の文でthatはwhichと置き換えられない。この事実は、命題や出来事を先行詞とする関係詞節の分析には反する。関係詞節はwhichで導かれなければならないからである。おそらく、問題はwh語の選択にある。(21)のように、時間名詞はwhenを伴う関係詞節によって修飾できる。

(21) a. I remember the September when it rained the whole month.
(1ヶ月ずっと雨だったあの9月のことを覚えているよ。)
b. You've forgotten the holiday when we nearly crashed the car.
(車に衝突しそうになったあの休暇のことを忘れてしまったのかい。)

(20) のかわりに、話し手―そしてテクストの種類にもよるが、書き手―は2つめの節が when で導かれている(20a)の構文を使う。

(20a)　It was in September when I first noticed it.

同じように、(22a) では IT 分裂構文の末尾の節によって、場所を表す前置詞句が修飾され、(22b) では where で導入される関係詞節によって、場所の名詞句が修飾される。

(22) a.　It was in the restaurant that he proposed to her.
　　(彼が彼女にプロポーズしたのは、あのレストランでだったよ。)
　b.　I remember the restaurant where he proposed to her.
　　(彼が彼女にプロポーズしたレストランを覚えているよ。)

(21) と (22b) の事実は、英語の話者が Quirk et al. の考えている問題をどのように解決するのかについてヒントを与えてくれるので、重要である。この構文については、後に議論する。対照的に、(19) の文が示している構文の難しさは、簡単に解決することができない。(23) のように、IT 分裂構文の焦点位置には他の種類の節も生じることができる。ただし、そのような節は、(19) のような理由節や (23) のような時間や場所を表す節に限られる。

(23) a.　It was when they arrived that the mood changed.
　　(彼らがやってきたのは、雰囲気が変わった時だった。)
　b.　It was as they were leaving that they noticed the fire.
　　(出火に気がついたのは、私たちが出かけようとしている時だった。)
　c.　It was after they left that the fire broke out.
　　(発火したのは、彼らが家を出たあとだった。)
　d.　It was where she held the party that bothered me.
　　(私をイライラさせたのは、彼女がパーティを開催した場所だった。)

分析の問題となるのは、焦点位置に現れる理由節で、前置詞句ではない。そして、以下で議論するように、解決できない問題は理由節にまつわるものである。

Quirk et al. が指摘する最初の問題点は解決することができる。Quirk et al. はさらに問題点をいくつか指摘するが、それらは書きことばの大領域統語 (magnasyntax) と自然発話の英語の通常の構造を区別しないことに直接関係する。

Quirk et al. は関係詞節では、先行詞の名詞が同時に、いわば、関係詞節の主語でもない限り、that が省略できないことを指摘している。(24a, b) と (25a, b) を比較してみる。

(24) a. *I'll lend you the book kept me awake.
b. I'll lend you the book that kept me awake.
(眠気を覚ますのにいい本を貸してあげるよ。)

(25) a. I'll lend you the book I hated.
b. I'll lend you the book that I hated.
(私が嫌いな本を貸してあげるよ。)

(24) の book は kept me awake の主語であるが、同じ book は (25) では hated の直接目的語である。関係代名詞の that は (25) では省略できるが、(24) では省略できない。しかし、Quirk et al. が言うように、(24) と類似する (26) では、that を省略することができる。

(26) It was the President himself spoke to me.
(私に話しかけてきたのは、大統領その人だった。)

(26) の文はどのように特殊なのであろうか。Quirk et al. は (27) のような that が省略されている存在・提示構文を提示しているが、something は末尾の節 (that) keeps upsetting him の先行詞であり、なおかつその主語でもある。

(27) There's something (that) keeps upsetting him.
(彼を動揺させ続ける何かがある。)

Quirk et al. は (27) で that が省略できるため、keeps upsetting him も関係詞節ではないと分析する。Quirk et al. は (27) と、英語として正しくないと判断する (28) のような文を対比している。

(28) *I know a man lives in China.

形式ばった書きことばでは、(28) はおそらく容認されないであろう。(著者 JM の直観ははっきりしないが。) しかし、自然発話の話しことばでは、(28) は単に容認されるというよりむしろ、通常の構文である。興味深いことに、(28) には、存在・

提示の機能があるという点で(26)に似ている。(26)のIT分裂構文にも提示機能がある。他の存在・提示構文でも同様に、補文標識(complementizer)のthatを省略することができる。(29)は、あるテレビ番組での劇場管理者の発話であり、(30)は、ある教員の発話であるが、録音はされていない。

(29) I had a witch disappeared down a trap (=trapdoor in the stage).
(仕掛け(= 舞台落としドア)から消える魔女がいた。)
(30) We've got plenty of kids know very little about English.
(ここには、英語についてほとんど知らない子どもが多くいる。)

(26)の存在・提示構文は自然発話の話しことばで標準的に使用されるだけではなく、書きことばでも起こる。(31)は、Scottish Coalに宛てた、スコットランド国内のパース(Perth)にある測量事務所の分所で準備された物件調査書からの引用である。ここには2つの存在・提示構文がある。ここで関係する存在構文は太字で示し、補文標識と主語名詞句が省略された関係詞節は斜体の太字で示してある。

(31) There is a porch of solid construction which has been rendered, under a pitched slate roof. **There is a sash and case window in the porch *requires repainting*.**
(ベランダに塗り替えが必要な上げ下げ窓がある。)

これまでの話を要約すると以下のようになる。Quirk et al.は、IT分裂構文や存在構文で伝統的に関係詞節であると分析されてきた節を調査し、付随節(annex clause)として再分析した。この分析は、書きことばの英語では、反論の余地がわずかにある程度だが、自然発話の話しことばの英語ではまったく当てはまらない。

自然発話の話しことばの英語についてもう1点、重要なことがある。Quirk et al.が認識している問題が問題でなくなるような新しい構文が出現してきているのである。その構文は、英語の文法書ではまだ言及されていないが、くだけた会話だけでなく、ラジオ討論やテレビ番組では通常の構文となっているのである。(著者JMがこの「新しい」構文をメルボルン在住の同僚に伝えたところ、英語の母語話者であればその構文をとにかく使うと、常日頃から思っていたという返事がきた。著者JMは、まだ拡散している時期ではあるが、後になってその構文に気づいた。興味深いことに、Biber et al. (1999)ではその構文について何の言及もない。)以下(32)と(33)の文がその構文である。

(32) It was in September when I first noticed it.
（そのことに最初に気づいたのは、9月だった。）
(33) I was in Edinburgh where we found the picture.
（私がその写真を見つけたのは、エディンバラでだった。）

この新しい構文には、関係詞節として分析することが可能かもしれない wh の連鎖を伴うが、先行詞がない主要部不在関係詞節 (headless relative clause) である。言い換えれば、(32) の when I first noticed it は in September について述べている関係詞節ではなく、それ自体で独立した主要部不在関係詞節構文なのである。It was in September は時間の参照点 (temporal referent)、つまり September と名付けられている期間における、時間の1点を表す。when I first noticed it という節は、その参照点を取り上げ、それに情報を付け足して、which time I first noticed it や that's when I first noticed it などと書き換えができる。「時間」を「場所」に、そして when を where に入れ替えることで、(33) も同じように分析することができる。Quirk et al. の反論が、自然発話の話しことばの英語に適用されないだけでなく、この新しい構文は、彼らの分析を全く問題とはしないのである。

構文という概念を使用する利点は、IT 分裂構文や関係詞節の統語的特徴、および関係詞節の多様な変種の説明から浮かび上がる。まず、多くの構文は、自然に産出される発話から形式的な書きものまで、あらゆる種類のテキストで使用される。別の構文は、たとえば、より複雑な関係詞節などのように、形式ばった書きものでよく使用される。形式ばった書きものに限定される必要は全くないのだが、この構文を話しことばで使う人は「まるで本のように話す」と一般に受け止められるであろう。3つめの構文は、自然な口語表現に特徴的に現れる。（ここでの議論を拡張したものは Miller and Weinert 2009 を参照）例としては、be sat 構文や be stood 構文がある。これらの構文は、非標準的というわけではなく、話しことばで広く使用されている (pp.10–12 を参照)。構文という概念は、（英語やフランス語、トルコ語、中国語、または話しことばや書きことばの変種があるどのような言語においても）自然発話や形式ばった書き物を対照するのに十分な、基盤のある文法を構築するのに欠かせない。また、構文は、さまざまな種類のテクストを理解する上でも欠かせない。たとえば、構文はテクストの文法の「次元 (dimensions)」に関するコーパスを用いた Biber の研究の中核的概念である。

4.5.5　独立 if 節

最後に、自然発話の話しことばでよく用いられる統語構造とその談話機能 (discourse functions) を取り扱う場合に、構文の概念が有効であることを証明する

2つの構文を観察することにする。最初の構造は、(34) に示すような、Miller and Weinert (2009: 100–1) の課題指向対話 (task-related dialogues) で指摘されている分離された if 節 (*if* clauses) である。

(34) Right if you go right along there until you're at the right hand edge of the granite quarry.
(まず、花こう岩の採石場の右端にたどり着くまで、右をずっと行ってくだされればと思います。)

この構文の if 節は指示を伝える。話し手は聞き手に、ルート上の目印となるものを介して次の場所を示しながら、地図上のどこに線を引けばいいのかという指示を出している。このような用法は、おそらく、If you do this, you'll be doing the correct thing (これをやれば、正しいことをすることになる) や If you do this, we can get on with what we need to do (これをやれば、私たちがやる必要があることを順調にすすめられる) のような条件構文に由来するのであろう。たとえば、医療現場では、if you just roll up your sleeve, I'll take your blood pressure (服の袖をまくってください、血圧を測りますので) や I'll give you the flu jab (インフルエンザの予防注射を打ちますので) などのように、妥当な帰結節 (apodosis) を産出することはよくあるかもしれない。しかし、先の例のように地図上にルートを描くような文脈では、妥当な帰結節を見つけることがむずかしい。そのような if 節は、(35) のように補部節や関係詞節を含んでいたり、副詞節によって修飾したりすることを許す特別な構文として分析することができる。(Miller and Weinert の対話データでは、90 例ある条件節のうち 59 例は独立した節で、指示を伝えている。)

(35) a. If you just lie back and relax until the anaesthetic is working.
(麻酔が効くまで横になってリラックスしてくだされればと思います。)
b. If you just bring back the books that you don't need.
(必要のない本は戻してくだされればと思います。)
c. If you could just tell Fiona that her parcel has come.
(フィオナに荷物が届いていることを伝えてくだされればと思います。)

この if 節は特別な種類の、主節における命令節として扱うことができる。(35a-c) の主語は you であるが、(36a-c) で示されるように、you 以外のどのような代名詞でもいいし、代名詞でない名詞句さえ起こることができる。

(36) a. If they could just have a look at your proposal.
(彼らにあなたの提案について一読してもらえればと思います。)
b. If I could just talk to your boss.
(私からあなたの上司に話せればと思います。)
c. If the guy who repaired the car could just explain to me what the problem was.
(車を修理した男が何が問題だったのか私に話してくれればと思います。)

この構文と関連するのが、丁寧でインフォーマルなスタイルで指示を伝える役割を果たす談話情報である。話し手が、この構文と、より直接的な命令文のどちらを選択するのかは、場面や、やりとりの種類、参与者の種類、さらには話し手の身体的・精神的な状況、そして他の参与者の行動などの要因によって決まる。

4.5.6 独立 when 節

Cheshire (2005) はレディング・コーパス (Reading corpus) に見られる独立 when 節 (lone *when* clause) の説明をしている。(37) と (38) はコーパスの会話からの抜粋である。

(37) Nobby yeah Miss Threadgold she ain't bad
(そうだな、スレッドゴールドさん、元気そうだな)
Rob yeah she. She went camping with us
(ああ、俺たちと一緒にキャンプに行ったんだよ)
Nobby yes he told me she'd been camping
(ああ、彼が彼女は最近キャンプにはまってるって言ってたよ)
Rob when we went camping
(俺たちとキャンプに行った時なんだけど)
Nobby she's a good laugh (彼女は楽しい人だね)
Rob is she (そう?)
Nobby yeah (ああ)

(38) Jenny have you ever been in hospital? (病院には行ったのかい)
Valerie I have (ええ)
Christine oh yeah I have (そう、まあ、私もよ)
Valerie I got run over by a car (車にはねられたのよ)
Christine I fell off a gate backwards <LAUGHS> and I was unconscious

	(私は門のところで後ろに倒れてしまって〈笑い〉気を失っちゃったの)
Tommy	oi when I – when I went in hospital just for a little while... (おいおい、少し前に俺が病院に行った時)
Valerie	sshh (シイー)
Tommy	cos my sister and my cousin they bent my arm...they twisted it right round (妹と甥っ子が俺の腕をまげて…グネってひねったんだ)

Cheshireは、彼女の手持ちのデータに出てくる独立したwhen節は大抵、「会話を展開させる軸になる」もので、話し手がストーリーを語り始めていることを合図していると分析している(Valerieによって発話されたsshhという表現はChristineに向けられているが、それはTommyに話をさせてあげなさいとChristineに伝える合図である)。他の会話に参加している人はその出来事に関わったか、その話を過去に聞いたことがあるため、(研究者にとってはそうではないが)その人たちにとっては、when節に後続する話は既知の情報である。先に分析したif節と同様に、独立when節は特別な主節構文として取り扱うことができる。その談話機能の情報は、構文の意味や語用についての情報と関連づけることができる。たとえば、このwhenの用法を第8章で議論した直示用法(deictic use)と関連づけることは妥当である。つまり、この表現は「(これこれしかじかが)起こった時」という表現と同等であるとして扱うことができ、これを談話的に言えば、「これこれしかじかが起こった時のことを君は覚えているよね」という表現と同等であり、そうした合図は話を開始するのに適しているのである。

4.6. 結論

生成文法理論の枠組みで研究をする言語学者は、言語の一般制約の進展と、それぞれの制約を多くの構文に適用することはとてもエキサイティングな知的進展であると思っていた。(著者JMもそのうちの1人であった。)振り返ってみると、その間、母語話者の言語能力の複雑さにおける変種を相当の期間に渡って不透明にしてきたことを考えると、その進展はおそらく、生成文法にとってさえ良いものではなかったことがわかる。主要な理論的一般化にのみ注目が集まり、実際の言語使用は見過ごされてきた。特定の発話行為や談話の進行のための構文の役割は、過小評価されてきた。生成文法とベルファスト英語の代表的な統語構造の変種を結びつけたAlison Henryの研究が発表されるまで、話しことばの標準的な変種と非標準的な変種についての研究がもたらす教訓は見えていなかった。構文と規則は理論から消えてしまっているように思えるかもしれないが、実際には、いまだ健在なのである。

訳者によるコラム：構文

「構文」を考えるとき、しばしば「構成性、合成性(compositionality)」が対比概念として挙げられる。本書でも Culicover(2009)の構文の定義が紹介されているが、構文という用語は文法の基本語彙ではなく、ある文が動詞の語彙構造に還元できない場合、便宜的に用いられることがある。一見、文の意味は、その部分の意味の総和で決まる。たとえば、John broke the new plate yesterday(昨日ジョンはその新しい皿を割った)という文の解釈は、それぞれの単語の意味(広く文脈での意味も含めて)を結集することで得られる。しかし、認知文法理論(Langacker 1987a, b)や語彙意味論(Levin and Rappaport 1998)によって指摘されてきたように、文の意味がその部分の意味の総和で決まらないことがある。たとえば、(1a)の sneeze 自体に「移動」の意味はないが、文全体は the napkin が目的語のように解釈され、テーブルから移動する意味をもつ。また、(1b)の bake も give とは異なり「与える」という意味がないにもかかわらず、文全体は「授受」の意味をもつ。

(1) a. He sneezed the napkin off the table.
　　(彼のくしゃみで食卓用のナプキンがテーブルから吹き飛んだ。)
　b. She baked him a cake.(彼女は彼のためにケーキを焼いた。)

Goldberg(1995)の提唱する構文文法では、文法の基本用語を用いて構文を定義するのではなく、それ自体を基本用語として扱う。文の最終的な解釈は構文の意味と動詞の意味が融合して作られる。(2)の構文は独自の意味をもち、(2a)は Ditranistive、(2b)は Caused Motion の意味をもつ。

(2) a. Ditransitive　X CAUSES Y TO RECEIVE Z
　b. Caused Motion　X CAUSES Y TO MOVE Z　(Goldberg 1995: 3)

(1a)では、動詞の項ではない the napkin は(2b)の Caused Motion 構文によって移動する対象Yとして意味を与えられる。(1b)では主語 she と目的語の a cake は動詞の項構造で解釈が決まるが、動詞の必須項ではない him は(2a)の Ditransitive 構文のYとして文全体に融合され、意味が決まる。(三浦香織)

参考文献

Culicover, P. (2009) *Natural Language Syntax*. Oxford: Oxford University Press.

Goldberg, A. E. 1995. *Constructions*. The University of Chicago Press, Chicago.

Langacker, R. W., (1987a) *Foundation of Cognitive Grammar, vol. 1: Theoretical Prerequistes*, Stanford: Stanford University Press.

Langacker, R. W., (1987b) *Foundation of Cognitive Grammar, vol.2. Descriptive Application*, Stanford: Stanford University Press.

Levin, B. and T. Rappaport (1998) 'Lexical subordination', *Chicago Linguistics Society 24*, Part l, 275–289.

第 5 章
文法性

この章のアウトライン

5.1. 概観

文法性 (grammaticality) [1] は、統語論を実践する際に中心となる概念である。この用語自体は生成文法の初期に創られたが、過去 2000 年以上の長きにわたって言語分析を特徴づけてきた考え方である。語の連鎖には、正しく文法的なものと正しくない非文法的なものがあるという考え方は、母語話者や非母語話者向けおよび初級から上級までのあらゆるレベルの文法書 (reference grammar) や文法の教科書、そして、生成文法を含む統語の理論的研究やコンピュータによる談話解析や文法チェックのソフトウエアの開発に影響を与えている。「文法的である (grammatical)」よりも「容認可能である (acceptable)」という言い方を好む言語学者もいる。その用語が暗に意味するのは、ある言語における語の連鎖が特定の集団において容認可能であるか容認不可能であるかということであり、それはとりもなおさず言語の多様性を認めるということである。実際には、大抵とまでは言えないが、多くの場合、英語の文法説明は、標準的な書きことばの変種とその変種を使用する話者に容認可能なものに焦点が置かれている。

生成文法の目標は、ある言語のすべての正しい文、そしてそのような文のみを作り出す文法理論を構築することであると Chomsky (1957) は宣言した。この目標が達成されるかどうかは疑わしい。というのも、(たとえば Quirk et al. (1985) のような) 広範囲にトピックを網羅する大部な文法書でさえ、すべての変種のすべての構文を取り上げているわけではない。(たとえ、標準的なイギリス英語のラベルでひとまとめにされる変種に限ってみてもそうである。) まして

1 「文法的正しさ」の意。

や、母語話者の言語知識も考慮するとなると、事態はますます悪くなる。第一言語獲得に対する生成文法のアプローチの大きな誤りは、言語学者が何年もかけて行った分析を実際の話者に投影してしまうことである。語彙を取り扱う中で、magnavocabulary（大領域語彙）という用語を提案したOng（1982: 103–8）がその問題を巧みに指摘している[2]。Ongの用語からの類推で、Miller & Weinert（2009）はmagnasyntax（大領域統語）という用語を提案した。Biber（1988）やBiber et al.（1999）で議論されている類の変種を網羅するにはmagnadiscourse（大領域談話）という用語さえ必要となるかもしれない。

Ongの大領域語彙の概念とは、どういうものであろうか。Ong（1982）は、英語が他の言語の書きことばと同様、何世紀という時間をかけて作られてきたことを指摘している。近代英語の書きことばの精緻化は、15世紀ヘンリー5世[3]の大法官庁（chancery）に端を発し、新しいジャンルや新しい文体を開拓した著述家、さらには、規範主義的文法学者などによって今日に至るまで継続されてきていることをOngは示唆している。膨大な量の印刷されたテクストが存在する（昨今では、電子テクスト、さらに、遅きに失した感がないわけではないが、話しことばのテクストも存在する）。これらのテクストは（最も広い意味での）何世紀にも及ぶ作品と幾千の著者を網羅している。ここ2世紀半の間、辞書編纂者たちの調査は、Oxford English Dictionary（OED）やWebster's Third New International Dictionaryのような現代辞書として結実している。これら辞書の内容がOngの大領域語彙（magnavocabulary）と呼ぶものである。

この英語の大領域語彙は1人の話者が所有する語彙ではない。最も博識な学者であってもおそらくOED記載の2割を受容語彙として保持することさえ困難

---

2 オングの「大領域語彙」に関する言及を以下に部分引用する。「文字言語には、何百万何千万という人びとの精神のしるしがきざまれている。それらの人びとは、文字言語を使うことで、たがいに、たがいの意識を共有している。文字言語のなかには、膨大な量の語彙が打ちこまれている。その量は、口頭で話されるだけの言語には到底達しえない大きさである…文字言語の語彙が豊かになりはじめたのは、書くことにともなってだが、その豊かさの開花は、印刷のおかげである。というのも、近代の文字言語の資源［つまり語彙］がひろく利用されうるようになるのは、辞書のおかげだからである。…［したがって文字言語以外の］他の方言は、なにも「まちがって」いないのだから、そうした方言の話し手が文字言語を習おうが習うまいが、どちらでもかまわないといった主張は、よいお説教とは言えない。文字言語の資源［語彙］は、まったく違った次元の大きさなのだから。」
―オング（桜井直文他・訳）『声の文化と文字の文化』pp.222–224.（1991，藤原書店）

3 イングランド王（1387–1422）。ランカスター朝。この頃より公文書はフランス語から英語へと置き換えが進む。

であろう。OED は大量のギリシャ・ラテン系の語彙を載せており、児童生徒たちがそれらをほとんど使えないことは周知の事実である。Gropen et al. (1989) の実験報告によると、親が子どもに語りかける話しことばにはラテン系の与格動詞 (dative verbs) は使われず、加えて、高学歴の英語話者に馴染みのある donate や explain、demonstrate の類の動詞さえ用いられていなかった。少数の話者のみがギリシャ・ラテン系の語彙を使いこなしているという現実があるが、この中には、よりありふれた日常語になっている語彙も含まれる。より少数派になるが、科学・工学・薬学・人文科学・社会科学・法律・神学などの分野の専門家は、それぞれの分野のギリシャ・ラテン系の専門用語を使いこなす。第一言語獲得に関する生成文法理論に対する反論の 1 つを先取りすれば、ギリシャ・ラテン系の語彙は書きことばから、長い歳月をかけて学ばれ、学校や大学で教え込まれるものであることを強調しておきたい。

Miller and Weinert (2009: 376–83) は、大領域語彙に匹敵するものが大領域統語であると提案している。何世紀もの時間をかけて、書きことばは体系化され、文字として記録され、さらに英文法便覧が出版されてきた。これらの文法書は書きことばの形態、統語法を記述し、前世紀と今世紀において産出されたテクストから採られた語、句、節構造の例を含む。最新の包括的な文法書である Quirk et al. (1985) は、話しことばと書きことばで使われる構文、形式ばった書きことばでのみ使われる構文、書きことばにおいてさえ稀な構文を取り上げている。言語学者自らが、すべての正しい文、そして、そのような文だけを生み出す規則を定めるという目標を設定する時、言語学者が格闘するのは、大領域統語である。大領域統語は、特定の一個人の英語話者の有する統語でもなければ、特定の分野の統語でもなく、ましてや特定の時代の統語でさえもない。文法をどう解釈するかによるものの、1800 年以降あるいは 1600 年以降の、書きことば (および、話しことば) として記録されたあらゆる統語構造の集合体である。このことは、たとえば、Radford (1988) の議論を見れば明らかである。Radford は、名詞句の構成素構造を確定するために、一連のまったく異なる構文を利用しているが、そこには、your red pencil and his のような日常的で中立的な例と、honest politician though he is (よしんば彼が実直な政治家だとしても) のような相当に堅苦しい稀にしか見つからない例が並んでいる。[4]

文法性の概念は、複雑極まりなく、どのような言語においても、驚くほど込み入った言語の規則と慣行が集まったものを反映していることはすでに明らかであ

4　この種の倒置の類例として以下参照。OED3 *Online*: THOUGH, B.1.a. 1841 DICKENS *Old Curiosity Shop* I.xv.175 A gentle hand-rough-grained and hard **though** it was.

ろう。英語であれ、それ以外の多くの言語（たとえば、中国語、日本語、フランス語、トルコ語、ギリシャ語など）であれ、「言語」という用語は、広範に及ぶ変種を網羅する。これには、標準的な変種や非標準的な変種が含まれ、標準的な変種の中にも、話しことばと書きことばのジャンルがあり、くつろいだ雰囲気の中で馴染みの話題に関するくだけた会話から、その他の多様な話しことば、そして、本・雑誌・新聞などの出版物に見られる複雑な話題についての格式ばった書物、地方自治体や国家政府のための報告書、商業・財政・法律・教育機関の業務会議文書などに至るまで、さまざまなものが存在する。加えて、先に言及した言語の使用者は、数多くの現存する異なるジャンルと向き合うだけでなく、潜在的に、時代によって変わる変種にも対処しなければならない。つまり、現在書かれているテクストのみならず過去に書かれたテクストにも向き合う必要があるのである。たとえば、1950年代の中等学校時代に筆者JMは第二次世界大戦前に書かれた教科書を学んだが、そのドイツ語の文法書と読本はゴシック体で記述されていたし、英語のクラスでは1世紀も前に書かれた小説を読んだ。アガサ・クリスティー（Agatha Christie）[5]の探偵小説はまだよく売れているが、それらの多くは今となっては60年前、あるものは80年も前のもので、古めかしい語句が多く含まれている。

本章で後ほど言及するが、母語に対する話者の直観は、頻繁に用いられる中心的な統語のパターンや固定句以外ではかなり曖昧である。（古典的な例は1.3で示したLabovのものだが[6]、Milroy（1987）は、話者がこのように言うと主張するものと、自然なやりとりの中での実際の発話の間には不一致があることを指摘している。Milroyは、純粋な話者のことばの直観を評価する困難さについて言及している。それは、MilroyがBelfastで経験したことであり、それ以外にも、当時のソビエト連邦[7]やオーストラリアを含む一連の国々で報告されていたことでもある。話しことばに関する直観は全くないか、あっても信頼できるようなものではない。書きことばに現れる、より複雑な構文や日常的に起こらない構文についても同様に、直観が信頼できないか、直観がないことに気づかされる。

文法性と容認性の議論に当っては、好ましからざる語や文法を公的な出版物から排除しようとすることばの番人の役割を考えなければならない。（詳細な説明についてはCameron（1995）を参照。）ここで言う番人とは、出版社、特に学術論文

5　Agatha Christie（1890–1976）はイギリスを代表する推理小説家。多くの推理小説は世界的なベストセラーとなっている。代表作に *Murder on the Oriented Express*（1934）や *And Then There Were None*（1939）などがある。

6　*any more* が「昨今」の意を含む例。

7　現ロシアの旧名称。

や純文学の出版社の編集校正者[8]、大学や学校、特に中等学校の教員、顧客用に定まった書式の文書を発送する銀行などの大企業、見積書・発送状・滞った支払の督促状・詫び状を円滑に作成できるように全水道事業者に送付する標準的な文書を発行するスコットランド・北アイルランド水道配管工組合連合などの企業までも含む。書きことばの文書の多くは複数の人間が協力することによって作成される。話し手や書き手の多くは、ある種のテクストや適切な文法や語彙に関する明確な直観をもつ必要がないし、直観そのものをもつ必要もない。文法や語彙の情報は必要に応じて、ことばの番人によって提供されるし、草稿はチェックされ、改訂されるからである。

Sampson (2007: 9–10) は、多くの構文の出現頻度が低いことにいらだっている。大量の言語資料が大領域統語の集成であることを思い起こせば、頻度の低さは驚くに当らない (Ong の以下の議論を参照)。そこには、あらゆる種類の書きことばが含まれ、今日では、同様にあらゆる種類の話しことばが転記されたものも含まれる。ある特定のテクストにしか出現しない構文があり、このようなテクストを作り出す人々やそれを享受する人々だけがその特殊な特徴を熟知している。(例としては、以下 (24) のテクストを参照) 第 11 章 (11.4) で報告する Philpot (1998) の調査で示されているように、ほとんどの英語の書き手や話し手は、限られた範囲のテクスト、場合によっては極めて限定された範囲のテクストしか扱わない。そのような人々は、他の種類のテクストで起こる複雑な文法の細部についての直観を必ずしももちあわせてはいない。大領域統語の巨大なデータベースに現れるすべての構文についての信頼に足る直観を有する話者は、ひとりとしていないのである。

英語および他の言語の非標準的な変種が提起する問題についてはこれまで触れないでいた。(私信によれば) トラッドギル (Trudgill) は、何年も前レディング大学に勤めていた時に、調査票に答えるようイングランド人の同僚に依頼をした。一連の文を見た上で、どの文が容認可能で、どの文が容認できないかを判定し、容認できないものについては、どの文が英語になりうる構文か、そして、どの文が決して英語にはなりえない構文かを具体的に挙げるよう求めた。These windows need painted (これらの窓はペンキ塗りの必要がある) のような例は、回答者全員が全く英語の体をなしていないとした。筆者 JM は、たまたまこの構文を用いるが、この構文は、著者 JM やスコットランド英語 (Scottish English)[9] の他の多くの

8　印刷前に原稿の文言を統一したり整理したりする役割をする人。

9　スコットランド英語の特徴と歴史的背景については、第 7 章コラム参照。著者 JM 自身によるスコットランド英語の素描は以下を参照。James Milroy & Lesley Milroy (eds.) *Real*

話者にとっては普通の構文である。とはいえ、このような表現は書き物では使用されない。

5.2. 文法性、大領域統語、そして英語の諸構文

5.2.1 関係詞節

多くの分析者が 1 つの構文とみなすものに、実際にはいくつかの構文があることを関係詞節は見事に例証してくれる。ここでは、関係詞節には多くの異なるタイプがある、すなわち、関係詞節は、名詞を修飾するという特徴は共有しているが、自然発話の話しことばに典型的に見られる単純な構文から、格式ばった書きことばにしか現れない高度に複雑な構文まで多岐に及ぶという視点に立つ。最も単純な構文が (1) の例で、補部節標識がないもの、that または wh をもつものがある。(1c) の which、(1d) の who はそれぞれの関係詞節の直接目的語である。(1b) の that は、代名詞ではなく、関係詞節標識 (relativizer) である。wh 語に who と whom の対立や、who/whom と which の対立があるのとは対照的に、that は形を変えず、また前置詞を前に置くことができないため、*the house in that we live と the house that we live in のような文法性の対比が生じる。that を伴う関係詞節は、the house $_{\mathrm{Rel\ Cl}}$[that we live in [φ]]のような構造をもつ、すなわち、関係詞節が修飾する名詞句に相当する空所 (gap) が関係詞節の中に存在すると私たちは仮定するのである。(1a) は自然発話の話しことばの英語に標準的に見られる関係詞節構文であり、関係詞節化接続詞 (relativizing conjunction) と関係代名詞のどちらも欠いている。

(1) a. the house we renovated (私たちが改装した家)
    b. the house **that** we renovated
    c. the house **which** we renovated
    d. the boys **who** we disliked (私たちが嫌った少年たち)

書きことばでは who と whom が対立し、所有格代名詞 whose もいまだに出現する。whom が現れることは自然な話しことばの英語では稀であるし、whose と

English: the grammar of English dialects in the British isles. Longman. 1993. 4 章 (pp.99–138) The grammar of Scottish English. 特に p.130 の need と同構文をとる以下の want の例を参照。(i) She <u>wants collected</u> at four o'clock. (4 時に迎えにきてもらいたがっている。)

なると、頻度はさらに低くなる。(たとえば、whose は Miller-Brown 会話コーパスには全く出現しない。)

(2) a. the boys **whom** we disliked (私たちが嫌った少年たち)
b. the boys **whose** behaviour was outrageous (素行がひどかった少年たち)

(3) の who は関係詞節の主語である。((3) と (5) は Trudgill (1983) からの引用である。)

(3) He's a man **who** likes his beer. (彼はビール好きな人である。)

格式ばった書きことばの英語の慣習に従えば、この場合の who は省略できないし、関係詞節標識 that の省略もできない。したがって *He's a man [φ] likes his beer は非文法的である。対照的に、自然発話の英語の提示・存在構文では、(4) のように wh 代名詞も関係詞節標識 that も省略することができる。(4b, c) は Miller-Brown 会話コーパスからの引用である。

(4) a. There's a man in the pub [φ] likes his beer.
(ビール党(好き)の男がパブにいる。)
b. We had this French girl [φ] came to stay.
(フランスの少女が私たちのところに泊りに来た。)
c. My friend's got a brother [φ] used to be in the school.
(私の友人に兄(弟)が一人おり、昔、その学校に通っていた。)

Trudgill は、さらに以下のような非標準的な関係詞節構文を追加している。関係詞節化接続詞には what、as、at があり、(5d) の関係詞節は提示・存在構文の一部ではなく、主語名詞句がないのである。(5e) の関係詞節では、通常の代名詞 he が主語となっているが、関係詞節化接続詞はない。

(5) a. He's a man **what** likes his beer.
b. He's a man **as** likes his beer.
c. He's a man **at** likes his beer.
d. He's a man [φ] likes his beer.
e. He's a man [φ] **he** likes his beer.

ほぼ定義どおりだが、(5a-e) の構文は、形式ばった書きことばの英語や劇や小説の会話を除けば、一般的な書きことばの英語には出現しない。堅苦しい書きことばの英語に現れない他の構文は、(6a-c) と (7b, c) に例示されている。(6a-c) は陰影代名詞 (shadow pronoun)、もしくは再述代名詞 (resumptive pronoun) を含む自然発話の関係詞節の例である。(7a) と (8a, b) は前置詞を含む関係詞節の例である。自然発話の口語英語では、前置詞は (7a) と (8a, b) のように関係詞節の最後に現れるか、(7b, c) のように省略されるかのどちらかである。(8a', b') の構文は、形式ばった書きことばの英語に見られる。

(6) a. the spikes **that** you stick in the ground and throw rings over **them**
(校庭に突き立ててそこにかぶさるように投げ輪を投げる大釘)

b. an address **which** I hadn't stayed **there** for several years.
(何年もの間そこには滞在していない住所)

c. We've just heard about a diversion on the A80, **where** there's road works **there**.
(A80 号道路の迂回路情報を小耳にはさんだけど、そこで道路工事があるんだって)

(7) a. the shop I bought it **in** (私がそれを買った店)

b. of course there's a rope **that** you can pull the seat back up [φ].
(もちろん座席を後方に引揚げるロープが備え付けられています。)

c. I haven't been to a party yet **that** I haven't got home [φ] the same night.
(帰宅が午前さまになるパーティには出たことがない。)

(informally recorded – radio discussion)

(8) a. of course there's a rope **that** you can pull the seat back up **with**.

a'. of course there's a rope **with which** you can pull the seat back up.

b. I haven't been to a party yet **that** I haven't got home **from** the same night.

b'. I haven't been to a party yet **from which** I haven't got home the same night.

形式ばった書きことばの英語に標準的に見られるのは、非制限的な関係詞節である。非制限的な関係詞節は、付加的で余分な情報を供給するのに用いられ、話し手が指し示しているものを聞き手が選び出すのには役に立たない関係詞節である。(8') がその典型例である。書き物では、関係詞節はコンマによって被修飾名詞から分離されるが、話しことばでは、被修飾名詞と関係詞節の間、あるいは、関係詞節の後に現れる要素との間にポーズ (pause) が置かれる。非制限的な関係詞節は自然発話の話しことばの英語では稀であるが、朗読される書きことばのテクストでは実際に現れる。

(8') My sister, **who**'s a lawyer, helped me to sort out the problem.
(私の姉(妹)は、弁護士なんだが、この問題を片付けるのを手伝ってくれた。)

自然発話の話しことばの英語では、非制限的な関係詞節の代わりに(9)のような等位構造(coordinate structure)が用いられることがある。

(9) The boy I was talking to last night—and **he** actually works in the yard—was saying it's going to be closed down.
(昨晩、私が話しかけていた男の子だけど、そいつはね、その庭園で実際働いているんだが、彼が言うには、それが閉鎖されるんだそうだ。)

英文法では a house in which to live のような WH 不定詞関係詞節(WH infinitive relatives)が挙がっている。地図課題対話コーパスや Miller-Brown 会話コーパスには WH 不定詞関係詞節は含まれていないが、(10)や(11)のような wh 代名詞なしの不定詞関係詞節は実際に出現する。

(10) eh Laurine—**question to tell you**—eh if you haven't got the volcano—where do you go if you haven't got the volcano.
(えっと、ローリー、訊きたいんだけど、あのね、もしものすごく怒ってないなら、もし気分を害してないなら、どこに行くっていうの?)(小学4年)
(11) I've got **a place to start**.(ここから始めます。)(小学6年)

(10)と(11)は、データにあるすべての不定詞関係詞節に共有されている2つの特徴を示している。いくつかの例は慣用句的であり、おそらく、ひとかたまりの表現として学習され用いられている。たとえば、question to tell you は、節の一部ではなく単なる句なので、慣用句的なものと分析できる。question to ask と something to tell は小学校の教室では比較的頻繁に使用される句である。ここで再度、前置詞が現れていないことに注意されたい。(11)では、I've got a place to start at/from という表現が現れることが期待されるし、その方が文脈に適合する。[ ]に入れた前置詞が欠落している他の例としては、It's not the ideal place to go [**to**] for teenage drinking,...because there's vandals and it's a horrible place to live [**in**](そこは、10代が飲みにいくのにもってこいの場所じゃないよ... 店内にはならず者たちがたむろするし、居を構えるにはとんでもない場所だよ)のようなものがある。

Miller-Brown会話コーパスには52例の不定詞関係詞節が出現する。2名の成人がそれぞれ6例を発話する一方で、多くの制限的WH関係詞節を発話しながらも、不定詞関係詞節を5例発話した話者がいる。残りの35例は15名の話者からのものである。一般的に、不定詞関係詞節は自由な会話では問題なく使用できるようである。不定詞関係詞節は、一定の割合で出現するが、頻繁には起こらない。不定詞関係詞節は前置詞を含まず、そのいくつかは、固定化した表現であると分析できるであろう。ただし、wh不定詞関係詞節の例はない。

形式ばった書きことばの英語では、自然発話の話しことばに見られるよりも、はるかに複雑な関係詞節構造をもっているものがある。

(12) The hospital admitted several patients that month, **for all of whom** chemotherapy was the appropriate treatment.
(病院はその月に数人の患者を受け入れたが、彼ら全員が化学療法に適していた。)

(13) We read several government reports **the gold lettering on the covers of which** was admired by all the officials.
(いくつかの政府報告書を読んだが、表紙が金色文字のそれを職員の誰もが賞賛した。)

(14) They moved to London, **in which city** they established a large and successful legal office.
(彼らはロンドンに移住し、そこで大きくて繁盛を極める法律事務所を設立した。)

(12)は、Quirk et al. (1985)からの引用で、数量詞句all of whomの内部にwh代名詞があり、その数量詞句は、前置詞句for all of whomの内部にある。(13)はRoss (1967)からの有名な例で、wh代名詞が前置詞句of whichの内部にある。この前置詞句は名詞句the covers of whichの内部にあって、名詞句全体が前置詞句on the covers of whichの内部にある。さらに、この前置詞句はより大きな名詞句the gold lettering on the covers of whichの内部にある。(14)は、Quirk et al.からの引用であるが、wh代名詞は名詞句which cityの主要部名詞cityを修飾し、名詞句全体がin which cityという前置詞句の一部となっている。

この時点で、(6a-c)と(7b, c)の用例が誤りではないことを繰り返しておくべきであろう。自然発話の口語英語では、標準的であり、決して散発的に現れるものではない。フランス語やロシア語のような欧州の他の言語にも同様の構文がある

(Miller and Weinert 2009: 111–3)。このような構文は、英語やフランス語などの話しことばを話し手が発話し、聞き手が解釈するような状況で用いるために作られた構文と考えるべきであろう。Blackman (1908) は、極端に頻出しすぎる構文についての見解を提示している。Blackmanは、話しことばの構文の用例を分析し、英文学の古典の大家でも「間違い」を犯すと論じている。そこでとられている見解は、話しことばの英語が目新しいものではなく、すでに過去2–3世紀の間使われてきていることが、用例からわかるというものである。Blackmanが「正用でない」としている関係詞節の例を(15)から(18)に挙げる。

(15) Who is the poet but lately arrived in Elysium[10] **whom** I saw Spenser lead in and present **him** to Vergil. Lyttelton's[11] Dialogues of the Dead
(この頃エリュシオンに着きしばかりの詩人にて、スペンサーが案内し、ヴェリギリウスに紹介したるを吾が目撃せし、その人は誰ぞ。)

(16) This is the time **that** the unjust man doth thrive. Shakespeare[12]
(今は邪な人間の栄えし時代なり。)

(17) Who riseth from a feast with that keene appetite **that** he sits downe? Shakespeare[13]
(旺盛なる食欲その身に抱えたるまま座しておりしが宴席より起き上がりしは誰なるぞ。)

(18) He spoke with the same good-humoured ease **that** he had ever done. Jane Austen[14]
(彼はそれまでと全く同じ上機嫌な気楽さで話した。)

(15)には陰影代名詞がある。Blackmanによると、正しくはwhom I saw Spenser lead in and present to Vergilでなければならない。他の3つの例は前置詞が使われておらず、これらも、Blackmanによると、正しくは**at** which the unjust man doth thriveや**with** which he sits down、**with** which he had ever doneでなければならない。

---

10 (ギリシャ神話)エリュシオン、英雄や善人が死後に暮らす楽土・理想郷。

11 George Lyttelton (1709–1777) は英国の政治家・貴族(男爵)、文人。書簡集：*Baron George Lyttelton letters to Elizabeth Robinson Montagu, 1756–1783.*

12 出典：*The Winter's Tale* Act 4: sc. Autolycus の台詞 4.4.688 (John Bartlett p.1634)

13 出典 : *The Merchant of Venice*: Gratiano の台詞 2.6.9 (John Bartlett p.53)

14 Jane Austin (1775–1817) : 英国の小説家。代表作に *Pride and Prejudice* (1813) や *Emma* (1816)がある。

関係詞節の種類としては、Quirk et al. (1985) からの (19) のような例ですべて揃うことになるが、このような例は Blackman の基準でも古めかしい擬古体の類に入る。

(19) a continent, on the south-side **whereof** was a small neck of land
（五大陸の 1 つで、南側にくびれた小規模の地峡がある）

Quirk et al. (1985) は、上述の構造は読者には堅苦しく学者ぶっているとの印象を与えるが、その構造は (12) や (14) と同じくらい複雑であると述べている。現代の読者を煩わすのは単独で語となっている whereof であろう。whereof は、現在では形式ばった書きことばのテクストにおいてさえ使われない[15]。法律の文書は例外としなければばならないが、法律の文書は、統語や語彙が曖昧なことで悪名高い。そして、wh 語の直後に前置詞が来る whereof の構造は完全に時代遅れである。

関係詞節に関して、文法性の概念は 2 種類の問題に直面する。第 1 の問題は、ほとんどの話者が (4a-c) や (5)、(6a-c) を非文法的であると判断することである。what や as のような非標準的な関係詞節標識を知っている話者もいるが、大多数の話者は (4a-c) や (6a-c)、(7b, c) の構造を知らない。そのような話者は多かれ少なかれ、格式ばった書きことばの英語の決まりを知っているが、それは学校で教え込まれ、中等教育や高等教育の場や、会社の業務上や商売上、法律事務所などで正式な文書を作成する際に要求されるものである。多くの人にとって、何が文法的であって何が文法的でないかについての直観は、学校教育がその源泉となっているようである。

第 2 の問題は、非常に多くの話者が (12) や (14) のような構造について明確な直観をもっていないことである。多くの話者はこのような構文を使うこともないし、書きことばのテクストで出くわしたとしても理解するのが困難であろう。(直観と理解の欠如の議論については Dabrowska (1997) と Chipere (2009) を参照のこと。隣人のグループが地方自治体の複雑な公文書を協力してどのように読み解くか、という過程については Heath (1983) の議論を参照のこと。また、その過程で得られる解釈のいくつかは、すでに同じ状況を経験したことのある人々の体験に基づくのである。著者 JM は生成文法の研究をしている学生たちから直観を引き出す試みを長年にわたり個人的に続けてきた経験をもつが、多くの直観がそのような体験を通して間接的に教え込まれているという結論に達した。)

---

15 whereby や wherewith も同じである。今日でも使われるものには therefore などがある。

文法性の概念が問題となるのは関係詞節だけではない。著者JMの教育経歴の中には、当時修士号取得のため勉強中であったESOL教員の大学院生数名に統語論を教えた経験がある。オークランド市内の中心部にはNow Renting（空室あり）という宣伝の垂れ幕が雑然と掲げられていたので、その構文について話せばいいのではないかと考え、授業でその構文が中間構文であり、衰退の期間を経た後、再び拡散していることを教えた。すると、1人の学生がNothing **drives** like a Ford Falcon（フォードのファルコンほど運転しやすい車はない）や ...skylarks soon **established** throughout the country[16]（…ヒバリは、ほどなく全国的に定着した）のような実例が誤りであると宣言し、ジェイン・オースティン（Jane Austen）からの中間構文の用例については知りたがらなかった。

5.2.2 間接疑問

2005年のBBCのウェブページからとった（20）の間接疑問は、外国語としての英語教授法研究プロジェクトでは誤りとして扱われた。

(20) Log on at the BBC World Service AIDS site to find out **how much do you know about condoms**.
（みなさんがコンドームについてどれだけご存知か知りたければ、BBCワールドサービスAIDSサイトにログインしてください。）

（20）に関して、研究調査プロジェクトの採点規則では、...to find out how much you know about condomでなければならならなかった。（（20）はプロジェクトで使用されたものではなく著者JMが収集したものである。）

5.2.3 非定形動名詞節

最も単純な動名詞でさえ、文法性の判断に関して意見が合わないことがある。そのことを確認するため、非定形節に関する講義の中で使った（21）を考えることにする。

(21) a. Fanny regretted talking to Mary.
（ファニーはメアリーと話したことを後悔した。）
b. Fanny regretted Edmund talking to Mary.
（ファニーはエドモンドがメアリーと話したことを後悔した。）

16 太字部分は訳者による追加である。

c. Fanny regretted Edmund's having agreed to take part in the play.
(ファニーはエドモンドが劇に参加するのに同意していたことを後悔した。)

(21a,b) は、講義を聴いたさまざまなグループの学生が容認可能であると認めたが、(21c) は容認可能であるとは認めなかった。実際、著者 JM が自分たちにいたずらしようとしているのではないかと疑い、本当にこんな構文が実在するのかと問いただす学生さえいた。しかし、実在するのはもちろん、格式ばった書きことばの英語では正用であると明言する書き手も多い。

5.3. 文法性についての直観はどれくらい信頼できるのか

生成文法は大領域統語を分析対象として扱う。考慮に入れられる言語データは、(作例された) 話しことばのデータ (体系的に扱う研究者とそうでない研究者がいるが、非標準的な構文も含まれる) から始まり、話しことばと書きことばの区別に関しては中立的なデータ、そして、文学的あるいは擬古体でさえあるデータに至るまで、実に多岐に及ぶ。次節以降で詳説するので、ここではこの話題には立ち入らないが、指摘しておくべき重要な点は、生成文法学者が大領域統語を扱っていると自認していないことである。生成文法の研究においては、個人の直観が常に中核の役割を果たしてきたが、1 つの大きな難点は、意見を聞く相手が大抵はプロの言語学者や言語学専攻の大学院生、学部生となることである。この種の人たちは全員、複雑な書きことばを常に手がけてきていて、ことば遊びに慣れ、書きことばに基づく直観をもつ。すでに述べたように、文法性判断をするための、ある程度の技術、おそらく場合によってはその大部分が、教え込まれたものであることも事実である。

次に、(著者 JM の同僚の 1 人がそうであるが) 母語話者が Honest politician though he is... (よしんば彼が実直な政治家だとしても) のような例は文法的であると判断でき、実際にそう判断することに誰かが異議を唱えたとする。その反論はどれほど強いのであろうか。確かに、書きことばの英語に習熟していて、その構文を理解し、例に解釈を与える母語話者もいるであろうが、他の母語話者が同じように反応するかどうかは別問題である。(子どもの読み書きに関する Perera (1984) の研究や、英国の工場の作業員に関する Philpott (1998) の研究を参照のこと。) たとえ同じように反応したとしても、そのような文法性判断にどんな解釈が与えられるのだろうか。バランスを考慮しながら、その構文が「正しい」とするのか、though が起こった例をなんとか解釈できたとするのか、それとも単純に見当がついたとするのか。生成文法のほとんどの文献では文法性の判断を提示する際、それがどのように集められたかについては全く議論されていない。例が順序を変えて提示されたのか、例が文章に入れられたのか、単に例が提示されたのか、文法性判断のテストに先立って、たとえば、被験者に穴埋めで文章を完成させたり、is や politician、though、honest、he のような 5 語から文を組み立てさせるような別のテストを実施したのか、などについては全く議論されないのである。

3 つめの問題点は文法性判断の集め方にある。話者の反応は、言語的文脈と非言語的文脈からの影響を受ける。その点において Bard et al. (1996) の研究は有用である。Bard et al. は、文法性と容認性を慎重に識別し、相対的な文法性と相対的な容認性という概念を取り入れ、判断の網を拡げて、容認性判断を引き出すという問題に取り組んでいる。Bard et al. (1996) は、文法性判断を可能な限り異なるグループの被験者から入手する必要があること、クロスモーダルマッチング (Cross-modal matching) [17] の方法を適用して結果を検証する必要があること、同一の被験者のグループから時期をたがえて (複数回) 文法性判断を入手すること、そして、調査内容の順序を入れ替えることが必要であることを強調している。最後に、その結果を統計処理の有意性テストにかけることが必要である。生成文法の出版物の中でこれらの基準に適合するものは、たとえあったとしても、ほとんどないのが実情である。唯一の例外は、原理とパラメーター理論の枠組みで書かれた子どもの言語獲得に関する一連の研究である。Bard et al. (1996) との関連で興味深い第 4 点は、著者たちは異なる集団の被験者を利用しているが、被験者は学部生か経験豊かな言語学者であった、すなわち、被験者全員が書きことばをよく知っている人たちであったことである。

文法性に関するこれらの問題は、文法性の概念を捨て去るべきであることを意味するのだろうか。Sampson (2007: 1) は、「非文法的である (ungrammatical)」あるいは「不適格である (ill-formed)」語の連鎖という概念は「人間の言語の性質に関しての誤った見解に基づく」幻想であると論じている。Sampson はジョン・モーティマー (John Mortimer) [18] の小説 *Dunster* の中で次のような文に出くわし、文法性に

---

17 精神物理学の用語で、2 つの異なるモダリティの間で、感覚量が等しくなるように調整を行い比較する方法論のことを指す。以下の解説も参照。A scaling method used in psychophysics in which an observer matches the apparent intensities of stimuli across two sensory modalities, as when an observer adjusts the brightness of a light to indicate the loudness of a variable stimulus sound. Some authorities consider magnitude estimation and magnitude production to be forms of cross-modal matching in which one modality is the observer's perception of the number system. (Oxford Reference)

18 ジョン・モーティマー卿 (1923–2009)、イギリスの法廷弁護士、劇作家、脚本家、作家。

ついて考えさせられたと述べている。

(22) ...Dunster seemed to achieve, in the centre of this frenzied universe, an absence of anxiety which I had never known. But then, as I have made **it** clear to you, I worry.
(ダンスターは狂乱のこの宇宙の中心にあって、吾の知るよしもなかった不安霧散の境地に到達したようだった。しかし、かくあるとすれば、汝に打ち明けし如くに、吾煩いの種は尽きぬというわけなのだ。)

著者JMもそうであるが、Sampsonが奇妙に思ったのは、I have made it clear to youという語の連鎖である。Sampsonや著者JMなら、as I have made clear to youと書いたであろう。Sampsonによると、個人が使用できないと自信をもって予測することができる、ある特定の語の連鎖を見つけることは難しいという。Sampsonは、(共同体の言語であれ個人の言語であれ)絶対に使われることのない語の連鎖と、これまで使われた形跡はないが、今後使われる可能性のある語の連鎖を峻別するのは不可能であるとも述べている。

5.3.1 文法性判断と言語変異

実際のところ、文法性の概念を捨てる必要はないが、言語変異の問題、すなわち、文法的な語の連鎖とそうでない語の連鎖の間に明確な境界は引けないという事実と、英語(あるいはどの言語)を母語とする話者にとっても、ある特定の語の連鎖が当てにならないものであるかもしれないという事実を認識しておくことはきわめて重要である。

Matthews(1979)は(23)の動詞について議論する。ただし、(23g,h)は、著者JMが最近の動詞の例として付け加えたものである。

(23) a. They **cabled** that the ship had arrived in Auckland.
(彼らは船がオークランド港に到着したと海外電信で知らせた。)
b. They **radio'd** that the ship had arrived in Auckland.
(彼らは船がオークランド港に到着したとラジオで知らせた。)
c. They **telegrammed** that the ship had arrived in Auckland.
(彼らは船がオークランド港に到着したと電報で知らせた。)
d. They **lettered** that the ship had arrived in Auckland.
(彼らは船がオークランド港に到着したと手紙で知らせた。)
e. They **messaged** that the ship had arrived in Auckland.

(彼らは船がオークランド港に到着したとメッセージを送った。)

f. They **phoned** that the ship had arrived in Auckland.
(彼らは船がオークランド港に到着したと電話で知らせた。)

g. They **e-mailed** that the ship had arrived in Auckland.
(彼らは船がオークランド港に到着したとメールで知らせた。)

h. They **Skyped** that the ship had arrived in Auckland.
(彼らは船がオークランド港に到着したとスカイプで知らせた。)

Matthewsは、(23a, b, f)の動詞＋補文の連鎖は容認可能であるとしたが、彼の頭の中では、(23d)は明らかに容認不可能であった。Matthewsは(23e)を奇妙に思ったが、(名前がわからないものの)米国ニュース雑誌でその例に出くわしたことがあった。(23c)は(23d)より容認可能性が高いと判断したが、これらの例が実際に使われるのかどうか疑問に思った。過去30年間の科学技術の変化のために、Matthewsの判断は、今では検証できなくなっている。電報(telegrams)は少なくとも英国においてはもはや使われなくなったからである。この変化が、変異と言語変化のもう1つの事例を生み出している。英国では、たとえば、50歳以上の話者は、動詞telegramを語彙としてもっているかもしれないが、20歳以下の話者は知らないし、1990年辺りより前に時代が設定されている小説以外では、出くわすことはないであろう。1979年にMatthewsは動詞e-mailやSkypeに言及しなかった。そのような通信伝達が存在しなかったため、そのような語は存在しなかったのである。著者JMは、(23g)を容認可能であると判断するが、(23h)はすんなり受け入れられない。[19] 他方、45年前著者JMは、Hopefully, we can ignore this question(願わくば、この質問を無視できたらよいが)というhopefully＋節の連鎖をすんなり受け入れることはできなかったが、今や当然のように使っている。

文法性の問題は、前述した中間構文にも影響を与えている。2003年から2007年にかけて8つの講義コースで著者JMが中間構文について議論した大学院生たちは、The text now reads smoothly(テクストはとても読みやすい)やThe apartments are selling well(アパートは売れ行き上々だ)、The wool knitted up beautifully(その羊毛は見事に編み上げられた)のような例を容認可能であると判断した。しかし、(ある型のシャツのテレビ広告である)It won't crush in your sports bag(それはスポーツバッグの中でしわくちゃにならない)のような例には

19 新たなソーシャルメディアの出現による通信の発展増大に伴って、bloggedやtwittered、i-padded、facebookedなど新出動詞の容認可能性が今後、問われるであろう。

判断が下せず、また、(豪州の新聞記事である)The winery is lacking 1963 and 1964 Wynns Coonawara Estate Cabernet Sauvignon, which bottled as Wynns Claret(そのワイン醸造所にはWynns Claretのラベルで瓶詰めされた1963年産と1964年産のウインズ・クーナワラ農園産のカベルネ・ソーヴィニオンの在庫がない)、(BBC TVニュースレポートからとった)It will take years for the Mersey to clean(マージー地区がきれいになるのには何年もかかる)は容認不可能であると判断した。

どのような社会でも、それぞれの専門家の集団は、専門用語をもっている。(ここで言う「専門家(specialists)」とは、サッカー選手から、毛糸編み職人、水道工事者、庭師、そして、医薬従事者、弁護士、多様な研究者に至るまで、あらゆる種類の集団を意図している。)専門家集団の構成員が産み出すテクストは通例、外部者にとっては驚きで、おそらく容認できず、意味が不透明な語の連鎖を含む。例として、(24)のテクストを考えてみる。

(24) The sides of the slated roof at the eaves were bedded up with mortar tifting by the slater so that the end slates against the upstand of the skew sloped away from it to divert water in windy weather from being blown against the stone and into the building. The junction between the skew and the slates was finished with a triangular fillet or flashing made of lime and sand which did not tend to shrink or crack. (Naismith 1985, pp.97–8)

(スレート瓦を張った屋根の両側の軒先の部分は、スレート職人によってモルタルの雨よけを塗って層を作る処理がなされる。それは斜切石の立ち上がりと向き合う形で、一番端の並びのスレート瓦が、強風の際に石に当り、建物の中に水漏れしないようにするためである。斜切石と粘板岩屋根スレートの接合部は三角形の平縁か、縮んだり割れたりしにくい石灰と砂で作った雨漏り防止用の板で仕上げをする。)

were bedded up with mortar tifting by the slater so that the end slates against the upstand of the skew sloped away from itという語の連鎖は、特にスコットランドの田舎の建物の建築様式に関する知識がない読者が理解するには図式かモデルが必要となる。著者JMにとっては、divert water in windy weather from being blown against the stone and into the buildingという語の連鎖は普通ではないように感じる。divert water into a ditchの語の連鎖は標準的な表現であるが、(著者JMにとっては)divert water from being blown...into the buildingは容認不可能に限りなく近い。

5.3.2　文法性と言語変化

さらに厄介なことに、文法性は、部分的に社会的な現象である。といっても、もちろん、そのことが、客観性のある言語学的相関性がないことを意味するものではない。標準的な話しことばの英語と書きことばの英語に共通する中核となる構造には、たとえば、法助動詞＋完了（相）助動詞＋進行（相）助動詞＋ V-*ing* のような動詞語群内の語の連鎖や決定詞＋形容詞＋名詞＋関係詞節のような名詞句構造内の一般的な語順がある。時間（when）や条件（if）のような、よくあるタイプの副詞節や get 受動態と be 受動態もある。通常、短い受動態（short passive）は自然発話の英語に現れやすいが、書きことばのテクストには長い受動態（long passive）と短い受動態の両方が現れる。単純な関係詞節は、（1a-d）に見られる。

上で述べた構文は中核となる構文の見本に過ぎない。しかし、何をもって中核と見なすのであろうか。Chomsky にとって中核的な構文（core constructions）はある種の一般的な制約に従うものであるが、ここでは、自然発語の話しことばの英語のデータベースに現れるものと考える。できれば、互いに馴染みのある話し手同士のくつろいだ状況でのくだけた会話であることが望ましい。（「非文法的な（ungrammatical）」語の連鎖は、第二言語として英語を教える際には重要である（フランス語、ロシア語などでも同じである）。）Swan（2005: xxvi-xxix）は、130 のよくある誤りを一覧にしている。著者 JM にとってはそれらすべてが容認不可能である。Swan は、上級学習者でさえ犯してしまいやすい 25 の誤りをさらに列挙している。著者 JM はすべてについて同意するわけではない。たとえば、return back という語の連鎖はラテン語の語源に詳しい人にとっては冗長であるが、そのように理解している人は昨今の英国においては少数であり、reverse back や project out、reduce down のような語の組み合わせは一般的である。話者が用法を変化させ、規則によって許される語の組み合わせも変化したのである。

中核から離れるにつれて、ますます多くの変異が出現する。話者によっては、中核の構文に関する直観と同じぐらい、文法性に関する直観が確信のもてるものである場合もあるが、大規模な言語コーパスの証拠によって支持されないこともある。例として rob と steal をとりあげると、多くの話し手にとって、ROB と STEAL の対は明確に区別される。steal については、不法に持ち去って貴重品を盗む（steal valuables by taking them away illegally）が、rob については、所有者を襲って貴重品を奪い去る（rob the owner of the valuables）のである（Trask 2001: 250）。しかし、They'll probably end up going to jail or something or probably **robbing stuff**（彼らはおそらくしまいには刑務所行きか何かになるか、ものを盗むはめになることだろう）（学士論文（BA dissertation）, Lancaster University, 2002）のように、ROB は現在では、貴重品に対して行われる盗みの行為を表すのに用いる人が多い。

Trask に ROB と STEAL の項目があるということは、彼が新しい用法として提示するものが保守的な話者の注意を引くほど頻出することを示している。実際、これは話しことばと非標準的な英語に生き残ってきた古い用法である。Johnson[20] の英語辞書(1755 年出版)の ROB の定義 3 は to take away unlawfully(不法に持ち去る)である。例は、fashion a carriage to rob love from any(誰からでも愛を盗みとる身のこなし方を装う)(Shakespeare)[21] と double sacrilege...to rob the relick and deface the shrine(聖なる遺骸を盗み、聖堂をけがす ... 神聖への二重の冒涜)(Dryden)[22] である。この例は文法性という用語の曖昧さを際立たせている。一部の英語話者にとって、あるいは、おそらく多くの英語話者にとって、そして、たぶん、若い世代の英語話者にとって、rob valuables from someone は通常の用法である。それは、本来の用法が継続して使われているということかもしれないし、以前の用法とはまったく別に、近代になって出てきた用法なのかもしれない。特定の話者の集団の中から自然に生まれたものであれ、自らを「正しい」文法の判定者 (arbiter) と呼ぶ人たちによって言語が意図的に精密化された結果生まれた用法であれ、標準的な英語で文法的であると言明されたのは、rob someone of their valuables である。

表面を何かで被うことを意味する一連の動詞についても考えてみると、spread、smear、spray のような動詞には、確立された交替があり、The child **smeared** chocolate **over** her face(その子は顔中をチョコレートまみれにした)と The child **smeared** her face **with** chocolate(その子は顔をチョコレートまみれにした)や、I **spread** jam **on** the bread(パンにジャムを塗った)と I **spread** the bread **with** jam(私はパン全体にジャムを塗った)、They **sprayed** the path **with** weedkiller(彼らは小径全体に除草剤を散布した)と They **sprayed** weedkiller **on** the path(彼らは小径に除草剤を散布した)のように交替する。動詞の中には表面に置かれたものに影響を及ぼす行動をするという意味を表すものもあれば、表面が覆われるという意

---

20 Samuel Johnson (1709–1784) は、英国ミッドランド Staffordshire 州 Lichfield 生れの英国文壇の重鎮。文芸・社会批評家、詩人、Shakespeare 全集や辞書の編集者。独力で編纂した *A Dictionary of the English Language* (1755) は米国の Noah Webster や *Oxford English Dictionary on Historical Principles* などの現代的辞書編集に大きな影響を及ぼした。

21 出典 *Much Ado about Nothing* 1.3.27; cf. *OED Online*. **fashion** *v*.4b. counterfeit, pervert (まねる、装う) Obsolete (廃語)。

22 出典 John Dryden, *An Ode 7. The Tyrant*; cf. *OED Online*. **shrine** *n*.5a. a place where worship is offered or devotions are paid to a saint or deity; a temple, church (初出例 1645 Milton, *On Christ's Nativity*: *Hymn*; 第 2 例 1697 Dryden tr. Virgil *Pastorals* vii, in tr. Virgil *Wks*. 32 This tusky Boar Young Mycon offers, Delia, to thy Shrine.)

味を表すものもある。cover は表面を覆うという意味を表す。そのため、**cover** a wall **with** green paint（壁一面にペンキを塗る）のような表現は可能であるが、*__cover__ green paint **on** a wall は非文法的である。後者の動詞の中に、今では両方の構文に起こることができる特別な動詞があり、著者 JM は、The tree **scattered** leaves on the lawn（木々が芝生に枯れ葉を散らした）(cf. Leaves were **scattered** on the lawn（枯れ葉が芝生に散乱した）と There was a **scattering** of leaves on the lawn（芝生に葉が散乱していた）のような例に代表されている使い方をする。しかし、次の例は、書きことばのテクストに見られ、scatter the lawn with leaves という構文が可能であることを示唆している。

(25) My fields **are scattered** deep **with** chestnut lcavcs.
（わが野にはあちこちに栗の木の落ち葉が積もっている。）
Fidelma Cook, 'French leave'. *The Herald*, 17 October 2009, p.4

何かの表面に移動させられたものに影響を及ぼす行動をする、という意味を表す一般的な動詞は apply である。著者 JM は apply paint to a door（ドアにペンキを塗る）のような表現をするが、apply a door with paint のような表現はしない。しかし、興味深いことに、同じ新聞からとった別の投稿者の以下のような例があり、この例は、apply soil with herbicides and pesticides（除草剤と殺虫剤を土壌に使う）という構文が可能であることを示唆している。

(26) A compost heap or box in an organically managed garden is a magnet for worms. What they dislike is wet, acidic soil which has **been** regularly **applied with** herbicides and pesticides.
（有機栽培庭園に置かれた堆肥の塊ないし箱は、虫たちが群がる絶好の場だ。虫が嫌うのは、除草剤や殺虫剤が定期的に使われてきた、湿った酸性土である。） Dave Allan, 'Binning mentality'. *The Herald*, 17 October 2009, p.37

上記の例に対する反応は人によって異なる。まったく気づくことなく、この構文を使うようになるか、あるいはもうすでに使ってしまっている人がいるかもしれない。一方で、(25) の Cook と (26) の Allan は文法の間違いを犯してしまっているとみなす人たちもいるであろう。著者 JM は、その奇妙さ（少なくとも、自分の慣用に照らし合わせた際の奇妙さ）に即座に気づいた。しかし、このような事実から、言語が変化すること、そして、新しい用法に従っているとか、Cook と Allen が間違っているとかを感じさせられないくらいに英語が変化してきていることがわかる。著者JMは、良識ある言語学的な態度で、当該構文全般の他の例、およびscatterとapplyの構文の例を注視し続けるつもりである。

5.4. 文法性と言語的権力

文法性の社会的側面はしばしば言語的・文化的・政治的な権力を求める闘争と密接に関連する。闘争は小さな場面でも大きな場面でも繰り広げられる。私がこれから議論しようとしている闘争は大学の中で起こった。X大学には倫理委員会があり、被験者に行うような研究も、たとえ小さな修士論文の計画であっても、承認されなければならない。倫理委員会、つまり、委員会の議長は、承認のために提出された多くの申請書に見られる文法に対して不満を表明し、不備な表現で書かれた申請書を訂正のために返却すると表明した。不幸なことに、2003年版の倫理委員会規定は次のテクストを含んでいた。ここで検討したい主要な例は(27d)だが、他の例も役に立つ。

(27) a. By whom and how, will information about the research be given to participants? (e.g. in writing, verbally)
(誰の名で、どのような方法で、研究情報を参加者に伝えるか？(たとえば、文書で、口頭で))

b. The period data is to be kept will be commensurate to the scale of its research.
(データの保存期間は研究の規模に見合う形になるだろう。)

c. Is Gene Therapy Advisory Committee on Assisted Human Reproduction (NACHDSE) approval required?
(「人為的な操作を伴う人間の再生に関する遺伝子治療諮問委員会」による承認が必要か？)

d. It is expected that access to the Consent Forms be restricted to the researcher and/or the Principal Investigator. If you intend otherwise, please explain.
(同意書を入手することができるのは研究者および／または主幹調査者に限定されることが望ましい。もしそういうつもりでない場合には、説明を求めたい。)

e. It is required that Consent Forms be stored separately from data and kept for six years.
(同意書はデータとは別に、6年間保管することが要求されている。)

(27a) の how の直後のコンマは普通ではありえず、その目的が全く不可解である。(27b) の will be commensurate to the scale of its research は容認できないが、それは、少なくともイギリス英語では commensurate は with と共起する必要があるからである。(27c) の Gene Therapy Advisory Committee on Assisted Human Reproduction (NACHDSE) approval は明らかに複雑で解釈しづらい。(27e) は著者 JM の慣用に一致するが、その用法は古風になりつつあり、多くの人は It is required that Consent Forms are stored separately と書くであろう。

(27d) は、一読して、奇妙に響いた。もう一度読み直すと、It is expected と be restricted の組み合わせが、その違和感の原因であることがわかった。著者 JM は自分の感触がひょっとして間違いではないかと考え、Quirk and Greenbaum (1973) を参照してみた。p.361 (12.17) には、command や demand、insist、order、propose、recommend、suggest のような意志動詞 (volitional verb) と adamant や keen、insistent などの意志を伝達する形容詞 (volitional adjective) がリストされている [23]。Quirk and Greenbaum (1973) は、意志動詞は仮定法の従属節を要求し、間接的にせよという命令を表現する意志形容詞は、アメリカ英語では通例仮定法の従属節を伴うが、イギリス英語では従属節内に should が必要であると述べている。Quirk and Greenbaum (1973) は (28) の例を挙げている。

(28) a. I <u>demand that</u> he **leave** the meeting.
(彼が会議を退席することを私は要求する。)

b. The editor <u>insisted that</u> this comment **be** taken out.
(このコメントは削除すべきだと編集者は主張した。)

c. We <u>proposed that</u> the new Department **deal** only with postgraduate students.
(新学部は大学院生のみを受け入れるべきだと私たちは提案した。)

d. The doctor <u>was adamant that</u> the person **leave** the surgery.
(その人は診察室から退室すべきだと医者は言って譲らなかった。)

e. The doctor <u>was adamant that</u> she **prescribed** the correct medication.
(医者は自分が薬の正しい処方をしたと言ってはばからなかった。)

(28d,e) は間接命令 (indirect command) と陳述 (statement) の違いを際立たせている。(28d) は医者が当人に退室するように求め、その決意を変えるつもりがな

23 同編集者などによる以下の文献も参照：Quick, Greenbaum, Leech, Svartvik. *A Grammar of Contemporary English*, 1972: 12.47 (pp.832–4)

いという命題を伝えている。(28e)では、伝えられる命題は、医者が適切な処方をしたことに確信を持ち、かつそのことを毅然として述べたというものである。

次に、(27e)は文法的である(これは、著者JMの慣用と一致している)し、またrequireが決意動詞であるというQuirk and Greenbaumの説明に合致する。グーグルで検索した180のis expectedの用例をざっと確認したところ、仮定法の従属節をとる例は2つで、178例は従属節にwasとshouldが現れていた。すなわち、(27d)は、著者JMが従う慣用とグーグル検索で得られたデータの両方から、非文法的であるということが判明したのである。

(27d)をどう説明したらよいだろうか。それは、文書の書き手が「動詞＋that＋仮定法動詞」の節という構文を意識していたために起こった、過剰矯正(hypercorrection)の例と考えることもできるであろう。意味と語用の点から、書き手がその構文を選んだのかもしれない。expectは、I expect they will arrive about six(彼らは6時ぐらいに来ると思う)やwe expect her to take at least the silver medal(彼女はすくなくとも銀メダルは取るだろう)などの例が示すように、基本的意味において、また、多くの文脈において、決意を表す動詞としての用法はない。話者が権限を有する立場にいる場合にはexpectは、(警部が新採用の警官に発する)I expect you to be here at 6 amのように、極めて間接的な命令を表すのに用いられる。(27d)のexpectは、単に期待を表明するのではなく、間接命令の一部分となっている。にもかかわらず、expectは通例、仮定法動詞を含む節とは結合しない。この話の教訓は、文法的であるものとそうでないものを正確に特定することは大変やっかいであり、高い教育を受けた書き手でも迷うことがありうるということである。

5.5. 話し手の文法的知識と直観の限界

文法性の議論を締め括るにあたり、Sampson(2007)の最後の例を吟味する。それが例示するのは、ひとりひとりの話者の母語の知識の限界、また特定の構文や話しことばのまとまりの解釈が話者により異なるという事実、そして、さらに文法書・辞書・コーパスといったデータベースを調査する必要性である。それは、ある特定の言語において、何を変化とみなすのかという問題をも提起する。問題になるのは、(著者JMが作例した)以下の対話に出てくるような、会話返答のwhatever (conversational response *whatever*)である。

(29) A　I don't think that firm is the right one for the job.
(あの会社はその仕事をするのに適した場所ではないと私は思う。)

B　But they've installed lots of wind-turbines and are recommended by Mike and Philippa.
(でも、その会社は風力タービンの設置を数多く手がけてきていて、マイクもフィリッパも推奨してくれている。)

A　Whatever.（どちらでも、ご自由に。）

Sampson (2007: 5) は、whatever という返答は、「あんたは負け犬なんだから私が努力して、君のために熟慮した答えを出してくれるなどと期待してもらっては困る」というような趣旨を述べる1つの方法であると考えていた。ジャーナリストによることばについての評論で Sampson が出くわしたもう1つの解釈は、「きみは正しいが、私はそれをあからさまに認めたくはない」というものである。2つの解釈は同じではないが、相手との表立った不同意の言明を避けながら、会話相手に向けての蔑視を表しているという点はよく似ている。文脈はきわめて重要である。上記の会話では、whatever は軽蔑を表現したりあからさまな不同意を表明したりせず、B がいい点を突いていることと、A が間違っているかもしれないことを A が認めたくないという合図を送っている。他の文脈では、Sampson が言及した意味で用いられるかもしれない。『ケンブリッジ上級学習者用辞書』(The Cambridge Advanced Learner's Dictionary 2008: 1654) には (30) の例がある。頭に浮かぶのは十代の若者だが、子どもに親が語りかけている例のようである。

(30) A　Bryce, could you do what I ask you to once in a while?
(ブライス、あなたにしてくれと頼んだこと、たまにはしてもらえるよね？)

B　Whatever.（なんでもいいよ。）

Swan (2005) は、(31) の例を挙げている。Swan は、whatever が「私はそんなことはどうでもよい」や「私には興味がない」という意味を表し、無礼な響きを与えかねないと評している。

(31) A　What would you like to do? We could go and see a film, or go swimming.
(何をしたい？　映画を見に行くか泳ぎに行くという手もあるよ。)

B　Whatever.（どちらでも。かまわないよ。）

Sampson は whatever のこの用法を英語の変化ではなく、誰かが使おうと考える以前から英語に潜在していた可能性が顕在化したとみている。Swan (2005:

614)は、「なんであれ」という原義に近いwhateverの解釈がある If you play football or tennis or whatever, it does take up a lot of time（君がサッカーやテニスなんかをするとしたら、きっと思いの外時間がかかるよ）などの例を挙げている。We can go there tomorrow or Friday or whenever（そこへ行けるのは明日か金曜かその辺り）のように、whenever も同様に使うことができる。今朝早く聴いたラジオの番組では、子どもが読書すべき理由の話題の中に、whoever や whatever の例が出てきた。If Mum, or Dad or a baby sitter or whoever reads the children stories, that's good（もし、ママかパパかベビーシッターか誰かが子どもにお話を読み聞かせてあげたら、それがいいよ）や If they read Harry Potter or Enid Blyton[24] or whatever...（もし彼らがハリー・ポッターやらイーニッド・ブライトンか何かを読んだら…）というような例である。whatever と whenever は、侮蔑も無関心も合図せずに、相手にその選択を委ねる一語の返答として用いることができるのである。

(32) A　When can you come and help us with the painting?
　　　(いつペンキ塗りのお手伝いに来れるのかな？)
　　B　Whenever.
　　　(いつでも。)
(33) A　Will I cook potatoes or rice?
　　　(じゃがいもか、お米か料理しようか？)
　　B　Whatever? (I happily eat both.)
　　　(なんでも？(どっちでもいけるよ。))

適切な文脈を想定すれば、whatever が冒頭で議論した多様な感情的意味をどのようにして獲得してきたかを理解するのは容易である。これらの用法は英語の変化を象徴しているのであろうか。Sampson に従って、規則(code)としての英語と規則の使用者を区別することにする。著者 JM がごく最近まで保持していた規則では、Whatever you do, don't buy that house without having a complete survey done（とにもかくにも、査定が完了しないうちはあの家を買うなよ）や You can consult whatever books you like（どれでも好きな本を参考にしていいよ）のような例を発話することができた。Mum, or Dad or a babysitter or whoever や Harry Potter or Enid Blyton or whatever、tomorrow or Friday or whenever のような語の連鎖は、著者 JM にとって新しい規則に従った例である。30年前なら著者 JM は and so

---

24 Enid Blyton (1897–1968) は英国の児童文学作家・詩人。Noddy, Famous Five シリーズで有名。

on や etcetera を使っていたであろう。すなわち、whatever は準固定句の whatever you do や whatever books you like の決定詞から変化を遂げ、and so on や etcetera に置き換わる表現となった。さらに、whatever は、anything you like（ご自由に）や I don't mind（どうぞ）とほぼ同等の返答としての機能も獲得したのである。

合理的な想定としては、最近の発展として、Sampson やその他の人たちの注目した談話小辞機能（discourse particle function）を whatever が得たということが考えられる。要するに、whatever の現在の用法はもともと原義の中に潜在していたとする Sampson に同意するのである。その用法は一気にではなく、段階的に生じてきたことを示唆することによって、ここでは Sampson の説明に微妙な差異をもたらすことになる。これはコーパスデータによって支持される見解である。Sampson が英語の変化を、規則から出てくる用法ではなく、規則の変化に限定しているのでなければ、用法の変化がなぜ英語の変化としてみなされないのかも不明である。しかし、たとえこの見解を容認するとしても、whatever の発展はやはり規則の変化とみなせる。whatever は、etcetera や so on が起こる連鎖の中で etcetera や so on を置き換え、会話の返答としての新たな拡張用法を得てきたのである。（少なくとも、Zellig Harris[25] ならまさに、これを拡張用法として扱ったことであろう。）

Sampson は、データを分析する際の上記の困難さを Chomsky の研究の根本的な目的を非難する足場として使っている。言語 L の文として文法的な語の連鎖を、L の文として非文法的な語の連鎖と峻別し、文法的な連鎖の構造を研究するという目的は、生成文法のさまざまなモデルを経ても変わっていない（Chomsky 1957: 13）。Sampson は、もっと極端な説をとる生成文法学者がいることも指摘している。Carnie（2002: 10–11）は、私たちが言語について知っていることを把握するためには、まず、どのような文が不適格であるかを知らなければならないと主張している。Sampson で議論された例と、すでに見てきた他の例は、その目標が実現できないことを明らかにしている。これは、非文法的な語の連鎖を認知できないということではない。先に取り上げた点ではあるが、中核から離れると、文法性の区別を適用することがはなはだ困難であるか、あるいは、全く適用できないということである。（この問題は Matthews（1979）で議論されたが、Matthews は同じ一般的結論に達した。）

この章の議論を締め括るに当り、Sampson（2007: 11）に立ち戻ることにする。Sampson の主張は、決して使われることのない語の連鎖と、目下のところ使わ

25 Zellig Harris（1909–1992）20 世紀中葉に活躍したアメリカ構造主義言語学者。著書に *Merhods in Structural Linguistics*（1951）がある。弟子に Norm Chomsky がいる。

れた形跡はないものの将来のある時点で使用されるようになる語の連鎖との間に、境界を設定するのは不可能であるということである。この主張はまさに的を射ているが、そのことが文法性の概念とどのように関連するのだろうか。これについては、この章の冒頭で提起した問題に加えて、最後の論点として、文法性(更なる議論を巻き起こす言い回しである)は「同一言語」の話者の間で変化するのみならず、同時に、時代によっても、また、個人の生涯でも変わっていくということが挙げられる。「hopefully」構文は、(著者JMが使い始めた時期である)40年ほど前に多くの話者にとって文法的となったが、その他の多くの話者にとっては非文法的なままであった。中間構文の復活とaccessの他動詞用法は、過去25年の間に著者JMにとって文法的になった多くの英語の規則のうちの、ほんの2例に過ぎない。このような変化から、文法性が砂上の楼閣に過ぎないと推論すべきではない。著者JMは、過去40年間に渡る原稿編集者たちとの経験から、著者JMによる文法性に関する直観はその原稿編集者たちの直観と一致している。一部は現実であり、一部は幻想にすぎないが、書きことばの英語に関する限り、著者JMは教養のあるイギリス英語話者の共同体に属している。言語には安定性があるとともに、多くの共時的・通時的な変異もある。変異は、何が文法的であり、何が非文法的であるのかについての直観に反映されるのである。

訳者によるコラム：文法性(Grammaticality)と大領域統語(Magnasyntax)

社会言語学などの新領域の学問分野の進展に伴い、言語の適格性(従来、正誤という二択)を判定するのに、絶対的〈文法性〉より、相対的〈容認可能性〉という基準が重要視されるようになった。〈文法〉の唯一絶対の正当性という神話が疑問視され、〈文法的に正しい〉よりは〈容認可能な〉が相応しいとする柔軟な言語観が一般的になってきた。

母語話者の「直観」の不確かさや、言語をそのような基準で〈正誤判定〉することの政治性が指摘されてきている。狭い意味での文法的正しさの根拠が疑われている。

というのも、英語が、地球規模で広範に使用され、多様性を得ていく現実の中で、特定の誰かを理想的な話者として、言語の正しさを判定することの正当性に揺さぶりがかけられるようになったからである。英国英語内においても多様性の衝突と淘汰が繰り返されてきた。さらにBraj Kachruの英語三層円構造説に従えば、内円(Inner Circle)[母語としての英語圏]に加え、non-nativeの英語が外円(Outer Circle)[公用語としての英語圏]と拡張円(Expanding Circle)[外国語としての非英語圏]に二分されるほどに多様性は拡大してきた。言語帝国主義という歴史の潮流が国家・社会のグローバル化を推し進めた帰結として招来した多様な変種(varieties)を無視して、唯一の「正統な英語」を追い求めることができなくなった。だからこそ、著者JMが提起する、唯一の「文法的正しさ」を捨て、新たな枠組みで「容認可能性」に立脚する、広く長い時空間の中に生まれた多様性を受容する言語観を認めるべきときに来ている。

従来のいわゆる「標準的」用法のみならず多様な選択肢を包括するシステムを並行的に取り込んだものを著者JMは大領域統語(magnasyntax)と名付けた。大領域統語なる概念にはOngが提唱する大領域語彙(magnavocabulary)、語彙獲得における(個人および集団の)経験の蓄積に比例する発展的拡大概念が影響を与えている。新たな統語論を打ち立てようとする試みは、ここ第5章に明確に打ち出されている。

Ong (1982: 103–8) によると、語彙について言えば、話しことばを通して学ぶ語彙と、書きことばを通して学ぶ語彙は、しばしば別物で、両者は相互補完的な役割を担っている。たとえばdonateやexplain、describe、demonstrateは書きことばを通して習得されるのが多いのに対して、giveやtell、showなどは話しことばとして習得されるのが普通である。言語習得の過程でそのような経験のあるなしは、言語表現力に大いなる差をもたらす。書きことばに親しむ者とそうでない者は言語構築の方法に違いがあることになる。

同様なことを類推的に文法に適用すれば、大領域統語では、いわゆる論理的首尾一貫性を前提とする「標準」構文に加えて、次の構文も当然ながら容認される。

(1) There's a man in the pub [φ] likes his beer.
(2) Log on at the BBC World Service AIDS site to find out <u>how much do you know</u> about condoms.

(1) の関係詞の不使用、および (2) の間接疑問文の使用は、自然発話を通して学ばれる機会が多いことに著者JMは注意を喚起する。どちらも「慣用」として許容されるというのではなく、話しことばの自然な文法にかなう表現であることを認知することを求めている。

その背景には次の根本的な疑問が付きまとう。「文法性についての直観がはたして信頼できるのだろうか」(How reliable are intuitions about grammaticality?) という問いは、誰、または何を標準とするのかについての政治性を帯びる議論とならざるをえない。伝達動詞の容認度に関しての言語変異は「連続性」を有する興味深い表現の文法性判断の確かさに疑問を投げかける。They{cabled/radio'd/telegrammed/lettered/messaged/phoned/e-mailed/skyped/*****ed} that the ship had arrived in Auckland. (彼らは[…という手段によって]船がオークランドにすでに入港したことを知らせた）という選択肢を観察すると、技術革新の進展（通信媒介・手段の発達）に対応して出現するこの種の表現が未来に向けて開かれたクラスを構成することに気づくだろう。重要なことは、社会の変容が新たな表現を正当化することであり、言い換えると、言語の変容に連なる文法性の判断が言語の内部よりは外部の要請により生じるということである。それが文法性の判断に影響するのは当然であろう。

（久屋孝夫）

参考文献

Ong, Walter. (1982) *Orality and Literacy.* London: Methuen/Routledge.
（ウォルター J. オング『声の文化と文字の文化』藤原書店、1991［邦訳：桜井直文・林正寛・糟谷啓介］）

第 6 章
用法基盤モデル

この章のアウトライン

6.1. 用法基盤モデルによるアプローチ

ここ何年か、「用法基盤(usage-based)」や「コーパス言語学(corpus linguistics)」といった用語が流行している。著者 JM は、さまざまなコーパスデータに基づく自然な口語英語の研究を今日まで続けてきており、優れたコーパスにどれほど価値があるかを熟知している。にもかかわらず、「コーパス言語学」という用語は、仰々しい感じがする。簡単に言えば、コーパスは検索のためのデータの集合体である。コーパスの情報は分析され、タグ付けされており、そこには、あらゆる種類の情報が入力できる。コーパスの探索は熟練の技と直感によって進められることもあれば、事務的かつ非生産的に行われることもある。どちらのやり方も言語学とは無縁である。文構造や指示対象への参照や意味関係の理解のためにコーパスのデータが分析される際には、言語学が関係してくる。

多くの分野において、音声録音(あるいはおそらく音声録音＋ビデオ録画)による話しことばと書きことばのデータ収集は必須である。コーパスのおかげで、言語学者は自然なデータを手に入れることができ、幼児の言語、全年齢層の話者の会話、非標準的な言語の変種や標準的な変種などの研究ができるようになる。録音のおかげで、言語学者は、話者がやっていると言っていることではなく、実際に話者が行っていることを観察することができる。もちろん、研究は自然発話の話しことばの音声録音や書きことばのコーパスのみに頼るわけにはいかない。たとえば、時制(tense)や相(aspect)、あるいは、補部節(complement clause)などの文法の特定分野の研究では、被験者に文の穴埋めをさせたり、文を完成させたり、2つ以上の文から選択させたりして引き出したデータをコーパスデータと組み合わせることが必要になる。非標準的な変種の話者の直観が当てにならないことや、一般的に話しことばの直観が当てにならないことについて前章で述べたことを考えれば、非標準的な変種の調査には音声録音が実際に必要になる。(これは、非標準的な変種の話者が、標準的な変種の話者よりも能力が劣るということではなく、明示的で利用しやすい文法の直観は教室で習得されるのであり、学校で使用されるのが標準的な変種であるということである。）

用法基盤モデルは、大領域統語（magnasyntax）の分析をしている言語学者の直観に基づく話者の言語能力（competence）の理論化に対する、まさに解毒剤とみなせる。Barlow and Kemmer（2000: viii）の指摘によれば、用法基盤モデルにおいては、分析者は心的な構造や操作について（なんらの）主張をすることなく、観察された発話に基づいて言語構造に関する仮説を発展させることができる。にもかかわらず、用法基盤モデルは現実の話者を調査する分析者にとって大変重要である。この見地からは、話者の言語体系は、話者の発話テクストと言語理解の具体例である「言語用法という出来事（usage events）」を基盤にしている。一般的なパターンは、話し手によって特定の文脈で産出される特定の語彙で成り立つ特定の発話から徐々に形成されていく。より頻出する単位やパターンはより定着しやすい。すなわち、これらの単位やパターンは、迅速な処理が可能になるように認知的な手順（cognitive routines）として保存されるのである。話者の言語能力は、言語を心的に処理する際の規則性からなるとみなされ、能力（competence）と運用（performance）という生成文法理論の中心をなす区別は、用法基盤モデルの研究では役立たないとみなされる。言語処理は、言語能力の本来的な部分をなしており、切り離して扱うことができないのである。

6.2.　英語の時制と相

本章では、上述の用法基盤モデルの言語分析の理念に異を唱えたり、言語処理と言語知識の関係を探究したりはしない。そうではなく、ここでは、特に英語の時制と相を調べることによって、標準的な書きことばの英語と作例された標準的な話しことばの英語に基づく分析が、用法に基づく分析からいかに大きく乖離しているかを示すことに焦点を置く。（この議論では、話者が伝達するメッセージの形式とその中味の両方に注意を払うという、いささか熟練を要する伝統的な技法を間接的に擁護することになる。この方法論によって得られるどのような結果も、他の研究者によって再現できる必要があるが、他の構文と比較した構文の使用頻度についての情報を提供することはない。にもかかわらず、生きたデータを収集することにより、特に話しことばの用法に関してとりわけ貴重な用法変化の最新の証拠が得られる。ただし早合点は禁物であることを研究者は心に留めておく必要がある。）

特に英語の時制・相体系の現在起きている変化に関する２つのタイプの分析

の異なりようは際立っている。英語の時制・相体系の中核は、(1) に示すように、単純形と進行形の対比と過去形と現在形の対比にある。

(1)	単純形 (**Simple**)	進行形 (**Progressive**)
過去 (**Past**)	a. Shona bought flats. (ショーナはアパートを購入した。)	b. Shona was buying flats. (ショーナはアパートを購入しようとしていた。)
現在 (**Present**)	c. Shona buys flats. (ショーナはアパートを購入する。)	d. Shona is buying flats. (ショーナはアパートを購入しようとしている。)
	e. White phosphorus ignites instantaneously. (黄燐は一気に発火する。)	

加えて、(2) のような完了形があり、(3) のように話者が未来時について言及できる構文が2つある。

(2) Shona has bought flats. (ショーナはアパートを複数購入したところだ。)
(3) a. Shona will buy flats. (ショーナはアパートを複数購入する予定だ。)
b. Shona is going to buy flats. (ショーナはアパートを複数購入するつもりだ。)

伝統的な分析によると、単純形も進行形も単一の出来事あるいは習慣的・反復的な出来事を表すことができ、単純現在形は総称的な出来事も表すことができる。Michaelis (2006: 220–3) にならって、(la) と (1b) がともに、単一の出来事を表すと解釈される場合には、「エピソード節 (episodic clause)」と呼べるであろう。(Michaelis はこれらの例を文と呼んでいたが、文と節の違いについては第2章の議論を参照。) (la) と (1b) が習慣的または反復的出来事を表すと解釈される場合には、「習慣節 (habitual clause)」と呼べるであろう。(たとえば、During her twenty years in London Shona bought flats but not houses (ロンドンに居住していた20年間にショーナは一戸建てじゃなくてアパートをいくつも買った) では、おそらくショーナは多額の遺産を投資に回していたので、At that stage of her life Shona <u>was buying</u> flats (人生のその時期に彼女はアパートをいくつも買っていたことになる)。 (1e) は「格言節 (gnomic clause)」と呼べるであろう。(1c) のような習慣節は、属性を特定の個体に割り当るが、(1e) の格言節には一過性の解釈 (contingency interpretation) がある。もし、物質が黄燐なら、たちまち発火するということである。

6.2.1 Leech のモデル

Leech (1971) の説明を用いて、英語の時制と相および自然発話の話しことばについての議論を始める。Leech (1971) は、ヨーロッパ構造主義のように、英語の時制と相を対立の体系として扱うため、Leech の説明は特に有用である。各々の対立の各々の構成員は特定の解釈や解釈の集合をもつ。その体系は次の通りで (Leech 1971: viii を参照)、唯一の変更箇所はラベルで、対立をより際立たせるために変更している。

(4) [非進行] (**NON-PROGRESSIVE**) | [進行] (**PROGRESSIVE**)

単純現在 (Simple Present)	**進行現在 (Prog Present)**
he sees	he is seeing
[未完了] (**NON-PERFECT**)	
単純過去 (Simple Past)	**進行過去 (Prog Past)**
he saw	he was seeing
「単純」現在完了 ('simple' Present Perfect)	**進行現在完了 (Prog Present Perfect)**
he has seen	he has been seeing
[完了] (**PERFECT**)	
「単純」過去完了 ('simple' Past Perfect)	**進行過去完了 (Prog Past Perfect)**
he had seen	he had been seeing

(4) の基本的な対立は「完了形 (Perfect)」と「未完了形 (Non-Perfect)」である。それぞれの対立の中に、「非進行形 (Non-Progressive)」と「進行形 (Progressive)」というさらなる対立があり、これらの対立に、それぞれ「過去 (past)」と「非過去 (non-past)」がある。(ここでは Dahl の表記法に従う。英語の進行形は the Progressive、ロシア語の未完了形は the Imperfective というように個別言語の時制や相は語頭を大文字にして表記する。また、通言語的な範疇ラベル、たとえば、ロシア語とラテン語で具現化する完了形は the PERFECTIVE というように、全体を大文字で表す。)

非進行形 (Non-Progressive) には、単純現在形 (Simple Present) と単純過去形 (Simple Past) がある。Leech は、単純現在形に対して、War solves no problems (戦争によって問題は解決されない) や Honest is the best policy (正直が一番) のような場合、「非制限的用法 (unrestrictive use)」という概念を割り当てる。また、We accept your offer (私たちは申し出を承諾する) や Napier passes the ball to Attwater, who heads it straight into the goal（ネピアはアットウオーターにボールを渡し、アットウオーターがヘッディングで一直線にゴールに入れる）のような場合には「瞬時的用法（instantaneous use）」という概念を割り当てる。そして、I shall remember that moment until I die（私は死ぬまでその瞬間を忘れまい）には、「状態と出来事（states and events）」という概念、I buy my shirts at Harrods（私はシャツをハロッズで買う）の場合には、「習慣用法（habitual use）」という概念を付与する。Leech（1971: 5）は習慣的現在形（Habitual Present）は一連の個別の出来事を表し、それは全体として、過去および未来に拡がっている状態を作り上げると説明する。これは、Michaelis（2006）の分析に共有されるLeechの分析の一部分である。とはいえ、Michaelisは、現在時制がどのようなタイプの状況も強制的に状態のタイプに押し込められると考えているのに対して、Lecchは、現在時制にそのような特性を与えないが、習慣用法が時制のいかんにかかわらず複合的な状態を表すと見ている。

Leechの説明の他の2つの部分が私たちの分析に関連する。Leechは語りや旅行本の旅程の記述や教本冊子の指示文の記述における単純現在形を仮想的（imaginary）であると述べている。Leechは、出来事を述べている人たちが話しながら、その出来事があたかも彼らの目前で起こっているかのように心の眼（in their mind's eye）[1]で見ていることを「仮想的」と表現するのである。

現在完了形（Present Perfect）についてのLeechの説明では（5）に示すような分類上の用語は使用されないが、Leechが区別する主な対立は、研究者たちの間で現在認められている完了形（Perfect）の主要な解釈に対応する。これらの解釈を（5）に例示する。

(5) a. **経験・非定形の過去（experiential/indefinite past）**
Have you ever drunk rakija[2]?（ラキヤは飲んだことありますか？）
b. **結果（resultative）**
I have written up my thesis.（私は論文を書き上げた。）
c. **直近の過去（recent past）**
The Minister has (just) arrived.（大臣はたった今到着した。）
d. **継続する状況（persistent situation[3]）**
I've been waiting for an hour.（私は1時間も待っている。）

---

1 in one's mind's eye, Shakespeare, *Hamlet* 1. 2. 184中の表現である。

2 ブドウ、プラムが主原料のバルカン産無色蒸留酒、別名raki（*OED Online*）。

3 同一行為の連続性により過去と現在を結ぶ完了相のことである。

6.2.2 英語の時制・相体系で現在起きている変化

(4) と (5) の明快にして心地よい対比は、形式的な書きことばの英語、特に、編集者によって校閲されたテクストにおける時制と相の用法と合致する。これらの対比は、次の議論の土台となる自然発話の英語で見つかる慣用的な用法とは合致せず、詳細な調査に耐えられないことを論じる。要点は以下の通りである。

・単純現在形と単純過去形は二項対立関係にあり、特に、単純現在は体系の中で非常に異質な存在であると捉えることができる。
・進行形はますます多くの文脈に拡大していき、未完了形となる過程を歩み始めたという明確な兆候がある。
・完了形は不安定である。明確な過去の時間副詞と複合し、あたかも過去であるかのように使用する話者がいる。一方で、完了形よりは単純過去形を好む話者もいる、ただし、結果完了 (the Result Perfect) はおそらく例外となる (Miller 2000 を参照)。
・英語の時制と相の説明には、通常、話しことばの英語において規則的に現れる結果構文 (Resultative constructions) は含まれない。

6.2.3 単純現在形と単純過去形

単純現在形と単純過去形は、解釈に際立つ差異があるため、別物として区別される。大領域統語 (magnasyntax) の見地からは、単純過去形の動詞はエピソード的、習慣的、総称的な解釈を受ける。(しかしながら、Michaelis (2006: 233) では、過去時制動詞を伴う文は、記述される状況が発話時に進行していないので、プロトタイプ的な総称表現 (prototypical generic) ではないかもしれないと示唆されている。Michaelis にとって、The Catholic mass was recited in Latin (カトリックのミサはラテン語で朗唱された) のような例は周辺的な総称表現である。) 大領域統語 (magnasyntax) の見地からは、単純現在形の動詞にはエピソード的解釈 (以前述べた Leech の「瞬時用法」、総称的用法 (Leech の「非制限用法」) と習慣的用法がある。

もう 1 つの分析の可能性が、実験から引き出された判断とコーパスデータという 2 つの出典で示されている。文脈を無視すれば、単純過去形の例は典型的に単一の出来事を表すと解釈されるのに対して、単純現在形の例は典型的に反復的あるいは習慣的な出来事を表す、と解釈される。単純現在形は、概ね習慣的あるいは総称的に解釈される。単一の出来事を表すこともできるが、芝居のト書きやスポーツ実況、特殊な語りのスタイルなど、特定のタイプのテクストに現れる場合に限定される。

単純現在形と単純過去形の用法の違いに著者JMが初めて注目したのは、Miller-Brown Corpus of Scottish Englishの会話分析をしていた1979–80年であった。両者の解釈が典型的に異なるという着想は1980年代にいくつもの授業から収集した学生の直観によって裏付けられた。1980年代に著者JMが行った時制と相の講義の中で、学生はさまざまな課題を解くように指示された。たとえば、We visited London（私たちはロンドンを訪れた）やWe visit London（私たちはロンドンを訪れる）などの文のリストを与えられ、副詞句や副詞節を追加するように指示された。前者の例では、必ずlast yearやwhen we were on holiday last summer（昨年の夏、休暇の時に）のような付加表現（additions）が引き出されたのに対して、後者の例ではevery summerやwhenever we go to see our cousins（従兄弟と会う時はいつも）のような付加表現が引き出された。

さらなる証拠が、Wellington Corpus of Spoken New Zealand[4]とMiller-Brown Corpus of Spoken Scottish Englishから収集された2つの2000語の抜粋に見られる。WSC (Wellington Spoken Corpus)の抜粋は視聴者参加ラジオトーク番組とラグビーの実況放送からのもの、そして、Miller-Brownの抜粋は会話からのもので、そのうちの1つは語り（narrative）で、もう1つは討論（discussion）である。単純現在形と単純過去形の具体例にはコードが付与され、収集され、状態を表すものと出来事を表すものとに分類された。状態を表す例を(6)に挙げる。

(6) a. now i **know** of a person who's got TWO TEENAGER plus herself.
(さて、ティーンエイジャーが2人いる人と、その人を知ってるよ。)
b. i just **feel** that he is actually doing it just for his for his uh client.
(彼は、実際彼の、えーっと彼の患者のためを思ってそれをやっているな、ってほんとに思うよ。)
c. i'm glad you **share** a sense of outrage（君と憤りを共有できて嬉しいよ）
d. that's what i **want** to hear（それを聞きたいんだよ）
e. how does that knee **look**（例の膝はどんな具合だい）

出来事を表す単純形は主節に現れるものと、(7)に示すように従属節に現れるものとに分けられた。

(7) i would like to[5] you to ask them if you can if you EVER **get** on to them.

4　以降、WSC(Wellington Spoken Corpus)と略して引用される。
5　このtoは書きことばの英語では非文法的であるが、このデータが話しことばコーパスか

（できれば、君から彼らに連絡がつくのであれば、彼らに尋ねていただきたい。）

主節に現れる形式は、実際の対話や独白に現れたものと、WSCデータの中継や実況中継に関する論評に現れるものに分けられる。WSCデータのコードには、たとえば、「笑い声」、「引き延ばし音」、「吸気音」、「鼻詰り音」などの「言語周辺系の人間音声（paralinguistic anthropophonics）」が含まれる。最後に、前者は、単一の（おそらく一瞬で）完結した出来事や反復的・慣習的な出来事を表すか、語り用法や談話形成詞（discourse organizers）の you see、you know、I mean、as I say などの連語（sequences）の例であるかに従い分類された。この分析の結果と分類は（8）に示されている。

(8)

		状態 (State)	慣習 / 反復 (Hab/reo)	単一 (single)	語り (narr)	談話 (discourse)
NZspc	SPr	11	0	78	0	2
	SPst	6	0	21	0	2
NZrp	SPr	8	21	0	1	7
	SPst	3	0	26	0	0
SCnarr	Spr	9	13	0	0	1
	SPst	10	6	74	0	0
SCdisc	SPr	27	16	0	0	28
	SPst	3	0	4	0	0

NZspc = ニュージーランドスポーツコメンタリー（New Zealand sports commentary）
NZrp = ニュージーランドラジオトーク番組（New Zealand radio phone-in programme）
SCnarr = スコットランド英語の語り（Scottish English narrative）
SCdisc = スコットランド英語の議論（Scottish English discussion）
hab/rep = 慣習的・反復的（habitual/repeated）
single = 単一の完結した出来事（single completed event）
narr = 語りの談話（narrative discourse）
discourse = 談話形成詞（discourse organizers）

これらの数値は、スポーツ実況が他の3タイプのテクストとは異なるとの見方を支持する。スポーツ実況では、単純現在形で習慣的あるいは反復的な行為を表すものは皆無で、78例はすべて、(9)のような単一の完結した出来事を表す。

(9) a. <WSC#MUC002:0095:JM>
Lynagh gives it on to Horan（ライナーはホランに渡した）
<WSC#MUC002:0100:JM>
Lynagh doubles around back into Campese who's come in

らの引用であるため、一種の言い淀みの例であると思われる。

（ライナーは急角度で身を翻し、走りこんで来るキャンピージの方に向かっていった）

b. <WSC#MUC002:0120:JM>
Innes gets it kicks away（イネスがそれを蹴り出した）

c. <WSC#MUC002:1280:JM>
they're trying to drop him to the ground but Crowley does VERY well to stay on his feet gets the ball to Bachop and Bachop kicks <laughs> away to touch（彼らは、彼をグラウンドに倒そうとするが、クロウリーは見事に立ったままもちこたえ、バショップにボールを渡し、バショップが＜笑い声＞タッチに蹴り出した）

その他のタイプのテクストにおいては、単純現在形で単一の完結的な出来事を表す例は皆無である。その代わりに、習慣的というよりは総称的のように見える（10）の例外を除いて、すべての例が反復的または習慣的出来事を表す。（無生物が習慣をもつのであろうか？）（10）の例外はWhat's Galliano?という質問に対する返答である。

(10) It comes in a long bottle with a twig in the centre of it
（それは細長い瓶の中心に小枝を浮かせた形で提供されています。）
mbc 1, converstation 2, <c3>

（10）では、itはGallianoを指しており、それがリキュールを製造する会社を意味する場合には固有名詞であるが、リキュールの種類を意味する場合には集合名詞となる。（10）の文脈では後者の解釈が妥当である。すなわち、（10）は（1e）のように、もし液体がGallianoならそれは細長い瓶の中に小枝を浮かせた瓶に入っているという一過性の解釈を受けるのである。

ニュージーランドの視聴者参加ラジオ番組とスコットランド英語の語りと討論において、大半の単純現在形動詞は習慣的または反復的行為を表す。ただし例外的に討論では、I wonder, I recognize the building（建物に見覚えがある）、I think、I regret、I reckon that ...、( ) so happens that (I'm a member of the kirk[6] just locally here)（たまたまこの地域の教会員です）、I suppose、I remember、I still maintain...lots of cinemas would have still been open（多くの映画館がまだ開館していたはずだとの見解を私はそれでも引っ込めない）のように、大多数の単純現在

6　kirkはスコットランド英語でchurchの意味。

形動詞が状態を表す討論である。

単純過去形の動詞は156例ある。うち86%に当る125例は単一の完結した出来事を表す。そのうち22例が状態を表し、6例が習慣的・反復的行為を表す。スポーツ実況を除けば、単純現在形で単一の完結した出来事を表すものはなくなり、6例の単純過去形だけが習慣的・反復的出来事を表す。これらの数値は、単純現在形と単純過去形を、進行形と対立するものと見ることはもはや理屈に合わないという提案を支持するものである。

それでは、どの分析であれば理屈に合うのであろうか。Jespersen (1961b: 17) は、習慣節と格言節(ただし Jespersen はこの用語を使っていない)を時間を伴わない節として扱うのは間違いであると主張している。Jespersen に言わせれば、もし話者が現在時制を用いるなら、それは例が現在において有効であるか、あるいは話したり書いたりした時点で有効であったからである。この説明は、形態論と統語論上のあらゆる区別が意味をもつとする、本章(および認知言語学)で採用するアプローチと合致する。単純現在形を単純過去形から切り離すと上述したことは、過去時制と現在時制の対立が無視されるべきである、ということを意味するものではない。Quirk et al. (1985: 179–81) は「時間を伴わない陳述 (timeless statements)」や「いわば『時間を伴わない現在』(kind of 'timeless present')」という用語を用いるが、Quirk et al. の図式から、習慣節や格言節は、発話時(彼らの図式では「今 (now)」)を含む一定の幅の時間の中で成立すると分析していることがわかる。

本章で採用する分析は Leech (1971: 13) の「仮想的用法」に基づく。瞬時の出来事の解釈を除けば、単純現在形は一種の非現実(irrealis)になっていると提案する。スポーツ実況における単純現在形は、(7a-c) のように、生起するままに出来事を述べる話者から発せられる。この場合の単純現在形は明らかに現実 (realis) であり、それ以外では過去時制か will と shall の後でしか観察されない単純形と進行形の古典的な対立が表されている。習慣的または格言的な解釈をもつ単純現在形は、それを用いる話者が発話時における特定の出来事に言及しない限り非現実である。後者については進行形が要求される。(11) から (13) の対比を検討してみる。

(11) She makes her own dresses, in fact she's making one right now.
(彼女は自分でワンピースを作るんだよ、実際、今も一着作ってるところだよ。)

(12) They go to Brussels twice a year, in fact they're driving there at the moment.
(彼らは年に2度ブリュッセルに行くんだ、実際、今そこに向かっているところだよ。)

(13) Water boils at 100℃. The water in this kettle is boiling so it must have reached 100℃.
（水は 100 度で沸騰する。このやかんの水は沸騰中だから、100 度に達してるに違いない。）

習慣的または格言的な命題を主張した後、命題内容である行為や出来事がこれから実現するわけではないという文言が続いてもかまわない。

(14) They go to Brussels twice a year, but they might not go there this autumn because their son will be in Beirut.
（彼らは年に 2 度ブリュッセルに行くんだが、今年の秋には行かないかもしれない。息子がベイルートに行くことになってるからだ。）

年に 2 度ブリュッセルを訪れるという命題内容の信憑性は、この秋にそこを訪れないことで影響を受けることはない。これは、慣習を表す文が非現実的な性質をもつために可能なのである。

Leech (1971: 13) は分類がむずかしいさまざまな用法についても言及している。Leech の例を (15) から (17) に挙げる。

(15) To reach Chugwell, we *make* our way up to the River Ede, then *skirt* the slopes of Windy Beacon...[travelogue].
（チャグウェルに行くには、イード川を遡り、そこからウインディビーコンの坂沿いに進みなさい…［トラベログ］）
(16) You *take* the first turning on the left...then you *cross* a bridge and *bear* right...[directions].
（最初の曲がり角を左に曲って、そして橋を渡って右に進みなさい…［道案内］）
(17) You *test* an air leak by disconnecting the delivery pipe at the carburetor and pumping petro into a container.
（気化器についている噴射管をはずして、ポンプでガソリンを、タンクにいれることで漏れがないかテストしなさい。）

これらの例はすべて総称文と見なせる。これらの文は実際に生じる出来事について言及するのではなく、「チャグウェルにたどり着こうとしているのなら、私たちはこの経路に従う」や「X に行くなら、このように進みなさい」や「漏れがあれば、次のようにしなさい」のように、Michaelis (2006) で必要とされた偶発性 (contingency) の解釈を受ける。Quirk et al. (1985: 180) は (18) のような実演の例を挙げている。これらの例は、(実況放送の 1 タイプというよりは) 総称用法の特殊な例として扱える。I は you や one で置き換えることができ、「あなたがこの料理を作りたければ、以下の手順を踏みます」や「この料理を作りたければ…」のような偶発性の読みがある。

(18) I *pick* up the fruit with a skewer, *dip* it into the batter, and *lower* it into the hot fat.
(フルーツを串に刺し、こね粉に浸して、熱い油の中に沈めます。)

Quirk et al. は (19) に再掲する自己解説 (self-commentary) と呼ぶ例と、(20) のような遂行文の例を挙げている。

(19) I enclose (herewith) a form of application. (応募用紙を (ここに) 同封します。)
(20) a. I advise you to withdraw. (断念することをお勧めします。)
b. I apologize. (ごめんなさい。)
c. We thank you for your recent inquiry. (先日のお問い合わせありがとうございます。)

(19) と (20) は大領域統語 (magnasyntax) の枠組みで研究することのむずかしさを例証している。(19) は進行中の行為に言及していない、つまり、行為は、受取人によって手紙が読まれるまで進行しているのでもなく、そのことばが書かれる時に進行しているのでもない。著者 JM は I write in support of the application by X や I write in connection with your letter of the 14th January のような表現で始まる推薦状や質問状をよく書いたものである。著者 JM は、今ではこれらの定形句をやめて、I am writing in support... のような表現を使うようになった。遂行動詞の重要な特性は、遂行文の発話が行為への言及ではなく、行為の遂行になるということである。より最近の遂行動詞に関する研究の多くは、公的な儀式行為が存在するという事実を見失っている。たとえば、裁判所における判決や教会での結婚と洗礼や船の進水式などでは、実際、特定の形式のことばが必要であるが、その他のそれほど公式的ではない行為、たとえば、謝罪や助言や感謝などでは、単純現在形動詞を使用する必要はない。ビジネスの会議でいかに提言がなされるかについての研究によると、suggest (提言する) という動詞が一度も使われていなかった (Sode-Woodhead 2001)。(19) と (20) は今日では高度に型にはまった (おそらく廃れつつある) 古風な用法で、英語動詞体系の核心とは無縁のものである。

単純現在形の最後の用例は Quirk et al.(1985: 181)が「過去に言及する単純現在(simple present referring to the past)」と名付けたものであるが、彼らは同時に「歴史的現在(historic present)」や「虚構的現在(fictional present)」という呼称にも言及している。文法的相違を額面どおりに考慮するという基準に従えば、話者がこの用法を選択するのは、状況を現在の時点のこととして提示するからであると仮定できる。(21)がその1例である。

(21) There's this man sitting in a bar. A wee[7] guy comes in with a crocodile on a leash.
(バーにこの男が座っている。1人の小男が引き綱でつながれたワニを連れて入ってきた。)

Leech(1971: 12)は、「虚構の現在」が、実際に起こるままに出来事を目撃する人の立場に読者を置く劇的な高揚感を出すための手段であると述べている。Leech はこれを「より本格的な作品」に見られる特徴とするが、劇的な高揚感は、等しく「大衆的な語り」の特質でもある。Leech が引いているより本格的な作品の例はディケンズ(Dickens)[8]の『荒涼館(Bleak House)』[9]からである。(22)を見てみる。

(22) Mr Tulkinghorn *takes* out his papers, *asks* permission to place them on golden talisman of a table at my Lady's elbow, *puts* on his spectacles, and *begins* to read by the light of a shaded lamp.
(タルキングホーン氏[10]は書類を取り出し、許可を乞うと、奥方の手もとの金のお守り札のように小さなテーブルの上にのせ、眼鏡を掛け、笠をかけたランプの光で読み始める(のだった)。)[11]

『荒涼館』は単純現在形の用法に関して興味深い作品である。出来事は2人の人物によって語られる。その1人はディケンズであり、役割は全知の語り手(omniscient narrator)である。その役割により、ディケンズは、読者があたかも

---

7 wee はスコットランド英語で small の意味。

8 チャールズ・ディケンズ(1812–1870)。ヴィクトリア朝を代表する英国の小説家。『荒涼館』の他に『オリバー・ツイスト』や『クリスマス・キャロル』、『二都物語』など多くの作品を残した。

9 『荒涼館』については、本書1章 p.6; pp.31–32; pp.34–35 を参照(すべて脚注)。

10 Dedlock 準男爵家の顧問弁護士で主人公の謎めいた敵対者。のちに Lady Dedlock の秘密を嗅ぎつける。

11 青木雄造・小池滋訳『荒涼館』第2章。

目撃しているかのように出来事を述べることができる。この効果は、歴史的現在または虚構的現在を瞬時的現在（Instantaneous Present）につなげる糸口となる。両者とも生起するままに記述される出来事と関係し、両者ともに単純現在形と進行形の混ざったものが関わるからである。もう1人の語り手は、主人公のひとりのエスター・サマソン（Esther Summerson）である。彼女の語りは、日記から採ったとされており、多くは単純過去形の過去時制で書かれている。エスター・サマソンは小説中の一登場人物であり、自らの視点でその出来事を記述しているものの、全知の者として振る舞えないため、単純現在形を用いることができない。

要約：Leechが提唱した対立と用法（oppositions and uses）の体系は大領域統語（magnasyntax）に基づいている。多様なタイプの自然発話の話しことばの英語の用例を調べた結果、単純過去形と単純現在形は互いに独立していることがわかった。単純現在形の用法は3種類に分けられる。第1のグループは遂行文（performatives）と自己解説（self-commentaries）であり、その形態・統語（morphosyntax）は、古めかしい用法や英語動詞体系の歴史的発達の初期の段階を示唆する。第2のグループは、瞬時に生起し、完了した単一の出来事を提示する単純現在形からなり、このグループには、スポーツの実況中継、冗談、（大衆的もしくは文学的な）語りにおける単純現在形の用法が含まれる。第3のグループには習慣的・総称的用法を含み、また習慣節、格言節、紀行文、旅行地案内、ユーザーマニュアルに現れる単純現在形の用法を含む。

6.2.4　単純現在形：ロシア語、中国語、トルコ語との対照

上述の用法は、過去時制形の動詞のみに相の対立があることを示唆している。概念上、これは少しも驚くべきことではなく、過去における出来事と過程は、ある道筋を経て、最終局面に到達したかどうかがわかるが、現在時の出来事と過程は起こるままに理解される。ある出来事や過程が一旦その最終局面に到達したら、それは過去のことであり、次の出来事や過程が始まる。英語では、単純現在形は特定のジャンルに限定されるか、習慣的・総称的解釈をもつ。それは、Leech（1971: 5）が指摘するように、単一の完結した一連の出来事を取り上げ、それを状態として提示すると見ることができる。他の言語では、完了した出来事を意味する現在形の問題を別のやり方で解決している。ロシア語では、現在時制と完了相を表していた動詞の形は、未来の出来事と過程を指すのに使われるようになってきた。中国語など、いくつかの言語では、完了相の標示がある動詞は、単に過去の出来事に言及すると解釈される。

トルコ語は英語の単純現在形とその用法に関して興味深い類似点がある。

Lewis (1978: 115–22) は、いわゆる不定過去時制 (aorist tense)[12] について議論している。「不定過去」という用語はギリシャ語の文法から借用され、「非有界的 (unbounded)」を意味する。その用語はトルコ語では「広義の時制 (geniş zaman; broad tense)」に相当し、継続する活動を示唆する。しかし、トルコ語の不定過去はどのように分析しても、時制ではない。トルコ語の動詞は、語幹にいくつかの接辞が加わることによって構成される複雑な構造をもつ。特定の接辞に対して決まった位置がある。(23) からわかるように、時制の接辞は最後から 2 つめの位置に現れる。スロット 1 とスロット 2 の間の太字の角括弧は、再帰接辞、相互接辞、使役接辞、受動接辞 (二重使役接辞や二重受動接辞は言うまでもない) が現れるいくつかの位置が省略されていることを意味する。(23) の構造では可能接辞 (potential affix) の位置も省略されている。

(23) トルコ語動詞の接辞配列

スロット 1	[ ]	スロット 2	スロット 3	スロット 4	スロット 5
動詞語幹		否定	アオリスト	時制	人称 / 数
			未来		
			未完了		

未完了接辞は -iyor である。yaz-iyor-um (私は書いている) や sev-iyor-um (私は好む) のように、-iyor は、状態動詞と動的動詞の語幹に付加されるので、典型的な未完了接辞であり、単一の進行中の出来事や習慣的な出来事を表すのに使われる。

(24) トルコ語

her sabah dőrt saat yazıyorum.
Each morning four hours I-write
'I write for four hours each morning.' (私は毎朝 4 時間書き物をしている。)

時制のスロット 4 は、現在時制に対応するゼロ接辞、または過去時制に対応する -di 接辞で埋められる。(4 種類の時制の接辞があり、どれが選択されるかは母音調和によって決まる。) たとえば、yaz-iyor-um (私は書いている) yaz-iyor-du-m (私は書いていた) のような例がある。スロット 3 に入る接辞は分類がむずかしいが、時制ではない。すでに見てきたように、-iyor は相の接尾辞 (aspectual suffix) である。「未来」とラベル付けされた接尾辞 -acak は強い法助動詞 (modal) の意味内容を

12 ギリシア語の不定過去時制については 4 章 p.129 (4.5.1) を参照。

もつ。Lewisが言うように、今起ころうとしていることだけでなく、話し手が起こってほしいと思うことを表す。それは予測を表し、過去時制形の接尾辞と組み合されると、(25) のように、話し手の意図を表すと解釈されなければならない。より広い視点からすると、-acak は非常に法助動詞的に見える。

(25) トルコ語

bunu yap-acak-tı-m.

this ...do-future-past-1SG

'I was intending to do this.' (私はこれをやるつもりだった。)

習慣的・総称的単純現在形と同様に、不定過去動詞は特定の活動を表さないという意味で、明らかに非現実の要素を含む。不定過去の yaz-ar-im'write-aorist-1SG' は、(24) の yaziyorum を代用することができない。Lewis (1978: 117) が言うように、yazarim は (24) の時間表現とは整合しないのであろう。yazarim は「私は物書きである」のような意味に翻訳されなければならない (今日より以前、あるいは昨日、または過去 1 年間、私は何かを書いている必要は必ずしもないのである)。

トルコ語の不定過去は他のいくつかの点で単純現在にも類似している。不定過去は、Esma gir-er-ϕ, otur-ur-ϕ. (Esma enter-aorist-3SG, sit-down-aor-3SG, Esma enters and sits down (エズマ入場、座す) のように、舞台の指示に用いられるし、it ür-ür-ϕ, kervan geç-er-ϕ 'dog bark-aor-3SG, caravan leave-aor-3SG, The dogs howl, the caravan moves on.' (犬は吠え、隊商は前進する) のように、諺にも現れる。トルコ語の不定過去は、非現実法 (irrealis mood) の標識のように見える。ある言語において適切な形態・統語論的、意味論的、語用論的基準で支持される分析を取り出し、他の言語に適用するのは、方法論的にはきわめて不適切であることは明らかである。それでもなお、先に見た英語の単純現在形の非現実を表す要素から、少なくとも習慣・総称用法およびそれに関連する用法をもつ単純現在形が非現実叙法の標識へと変化しつつあるのではないかと推測するが、今は推測として止めておくことにする。

6.2.5 進行相

英語の動詞の標準的分析では単純形と進行形の対立がある。実際の用法の研究によって、単純現在形と単純過去形が分化しつつあることが明らかなように、進行形も用法が変容しつつあることは明白である。古典的な進行形は、継続中の単一の行為や過程を表すのに用いられるため、状態動詞はおそらく排除される。状態動詞の中でもっとも状態的である KNOW は―少なくとも、これを書いている時点では—進行形をとらない (Quirk et al. 1985: 198) が、他方 Quirk et al. (1985: 199–208) が明らかにしているように、状態動詞の多くが実際には進行形をとることが許される。進行形は習慣節 (Quirk et al. (1985: 199–200) の文例を参照) や格言節に拡大しつつあるように思われる。類型論的・歴史的見地から言えば、進行形のこのような用法は驚くには当らない。というのも、進行形から未完了形への変化は珍しくなく、また、未完了形の動詞は単一の進行中の出来事や、習慣的出来事、総称的出来事を表すのに用いられるからである。もちろん、英語の進行形用法の古典的なパターンは、特に、編集者によって校閲された形式的な書きことばにおいて、まだしばらくは生き延びるであろうが、新たなパターンは話しことばにもくだけた書きことばにも見つかる。

初期の英語には単純現在と単純過去があった (Elsness 1997)。14 世紀になって出現した進行形は 18 世紀までには従属節内で普通に使われるようになり、20 世紀の終わり頃までには、イギリス英語では、特に話しことばにおいて、主節で頻繁に使われるようになっていた。Smitterberg (2000) は、進行形が文学、劇作、小説、歴史の分野で、一層頻繁になったが、科学の分野ではそれほど頻繁ではないことを証明している。Mair and Leech (2006: 323) のデータベースは、一般的に、進行形がさらに頻出するようになっているが、受動態など動詞体系の新たな部分にも拡張していることを示している。Collins and Peters (2008: 346) は、オーストラリア英語やニュージーランド英語でも同じ現象を観察している。ここでは、主節と進行形のすべての語彙相 (lexical aspect)・状況相 (situation aspect) への拡張に焦点を当てることにする。

進行形が状態動詞と共起することは先に述べた。状態動詞は概ね、または規則的に進行形をとる様子はないので、「起こりうる (can occur)」と表現する方が誤解が少なくなる。むしろ、状態動詞の進行形の例が出現し、(26a) や実際の (書きことばの) 例の (26b) のように Quirk et al. (1985) が容認不可能であると判定する例がある。(27a, b) は進行形の状態構文の追加例である。

(26) a. *I **am understanding** that the offer has been accepted.
(申し出が受諾されたと理解している。)

b. I am sorry to have to worry you again with ...X's resubmission. However Department Y **is still not really understanding** what it is that X needs to do.
(X の再提出に関してお手を煩わせて申し訳ない。しかし Y 学部は X がそうする必要のあることをいまだに完全には理解してはいない。)

(27) a. 'And there is an older generation who **are seeing** NCEA[13] as lowering the standards...' (NCEA は基準 (学力評価) を下げるとみなしている旧世代の人たちがいる…)

b. She lives in a house which **is dating** back 200 years. (200 年前まで遡る家に彼女は住んでいる。)

c. it may be that internal linguistic factors...**are governing** the choice between *have to* and *have got to*... (言語内の諸要因が have to か have got to かの選択を支配しているということなのかもしれない。)

d. people **weren't** even **believing** the true stories. (人々は本当の話を信じようとさえしていなかった。)

(26) と (27a) では 2 つの標準的な状態動詞である UNDERSTAND と SEE の進行形が現れている。(27b,c) は、動詞は標準的には状態動詞ではないが、状態構文の例であり、(27c) も総称である。(習慣用法は一連の出来事を表し、それぞれの連続体は一種の状態を意味するという、先に引用した Leech のコメントを想起されたい。) (26) は職場の肩書きも年齢も上の研究者が書いた公式の電子メールの一部で、(27c) が学術文書からの引用であることは注目に値する。学術研究論文は審査員によって審査されるので、運用上の誤りは起こりにくい。

(28a, b) は最終学位試験の答案である。試験では、学生たちは内容を計画的に考えたり手を入れたりする時間がほとんどないために、話しことばやくだけた書きことばでは一般的であっても、公式の書きことばには稀にしか使われない構文を産出してしまう。(28a, b) は総称であるが、状態動詞の PRECEDE と DEPEND の進行形が使われている。(29) は繰り返された出来事を表す節に現れた進行形であり、学生たちは新しい番号を何回も忘れている。

(28) a. The first vowel in [complaints] is short as it **is preceeding** [sic][14] the nasal bilabial /m/. (「complaints」の最初の母音は、両唇鼻音 /m/ に先行しているために短い。)

b. Naturally a child **is depending** on his parents, or other adults to provide an environment where he can learn new words. (当然ながら子どもは新語を学習する環境整備を親や他の大人に依存し

---

13 National Certificate of Education Achievement の略語表記。ニュージーランドの中等教育修了資格証明制度。レベルは 3 つに区分される。レベル 3 は大学進学に必須。

14 preceding が標準的綴り。

ている。)

(29) The code is often changed and students **are forgetting** the new number.
(暗証番号はしばしば変更され、学生たちは[その度に]新しい番号を忘れている。)

(28a,b) は視点の選択を反映しているかもしれない。試験では、学生たちは問題用紙で与えられた例を議論し、議論を進めながら分析を書き込んでいく。彼らは、比喩的に読者を進行中の出来事の真っ只中に引き込むために、進行形を使うのかもしれない。もしこのことが正しければ、この説明は、進行形の頻度が増しているというコメントと矛盾するのではなく、その原因の1つを明らかにしている。

6.2.6 単純過去と完了

自然発話の話しことばとくだけた書きことばの英語を分析すると、多くの話し手の用法と文法書にある説明の間に生じる第3の不均衡が浮き彫りになる。単純過去形と現在完了形の説明は不均衡になっている。欠如しているのは、-ed 分詞で作られた多様な結果構文の分析である。先の (3) の文例で要約した完了相に関する Leech の記述は、多くの話者、特に、標準イギリス英語の作家による完了相の用法の洗練された的確な言明となっている。Leech の記述はかれこれ 40 年前のものである (Dahl (1999) と Michaelis (1994) も参照)。一般的に言語的な慣習は変化し続けるだけではなく、標準イギリス英語と非標準イギリス英語の多くの話者は異なる慣用をもっていたし、今ももっているようである。特定の過去の時を指す副詞と共起する完了形の例が見つかる。完了形と共に用いられると期待される副詞 (yet、ever、just) が単純過去と共起する例も見つかる。さらには主要な文法書で解説されていない多様な結果構文が見つかる。(単純過去形+副詞という用法はアメリカ英語では標準的であるが、一般に、イギリス英語では典型的ではない。Quirk et al. (1985: 193) は、アメリカ英語では、たとえば、Did you ever go to Florence?(フローレンスにこれまで行ったことありますか?)や I just came back (ちょうど帰ったばかりです)、Did the children come home yet?(まだ子どもは帰ってないの?)などのように使う傾向にあると述べている。)

これから提示するデータが示唆するのは、副詞による修飾なしの標準的な完了用法は標準英語においては極めて限定的な変種にのみ存在するが、話しことばの英語では、副詞で修飾された異なる完了構文が常に標準的なパターンであったことである。このデータは複雑な文法化が生じていることも示唆する。相対的に特定的な意味をもつ所有・結果構文が、より一般的で抽象的な解釈をもつ標準的な完了形に進化している。完了形は、逆に多様な構文に分化して、それぞれは元の完了形よりも意味がより特定的になり、特定の副詞により印象づけられるようになった。本来の所有･結果構文はそのまま生き続けるだけでなく、完了形と形態･統語的な乖離が進行していった。さらに、その他の多様な結果構文が発達した。(標準)英語の文法は、(30)のように完了形は明確な過去の時点を指す副詞とは相容れないとしている(Klein(1992)を参照)。

(30) *She's left for Rome yesterday/this morning.
(意図された意味：彼女は{昨日 / 今朝}ローマに発った。)

実際には、完了形と特定の過去の時点を指す副詞は自然発話の話しことばのみならず書きことばの英語にも現れる。(31)は校閲を受けていない書きことばのテクストに登場し、他方、(32)は新聞テクストにあったものである。コンピュータの使用頻度が増すにつれて、新聞はもはやかつてのように厳格な編集をしなくなっている。

(31) The invoice **has been sent off** to Finance for payment **before I went off on holiday**.
(私が休暇に出かける前に支払いができるように送り状が財務部あてに届けられている。) 大学財務部スタッフからの手紙

(32) BEI's[15] success is all the more welcome as Britain **has lost ground 10 years ago** with the Saudis' decision to opt for American frequencies of 60 hertz rather than the British 50 hertz – giving the American manufacturers a head start.
(10年前にサウジアラビアが—英国式50ヘルツではなく—米国式60ヘルツ周波数を選択すると決定して、イギリスが劣勢に立たされ、アメリカの製造業者に先んじられたために、ヨーロッパ投資銀行の成功はさらに歓迎されている。) *The Times*

自然発話の例は(33)と(34)である。

(33) I'**ve talked to the player this morning** and he isn't leaving the club.
(選手と今朝話したんだが、彼はクラブを脱退しないよ。)
テレビのインタビュー

15 Banque europeenne d'investissement (European Investment Bank)の略語表記

(34) Some of us **have been to New York years ago** to see how they do it.
（私たちの何人かは、彼らがどうやってそれをやるかを見るために、何年も前にニューヨークに行ってる。）

Simon Hughes, Liberal Democrat MP 自由民主党国会議員
BBC10 時ニュース対談 2002 年 1 月

(33) と (34) は新しいものではない。Elsness (1977: 250) は同様の例をシェイクスピア (Shakespeare) [16] やピープス (Pepys) [17]、ゴールズワージー (Galsworthy) [18] の会話から引用している。Denison (1993: 352) は、中英語では現在完了形と単純過去形は明確な過去の時点を指す副詞を伴って自由に交替して使われていたと主張する。Comrie (1985: 33) は、「相当数の地域方言的、個人的変種において」明白な過去の時点を指す副詞を完了形と結びつける英語話者がいるとコメントし、recently や this morning などの最近の時点や期間を指す副詞が規則的に完了形と結合することを指摘している。

完了形と過去の特定の時点を指す副詞の結合の条件が実際の発話や執筆の瞬間との関係で適用されるということを思い起こせば、上の例はさほど奇妙には響かなくなる。実際の発話や執筆の瞬間は、第一義的な直示の中心 (dictic centres) とみなされる。(35) の語りのように、完了形により表される出来事は、発話の時点ではなく、別の時点と関係する。これらの完了形は (35) の太字の部分のように、特定の過去の時点を表す副詞と組み合わされる。

(35) At 1 o'clock on the afternoon of 29th May 2009 a passenger is sitting in the departure lounge. He **has checked in around 12.30, has gone through security around 12.45**, and is waiting for his colleague.

16 William Shakespeare (1564–1616) は英国エリザベス朝を代表する世界的劇作家であり、また自ら俳優業もこなした。詩人でもあり、多くのソネットを残した。代表作は多数あるが、戯曲では四大悲劇とよばれる *Hamlet* (1600)、*Othello* (1604)、*King Lear* (1605)、*Macbeth* (1606) で名高い。言語学上、シェイクスピアの作品は中英語から近代英語への言語変化を調査する上で、貴重なデータとなっている。

17 Samuel Pepys (1633–1703) は英国の海軍官吏。その日記 (1660–1669) が当時の世相や風俗、日常生活に触れる点で資料的価値があるとして知られる。

18 John Galsworthy (1867–1933) は英国の小説家・劇作家。代表作に *The Forsyte Saga* (1922) がある。1939 年ノーベル文学賞受賞。

(2009 年 5 月 29 日の午後 1 時に乗客は出発ラウンジにすわっている。彼は 12.30 頃にチェックインを済ませ、12.45 頃セキュリティーを通過した後、現在、同僚を待ち受けている。)

(35) の直示の中心は二次的である。すなわち、それはテクストが書かれた時点ではないのである。この二次的な直示のために、特定の過去の時点を指す副詞は、非定形 (non-finite) であるため固定された発話時に結び付けられていない完了不定詞と結合することができる。(36) と (37) がその例である。

(36) It's annoying to arrive at the station at 10.30 only to find that the train **has left at 10.15 and not 10.50**.
(10 時半に駅に到着したところ、列車が 10 時 50 分ではなく 10 時 15 分に出発してしまっているのがわかった時ほどいらつくことはない。)
(37) **To have arrived at 2pm on Tuesday** was a miracle [is a miracle/will be a miracle]
(火曜の午後 2 時に到着していたのは奇跡だった { 奇跡である / 奇跡であろう })

ここから近過去 (Recent Past) と経験 (Experiential)、結果の完了形の例を見ることにする。(38) から (40) は近過去を表す単純過去形＋ just のイギリス英語の例である。(1972 か 73 年頃、著者 JM の 4 歳と 3 歳の子たちは直近の過去の時点について明確に話せるようになった。二人は完了形ではなく、単純過去形 + just を使った。どちらの親 (著者 JM と妻) もその構文を使っていることを意識していなかったが、どちらの子どもも保育園には通ってなかったので、両親からその構文を聴き覚えたに違いない。)

(38) Er, as Charlie **just pointed out**, it is of great concern.
(えーと、チャーリーが今指摘したように、それはとても関心のあることだよ。)
Trades Union Congress[19] での発言 (British Natiional Corpus 所収)
(39) Sorry, Jane's not in. She **just went out** (=has just gone out).
(ごめんなさい、ジェーンはいません。たった今でかけました。)
会話時の非公式なメモ

---

19 組織労働者の全国組織のこと。英国労働党の母体で、1868 年結成された。

(40) my father bought a round of drinks after the meal there wasnae[20] one for me you see and one of the men happened to comment he says 'Bob' he says 'you **forgot** the boy' 'No' he says 'I **didnae forget** the boy.'
(食事後私の父はみんなに飲み物をおごったが、私の分はなかったんだ。それで1人の男がたまたま一言言ってくれたんだ。その男は「ボブ」と呼びかけ、「おい、その男の子を忘れたのかい」と言った。「いいや」「いや、その子のことは忘れたわけじゃないさ。」と父は言った。) Macaulay, 1991 p.197–8

この用法は英語の変種にあまねく広がっている。北米英語ではこれが標準である。マクオリー・コーパス (Macquaire Corpus) のオーストラリア英語部門ICE (S1A: 個人会話) を検索すると、just と共起する単純過去形と完了形の数は等しいことが判明した。ここでは省略するが、いくつかの単純過去形の例は、より幅広い文脈の中でのみ判定可能である。ニュージーランド英語部門はオーストラリア英語部門のようには検索しなかったが、唯一示唆的な例の (41) はニュージーランドヘラルド紙の広告からの引用で、2007年オークランド市内を走るバスの後部に張られていた。その例文が示唆的なのは、イギリスでもニュージーランドでも会話を基にした現代広告が最新の話しことばによる用法を反映しているからである。

(41) Did you hear what **just happened**? (たった今起きたばかりのこと、聞いた?)

完了形と単純過去形における ever の使用はもっと複雑であり、(42) から (44) は、単純過去形 + ever の構文で経験的意味を有するイギリス英語の例である。

(42) A it's a great place – have you ever been to the commonwealth pool (すごくいいところだよ…コモンウエルスプール行ったことあるかい?)
B no really i'm no a very good swimmer (いや、泳ぎは得意じゃないんでね。)
A what what eh no you said you enjoyed fishin were you ever interested in football (えっそうなの? 魚釣りが好きだって言ってたろ。サッカーに興味をもったことはないのかい。)
B no we go to the shootin (いや、射撃に行くね。)
Miller Brown Corpus, 1 –converstaion8, m17

(43) **Did you ever try** to give up smoking?

---

20 原文のとおり。スコットランド、イングランド北部に特徴的で、not, no を意味する否定辞。

（過去に禁煙したことはある？）　Advert on ITV,UK,2003

(44) who's Brenda **did I meet her**? [in context= '...have I met her?]

（ブレンダって誰だっけ、私、会ったことある？）

Miller Brown Corpus, 2 –converstaion12, m6

6.2.7　結果と完了

自然発話の話しことばの標準英語には、完了形以外で、結果の意味を表すのに用いられるいくつかの構文がある。それらの構文はいずれも過去分詞(受動態)が関わり、もともと結果を表していた［Haspelmath (1993) を参照］。標準的に使われる構文の 1 つが、(45) のような英語の完了形の起源とされる構文である。(45a) は作例であるが、(45b–d) は、話しことばのニュージーランド英語のウエリントン・コーパス (the Wellington Corpus of Spoken New Zealand English) からの例である。(45b) はスポーツ実況からの引用、(45c) は会話からの引用である。(46) は等位接続された結果構文であり、事故・救急部門の新技術についてラジオ対談で外科医によって発話されたものである。(47a,b) は、もともと所有構文であった構文が have got の導入によって、いかにして所有の性質を補強されていったかを示している。(47a) は、作例であるが、(47b) は (45b, c) と同じ出典からのものである。

(45) a.　I **have** the letter **written**.（私は手紙を書き終えたばかりだ。）

b.　bachop[21] **has his backs lined out to the right** to this side of the field

（バショップはバックス陣をフィールドのこちら側に、右の方へ一列に並ばせた。）　<WSC#MUC002:1075:JM>

c.　and he does **have a car parked not far away**

（で、彼はそれほど遠くないところに車を駐車した。）

<WSC#DPC003:1045:FG>

(46) You **have access to a vein gained and cardiac analysis done** within one minute.

（1 分以内に、静脈血管にアクセスし、心臓の状態を確認すべきです。）

(47) a.　I've got the letter written（私は手紙を書き終えた）

b.　i said they'**ve got those well labelled** for this

21　Graeme Bachop のこと。1967 年生まれ、ニュージーランド、クライストチャーチ出身のラグビー選手（ポジションはスクラムハーフ）。All Blacks でも活躍した。1997–1999 年には日本のチームの一員となった。

（それらはこれに見合ったラベルが付けられていると私は言った。）
<WSC#DPC002:0710:MK>

(47b) では話し手が瓶詰の錠剤について述べている。(48a-c) は結果の分詞を伴う存在・提示構文の例である。この構文は、ある状況を新情報として導入するのに使われる。その状況は事前に起きた出来事の結果と関係する。

(48) a. there's something fallen down the sink.（流しに何かが落ちた。）
b. there's a cat trapped up the tree.（木の上で猫が罠にかかった。）
c. there's one person injured in the explosion.（爆発で人が 1 人負傷した。）

存在 - 提示構文では、there's は母音の弱化を伴って発音される。ウエリントン・コーパス話しことばのニュージーランド英語には、完全な直示表現と受動態または結果の分詞をもつ存在・提示文が少なくとも 1 例ある。スポーツの実況中継からの（48d）を見てみる。

(48) d. there's **the ball won** by the australians
（ボールはオーストラリアチームに渡りました。）
<WSC#MUC002:0005:JM>

(48d) は、定名詞句 the ball を含むが、典型的な存在・提示文は不定名詞句を含む。ここで提示されているのは、試合の進行経過の中で何度も言及されているボールではなく、ボールがオーストラリアチームにとられたという状況である。

(49) a. That's the letters written and posted.
（それが書かれて投函されたくだんの手紙だよ。） Kennedy, 1994
b. That's him consulted.
（それで彼に相談したんだ。）TV comedy show 'Harry Enfield and Chums'
c. Here's the tyre repaired and good as new.
（ほら、このタイヤは修理されて新品同様だ。） Conversation in garage

(49a, b) はどのような構造をもつのだろうか。それらはコピュラ構文の例で、that はコピュラである's により結果分詞を含む名詞句 the letters written and posted や him consulted と連結される。この点で、That's what you need to do などの WH 分裂文を反転させた構造と並行的である。(「反転させる」というのはこれらの分裂文がWH句を文頭に置くWhat you need to do is go on a long holidayを逆にしたものであるという事実を捉えるものであることに注意する必要がある。）反転したWH分裂文は、要点を補強し、ひとまとまりの会話を閉じるために使われる。このことについては、先行研究の概要とWeinert & Miller (1996) の自然発話の文分析を参照のこと。(49a,b) のような例はTH分裂文であるが、反転したWH分裂文と同じ談話機能を有している。

(49a–c) は原則的にI've written and posted the lettersやI've consulted him、The tyre has been repaired and is as good as newのような基本的な完了構文と入れ替えることが可能であろう。しかし、その交替は、非分裂文に明示的あるいは潜在的な行為者を導入することになり、それによって焦点化されているものを変更し、現状の結果に対する際立ちを減ずることになる。その構文がスコットランド英語 (Scottish English)[22] に固有のものではないことは言明しておく価値がある。(49b) はイングランド南部のテレビの喜劇番組からの例で、その構文はエセックス州コルチェスターでは常用されている（エセックス大学のDave Britainからの私信）。

スコットランド英語（および、おそらく英語の他の変種）には (45) から (49) の構文に加えて、別の結果構文がある。これらの例に現れる結果分詞は、必ずしも直接目的語とは限らないが、被動者名詞 (patient noun) を修飾する。(50) から (55) に例示された結果構文において、分詞は動作主あるいは主語名詞を修飾する。主格名詞は (50b,c) のように動作主を指すことができる。SEEの分析にもよるが、(50a) も同じである。(51) から (53) でも結果分詞は動作主の主語名詞を修飾する。（これらの例は、Bresnan (1982: 29–30) で議論されているfallen leaves（枯葉）やundescended testicles（停留睾丸）のような例、Bresnanの用語を使うならば、主題 (theme) を修飾する分詞が関与する例、とは同じではないことに注意する必要がある。）

(50) a. but that's me **seen** it (=I've seen it now)（でもそれを見たのは私なんだよ）
Macaulay, 1991
b. that's you **finished** (=You have finished (the task))（それって君が終わらせたんだよね） Map Task Dialogues; see Weinert & Miller (1996)
c. that's Ian **arrived**（ほらイアンが到着したよ）
[informally recorded in conversation]

(51) and –eh when I was waiting on the milk eh—the farmer came oot and he says

---

22 5.1 末尾の用例参照のこと。(These windows need *painted.*)

That you left the school noo Andrew?[23] Says I '**it is**' he says 'You'll be looking for a job'
（えっと、私が牛乳を待っていると、えっと、農夫が出てきて言うんだ「お前学校中退したのか、違うか？　アンドリュー」。で、「そうだよ」って言うと、「おまえ仕事探すんだろ？」ってそいつが言うんだ。）　Macaulay, 1991

(52) j50　once she goes to haddington it'll no be so bad i mean she's moving to haddington in june（彼女がハディントンに通うと決めたら、まずくはないだろう、つまり6月にそこに引っ越すということだから）

m51　even haddington joyce is far enough you know（ハディントンでも、ジョイス、ずいぶん遠いだろう）

j51　I know martin but at least it's not all wee windy[24] roads to it（わかってるけどマーティン、でも少なくともハディントンまでずっとくねくね道ばかりってわけじゃないから）

m52　no you can get on the a1（そうそう、A1 道路に乗れるんだよ）

j52　you're on the main road to haddington（ハディントンへの幹線道路に乗るってわけだね）

m53　i think you can stay on the main road（そうさこの道路を進めばいいよ）

j53　aye the musselburgh road and you're there through macmerry and that way and then you're at haddington aren't you（うん、マッスルバラ道路を通り抜ければ、マクメリーを経由し、そんな風にして辿ればハディントンに到着ってわけさ）

m54　aye that's right haddington's the next one even so joyce it's still a waste to go where does she go after that（ああ、その通り、次はハディントン、それでもジョイス、そのあと彼女が行くところについて行くのはやっぱり時間の無駄だよ）

j54　**that's her finished** i think after haddington she goes to college again for a few weeks（彼女がそこで訓練期間を終えたら、ハディントンの後彼女はコレッジに再度戻って数週間通うだろ）

Miller-Brown Corpus, conversation 27

(52) における That's her finished は TH 分裂文で、その解釈は、彼女が花嫁学

23 *oot*('out'); *noo*('no'?)

24 windy [waındı] = winding　曲がりくねった、蛇行した。

校を終えるということではなく、一旦ハディントンでの任務(stint)が完了しさえすれば、彼女は訓練期間を終えることになるであろうということである。(51)における That you left the school は短縮された TH 分裂文の疑問である。It is という返答で示されるように、完全な構文は Is that you left the school である。

(53) now I'm trying to encourage Sally – you get on in life if you would just do that little bit more you know even though you've only got one more sentence to do – why not just do it? Even if it's 20–34 minutes past – instead of 30 minutes – Sally is the kind of person that will say '**that's me done** it' and then stop and she'll go off... (サリーを元気づけようとしているんだ—出世したいんだったら—それをもうちょっとやらなきゃ、ね、あと 1 つ文を加えればいいだけなんだから—やったらいいじゃない、とね。30 分じゃなく、20–34 分過ぎてたとしても、サリーならこう言うでしょ「私ちゃんと終わりまでやったよ」って。そいでそこでやめて、さっさと行っちゃうでしょ ...)

Conversation recorded by Gillian Foy (2000)

(54) と (55) は、大過去(Pulperfects)と同等の過去時制の結果構文の例である。

(54) the bus come at twenty-five minutes to six in the morning and he started at seven o'clock twenty-five to six now see if he didnae get that bus that was him **he wasnae oot** (=he hadn't got out of the house) he needed to get the first one in the morning going doon[25] the pit or **that's him slept in** (バスが朝 5 時 35 分に着いて、彼は 7 時に活動開始だ。5 時 35 分だとして、あいつがバスに乗りそこなったかどうか確かめてみよう。そんなことするのはあいつだよ。彼は家から出てなかったんだよ。炭坑行き始発バスを捕まえる必要があったのに。ていうかあいつは寝過ごしてしまったんだね。) Macaulay, 1991

(55) he just lay doon on the settee and turned over and **that was him gone** (=he had gone) (長椅子に寝そべって寝返りを打ったと思ったら、彼はいなくなってしまってた) Macaulay, 1991

25 スコットランド英語で'down'の変異形。他に oot('out')がある。

6.3. 結論

上記の説明によって、用法基盤モデルによるアプローチの有用性を示した。英語の単純現在形は、もはや単に単純過去形に対応する現在時制形ではなく、その用法の大部分が非現実である。(26) から (29) で示されているように、進行形は、未完了形の特徴を獲得しつつある。単純過去形と完了形の対立は明確ではなく、完了形のさまざまな下位タイプを表すという点で、just や ever、yet の役割はかなり重要になるかもしれない。完了形の起源である他動詞の結果構文は今日まで生き残っているだけでなく、強化され、結果分詞は多くの結果構文で常用されている。我々が目撃しているものは、公的な書きことばの英語と自然発話の話しことばの英語との間で異なる(ただし重なる部分はある)時制・相の体系である。後者の体系は、非標準的な文法のその他の多くのパターンと同じく、長年にわたり続いているものかもしれない。残念なことに、用法基盤モデルによるアプローチを時間を遡って適用することはできず、小説の会話を通して、多少とも垣間見ることができるだけである。

訳者によるコラム：用法基盤文法とコーパス言語学

理想化された言語使用者のコンピテンス(言語能力)を示す発話に基づく理論言語学に対し、現実の言語使用者が実際に発したパフォーマンス(運用能力)を示す言語資料に基づく応用言語学的研究を、古典的文法研究に端緒を有するデータベース的アプローチ、または用法を基盤にしたモデルと呼ぶ。それは 1970 年代に始まるコーパス言語学 (corpus linguistics) と理念を共有する。言語の真実に近づくには、それら両面からの接近が欠かせない。

この章で取り扱われているのは Wellington Corpus of Spoken New Zealand と Miller-Brown Corpus of Spoken Scottish English である。前者はニュージーランドのヴィクトリア大学(Victoria University(Wellington))で設計、蓄積されたもので、後者はスコットランドのエディンバラ大学 (Edinburgh University) において著者 JM が Keith Brown とともにプロジェクト代表として独自に設計開発したコーパスである(詳細については本書の「序論と謝辞」も参照されたい)。

そのような自然発話のデータを縦横に渉猟することにより、伝統的に標準として示されてきた時制と相に関わる文法体系が、実際に発話された英語の姿にしばしば当てはまらないことがわかる。端的に、自然な話しことばと形式ばった書きことばを比べれば、単純現在形、単純過去形、現在進行形、現在完了形などの用法にかなりの隔たりが生じている。たとえば、単純過去形が典型的に単一の出来事を表すのに対して、単純現在形はより複雑である。スポーツ実況における単純現在形の使用は、そのほとんどが単一完結的できごとを表すのに対して、それ以外の言語使用域では習慣的・反復的行為を意味する。

一方で、異なると考えられがちな時制の用法に見られる類似性について、中英語では現在完了と単純過去が明確な過去時間副詞を伴って自由に交替して使われていたことに言及しながら、現代英語において同様の用例を、話しことば英語のみならず、書きことば英語から次々に取り出して読者に突きつけるのは爽快でもある。時間軸を往き来して、過去の文献に照らし合わせつつ、英語の通時的連続性を探り、現代の英語の構造と体系をその長い歴史的文脈の俎上にのせて捌く著者の広い視野は伝統的な英語学の手法でもある。(久屋孝夫)

第 7 章
文法と意味：get 受動態

この章のアウトライン

7.1. 導入

文法と意味の関係は、興味深く、あらゆる言語にとって重要である。格標示(case marking)、法(mood)と法性(modality)、時制(tense)と相(aspect)の対比、人称(person)、数(number)、性(gender)、態(voice)は発話時の状況やその状況に対する話し手の態度に関する重要な情報を含んでいる。

文法と意味の関係は、大多数の研究論文のテーマであり、異なる母語をもつ学習者に言語教師が提供する説明の中心をなしている。どのような言語の学習者にとっても、文法・意味体系は習得が最も難しい部分である。著者 JM は大学で初級ロシア語クラスに入ってから何年も経つが、いまだに数々の小さな驚きを経験する。

著者 JM 自身の経験からすると、ロシア語における特定の格や相の用法の説明は、意味論的または語用論的合理性を有するものであればより一層歓迎されるものであった。本章でとるアプローチは、すべての文法機能範疇(grammatical formatives)には意味があると仮定しなければならないとするものである。特定の文法機能範疇、たとえば英語の前置詞 of に対して、この仮定を維持することは常に可能とは限らないが、最初はそう仮定しなければならない。この仮定は格接尾辞、前置詞、時制と相の標識、法動詞などに当てはまる。

また、すべての構文の変化は意味の変化をもたらすと仮定する。たとえば、Fillmore (1968) は、The gardener planted the garden with daffodils と The gardener planted daffodils in the garden の場所格交替構文 (locative alternation[1] construction)

1 原著の英語は locative inversion となっているが、locative alternation の間違いであると思われる。

に着目した。最初の例は「庭師がラッパズイセンを庭全体に植えた」としか解釈できないのに対して、2つめの例は、ラッパズイセンが庭全体を埋め尽くしているのか、それとも庭の一部に植えられているだけなのか、については解釈を決めることができない。

筆者JMの文法と意味の扱いは、認知文法の取り扱い、特にLangacker (1991)の研究における扱いと一致するが、直接的には1960年代終わりから1970年代初期のエディンバラ大学における場所理論(localism)の研究から来ている(Anderson (1971) やLyons (1977b) を参照)。もう1つの方法論的な原理として、拘束形式でも自由形式でも、同じ形式(form)がさまざまな構文に現れる場合には、同じ基本的な意味がすべての例に与えられるべきであるという原則がある。この原則は拘束形式である格の屈折だけでなく、完全な語彙項目や助動詞要素(auxiliary constituents)として機能する形式にも当てはまる(後述のgetに関する議論を参照)。この原則を拡張すると、もし同一の構文、つまり同一形式の連鎖が2つの明らかに異なる意味をもつならば、可能な場合、意味の間に、共時的関係を設定すべきであるということになる。(もちろん、歴史的変化は予測がつかないことや、単一言語とみなされている言語習慣や規則にも話者による幅広いバリエーションが存在することを考えると、このような原則が常に当てはまるわけではない。しかし、目標は、十分な証拠が存在する範囲では特定の分析を適用するということである。)

2つめの原則は、もし多くの言語において、ある形式が一定の共通した意味を表す—すなわち、言語ごとには1つの形式であるが、それぞれの言語では異なる形式である—のであれば、そして、意味の集合の中に空間の意味が含まれるならば、空間の意味が基本とみなされ、それ以外の意味は、空間の意味から派生した、もしくは空間の意味から派生した意味から派生したとみなされる、という原則である。この例としては、今ではよく知られている場所構文と所有構文、そして場所構文と進行形構文の並行性がある。前者については、フィンランド語の例(1a–c)を考える。

(1) a. Pöydällä on kirja.
Table-on is a-book 'There is a book on the table.'
(テーブルの上に本がある。)
b. Minulla on kirja.
I-on is a-book 'I have a book.'(私は本を一冊持っている。)
c. Hänellä oli kauniit hampaat.
She-on are beautiful teeth 'She has beautiful teeth.'(彼女は美しい歯を

している。)

接尾辞 -lla/-llä は「表面の上の位置」を表す。この接尾辞は(1a)で見られ、空間・場所の意味を表すが、(1b,c) では所有の意味を表す。これら3つのフィンランド語の節はすべて、語順や格接尾辞を含め同じ統語構造を有する。つまり、「所格(adessive)[2] 名詞+フィンランド語で be 動詞に相当する動詞」という形式で、この動詞は後続する主格名詞と人称・数において一致を見せる。これらの事実を考慮すると、これら3つの節すべてに同じ場所の意味構造が与えられる。2次的とされる所有の解釈はこれらのすべての節に対して可能であるが、所格名詞が有生物を表し、主格名詞で人間が典型的に所有する物を表す場合[3] に、特に顕著になる。フィンランド語は、場所と所有の構文が同じ統語・形態を有する多くの言語の1つに過ぎない。

Anderson (1973) は、進行形構文が場所の構文と同一である例を広範な言語から集めた。Anderson の引用にはなかったマオリ語の例を (2) に挙げる。(例は Winifred Bauer との私信から引用している。)

(2) a. i tana taha
at her side (彼女側)
b. i te waiata ratou.
At the singing they 'They were singing.' (彼らは歌っていた。)

意味構造への場所理論的なアプローチは、Jackendoff (1976) のアプローチと本質的に同じであり、Jackendoff の語彙概念構造 (lexical-conceptual structures) の研究の中心となる。移動、起点 (source)、経路 (path) などが、同一の前置詞、格接辞、移動や所在の動詞で異なる領域に関連づけられるという考えは、場所理論の考え方を体現している。場所理論は、認知文法の先駆けである空間文法 (Space Grammar) の論文 (Langacker 1982) 以来、Langacker の研究の中心である。場所理論的なアプローチについては、後述の get 受動態の議論の中でさらに説明する。格に関しては Anderson (2006)、そして Langacker (1987, 1991) や Jackendoff (1976) も参照できるので、ここではこれ以上、何も述べないことにする。

文法と意味の結びつきの重要性を明らかにし、意味分析において文法的基準が

2 フィンランド語では接格ともいう。
3 日本語と共通の構文形式がある。たとえば「私には家族がある」や「私に二十歳の娘がいます」など。

中心的役割を担っていることにスポットを当て、あらゆる文法的形態素が意味をもつことを強調するため、以下では、get 受動態、wh 語と wh 構文、品詞、意味役割もしくは参与者役割という 4 つの話題について検討していく。

7.2. get 受動態の出現頻度

ここでの英語の get 受動態の説明は、文法と意味、語用論、そしてもちろん語法も含む。Biber et al. (1999: 481) は、一般に get 受動態は珍しく、主に会話に限定されるとコメントしている。このことは、20 世紀全般にわたり学校で get の使用を強引にやめさせようとしていたことを考えれば当然である。Biber et al. のデータで見えなくなっていることは、多くの話者にとって会話というジャンルが最も長く親しまれ、ほぼ常に産出する話しことばの一種であるという事実である。多くの英語話者は大量の書きことばのテクストを読んだり書いたりはしない。電子メールやスカイプによる擬似会話の状況で、書きことばのテクストを生み出すのである。

get 受動態は、幅広い書きことばや話しことばのテクストを網羅するコーパスではまれにしか見られないが、最も一般的な話しことばのジャンルではより頻繁に見られる。スコットランド英語を研究する Miller and Weinert (2009: 88–9) は、地図課題対話における受動態を分析した。数値を表 7.1 に示す。Miller and Weinert は、Miller-Brown Corpus における少数の会話のデータセットも調査し、その結果、be 受動態 18 例と get 受動態 11 例を見つけた。1970 年代中頃のスコットランド英語を研究している Suzanne Romaine は、10 歳の少女が家庭と友人、学校生活、自分が見たテレビ番組について語るのを録音した。少女は、受動態を 66 回使ったが、そのうちの 60 回は get 受動態であった。

本書の目的に照らし、筆者 JM は Miller-Brown Corpus の会話 (conversation) 11 から 20 までの書き起こし約 19,000 語と、会話 71 から 80 までの書き起こし約 28,000 語を分析した。International Corpus of English (ICE) のオーストラリア英語部門 (AusICE) では、60,000 語ほどの私的な自由対話 (unscripted dialogue) からなる S1A データベースの会話 1 から 30 までを分析した。さらに、地図課題対話も参照した (序章を参照)[4]。

---

4 表 7.1 の用語は以下の通り：
AusICE (Australian component of ICE) : ICE コーパスのオーストラリア部門
mbc2 (Miller-Brown Corpus, section 2, conversations 11–20) : Miller-Brown Corpus の 2 節、会話 11 から 20

表 7.1　自然発話における be 受動態と get 受動態

	BE Dynamic（動的）	BE Static（静的）	GET
MTD	4	5	9
mbc2	11		24
AusICE	22	46	22
mbc8	20	18	10

地図課題対話では全体的に受動態の出現が非常に少ない。mbc2 と mbc8 の 2 つの会話データでは get 受動態の出現頻度が異なり、mbc2 では 24 例、mbc8 では 10 例である。似たような環境下ではあるものの、異なる学校で会話のやりとりが行われた。主な社会言語学的な差異は、すべての話者がスコットランド英語の話者だったものの、mbc2 の話者はスコットランド英語連続体（the Scottish English continuum）のスコットランド側の極（pole）により近く、mbc8 における話者は標準英語側の極により近かったことである（詳細は Miller (2003) を参照）。mbc8 で出現した get 受動態 10 例のうち、5 例は同一話者（16 歳の女性）によるもので、2 人の話者は get 受動態を一度も発話しなかった。mbc2 のすべての話者は少なくとも 1 回は get 受動態を発話した。オーストラリア英語のデータは、さまざまなインフォーマルな場面における、19–20 歳から 30 歳までの話者のことばを録音したものである。動的な（dynamic）be 受動態と get 受動態の頻度は同等であった。意味の観点から、get は静的な（static）受動態では起こらない。

Biber et al. (1999: 481) は、会話においてさえ get 受動態で一般に使用される動詞は数種類しかないと述べている。get married（結婚する）が 100 万語あたり 20 例以上出現し、get hit（叩かれる）、get involved（巻きこまれる）、get left（見捨てられる）、get stuck（動けなくなる）が 100 万語あたり 5 例以上出現した。頻繁に使用されるものはほとんどないにしても、かなり広い範囲の動詞が get 受動態で使用されることは言及に値する。AusICE では、たとえば、get caught（捕まえられる）、get cut out（切られる）、get mixed up (with someone)（かかわり合いになる）、get jailed（投獄される）、get disqualified（不適格とみなされる）、get accepted（受け入れられる）、get rebuilt（再建される）、get bitten（噛まれる）などが見られた。mbc8 では、たとえば、get confirmed（承認される）[5]、get baptized（洗礼を受ける）、

mbc8 (Miller-Brown Corpus, section 8, conversations 71–80) : Miller-Brown Corpus の 8 節、会話 71 から 80

MTD（Map Task Dialogues）: 地図課題対話

5　キリスト教において、プロテスタントでは、按手式を行ってもらう、カトリックでは、

get elected（選ばれる）、get smashed in（叩き壊される）、get turned back（覆される）などが見られた。

7.3. get 受動態の解釈

Huddleston and Pullum (2002)、すなわち、Gregory Ward, Betty Birne and Rodney Huddleston[6] は、受動態についての第 16 章で get 受動態の説明をしているが、困惑させられる点が 1 つある。Ward et al. は、Lakoff (1971) や Givón and Yang (1994) を支持し、get 受動態では主語が動作主として解釈されやすいと述べている (Huddleston and Pullum 2002: 1442)。これにより、Ward et al. は、get 受動態で主語名詞句として言及される参与者が、「被動者 (patient)」の役割を担うにもかかわらず、出来事の生起に対して責任を負っていると言うのである。Ward et al. は、Jill deliberately got arrested（ジルがわざと逮捕された、すなわち、Jill engineered her arrest（ジルが自身の逮捕を工作した））や、(3) において get は自然な選択であることを示唆する。

(3) a. She managed to get transferred to the finance department.
（彼女はなんとか財務部に異動させてもらえた。）

b. Go and get checked out at the medical centre.
（保健センターで検査してもらいなさい。）

c. Getting elected president of the student union took a lot of time and effort.
（大学生協の理事長に選ばれるのに多くの時間と労力がかかった。）

d. He did a silly thing: he got caught downloading pornography on their computer.
（彼はバカなことをした。彼らのコンピューターにポルノをダウンロードして捕まったのである。）

Carter and McCarthy (1999) のように、Ward et al. は get 受動態を不利益や利益が関わる節に特徴的であるとみなしている。Carter and McCarthy による CANCODE (Cambridge and Nottingham Corpus of Discourse in English)[7] からの

堅信 / 堅振を施されるの意もある。

6 以下、Ward et al. と表記されている。

7 イギリス諸島のさまざまな地域で実際にあったインフォーマルな会合や討論など、さまざまな状況での会話を録音した話しことばのコーパス。ケンブリッジ大学出版とノッティ

データでは、主語名詞句として言及される人物に不利益な影響が及ぶ出来事をget受動態の多くが表している[8]。このことは、mbc2やmbc8やAusICEにおけるget受動態についても当てはまる(上述のget受動態の動詞の例を参照)。さらに、be受動態にも被害の出来事を表すものがあるし、get受動態には被害の出来事を表さないものもある。

同様に、Givón and Yang (1994) が支持するLakoff (1971) は(4)のような作例を用いて説明している。(4a)では副詞がおそらくMary自身の行為の特徴を表しているが、(4b)ではそうではない。

(4) a. Mary got shot intentionally/on purpose.
(メアリーは自分から意図的に/わざと撃たれにいった。)
b. Mary was shot intentionally/on purpose.
(メアリーは意図的に/わざと撃たれた。)

Lakoffはget受動態には話し手の感情が関与していることを推測させる、と主張している。Lakoffは、たとえば、アナウンサーが話すような中立的な表現の類いでget受動態は最も起こりにくいと言う。これは判断がむずかしい。というのも、アナウンサーはプロンプターの原稿を読み、そのような原稿の書き手は非常に保守的な書きことばを使用するからである。get受動態は一般的にはそのようなテクストには現れない。しかし、get受動態に感情が関与することは、Gee (1974) の作例(5)が裏づけている。

(5) a. Our grant was cancelled (?darn it!).
(我々の補助金が打ち切られた(?ちくしょう!)。)
b. Our grant got cancelled (darn it!).
(我々の補助金が打ち切られてしまった(ちくしょう!)。)

エディンバラ大学の同僚と学生(スコットランド人、イギリス人、アメリカ人)は、(5a)は中立的であるが、(5b)は出来事が想定外であった場合にふさわしいと

ンガム大学の協賛で開発された。

8 日本語にも主語の利害を表す受身文が存在する。「ジョンはわざと捕まった」や「太郎は戦争で息子に死なれた」など。被害受身を含む日本語の受身文の研究は、Hoshi, H. (1999) Passives. In *The Handbook of Japanese Linguistics* ed. N. Tsujimura,191–235. Oxford: Blackwellや関連する研究を参照。

述べている。彼らによれば、(6b)の1つの読みは、「その家がたまたま塗装された」かもしれないということであるが、Lakoff (1971)は「その家がようやく塗装された」であると提案している。

(6) a. The house was painted last week.
(先週その家が塗装された。)
b. The house got painted last week.
(先週その家がたまたま塗装された / ようやく塗装された。)

LakoffとGeeは、共に、be受動態は印象が薄く特色がなく、get受動態は印象的で躍動的であると考えている。本章では、両者のこの違いが、get受動態が動的であり、移動動詞を中心に組み立てられることに起因すると主張する。もしbeが何らかの具体的な意味をもつとすれば、それは単に所在の意味であるが、実はそれはすでにかなり文法化が進んでいて、今ではおそらく所在の意味すら表さなくなっている。上で言及したさまざまな付加的意味は、getの動的な性質によりもたらされる文脈依存的な解釈とみなすことができる。

get受動態の解釈に関する上記の議論を展開させた後で、Ward et al.は、beとgetは特定可能な意味をもたず、単に受動態であることを示したり過去時制の屈折を担ったりする代動詞(dummy verb)であると主張している(Huddleston and Pullum 2002: 1443)。ここに矛盾はあるのだろうか。これが意味することは、おそらくget受動態構文が全体として責任や被害の影響の解釈を担っているが、動詞getはそれ自体で特定可能な意味をもたないということである。

本章での分析の主要なポイントは、getは実のところ特定可能な意味をもつということである。その話題に話を移す前に、(4a)で示されている構文的意味について考えることが有用である。AusICE、mbc2、mbc8からのどのget受動態においても、getが特定可能な意味をもつという解釈はできない。この解釈が可能な例はすべて、(7)のように、使役・再帰構文を含む。

(7) a. He **got** himself cut up and that a bit along the leg and this and his trousers.
(彼は切り傷を負った、それは少しばかり脚とこれとズボンに沿ってだ。)
[スピード出し過ぎで怪我を負った運転手によって引き起こされたバイク事故に言及] S1A-011(B): 277
b. She really loves firstname15 and she wants to stay with him now that she's **got** him back and she's worried about what will happen with firstname3 when he comes here and

(彼女は本当に15番さんを愛しており、彼が自分のところに戻ってきたので、彼と一緒にいたいと思っている、そして15番さん(または3番さん)がここに来るとなれば3番さんとの関係がどうなるかについて彼女は心配していて) S1A-083(B):391

She's **got**ten herself into it

(彼女は苦境に陥ってしまっている) S1A-083(A):415

c. So I I've **got** myself into a nice little fix and like I didn't discourage him either which was

(だから私はちょっと困った立場に陥り、せっかくの彼のやる気を削いだりしなかった) S1A-093(A):179

d. is there not any way you can **get** yourself inveigled into a permanent post with the department

(あなたがうまい具合に学科の終身ポストを手に入れる方法はないのかな) Miller-Brown Corpus, conversation 31

e. ... I mean his pal sort of sits back and eggs him on and of course he **gets** himself landed into it

(つまり、彼の友人は、言ってみれば、自分は何もしないまま、彼をそそのかし、当然のことながら彼は苦境に陥ることになる)

Miller-Brown Corpus, conversation 56

Givón (1990) は、(8a) で表されている状況では敵対グループが意図的に行動したが、(8b)ではデモ隊員が意図的に行動したと主張する。

(8) a. The supporters were deliberately provoked by a rival group.

(サポーターは敵対グループ側により意図的に扇動された。)

b. The picket got knocked down deliberately by the security guard.

(デモ参加者はわざと警備員に打ちのめされた。)

筆者JMの直観は、Givónの直観とは合わない。つまり、(8b) は The picket got himself/herself knocked down deliberately by the security guard と言い換えられなければならない。Givónは、accidentally と共起する get 受動態は正しくないと主張するが、The picket got knocked down accidentally のような例が「非標準的」であることを彼が宣言することで、そのような例文が生起することを暗黙のうちに認めているのである。これは、イギリス英語とアメリカ英語の用法の違いであるかもしれないし、Givónの直観が間違っているのかもしれない。

7.4. get：意味のない動詞か、移動動詞か

get受動態のgetは本当に特定可能な意味をもたないのであろうか。Miller (1985: 170–90) は、get受動態は移動動詞としてのgetに基づいていると論じているが、これはGronemeyer (1999) の議論を少し異なる方向から検討した分析である。この議論は共時的かつ通時的な証拠をもとにしている。共時的な証拠は、get受動態が状態の変化を表すということである。got rejectedは拒絶されていない状態から拒絶される状態への移行を表す。got angryも同様に、怒っていない状態から怒っている状態への移行を意味し、多くの言語において、ある状態から別の状態への移行は、移動を表す動詞によって表される。英語では、getは特に典型的な移動動詞で、(9)[9] に示すように方向を表す補語 (directional complement)、そして方向を示すあらゆる不変化詞 (particles)、たとえば、get down off the wall (塀を超える)、get up onto the roof (屋根へのぼる)、get out/get past without being seen (見つかることなく通過する・逃げる) など、と組み合わされる。

(9) a. We got to Stirling. (スターリングに到着した。)
  b. The thieves got into the building. (泥棒が建物に入り込んだ。)
  c. They got out of the building by fire escape.
   (彼らは非常階段を使って建物から逃げ出した。)
  d. The runners got round the circuit in less than three hours.
   (走者は3時間もしないうちにコースを1周した。)

getは (10) のように使役移動 (caused movement) や、(11) のように使役の状態変化 (caused change of state) も表す[10]。

(10) a. We got the box into the car. (車に箱を運んだ。)
  b. The driver got the car as far as the garage. (運転手はガレージまで車を運んだ。)
  c. It was quite incredible the way we got the case of beers over the fence.
   (ビールケースをフェンスの向こうまで運んだ方法は信じがたかった。)
   AusICE S1A-031 (B):175

---

9 例文中の下線は訳者・編者による。

10 原文で小文字のものはすべて小文字表記とした。また、言い淀みが含まれている。

(11) a. She's got to **get** it organized before she goes to hospital for her knee
(彼女は膝治療のため病院に行く前にそれを整理しなくてはならなかった。) AusICE S1A-016(A):25

b. what you might have done was **get eh get it insured** or something like that
(やっておいたかもしれないのはそれに保険をかけることくらいのことだった。) Miller-Brown Corpus, conversation 20

c. so you **got** your grant all fixed up and everything
(これで君の補助金はすべて確実なものになって、一件落着だね)
Miller-Brown Corpus, conversation 14

d. it might take you a week to **get** an alert concurred
(警告に対する同意のとりつけに1週間かかるかもしれない。)
Glasgow business meeting

e. as long as she **gets** her work done her be-her school work
(彼女が仕事、学業を終える限り)

f. a mini's easy to manoeuvre i mean you can **get** it parked easier
(ミニは操作が簡単で、つまり駐車させやすいってことだ)
Miller-Brown Corpus, conversation 12

(10)の例は、何かがある場所から別の場所へ移動するという出来事を表す。(10a)では車外から車内へ、(10b)では車庫ではないところから車庫へ、(10c)ではフェンスのある側からその反対側へ、である。(11)の例はある状態からある状態への移行を表す。(11a)では整理されていない状態から整理された状態へ、(11b)では保証されていない状態から保証されている状態へ、(11c)では確定されていない状態から確定された状態へ、(11d)では同意または合意されていない状態から合意された状態へ、(11e)では完了していない状態から完了した状態へ、(11f)では駐車されていない状態から駐車された状態へ、である。要するに、(9)から(11)までの例が示す重要な点は、場所変化と状態変化、そして使役の場所変化と使役の状態変化の間に概念的に並行性があるということである(Jackendoff 1976, 1990も併せて参照のこと)。get受動態は状態変化を表し、getは(9)から(11)の構文と動的受動態もしくはget受動態において出現するのである。

次に、get受動態が移動動詞に基づくという通時的な証拠に目を向けることにする。通時的な証拠は2つある。1つの証拠は、一連の移動動詞が元になってできたと思われる英語の動的受動態の長い歴史に関わる。もう1つの証拠はgetに関することで、getは最初、獲得動詞として記録されているが、get受動態として初出するまでの300年間、移動動詞であったことである。

Miller (1985: 188–9) の説明は、OED の get の引用が元になっている。最も古い 1200 年のものは obtain (獲得する) に相当する意味をもっていた。次に古い引用は 100 年後であるが、それと、それ以降の引用は、すべて移動を表していた。1330 年は arrive at や get out、get away、1340 年は get up、1513 年は betake oneself (行く、去る)、1530 年は bring someone into or out of a position or state (誰かをある地位や状態に至らせる・ある地位や状態から抜け出させる) である。記録された最古の書きことばで get 受動態のステータスをもつ例[11] は、1652 年の A certain Spanish pretending Alchymist ... got acquainted with foure rich Spanish merchants (ある錬金術師を装ったスペイン人が…4 人の裕福なスペイン商人と知り合った) とされていた。Gronemeyer (1999: 29) は、Denison からの私信を援用して、信頼に足る最古の get 受動態の例は 1693 年の I am resolv'd to get introduced with Mrs Annabella[12] (私は Annabella 夫人と一緒に紹介してもらうことにした) であることを示唆している。どちらが get 受動態の最古の例であるにせよ、重要なのは、get 受動態が長い間使用されて書きことばに登場するまでになった頃には、移動動詞としての使用が 300 年を超えていたという点である。

Gronemeyer (1999) は get の変化の道筋を示している。その出発点として、Gronemeyer が [始動 (ingressive) + have] と表示する「獲得」構文がある。1 つめの道筋は [状態所有] を経て [義務] へ至る。2 つめの道筋は [移動] を経て [起動 (inchoative)] に至り、さらに [受動] に至る。3 つめの道筋は [移動] から [使役] に至り、そこから [許可] への道筋と [始動] への道筋に分かれる。すなわち、Gronemeyer の説明では、[状態所有] と [義務] を除けばすべての get 構文は [移動] を経て進化するが、[状態所有] と [義務] でさえ [始動] を意味の一部としてもつ最古の構文から直接進化しているのである。少なくとも最古の構文は「始動相」を意味の一部としてもっている。獲得構文の構成要素としての「始動」は、上述した 3 つのうちの 1 つの道筋の終点である [始動] と同じ解釈になると仮定するしかない。Gronemeyer (1999: 11) は、Miller (1985) における場所理論の分析が基本的な所有構文の説明を難しくしていると批判している。Gronemeyer の分析自体は、これから所有されるか受け取られることになる存在物が所有者に移動するという観点から見れば、獲得の出来事を分析する古典的な場所理論の分析である。Miller の説明の障害となるものは、どのようにして所有者 (特に人物) への移動を表す動詞が (通常有生の) 存在物のある場所から別の場所への移動を表すように

---

11 *OED Online* GET, 29.a. (a) の引用例 (?1513, 1548, 1562 年) に従えば、16 世紀前中葉までは遡る。

12 Powell, *A very Good Wife*. II.i, p.10, ARCHER Corpus より。

なったのか、という点である。Gronemeyer 自身がこの変化過程を説明することに成功しているかは定かではないが、この点は get 受動態が移動構文から進化した(そして移動がその中心的な意味である)とする分析には影響しない。

7.5. get 受動態はどこから来たのか

Gronemeyer (1999: 37) は、一定の意味をもつ構文が定着し一般化するうえで、意味変化は統語的な革新に伴って起きると考えている。文脈上曖昧な例が、言語学習者に意味と統語の対応を新たな視座から分析することを可能にし、それが意味の変化を導くのである。Miller (1985) は、最も古い記録から、英語の動的受動態が移動動詞をもとにしていたという事実に基づいて、get 受動態の発達に関する異なった見解を提示している。Miller の代案は、意味変化は、get 受動態の出現に伴って起きたのではなく、get 受動態が古い概念構造の新たな表現形式となったというものである。

古英語においては、3 種類の受動態が存在していた。beon ('be, become') を使ったもの、wesan ('be, become') を使ったもの、そして weorðan[13] ('become, arise, happen') を使ったものである (注釈は Holthausen (1963) より引用)。Traugott (1972: 82–3) によると、「beo は一時的な一般性 (intermittent generality) を表す一方、wes- は永続的な一般性 (permanent generality) や現在の行為を表し、weorþ-[14] は行為や出来事を強調する。weorþ-+PP 受動態では変化の意味が時に非常に強いので、It got stolen と It was stolen の対比で見られるような私たちの get の用法に近いと思われる」。weorðan は次第に消滅し、他の動詞に取って代わられた。Mustanoja (1960: 618–9) によれば、「wurðe が迂言法 (periphrases) の受動において意味的に非常に弱い助動詞として使われていたという事実が、おそらくは wurðe の他の機能を弱め、より強く変化の概念を表現するために新しい動詞を持ち込む必要が出てきた。このことにより、weorðan の概念を表現するいくつかの動詞 (become、grow、wax 等) が出現するに至った」のである。今日では、Mustanoja の仮説は、weorðan が完全に文法化され、もともとの具体的な意味 (「移動」であったと思われる。下記を参照) との接点を失って、具体的意味をもつ動詞に取って代わられたと言い換えてよいだろう。

The sky grew black (空が暗くなった)、The leaves turned yellow (葉が黄色く色づいた)、The king fell ill (王が病気になった)、The noise became unbearable, grew,

13 ð は eth または edh と呼ばれ、古・中英語のアルファベットの 1 つ。

14 þ は thorn と呼ばれ、古・中英語のアルファベットの 1 つ。

turned and fell（音が耐えられないほど大きくなり、変化し、和らいだ）のような例は、ある状態からある状態への移動を表すが、ある場所からある場所への移動も表せる。become は今日では状態変化のみを表すが、weorðan を置き換え、動的受動態で使われるようになった時期には、確かにある場所から別の場所への移動を表していた。Bosworth and Toller（1972）は古英語から以下のような例文を引用している：In ða ceastre becuman meahte（'thou mightest come into the city'「汝街に出でくるやも知れぬ」）、Hannibal to ðam lande becom（'Hannibal came to that land'「ハンニバルがかの土地に来し」）である。becuman は、Him daes grim lean becom（'This grim retribution happened to them'「この容赦のない報復が彼らに降り掛かった」）のようにもう少し抽象的な移動も表現することができる。becuman は「変化」の意味を表すとも言われるが、現代英語訳に become を含む唯一の例は、syððan niht becom（'after it had become night'「夜になった後」）である。これについては古英語の語彙と文法に適った'after night had come'（「夜が来た後」）とも訳される。becuman がある状態から別の状態への変化を表す例は存在しないのである。

weorðan も具体的な移動を表した。Bosworth and Toller は、ðonne he betwux us and hire wyrþ（'Then it (the moon) came between us and it (the sun)'「月が私たちと太陽の間に来た」）、gif hi on ðam wuda weorðaþ（'if they get into the wood'「もし彼らが森に入ったら」）という例を挙げている。（R. Le Page は私信で、wuda が場所を表す与格であるため、この文のより忠実な訳は'If they come to be in the wood'（「もし彼らが森に入ることになれば」）であることを示唆した。どちらの訳あるいは解釈でも、weorðan はある場所から別の場所への移動、つまり森の外から森の中への移動を表す。）

weorðan は、中世英語テクストにおいてはまだ具体的な移動の意味と結びついていた becuman よりも早く具体的な移動の意味との結びつきを失ったと思われる。Kurath and Kurath（1963）は bicomen の意味を「（ある状態の）獲得または達成」や「何かになること」と注釈しており、この意味での bicomen の最も古い例は 1255 年[15] のものである。

動的受動態の変化は、以下のように要約できる。weorðan は、もともと具体的な移動を意味していたが、その意味を失った後に、中世英語で依然として具体的な移動を意味していた bicomen に置き換えられた。bicomen 自体は、最終的には

---

15 *OED Online* の初出年代はさらに遡る（BECOME 5. To come to be (something or in some state). **b.** with *subst.* or *adj. compl.*c1175 *Lamb. Hom.* 47 Þa bicom his licome swiðe feble.（それで彼の肉体はひどく弱々しくなった.）

具体的な移動を表さなくなり、消滅はしなかったものの、変化構文(constructions of becoming)においては代用の動詞が使用されることになった。それは、turn や go、fall といった動詞であるが、ある場所もしくはある位置から別のところへ移動するという意味も表していた。別の代用語は、動的受動態の主要な助動詞となった get である。

上述のデータは、英語の動的受動態が、最も古い記録から、ある状態への移動という概念に基づくという見解を支持する。最も古い構文は、移動動詞の weorðan がその中心にあり、それを継承したのが移動動詞の bicomen で、最も新しい構文では移動動詞の get、および become が中心的な動詞となるのである。

訳者によるコラム：スコットランド英語連続体(the Scottish English continuum)

スコットランド英語(Scottish English)とは、スコットランドで使用されている確立した英語変種群の1つである。スコットランドには、もともとケルト系民族が住み、彼らの民族文化伝統に根ざすスコットランド・ゲール語(Gaelic)が話されていた。中世以降のゲルマン民族との接触を期に英語との言語接触が始まり、1707年スコットランドのイングランドへの併合によりゲール語は衰退の一途を辿った。そうした歴史的変遷の過程で形成されたのがスコットランド英語である。スコットランド英語は中英語から分離したスコットランド語(Scots)の影響(ハイランドではゲール語の影響も)を受けた英語変種と考えられているが、これらの境界はあいまいで、スコットランド標準英語(Scottish Standard English)とスコットランド語とを両極にもつ言語連続体としてしばしば語られる。

スコットランド標準英語の極側(著者 JM が言うところの the Standard English pole と推察される)に位置する変種は、発音面を除いては他の英語変種とも大きな差がないと言われており、いわゆる「学校英語」として容認され、今日では公的な場で使用されている。一方、スコットランド語の極側(the Scots pole)に位置する変種は、かつては標準的地位を有していたこともあったが、その地位はほとんどスコットランド標準英語に取って代わられつつあり、今日ではより私的な場面で使われることが多い。連続体のどの位置の変種を使用するかは話者の社会的属性意識により異なることに加え、しばしば同一話者が、発話場面(レジスター)に応じて変種を段階的に使い分けることでこの連続体上を行き来していると考えられている。よって、分析の際には、対象となる発話が連続体のどこに位置しているかに留意する必要がある。

スコットランド英語は、上述のように音声面に著しい特徴を有するが、以下の表に音声以外の側面である語彙・文法現象をわずかだがイギリス英語と比較して取り上げる(用例は Todd and Hancock 1986、Trudgill and Hannah 2017、および本書より)。

	スコットランド英語 (Scottish English)	イギリス英語 (English English)
語彙	He will **nae** go. She was **aye** a bonny lassie. It'd **gar** ye fash.	He will **not** go. She was **always** a pretty girl. It would **make** you angry.
文法	Is he **not** going? I **am wanting/needing** a cup of tea. I **am** finished it. These windows need **painted**.	Is**n't** he going? I **want/need** a cup of tea. I **have** finished it. These windows need **painting/to be painted**.

著者JMは、本章に限らず、自らの母語であるスコットランド英語を、あえて他地域の英語変種(たとえばイギリス英語)と比較したときの「非標準的」な英語の例としてしばしば取り上げている。第5章では、上記表の最後にある need の用法について取り上げ、著者JMにとっては These windows need **painted** が、いわゆる「標準的」変種とされる These windows need **painting/to be painted** と遜色なく用いられる構文であるとしている。著者JMは、あえてそのような例を取り上げることで、「標準的」という概念の恣意性を指摘し、文法の記述において、これらの共時的バリエーションを広く視野に入れる必要性があることを強調していると思われる。

(久屋愛実)

参考文献

Todd, L. and Hancock, I. (1986) *International English Usage*, Croom Helm. pp.410–413.

Trudgill, P. and Hannah, J. (2017) *International English: A Guide to Varieties of English Around the World, 6th ed.* Routledge. pp.96–103.

第 8 章
文法と意味：wh 語

この章のアウトライン

8.1. 直示詞としての wh 語

英語における wh 代名詞の分析は、統語論と意味論（または語用論）の関係に関わってくる。具体的には Tell me what you need の what you need、あるいは Decide which you prefer and return the other rug の which you prefer というまとまり (chunk) にどういった構造を割り当てるのかという問題が焦点となる。wh 代名詞は、どのようにして what you need や What are you ordering? あるいは Which is cheaper? などの疑問節、What she did was sell her house などの WH 分裂文、また Tell you what: stay here and I'll bring the car around? のような固定句のまとまりに現れるのであろうか。wh 代名詞がこれら複数の異なる構文で機能しうるのは、wh 代名詞のいかなる性質によるのであろうか。英語の wh 代名詞の議論は、不定代名詞や疑問代名詞、および歴史的資料を解釈する際の意味論や語用論の役割という、より一般的な話題につながる。

本章では、wh 代名詞の重要な性質は「直示詞 (deictics)」であること、what you need や which you prefer などのまとまりが名詞句であること、wh 不定代名詞は wh 疑問代名詞よりも歴史的に古いことを提案する。この分析は、Bresnan and Grimshaw (1978) における自由関係詞節 (free relatives) の説明と整合するが、Huddleston and Pullum (2002) の説明とは整合しない。この分析は Haspelmath (1997) の説明とも対立する。Haspelmath は、疑問詞から不定代名詞への推移を仮定することを裏付ける説得力のある意味論的・語用論的な根拠を示していないが、不定代名詞から疑問詞への推移を示す確固とした意味論的・語用論的な根拠は存在する (Lyons 1977b)。

wh 代名詞を不定の直示詞 (indefinite deictics) として扱う理由を、まず (1) におけるオーストラリアで放送された電話による視聴者参加番組の例から考えてみる。

(1) it's quite a heavy book uh like it probably I call it my bible it's probably as heavy as a bible as well **but I tell you what**[1] any time I need to know anything it's got everything about every fruit and herb and vegetable in it
(それはとても重い本で、まあ自分ではバイブルと呼んでもいいくらいの本で、たぶんバイブルと同じくらい重いってこともあるけど。ただね、**本当のところ**、何か知りたいことがあるといつも、その本を開くと、果物、ハーブ、野菜のことならなんでも載っているんだよ。)

Macquarie Corpus, Austgram3 CommEast

話し手はI tell you whatと言っている。話し手は何を言わんとしているかわかっているものの、聞き手にはそれがわかっていない。これがまさに、wh代名詞が不定(indefinite)、つまり、話し手にとっては特定的(specific)で聞き手にとって非特定的(non-specific)であるという意味である。(1)のwhatは、議論の対象の本は園芸学の情報が満載であるという命題を指しているのである。wh代名詞が直示詞であると提案するのは、まさにこの指示機能による。

もちろん、(1)の例は、Know what?や(2)のI tell you what surprises youのように非常に限られた数の変更しか許容しない鋳型(template)の性質をもつ。

(2) I tell you **what** surprises you eh as I say I remember seeing Arthur Street from the university when I went back
(びっくりさせるような話をするんだが、戻った時に大学からアーサー通りを眺めたことを思い出したんで言うんだけど) Miller-Brown Corpus, mbc 1

What surprises youは、Arthur Street周辺がとても小さいようであるという情報を先取りして指しているが、話し手は、自分が若い頃にはその地域にたくさんの人々が住んでいたことを覚えているというのである。分析が簡単であるため、この鋳型を先に取り上げるが、(3)に見られるように、WH分裂文に現れるwh代名詞も同じ機能をもつ。

(3) **what** i want to do with you though is probably now her last poem and it's chilling[2]

---

1 LDCE (13) **I/I'll tell you what**: used when you are suggesting or offering something (何かを提案したり、提示する場合に使われる)

2 原文で小文字のものはすべて小文字表記とした(以下同じ)。

（いっしょにやりたいことなんだけど、おそらく今のところ、彼女の最後の詩でね、これが実にしびれる）　<WSC#MUS001:0420:FG>

(4) **what** you do is marinade[3] them for three or four hours
（やることは3–4時間それらをマリネにするだけだよ）

(5) but **what** raelene was saying um – they've had trouble with staff turnover
（でもレレーネが言っていたことだけど、あの、彼らはスタッフの異動で厄介な目にあったらしい）　<WSC#DPC002:0185:DS>

(3)では、what が her last poem を指しており、(4)では、what you do が marinade them for three or four hours が伝える命題を指しており、さらに(5)では、what raelene was saying が they've had trouble with staff turnover を指している。直示の対象は、これらの語(they've had trouble with staff turnover)によって表される命題である可能性(こちらが最もありそうな解釈である)もあれば、話し手がレレーネ自身のことばとして引用したこれらの語そのものである可能性もある。

(1)から(5)は、wh のまとまりの指示対象が、話し手にとっては特定的で、聞き手にとって非特定的な例であるが、他に wh 句が両者にとって特定的であるような例もある。たとえば(6)では、what they're doing now like や what they've done with the dumbiedykes[4] just recently like における wh のまとまりが、わずか5分前の会話に出てきた話題を遡って指している。つまり、この場合の wh のまとまりは、話し手と聞き手の両方にとって特定的なのである。wh のまとまりは、古い建物を壊して新しい建物を建てるという話題を再度確立し、一旦、話題が再確立されると、they should have done that years ago のように、that で言及できるのである。

(6) but i still reckon **what** they're doing now like **what** they've done with the dumbiedykes just recently like they should have done that years ago
（未だに思っているのだが、彼らが今していること、彼らがつい最近ダンビーダイクスでやっていたことは、何年も前にするべきことだった）
Miller-Brown Corpus, conversation 1

3　= marinate（油、酢、ワイン、香辛料を混ぜ合わせたものに、肉や魚を漬けること）
4　スコットランド、エディンバラ(Edinburgh)の中心部に位置する住宅街

8.1.1 wh 補部節

(7)から(9)までの例を考えてみる。

(7) **what** IS important is that you understand <,,> um **how** things WORK and **WHERE** YOU CAN FIND out **what** you want to know **when** you want to know it
(重要なことは、えっと、わかるだろ、物事がどう動いているのか、知りたいことを知りたい時にどこで見つけられるかってことだよ)
<WSC#MUS002:0080:TT>

(8) it's a good idea eh i think it's abused but eh they don't seem to have a very good eh what's the word reputation in america singles bars from **what** i could gather (uh huh)
(それはいい考えだけど、あの、悪用されていると思うし、あの、アメリカでは独身用のバーがあまり、えー、なんと言えばいいか、評判が良くないようだよ、私が思うに(ええ)) Miller-Brown Corpus, conversation 2

(9) <x s6> oh yeah yeah uh huh as i say i can't remember **when** they built the museum it may have been demolished at that time to make way for the Scottish museum
(はい、はい、ええ、なんというか、その博物館がいつ建てられたのかは覚えていないんだ、スコットランド博物館建設のためにその頃にはもう取り壊されてしまっていたかもしれない) Miller-Brown Corpus, conversation 1

(7) では wh 補部節が 4 カ所に現れている。主語は **what** IS important、understand の直接目的語は how things WORK と WHERE YOU CAN FIND out **what** you want to know、find out の直接目的語は **what** you want to know である。最初の 3 つの wh 補部節の指示対象は、話し手にとっては特定的であるが、聞き手にとってはそうではない。4 つめの補部節の指示対象は、話し手と聞き手のいずれにとっても非特定的である。

wh 補部節が主語や目的語として機能するという事実は、それらが名詞であるということを示す確かな証拠となるが、(8) は、補部節の **what** I could gather が前置詞 from の後に来ることから、wh 補部節が名詞句である証拠を提供している。

Huddleston and Pullum (2002: 1036) は、wh 代名詞を「融合関係詞節 (fused relatives)」と呼んでいる。Huddleston and Pullum は、abandoning what we hold most dear(最も大事にしているものを捨てること)のような句は abandoning that which we hold most dear と言い換えられると指摘する。Huddleston and Pullum は what we hold most dear の統語構造は、what が主要部で we hold most dear に修飾される名詞句であると提案している。この関係詞節は、hold の後に目的語名詞句の空所がある構造を有する。ここまでは、Bresnan and Grimshaw (1978) で提唱された統語構造であるが、Huddleston and Pullum はこの構造を修正し、what が名詞句の娘 (daughter) [5] で、かつ we hold most dear を支配する「修飾：節 (Modifier: Clause)」の娘となる構造を提案した。この改訂された構成素の配列は、上述の wh 構造において what が that と which の融合した結果できているという Huddleston and Pullum の見解をうまく捉えている(この見解は、Huddleston (1984) と Huddleston (1988: 158–9) ではじめて提唱された)。that which が現れる場合、that は名詞句の主要部の節点に支配され、which は「修飾：節」の節点に支配される。

Jespersen (1961a: 54) は、I know what you want と Tell me who got the job の wh の形式は I know that what/which you want と Tell me him/her who got the job からそれぞれ、that と him/her の省略によって派生することを Onions (1904) と Sonnenschein (1921) が提案していると解説する。また、Jespersen の説明では、「what が something と which の 2 語の文法機能を結合している」ことから、Sweet (1892) がこうした wh 語を「凝縮された関係代名詞」(condensed relative pronoun) と呼んでいることになる (Jespersen 1961a: 55)。Jespersen は、それ以上の議論はせずに、wh 語を that と which が凝縮したものとして見るべきかどうかを問うている。

Huddleston and Pullum の分析の 1 つの欠陥は、wh 代名詞が that which と全く等価ではない点にある。(7) では、how が the way/manner in which と、また、where が the place in which と等価である。(9) では、when が the time at which または the time during which と等価である。そして (10) では、why が the reason for which と等価である。

(10) And yet even as that novice, still in the process of getting your head round the often microscopic subtleties of **what to many enthusiasts is almost a religion**, it's not overly difficult to appreciate **why that should be so**. They are, after all, both Porsche 911s.
(とはいえ、多くの熱狂者にはほとんど宗教に匹敵する存在[ポルシェ車]の

5　2 つの要素が同一の節点から直接支配されている時に、これらの 2 つの要素は娘 (daughter) の関係にあると言う。

しばしば微細な差異を会得する途上にあるそういう新参者として、それがそう[宗教的]である理由を納得するのが甚だ難しいとはいえない。結局のところ、両方ともポルシェ 911 なのだから。)

Chris Horton, 'Defenders of the Faith', *911 & Porsche World*, July 2009, p. 84.

Huddleston and Pullum による「融合関係詞節」の分析のもう 1 つの問題は、what に導かれる関係詞節は名詞句であるが、where と when に導かれる関係詞節は、(11) が示すように、前置詞句であるという点である。

(11) a. Put it back *where you found it*.(見つけたところにそれを戻しなさい。)

b. He still calls his parents *whenever he is in trouble*. (彼はいまだに困ったときは両親に電話する。)

where you found it は in the place you found it や in the place in which you found it に言い換えることができるというのは正しいが、これらの書き換えが、どの統語構造を選択するのかを判断する基準とはならないのである。where you found it と in the place in which you found it が同じ意味構造を共有することを、そのような書き換えが示唆するのかもしれないが、分布としては、Put it back in the cupboard のように put it back の後には前置詞句が続くか、もしくは (11a) のように wh 節が続くというだけである。そこで wh 代名詞が直示詞であるという分析を当てはめ、本章では where を場所を示すための直示詞とみなすことを提案する。where のまとまりが Where she met him is a mystery (彼女が彼にどこで会ったのかは謎である) のように主語として機能するにせよ、I don't know where she met him (彼女が彼にどこで会ったのかわからない) のように直接目的語として機能するにせよ、You were asking about where she met him (あなたは彼女が彼にどこで会ったかについて聞いていた) のように斜格目的語 (oblique objects)[6] として機能するにせよ、where は場所を指示する。このことが、She put it where nobody could see it (彼女はそれを誰も見つけられないところに置いた) のような節において、where を put の第 3 の項に適するものにしているのである。

8.1.2 副詞節における whenever と when

(11b) の wh のまとまりは、時の副詞節であるが、ここでの問題は、whenever をその節の中心部分の he is in trouble に先行する補文標識もしくは従属接続詞

---

6 ここでの斜格目的語は、前置詞の目的語と考えて問題ない。

(complementizer/subordinating conjunction) と分析するか、関係詞節に修飾される直示の wh 代名詞と分析するかである。確かに、When we left, we were sad の when が時間を表すのと同じように、whenever は時間の集合(a set of times)を表す。しかし、これは when を wh 代名詞として扱う強力な論拠とはならない。behind the house の behind のように、多くの前置詞が場所を示すが、そのことによって前置詞が名詞であるということにはならない。transmit と transmission の両方が行為を表すという事実によって、分析者が transmit を動詞、transmission を名詞とする見解を捨て去ることはないのと同じである。

この点においてトルコ語の副詞的な when 節と対比させることは有用である。トルコ語では、さまざまな名詞が動詞から派生される。一組の形式は、動詞の語幹と接尾辞 -dik (または母音の間では -diğ) から構成されていて、語幹の母音に応じて、接尾辞の母音は i や ı、u、ü となる。たとえば、動詞の語幹 oku- 'read' は okuduk- となり、これに所有、複数形、格などを表す接尾辞が加えられる。okuduğum は、おおよそ 'my reading'、okuduğumlar は 'the things I am reading'、okuduğumlarda は 'in the things I am reading' と訳すことができる。

これらの名詞形式は、okuduğum kitab ('my-reading book, the book which I am reading') のように名詞を修飾できる。トルコ語には所有構文があり、3 人称の場合は所有者を表す属格名詞と被所有物を表す名詞から構成される。後者の名詞には所有の接尾辞が付く。したがって、Fatma (女性の名前) を例にとれば Fatmanın kitabı 'Fatma-of book-her (Fatma's book)' となる。所有構文は、Fatmanın okuduğu 'Fatma-of reading-her (Fatma's reading)' のように動詞から派生した名詞形式を含むこともある。このような所有構文は名詞を修飾することができ、Fatmanın okuduğu kitab 'Fatma-of reading-her book (the book that Fatma is reading)' や okuduğum kitab 'reading-my book (the book I am reading)' などの英語の関係詞節に相当する表現を作り出すことができる。

ここでトルコ語の名詞 zaman 'time' について考えてみることにする。この語は o zaman 'that time' のように指示詞をとり、zamanlar 'times' のように複数の接尾辞をとる。この語は okuduğum zaman 'reading-my time' のように、前述の名詞形の 1 つによって修飾できる。これは英語の when 副詞節に相当し、'when I was reading' と訳される。(12) はこの「副詞節」と主節を組み合わせたものである。

(12) Okuduğum kitabı zaman, ona cevap verdim.
reading-my book time him-to answer give-past-I
'When I read the book I gave him an answer.'
(私はその本を読んだ時に、彼に答えを出した。)

トルコ語の構文では、zaman はかなり名詞性が強く感じられ、okuduğum kitabı はかなり「関係詞節」性が強く感じられる。つまり、トルコ語には、(12) で zaman を名詞として扱う確固たる統語論的・形態統語論的な証拠があるのである。この証拠は、英語の時間副詞節において whenever や when を wh 代名詞として扱う根拠がほとんどないことを浮き彫りにしている。

8.1.3 when に導かれる主節

wh 語を直示詞とする見方を支持する wh 構文が英語にはあと 4 つある。1 つは (13) の構文で、自然発話ではよく見られるものの、多くのイギリス英語母語話者が書きことばでは容認できないとみなす文である。(この観察は、エディンバラの中等教育現場で英語教師が生徒に出した宿題の添削の調査に基づいている。)

(13) Fiona was admiring the garden **when** Magnus came out of the house.
　(フィオナが庭に見とれていると、そのときマグナスが家から出てきた。)

when 節の when Magnus came out of the house は時の副詞節のように見えるが、あとで見るように、これを主節として扱うべき根拠がある。when の直示性は (13) では明白である。この文は 2 つの出来事が起こる状況を描写しており、背景となる出来事はフィオナが庭に見とれて立っていることで、中心もしくは前景となる出来事はマグナスが家から出てくることである。時間軸の一点とみなされる前景の出来事は、一定の期間を示す線とみなされる背景の出来事の時間の中に含まれる。すなわち、(13) では、when が談話 (背景となる出来事の時間) の中で確立された時間を指し、話し手と聞き手にはこの時間が特定的であると仮定できるのである。

(13) は前述の時の副詞節と補文標識に関する議論には影響しないかもしれない。when Magnus came out of the house という節は、おそらく主節として分析した方がよいからである。このように分析するべき統語的な証拠がある。その根拠とは、前置詞句 out of the house を節の先頭に移動し、Fiona was watering the plants **when** out of the house came Magnus とすることができることにある。前置詞句の倒置は、主節や少なくとも統語的に埋め込み節の機能が弱い節[7] において

7　たとえば、yes/no 疑問文などは主節だけで許され、通常、埋めこまれた節では主語と be 動詞の倒置が許されないと言われる。これを主節現象と呼ぶことがあるが、補部節でも種類によっては主節現象を許す節がある。このような節を「埋め込みの機能が弱い」節と言うことがある。

可能である。もし (13) が、(14) のように、when 節が主節に先行するように変えられると、out of the house は前置できない。つまり (14a) は容認できるが、(14b) は容認できないのである。

(14) a. When Magnus came out of the house, Fiona was watering the plants.
(マグナスが家から出てきたとき、フィオナは植物に水をやっていた。)
b. *When out of the house came Magnus, Fiona was watering the plants.

(13) の when のまとまりを主節として扱う意味的な根拠もある。(14a) は時の従属副詞節と主節の規範的な (canonical) 組み合わせである。主節は、中心もしくは前景となる出来事 Fiona was watering the plants を表し、それに沿って談話が展開する。一方で、時の副詞節は二次的もしくは背景となる出来事 Magnus came out of the house を表す。(13) では、2つの出来事が入れ替わり、二次的な出来事は Fiona was admiring the garden で、主節によって表現される。一方、中心となる出来事は Magnus came out of the house で、副詞節によって表現される。これら2つの節が異なる情報のステータスを担っていることは、(13) と (14a) の違いが単に節の順序だけにあるのではないことを強く示唆している。

8.1.4 wh 関係詞節

2つめの構文は (15) に示すような wh 関係詞節である。

(15) a. the meeting which I attended (私が参加した会合)
b. the boy who liked chess (チェスが好きな男の子)
c. the writer whose novels I am reading (私が今読んでいる本の著者)
d. the island where the kings are buried (歴代の王が埋葬される島)
e. the day when everything went wrong (すべてがうまくいかなかった日)

形式的な統語モデルの中心的な考えは、関係代名詞が関係詞節により修飾される名詞句 (あるいはモデルによっては名詞) と同一指標 (co-indexed) の関係にあるというものである。たとえば、(15a) では which が the meeting と同一指標をもち、(15c) では whose が the writer と同一指標をもつ。wh 関係代名詞が先行する名詞句の指示対象を指す直示詞であると考えることで、生成文法の分析では明示されていない事実が明らかになる。

wh 語を直示詞とみなす考え方は、英語の統語に関するその他の事実や、インド・ヨーロッパ語族における関係詞節の一般的な発達と合致する。英語の統語的な事実の１つとして、which 関係詞節は(16)のように命題や状況を修飾できることが挙げられる。

(16) a. if the pupils wanted a christmas tree **which** they obviously did it's irrelevant i mean he could be a buddhist for all i care
(もし生徒たちがクリスマスツリーを欲しがっていたとしてもね、彼らは明らかに欲しがっていたのだけれども、それって関係ないでしょ、だって、仏教徒かもしれないし、私の知ったことじゃないけど)
Miller-Brown Corpus, conversation 29

b. but the attitude towards work in courses and everything's serious you know **which** is in some ways half the battle[8] about going to universities
(でも、コースの勉強に打ち込む態度やあれやこれやすべてが真剣だってこと、その点をきちんとすれば、ある意味、大学に通うってことの目的は半ば達成されたも同然だよ) Miller-Brown Corpus, conversation 15

c. well we've both seen elton john in concert twice **which** at the time we thought was great
(えー、私たちは２人とも２度コンサートでエルトン・ジョンを見たけど、そのことを、そのときすごいと思った)
Miller-Brown Corpus, conversation 12

(16a-c) の which 節はどれも、名詞句と同一指標にもならなければ、名詞句の指示対象を指すものとして扱えるわけでもない。(16b) では、which が名詞句の the attitude towards work の指示対象を拾い上げているが、これは、everything's serious という節の表す状況も指している。(16a) では、which は the pupils wanted a christmas tree が表す状況を、(16c) では「コンサートでエルトン・ジョンを見る」という状況を指している。これらの例を取り扱う１つの方法は、状況を含むさまざまな種類の存在物を指示対象として確立できる談話表示分析 (discourse representation analysis) を採用することである。wh 代名詞を直示詞として分析することで、(16) の例を直示用法という幅広いネットワークにつなげることができる。

英語の統語に関する事実の２つめは、which が (17) や (18) のような例では一般的な接続詞として機能することである。

---

8 'half the battle'は慣用句的な表現。A good beginning is <u>half the battle</u>. や Confidence is <u>half the battle</u>. のような格言文を想起させる。

(17) you can leave at Christmas if your birthday's in December to February which I think is wrong like my birthday's March and I have to stay on to May **which** when I'm 16 in March I could be looking for a job
(もしあなたの誕生日が 12 月から 2 月の間なら、クリスマスに出て行けるっていうのは間違っていると私は思う。だって私の誕生日は 3 月で、私は 5 月まで残らなくてはいけないのだから、それって、16 歳になる 3 月には私は仕事を探しているかもしれないってことでしょ)
Miller-Brown Corpus, conversation 4

(18) He had heard it given for a truth that according as the world went round, **which** round it did revolve undoubted, even the best of gentlemen must take his turn of standing with his head upside down...
(地球がぐるぐる回ってることは間違いねえこってすが、ちょうどそれと同じように、どんな立派な紳士でも逆さまに立って…番を逃れることはできないんだって)[9] Charles Dickens, *Little Dorrit*, 第 2 巻 , 27 章

(17) には 2 つの which が含まれている。最初の which (which I think is wrong) は「あなたの誕生日が 12 月から 2 月の間なら、クリスマスに出て行ける」という命題を修飾する関係詞節の中にある。2 つめの which (which when I'm 16 in March I could be looking for a job) は関係代名詞ではない。この which はどの節にも属さないが、時の副詞節 when I'm 16 in March に先行し、主節の I could be looking for a job と組み合わさっている。which の機能は先行するものと後続するものとの一般的なつながりを示すことである。

この構文は英語において新しいものではなく、ディケンズの小説でその存在が立証されている (1855 年から 1857 年にかけて出版された *Little Dorrit* からの引用である (18) を参照)。*Our Mutual Friend*[10] の Mr Wegg は which 構文を使う傾向が強く、*Punch* に掲載のマンガの中でも学歴のない人のことばのステレオタイプとして常に使われていた。which を直示詞として分析することで、which と that に対して好ましい並行的な歴史的説明を与えることができるようになる。つまり両者は、古英語 (Early English) の代名詞から派生し、ともに接続詞へと変化した[11]が、この変化はインド・ヨーロッパ語族や他の語族においても一般的なものである。

---

9 小池滋訳 (1991)『リトル・ドリット 4』p.151. 筑摩書房
10 *Our Mutual Friend* (1964–65) はディケンズ最後の完成長編小説。
11 古英語に由来し、起源的に、それに端を発する文法化による統語変化である。

thatは代名詞としての性質をすべて失い、従属接続詞となった。whichは名詞句ではなく、より大きな単位のテキストを指すようになった以外は、役割として直示詞的な性質を保った談話連結詞となった。たとえば、(17)において、whichは2つの談話(you can leaveからstay on to Mayまでとwhen I'm 16 in March I could be looking for a job)をつないでいる。談話連結詞としては、「私が今言おうとしていることは、私がたった今言ったことに続く」という解釈に現れるような、弱い従属接続詞とみなすことができる。話し手の16歳の誕生日の日付に関するコメントとの談話上の関連性は、話し手の発言の最初の談話部分からのみ紐解くことができるのである。

8.1.5　wh疑問詞

本節で検討する3つめの構文は(19)に例示されるようなwh疑問詞である。これに関しては後述の「不定代名詞・疑問代名詞」の節の説明を参照。

(19) a.　What did she say?(彼女は何て言ったの？)
　　b.　Which one did he choose?(彼はどれを選んだの？)
　　c.　Who got the job?(誰がその仕事を取ったの？)

8.1.6　IT分裂文

本節で言及するべきもう1つの構文は、IT分裂文で、4章の「話しことばと書きことばにおけるIT分裂構文」の節で議論した、統語構造が明らかでない構文である。例を(20)として再掲する。

(20) a.　It was in September that I first noticed it.
　　　　(そのことに最初に気づいたのは、9月のことだった。)
　　b.　It was in Paris that we met.(私たちが出会ったのはパリだった。)
　　c.　It was because he was ill that we decided to return.
　　　　(我々が戻ることを決めたのは、彼の体調が悪かったからだった。)

(20a)ではthat I first noticed itという節がin Septemberという句を修飾し、(20b)ではthat we metという節がin Parisという句を修飾し、(20c)ではthat we decided to returnという節がbecause he was illという節を修飾している。問題となるのは、関係詞節は通常、前置詞句を修飾しないことである。関係詞節は節(または節によって表される命題)を修飾できるが、それはShe left her property to Katarina, which was very surprising(彼女はカタリナに財産を残したが、それ自体驚きであった)のように、wh 関係詞節の場合のみである。(20a-c)はこれとは異なり(21)に示されるような wh 関係詞節の使用は不可能である。

(21) a. *It was in September which I first noticed it.
b. *It was in Paris which we first met.
c. *It was because he was ill which we decided to return.

先に指摘したように、話し手は(22)にあるような異なった構文を使うという単純な理由から、(21a,b)の文は、口語英語を分析する研究者にとっては何ら問題とならない。

(22) a. It was in September when I first noticed it.
(そのことに最初に気づいたのは、9月のことだった。)
b. It was in Paris where we met.(私たちが出会ったのは、パリでだった。)

(22)の wh の連鎖は、関係詞節ではなく、補部節のようであり、at that time や in that place などの前置詞句や、then や there などの th 直示詞となりえる空の構成素を伴う構造を割り当てることができる。(22a,b)にはそれぞれ2つの節が含まれており、2つめの節は(23)に示されるように名詞句の内部にある。

(23) **節 1** (It was in September)
節 2 $_{NP}$($_{N}$(when) $_{Clause2}$(I first noticed it then))

when はこの場合、特定の時を指し、then は同じ時を指す。この分析では、2つの節は統合されておらず、単に2つの節が並列されているだけである。この2つの節がより強く統合された構文がある。(24)を見てみる。

(24) When I first noticed it was in September.

変形文法の最盛期には、To avoid catching swine flu is very difficult と It is very difficult to avoid catching swine flu(豚インフルエンザを避けることはむずかしい)のような文を関係づける変形操作である外置(extraposition)によって(22a)は(24)から派生されると分析されたかもしれない。この変形操作では、定形の補部節か不定詞が文末に移動され、移動の結果、空になった名詞句の位置に it が挿入される。一方、話しことばでは、これは適切な分析ではない。発話をその場で産出する話し手は、複雑な主語名詞句を避けるからである。(Miller and Weinert (2009) は英語の自然発話のサンプルのうち70%の名詞句が「代名詞、名詞、決定詞＋名詞」の配列で構成されていたことを発見した。6%のみが「(決定詞) ＋形容詞＋名詞」の配列で構成されていた。ロシア語会話の分析でも似通った数値が出ており、37%の名詞句は「代名詞、名詞、決定詞＋名詞」で構成されていたが、数えられていない多くのゼロ主語名詞句と、5.5%の名詞句だけが「(決定詞) ＋形容詞＋名詞」の配列で構成されていた。他の名詞句のタイプはこれよりさらに低い割合を示す。) より複雑な構文を基本とみなし、それを変形してより頻度の高い構文にすることは、分析上、より経済的でエレガントかもしれないが、英語の話しことばの中心的な事実を無視することになるであろう。(22a,b) の明示的な説明は、おそらく何らかの談話表示モデルに基づくものであろう。(先の議論は (20c) の It was because he was ill that we decided to return について何も言っていない。wh 語の分析と関連がないため、これ以上この構文について検討しないでおく。)

最後に、(25) から (28) の例で (22a, b) に示す構文が、ニュース放送などの台本の話しことばから新聞や公共掲示に至る領域にまで普及してきていることを示して本節を終えることにする。

(25) It was five years ago **when** Nelson Mandela[12] realised his prison number could be put to another use.
(ネルソン・マンデラが彼の囚人番号を他のことに用いることができると気づいたのは5年前のことだった。)　BBC, News at 10, 2007 年 12 月 1 日

(26) He was born in 1918 in India, the son of a regimental sergeant major,[13] but it was in 1931 in England **when** he discovered a taste for performance.
(彼は 1918 年にインドで連隊の軍曹の息子として生まれたが、芸事に親しむようになったのは 1931 年のイングランドにおいてであった。)
The independent, 2002 年 2 月 28 日

(27) In the beginning skating was used as a means of transportation, it wasn't until the last century **when** skating became viewed as recreational.

---

12 Nelson Rolihlahla Mandela (1918–2013) は、元南アフリカの大統領。アパルトヘイト問題を中心とした自由解放運動の中で、政治犯として長く (1964–1982 年) ロベン島 (Robben Island) に幽閉された。

13 US では command sergeant major (軍曹) に相当する。

（最初は、スケートは輸送手段として利用されており、娯楽として見なされるようになったのは前世紀以降であった。）

Stratford Museum の掲示，Stratford,
Ontario, Canada, 1999 年 10 月

(28) It's here **where** we have the highest chance of frosts.
（霜が出る可能性が最も高いのはこの辺りです。）

BBC テレビ気象予報 , 2002 年 2 月

8.2. 不定代名詞・疑問代名詞

Which friend phoned? のような疑問文、What he'll do is resign のような WH 分裂文、I asked when she was leaving のような補部節、the street where she lives のような関係詞節、tell you what や know what? のような固定句における wh 代名詞や形容詞を同一のものとして扱うべきなのであろうか。その答えはイエスであり、この答えを支持する議論は 2 つの分野にまたがる。1 つは英語、そしてインド・ヨーロッパ語族やその他の語族における基本的な文法現象に関するもので、もう 1 つはそのつながりに対する意味論的・語用論的説明である。

基本的な文法現象は、Haspelmath (1997) で詳細に記述され、説得力のある議論がなされているので、ここでは概要以上のことは述べない。英語においては、wh 代名詞が古英語の hwa 'who' と hwæt 'what'、hwylc 'which' (of many) から派生したという事実がある。Quirk and Wrenn (1957: 39) は、anyone や anything と同じように「疑問詞は不定として用いられる」と述べている。「非特定的 (non-specific)」な解釈で、hw/wh の形式は whatever you do, you can't win (あなたは何をしようが勝てない) や whoever said that is an idiot (そんなことを言ったやつはみんなバカだ) のように、ever が付加され拡張された。インド・ヨーロッパ語族においては、一般的に疑問詞と不定代名詞、副詞の形式には関連がある。Lyons (1977b: 758) はフランス語、古典ギリシャ語、ラテン語、ロシア語に言及している。Haspelmath (1997) は 2 つのサンプル群から詳細な根拠を提供している。1 つは、40 言語のサンプルで、インド・ヨーロッパ語族の大きなサンプルに加え、トルコ語族、ハウサ語[14]、スワヒリ語、中国語、日本語、韓国語、ケチュア語も含む。もう 1 つは 100 言語からのサンプルで、コーカサス、南・中央アメリカ、

14 アフリカ言語の 1 つで、主にナイジェリア北部からニジェール南部にかけて用いられるハウサ人の言語である。

オーストラリア、アフリカ、太平洋地域の言語を含む。後者のサンプルでは、Haspelmathが言うには、64の言語で疑問詞に基づく不定表現が含まれる。

Haspelmathの主張の問題点は、非特定的で非現実相(irrealis)の表現が、含意の尺度(implicational scale)上で疑問文や仮定法に近いことについて説得力のある議論をしているものの、疑問詞から不定表現へという方向性を支持する意味論的・語用論的な説明を行っていないことである。一方で、Haspelmathはなぜこの方向性を支持するのかについて言及している(1997: 174–6)。さらに、裸疑問詞(bare interrogatives)と、起源となるさまざまな構文の文法化によって生まれた複合疑問詞(complex interrogatives)とを区別している。例としては、英語のwherever (< where you ever go/live (どこに行っても / 住んでも) 等)、フランス語のn'importe qui (< n'importe qui vient 'not important who comes, It's not important who comes' (誰が来ても重要でない))、トルコ語のkimse (< kim 'who' + se 'if') が挙げられている。しかし、複合不定代名詞が裸疑問詞に短縮された例は挙げられていない。すべての語族において(「すべて」か「ほとんど」か不明であるが、Haspelmathは「… この語族、あの語族においても…」[15] と表現している)、裸疑問代名詞(bare interrogative pronouns)は語源の分析が難しく、どの言語においても最も変化が遅い要素の1つであるらしい。Haspelmathの主張によれば、遡れるだけ遡ってみると、インド・ヨーロッパ語族における裸疑問代名詞は、疑問詞である裸代名詞(bare pronoun)の形式から派生している。

復元された元の語根は*kwi-/*kwo-で、現代スラブ語にはっきりと反映されている。基本語根はku-で、uはjerという超短(後舌)母音(extra short (back) vowel)である。古教会スラブ語(Old Church Slavic)においては、語根ku-は疑問形容詞ku-ij 'which one'において現れ、ここでの-ijは直示の接尾辞である。(古教会スラブ語または古教会スラボニック語(Old Church Slavonic)とは10～11世紀頃のブルガリア語、マケドニア語、モラヴィア語の文書に記録される南スラブ語である。)

また、語根ku-は疑問代名詞ku-toにおいて現れ、ここでのtoもまた直示詞である。(Schmalstieg 1983からのデータである。) ijがスラブ語の人称代名詞の元で、toは指示詞である。さらに、ku-はku-žje 'each, every'において現れる。現代ブルガリア語では、人を表す疑問代名詞はkojで、ku-ijから派生し、関係代名詞はkoj + to(男性)、koja + to(女性)、koe + to(中性)である。

インド・ヨーロッパ諸語の語根*kwi-/*kwo-の最も初期の例は、紀元前17–16世紀のヒッタイト語のテクストにまで遡る。Held, Schmalstieg and Gertz (1987:

---

15 原文は'in language family after language family'

32–4)は、指示代名詞 'that' として a-pa-(a-) aš(that 主格・単数)や a-pu-(u-) un(that 対格・単数)の例を挙げている。そして、指示代名詞 'this'は、語根 ka、ku、ki に格と数を表す接尾辞を加えたもので、ka-a-aš(this 主格・単数)や ku-u-un(this 対格・単数) を例として挙げている。Held, Schmalstieg and Gertz が言う関係・疑問代名詞 (関係詞節や wh 疑問節において出現する代名詞) は、語根 ku- と格・数を表す接尾辞から成り、ku-iš(主格・単数)のような例がある。この代名詞は不定形としても使うことができるが、関係疑問代名詞と -ki、-ka、-ku などの助詞(particle)[16] からなる複合的不定代名詞としても使用された。これらの助詞は、指示代名詞の 'this'の語根と形が同じであり、まるでヒッタイト語とロシア語との間に並行性があるようにも見える。ロシア語の疑問代名詞 'who'は kto であり、これは前の段落で議論した語根 ku と、指示詞の to から派生している。現代ロシア語における不定代名詞の 1 つに、kto-to があり、歴史的に言えば、kto にもう 1 つ to が加えられている。(このタイプの不定表現から疑問詞への派生は Haspelmath では言及されていない。) これは、特定的な不定代名詞 (念頭にある人物で、私はその人のことをあなたに話すことができる) であり、非特定的な不定代名詞 kto-nibud' と対照的である。後者の非特定的な不定代名詞は「ある人物ではあるが、私はその人について話すことができない」と注釈することができる。

不定代名詞が疑問の機能を獲得しつつあることに対する説得力のある意味論的・語用論的な説明とは、どのようなものであろうか。Lyons (1977b: 758–62) は、前提 (presupposition) の概念に基づくエレガントな分析を提案している。分析の出発点は、yes-no 疑問と wh 疑問を話し手にとっての旧情報・新情報と結びつけ、関係づけた Halliday (1967a) をはじめとする多くの研究者に共有されている。ここでの目的に照らすと、論理的含意 (entailment) とは異なり、前提を論理関係として定義することに異論を唱える学派もあるため、さしあたりここではその前提を話し手が当然のこととして考えているとみなす。(29) の疑問文を考えてみる。

(29) a. Did someone open the door?/Did anyone open the door?
(誰かドアを開けたの？)
b. Who opened the door?(誰がドアを開けたの？)
c. What did the boys open?(男の子たちが開けたのは何？)

(29a) を発話している話し手は、出来事について当然であると思っていること

16 'particle'は Held, Schmalstieg and Gertz (1987) による用語として使われ、ここでは「助詞」と訳出。

はないが、ドアが開けられたかどうかを知りたがっている。yes や no は十分な答えであるが、yes の場合、ポライトネス (politeness) と Grice の公理により、多くの聞き手がドアを開けた人の名前を言うことになるであろう。(29b) を発話している話し手は、ドアが開いていたことを前提と捉え、その行為を行った人物の名前を聞き手に尋ねている。(29c) を発話する話し手は、少年たちが何かを開けたことを前提とし、何が開けられたかを聞き手に尋ねている。

話し手が当然のことと考えている前提は、(30) にあるように、現代英語の不定代名詞 someone や something を含む文で表すことができる。

(30) a. Someone opened the door.(誰かがドアを開けた。)
　　b. The boys opened something.(男の子たちが何かを開けた。)

Lyons は、(30a) のような例が、平叙文としての発話を示すイントネーションと、疑問としての発話を示すイントネーションという 2 つのパターンで発話できることを指摘している。(実際には、インフォーマルな口語英語では、疑問発話が助動詞 did を伴わずに someone opened the door? となる可能性が最も高い。) その疑問文は、'Did this event happen?' という yes-no 疑問、もしくは'I know the door was open; tell me who did it' という wh 疑問として解釈できるのである。疑問のタイプは、イントネーションと共にアクセントの変化によりはっきりと示すことができるであろう。Lyons は、「平叙文と 2 種類の疑問文は、言語の非言語的な要素のみで体系的に関係づけられることは、たとえあるにしても、めったにない」ことを観察している。原則として、この違いを示すのに、統語構造が異なる必然性はない。これが、不定代名詞が疑問詞として使われるようになる道筋である。つまり、「私にとってはまだ特定されていない誰かがドアを開けたことを私は知っている。それが誰なのか特定してください。」となるのである。

Lyons (1977b: 760–1) はまた、不定代名詞が関係代名詞として機能するようになった道筋を示している。The man who broke the bank at Monte Carlo is a mathematician (モンテカルロで胴元をつぶした男は数学者だ) を発話した話し手は、ある特定の人物が数学者であることを断定し、誰かが確かにモンテカルロで胴元をつぶしたこと、その誰かとは男であることを当然のこと、つまり前提としている。Lyons は、擬似英語 (Quasi-English) なるものを提案し、前提の someone broke the bank at Monte Carlo が名詞を修飾する 1 つの節に埋め込まれ、名詞句に挿入された The [someone broke the bank at Monte Carlo] man is a mathematician を作り出した。これこそが不定代名詞が関係代名詞として機能するようになった道筋である。

Lyonsは「不運にも」英語のwh関係代名詞は歴史的には不定の平叙文(indefinite declarative clauses)よりも疑問文と関連が深いということばで議論を締め括っている。Lyonsが歴史的な起源のことを言っているのか、これら構文の統語のことを言っているのかは定かではないが、いずれにせよ、疑問代名詞から関係代名詞、そして不定代名詞へというもっともな意味論的・語用論的な道筋を誰かが示さない限り、Lyonsのことばを受け入れる必要はないのであろう。さらに、Haspelmathによって提唱された変化の方向性は、当初思われていたほど強いものではない、インド・ヨーロッパ諸語の初期段階からの証拠に基づいていることがわかった。ヒッタイト語とスラブ語(特に東・西スラブ語)の証拠は、*kwi-/*kwo-語根が不定表現として解釈されることを示している。しかし、最も古い時代に確認されたテクストをインド・ヨーロッパ諸語の出発点として捉えることは魅力的であるが、それは似て非なるもの(nothing of the kind)であるという難点がある。それは、より古い時代のテクストは入手困難であり、当時の話し手には接触不可能であるということである。たとえ、*kwi-/*kwo-語根が最初は疑問詞だったという仮定に立っても、その語根は、より初期の不定表現から発達したのかもしれない。Haspelmathは、通言語的に、疑問代名詞は非常に変化しにくいが、不定代名詞は急速な変化を受けることを観察している。そうすると、初期の疑問詞が不定代名詞を拡張したものであり、それが後に変化したか、他の形式で置き換えられた可能性はかなり高い。

8.3. 結論

これまでの話をまとめると、英語のwh代名詞は、WH分裂文、WH補部節、関係詞節、wh疑問詞、tell you whatやknow whatなどの調整可能な鋳型において中心的な役割を果たす。これまでの議論は、wh代名詞がなぜこれらの異なる構文に出現するのか、そして、これらwh代名詞がこれらの構文で利用される特定の性質をもっているかどうかという問いに答えようとするものである。この説明の最初のポイントは、代名詞が不定の直示詞であり、文脈によって特定的もしくは非特定的な指示を受けるということである。直示詞が指示するものは有生物や無生物、時間、場所、命題、出来事などである。2つめのポイントは、なぜ不定の直示詞が疑問代名詞や関係代名詞の機能を得ることができたのかということに対する適切な意味論的説明である。本章での分析は、形式の配列とその変化は意味論的に動機付けられるという前提に基づく。2つの機能の並列が重要であるというHaspelmathの含意の尺度による分析は、なぜ1つの機能が他の機能へ進展するのかについての理由を提供するものではないが、Lyonsの分析はその理由を提供する。

訳者によるコラム：直示詞(deictics)の概念と適用範囲

ダイクシスまたは直示(deixis)とは、談話の文脈から指示対象となる実体(entities)を特定する言語現象のことで、どの言語にも普遍的に存在する。伝統的には代名詞(I、youなど)や指示詞(this、that、theseなど)、場所や時間を表す語(here、then、nowなど)などがダイクシス表現に含まれる。著者JMは、本章で、補部節、副詞句中のwhenever/when、主節のwhen、wh関係詞節、wh疑問詞、IT分裂文などをもダイクシスの範疇に含め、これらの現象に関わる言語形式を一貫して名詞形でdeicticsと呼んでいる。deicticsという語は、語用論の領域ではdeixisやdeictic expressionに比べてまだ定着していない用語であるが、著者JMがダイクシスという既成概念の適用範囲を拡張する上で、新しい用語を必要とした結果であると思われる。著者JMのそうした意を汲んで、本書では、この語の訳語を「直示詞」とした。

こうした直示詞の役割については、Miller and Weinert (1998/2009) *において広く取り上げられている(3章と4章)。従来のダイクシスの用法に加え、心的距離を示すような話しことばの事例も5章で解説しており、興味深い。たとえば、指示詞this/thatでは空間的用法が主であり、テクストにおける照応用法の基盤となるが、直示詞には非照応的な用例も多くある。その場合は、空間的というよりはむしろ比喩的な解釈を要し、話し手が既知の実体に対して自らをどう位置付けたいかを反映しているという。その1つとして、著者JMの学生が自分の提出したレポートに言及する例がある。著者JMに対して学生が、Have the answers to **that** essay of yours been marked yet? (あなたがもっているそのエッセイへの答えはもう採点されましたか(ibid. p.194))(太字は訳者による)と尋ねた場合、学生は自分のレポートが自分の手元を離れ、著者JMの近くにあるものとしてとらえていることを示している。「遠隔にあること(remoteness)」は、物理的な距離ではなく、心的なもので、この発話は学生のレポートに対する態度を反映している。

* Miller and Weinert (1998)は、Miller and Weinert (2009)の初版。

(久屋愛実・吉田悦子)

第 9 章
文法と意味論：品詞とは

この章のアウトライン

9.1.　品詞と意味

意味論と文法を概観する際の 3 番目の話題は品詞 (parts of speech)、あるいは語のクラス (word classes) である。Bloomfield (1933) の公刊以来、言語学者の間で一般的に受け入れられている見方は、意味 (denotation) [1] に基づいて品詞を定義したり確定したりできないだけでなく、品詞と意味の間に確実なつながりがないということである。Bloomfield の例は、oats (オート麦) と wheat (小麦) であった。同じ穀類を表すのに、一方が複数形で、他方が単数形であるのはなぜであろうか。(おそらく、その答えは、どのように穀類が使われるかということと、穀類が用意された時にどのように見えるかということにある。wheat は粉のかたまりで出るのに対して、oats は簡単に見分けられる穀粒あるいはフレークで出てくる。おそらく鞘に入っている個々の豆粒がよく見えて数えることができるために、peas (エンドウ豆、グリーンピース) は複数として再解釈されたのである [2]。最近では缶詰から取り出されるグリーンピースは、明らかに個々の豆つぶである。) Bloomfield の極論は 2 つの意味で和らげられた。言語の品詞は、まず形式的な基準で確定されなければいけないという前提はあるが、より明晰でより繊細な意味と発話行為の理論のおかげで、品詞をより繊細に分析できるようになった。対極にあるもう一方の極論は、Croft (2007) によって提案された。それは、形式的・分布的基準はうまくいかず、発話行為が欠くことのできない基盤を構成するというものである。

1　原著の英語の表題は denotation であるが、denotation は通常、明示的意味 (あるいは外延的意味) として、connotation (暗示的意味あるいは内包的意味) に対立する概念、あるいは指示 (reference) と対立する概念である。本章では、品詞の分析という視点に配慮し、すべて、単に「意味」と訳している。

2　pea は古英語由来の語 pease からの逆成。pease を複数形と誤解したことによる。

Miller (1985: 206–219) は、意味との関連を中心に置く品詞の説明を提案した。その説明は、分布的基準、プロトタイプ (prototype) の概念、Lyons (1977b) の第一次 (first-order)、第二次 (second-order)、第三次 (third-order) の存在物 (entities) の研究、それに発話行為を組み合わせたものである。第一次の存在物は物理的な物体である。物理的な物体 (objects) は、比較的変化しない知覚的な性質をもち、三次元空間に存在し (あるいは子どもが映像を見る時のようにその場に存在していると知覚され)、客観的に観察することも記述することもできる。名詞の分布基準をすべて満たす名詞の形式であるプロトタイプ的名詞 (prototypical noun) は、テーブルや本、テディベアのぬいぐるみ (teddies)、人形、浴槽、水、おむつ (nappies)、異なる種類の食べ物 (food)、牛乳、ジュース、リンゴ、犬、木などの第一次の存在を表す。これらは、言語獲得の初期段階で親が幼い子どもに話したり、幼い子どもが話したりする種類の存在である。名詞とその分布的特性、具体的な存在物との結びつきは直接的であり、迅速に確立される。

第二次の存在は出来事 (events) と過程 (processes)、状態 (states of affairs) である。これらは、時間の中に位置し、ある程度認識できる (むしろ、かなりの) 継続期間があるかもしれない。出来事と過程は動詞によって表される。重要な性質として、単一の出来事や過程は通例、持続時間が短いという事実がある。形容詞は状態を表し、永続的ではないにしても、通例、少なくとも出来事や過程より持続時間が長い。当然ながら、出来事と過程は動態的で時間とともに起こる変化と (最も広い意味での) エネルギーの消費を伴うが、一方で、状態は均質であり、エネルギーの消費が関与しない。

第三次の存在は、命題のような抽象物で時空間を超越しており、言語を使い始めた幼い子どもの経験の範囲外にある。第一次の存在は (There exists a peculiar fish「奇妙な魚が存在する」や There is an X in the kitchen「台所に X がある」のように) 存在もしくは実存するものとみなされるが、第二次の存在は、(The collision happened around 1 am「衝突は午前 1 時頃に起こった」や、The wedding took place last month「結婚式は先月行われた」のように)、起こったり行われたりするものと言われる。命題については、存在したり起こったりはしないが、人間によって考えられたり受け入れられたりする対象である。

伝統的に形容詞は事物の性質を表すと言われる一方で、副詞は出来事・過程・状態の性質を表すと言われる。しかし、事物を性質の束として考えるのであれば、何によって性質 (a property) と事物 (a thing) が区別されるのであろうか。ここで、人間が、流入する視覚と聴覚の刺激の中からどのように物体を知覚するのに成功するのかについて、Miller and Johnson-Laird (1976) の研究に立ち戻れば、存在物の異なる類という考え方がうまくいくようになる。「永続的な物体 (permanent object)」という概念は、人間の知覚には基礎的なものであり、まず物体が最初にあって、後に性質が分類されるというものである。この知覚のメカニズムにより、物体と物体が現われる背景を区別することができる。ある瞬間に知覚できる前景(figure)であった物体が次の瞬間に背景(background)の一部分となるかもしれないが、人間はその物体を見ていない時でさえ、その安定した形状を認識し続けると仮定することを、Miller and Johnson-Laird は論じている。具体的な物体の最も単純な知覚は、物体の永続性というすでにある概念に依存するように思われる。Miller and Johnson-Laird は、人間は、新たにまとまった刺激を受ける時でさえ、かつて見たことのある物体を認識できるという重要な指摘をした。さまざまな知覚に反応しても、知覚のメカニズムは、一貫した心理的な存在物を創り出すのである(Miller and Johnson-Laird)。

上述の議論は、(物体と存在物の区別が人々や事物、出来事に関する私たちのあらゆる日常会話で適用されることは偶然であろうと思うかもしれないが)、存在物と性質の区分は、単なる市井の哲学(folk philosophy)ではなく、知覚の理論の重要な部分であることを意味する。

変化や変化のパターンを出来事として知覚することは、一連の刺激を物体として知覚すること以上に主観的である。出来事について私たちが語ることは、Miller and Johnson-Laird(1976: 39–40)によれば、概念化によりいっそう依存する。ある種の変化のパターンが出来事とみなされるのは、単にそのように話すからであって、そのように知覚されるからではないと、Miller and Johnson-Laird は示唆している。人間は、「意図(intention)」、「感覚(feeling)」、「思想(thought)」等の日常的な理解や、協力に欠くことのできない、よりいっそう抽象的な概念を受け入れている。(Jackendoff 2002: 300–22 の指示と真理および客体の常識的見解に対する問題点の議論を参照。)場所理論(localism)の利点の 1 つは、個別言語内のみならず、通言語的にも観察される文法と意味のパターンに対する説明を提供し、子どもが最も具体的な物体との関係を通じて意味に入り込み、さらに、その段階からより抽象的で複雑な関係へ移行することを可能にする意味概念構造を提供することである。具象的な物体間の関係は抽象的な領域へと転移され(Jackendoff 1990, 2002: 356–69)、具象的な物体や関係について語る方法もまた転移される。

場所理論や、Langacker のものであれ Lakoff のものであれ、認知文法(Langacker 1991, Lakoff 1987 を参照)の中心となる考え方は、人間の言語が「外にある」客観的な世界に直接つながってはいないというものである。そうではなく、言語は人間の脳の内部に構築された概念的世界とつながっているのである。Jackendoff (2002) が述べたように、人間は「現実」世界において確実に行動し、協調しなければならないので、知覚の世界は「現実」世界とまったく同期していないわけではない。知覚表象は「脳内に閉じ込められている」が、知覚世界は人間にとっては現実である。知覚表象はニューロン中で具現化された形式的な構造であるにもかかわらず、知覚体系は私たちに「外界にいる」という感覚を与えるのである。Jackendoff は、その言語と概念世界に対するアプローチを支持する明確で説得力のある事例を示し、多くの指示行為がそのアプローチでなければ理解できないことを証明した。そのアプローチの利点は、次章の参与者・主題役割と格標示の議論の中で証明される。

品詞の話題に戻ると、これまでの議論は以下のように要約できる。具象的な第一次の存在を表す典型的な名詞、「歩く・走る・跳ぶ・座る・食べる・持ち上げる」(そして幼い子どもにとっては、「犬を撫でる・猫を撫でる・絵を見る・物を指差す・電灯のスイッチを入れる」)等のより知覚しやすく、容易に概念化される出来事を表す典型的な動詞、大きさ・色・質感(texture)・香り・手ざわり等、より知覚しやすい存在の性質を表す典型的な形容詞、および、スピード・音量等のより知覚しやすい行為・過程・出来事を表す典型的な副詞から議論を始めるのであれば、意味によって品詞を分類することができる。知覚と概念の体系は、ある言語の話者がまったく異なる文法をもつ別の言語に入り込むことを可能にする。中国語の名詞は、英語の名詞とは分布が異なるという性質があるが、教養のある英語の母語話者であれば、中国語の名詞あるいは動詞として記述されるものについて何かを理解することはできる。非常に幼いバイリンガルの子どもは、自らの語彙の中に「名詞」や「動詞」のような語をもっていないが、2つの言語で表されたどの形式が場面や物体、行為や過程、あるいは特性に対応するのかを理解する。

9.2. 品詞と発話行為

本章での分析は上述の説明よりも複雑にならざるをえない。名詞が w という意味をもつ、動詞が x という意味をもつ、形容詞が y という意味をもつ、副詞が z という意味をもつとすることが妥当でないためである。第一次の存在、第二次の行為と過程、および、あらゆる類の性質を表すことができる名詞の多面性のために、この簡潔な図式は乱されてしまうのである。(1) の amazement の意味を検討してみる。

(1) *amazement*

action of amazing (驚かせるという行為)	His *amazement* of the crowds with his acrobatics (男がアクロバットで群衆を<u>びっくり仰天させたこと</u>)

property of someone （誰かの特性）	the *amazement* of the crowds at his acrobatics （男のアクロバットに群衆がびっくり仰天したこと）
the property of some action （ある行為の性質）	*amazingly* skilful （びっくり仰天するほど熟練した）

(2)のように行為や事物を表す look のような形式がある。

(2) He *looked* at the intruder.
（男は侵入者を注視した。）
His *look* stopped the intruder in his tracks.
（男の視線が侵入者を立ち往生させた。）
He has a worrying *look*.
（男は不安そうな表情をしている。）

事実、英語（および他の言語）では名詞はいかなる種類の存在物も表示するが、一方で、動詞、形容詞、副詞は（行為・過程・状態を第二次の存在物とみなすと）一種類の存在物に限定される。このようなより精緻な見解をとり、名詞のみが第一次の存在物を表すと考えたとしても、まだ、明確な意味の違いが残ってしまう。この4つの主な品詞のすべてを区別する意味の性質を見つけ出せたら喜ばしいことであろう。少なくとも、特定の品詞に対して遂行される発話行為のタイプ、語用論的な特性がある。（以下の議論は Miller (1985: 215–40) を基盤とするものである。これと非常に似ていて、一見独立した提案が Croft (2007: 421) で出されている。）本論での「発話行為」は、言明をしたり、質問をしたり、謝罪したり、約束したりすることなどではなく、指示 (reference) や叙述 (predication)、修飾 (modification) のようなより文法的な行為を指す。Searle (1969) は指示と叙述を命題的行為 (propositional acts) として記述する。指示が話し手や書き手によって遂行される行為であるという考え方は、Lyons (1977b) によって採用され、意味 (denotation) と対立するものとして組み入れられた。意味と語彙 (lexemes) は言語体系に属する。指示は話し手や書き手によって遂行される行為であり、言語行動の一部である。（厳密に言えば、存在物を指示したり、指示するのに用いられるのは名詞句であるが、名詞句が名詞を含んでいるために、この指示機能を支持するのである。）

叙述が行為であるという考えは伝統文法では広く認められている。ある人物が、人や物について語ったり、人や物についての特性を叙述したりする決まり文句が遍在するにもかかわらず、発話行為の議論の中に叙述が含まれないことは謎である。おそらく、難点は、Searle (1969: 123) が述べるように、叙述は決して中立的ではなく、常に何らかの発話内行為の中に現れることである。「発話内の力が別個の行為ではないことが示しているように、叙述は発話内行為から切り取ったもう1つの断面にすぎないのである。」

話し手が言明をしているか、質問をしているか、命令をしているかは、自然言語の文法(または音調パターン)によってわかりやすく明確な形で示される。自然言語には、節のどの部分が指示を担い、どの部分が叙述を担うかを表示する方法がある。英語では、これは名詞句内の決定詞や複数の接尾辞により示され、他の言語においては、特定構文の構成要素の順序によって、あるいは、特別な標識によって示されるかもしれない。おそらく、特別な標識を用いる最もよく知られた例はヌートカ語 (Nootka)[3] であり、名詞と動詞の区別のない言語の例としてよく引用されていた。ヌートカ語の語幹は名詞や動詞を示す接尾辞、またはその他の標識をもたないが、Hockett (1958: 225) に引用された複数の節は、どの語が指示を担い、どの語が叙述を担うかを示す標識を含んでいる。Harris (1946) は、統語論に関する論文の多くにおいて、「名詞」や「動詞」、「形容詞」といったラベルは、統語構造の位置や特定の位置に生ずる形式と互換性があるものとして用いられている、とコメントしている。ヌートカ語の例から、「名詞」と「動詞」のラベルは、語幹が形を変えることなく、どちらの位置に出現したとしても、構造の中の位置によって決められることがわかるであろう。(3) と (4) を考えてみる。

(3) a. qo•?asma•　?i•h?i.
　　He-is-a-man　the-large　'The large one is a man.'(大きい方は男だ。)
　b. ?i•hma•　qo•?as?i.
　　he-is-large　the-man　'The man is large.'(その男は大きい。)

上記の例では、ma•は叙述または叙述を担う表現を、?i は指示役割を担う語を標示している。同じことが(4)についても当てはまる。

(4) a. mamo•kma•　qo•?as?i.
　　he-is-working　the –man　'The man is working.'(その男は働いている。)
　b. qo•?asma•　mamo•k?i
　　he-is-a-man　the-working　'The worker is a man.'(労働者は男だ。)

3　カナダのバンクーバー島に住むアメリカ先住民族の言語。1911 年のサピアの研究論文で調査された。現在は母語話者の減少により、消滅の危機にあると言われている。

Hockett (1958: 225) は、ヌートカ語が万能プレーヤーをもつ言語であるとしたら、ラテン語 (Latin) は特殊技能プレーヤーをもつ言語であると記述している。ラテン語のすべての語が特殊技能プレーヤーであるのは事実かもしれないが、その語幹は万能プレーヤーのように見える。語幹 am 'love' は amat 'he/she loves' (彼/彼女が愛する) と、amor 'love' (愛 (名詞)) に現れるからである。amat の a は、動詞の語幹を表し、人称・数を標示する接辞 (ここでは -t) が付加されている。amor の -or は名詞の語幹を表し、格・数・性を標示する接尾辞が付加できる。このクラスの名詞については、主格単数接尾辞は φ (ゼロ標示) である。ラテン語では、指示機能を担う語と叙述を担う語は、接尾辞によって標示される。ヌートカ語では、語幹に何も標示されないが、構造位置で標示される。ただし、Hockett が引用した例の ʔi と ma•は、語幹を標示しているとして扱うこともできるであろう。

古典ギリシャ語のコピュラ構文では、構成素の語順によって、どんな時に形容詞が叙述の役割を担うかが示される。例を (5) に挙げる。

(5) a. He kale gune.
The beautiful woman (美しい女性) [修飾 / 限定用法]
b. He gune he kale.
The woman the beautiful, 'the beautiful woman' [修飾 / 限定用法]
c. He gune kale.
The woman beautiful 'The woman is beautiful.' (その女性は美しい。) [叙述用法]
d. Kale he gune.
Beautiful the woman 'The woman is beautiful.' [叙述用法]

名詞の直後か、定冠詞の前に来る形容詞は叙述的である。それ以外の位置では、形容詞は限定的か、もしくは、発話行為論の用語で言えば、修飾をする。ヌートカ語、ラテン語、ギリシャ語の例が示しているのは、指示、叙述、修飾の発話行為は、たとえ語幹や語に標示がなくても、構文上の位置によって示され、語幹の変化によっても明示的に示されるのである。(特に、非常に幼い子どもの語彙と限られた世界に関連して) 意味の違いと発話行為を組み合わせることで、品詞の違いが意味論と語用論に動機付けられているという確かな証拠が提供されることになる。

訳者によるコラム：品詞の区別と意味論・語用論

品詞の区別が、意味論や語用論に動機付けられていると提案されたら、最初はやや戸惑うかもしれない。おそらく、品詞体系は文法的に固定しているという思い込みがあるためであろう。その理由は、意味論は明示的意味 (denotation) に基づく一方で、語用論は発話行為 (speech act) に基づくからである。ただし、既に本章で説明されているように、発話行為というのは、謝罪したり、約束したりするような遂行的な (performative) 行為だけではなく、指示 (reference) や叙述 (predication)、修飾 (modification) のようなより文法的な行為も含む。

意味論的分類において、明示的意味は、意義 (sense) と言い換えてもよいかもしれない。どちらもことばそのものの意味のことであり、そのことばがもつ意味的特徴によって、品詞を分類できるということを表している。たとえば、「もの」を表す語は名詞、「行為」を表す語は動詞、「属性」を表す語は形容詞、「様態」や「程度」を表す語は副詞ととらえられる。つまり、意味論的に、品詞を区別するのは、ことばそのものがもつ、抽象的で、深層的な意味内容であると考えるのである。

一方、語用論的分類は、表層的で、かつ変化を伴うものと言える。通常、発話行為によって分類される品詞は、指示は名詞、叙述は動詞、修飾は形容詞に対応するケースが多いと考えられるが、多くの言語で常にそうではない。ことばが実際に用いられる節形式と生じる位置を分析すると、意味論的な分類とは異なる機能を示すことを明らかにできる。つまり、そのことばが外界とどのようなつながりをもっているか、特定のことがらを思い描いているのかどうか、を判断しながら、より具体的に、話し手の視点を通して、ことばの実態を捉えることができる。たとえば、同じ名詞が、特定され、項として捉えられると指示となり、述語の位置にくれば叙述となる (例の (3) (4) を参照)。

品詞の区別は、固定されているものではなく、語が具体的に使われているコンテクストを注視しつつ、どんな働きをしているかを見極める必要があるということがわかる。意味論と語用論に関する最も基本的な言語分析のための入門書としては、Hurford, Heasley, and Smith (2007) をお勧めしたい。（吉田悦子）

参考文献

Hurford, James. R., Brendan Heasley, and Michael B. Smith (2007) *Semantics: A Coursebook* (second edition), Cambridge University Press. (吉田悦子・川瀬義清・大橋浩・村尾治彦 (共訳)『コースブック意味論』東京：ひつじ書房 2015)

第 10 章
文法と意味論：主題役割

この章のアウトライン

10.1. はじめに

2 つの相互に関連する概念は項構造 (argument structure)、他動性 (transitivity)、(格接辞 (case affixes) と接置詞 (adposition) を含む) 格標示 (case marking) の研究にとって重要となる。その概念とは、意味役割・参与者役割・主題役割 (semantic or participant or thematic role) と文法機能・文法関係である。本章では、文法機能が一般的に考えられているほどには有用ではない一方で、意味役割または参与者役割の概念が最近の学説で示唆されるほど無用なわけでもないことを論じる。(「主題役割 (thematic role)」という用語はここでは使わない。この用語がさまざまな生成文法モデルで現在使用されている用語であるため、本章のタイトルの一部としたが、はなはだ不適切である。) 難点は、「主題役割」が生成文法に導入される以前から、「主題 (theme)」という用語は情報構造として今日知られている研究で長年使われてきたことである。プラーグ学派 (Prague School) [1] での用法は別として、主題は、Halliday の情報構造理論でも、1967、1968 年の Halliday の重要な論文ではじめて導入されたが、以前から主要な用語・概念であり、現在でもいまだにそうである。

10.2. 文法機能

意味ではなく文法の基準に基づく文法機能の議論から始める。動作主 (Agent)、

1 プラハ言語学派のこと。プラーグ学派は英語読み。ソシュールの影響を受けた学者たちが 1920 年代にプラハで結成した構造言語学派。現代一般言語学のキータームである「ミニマルペア」などの音韻的対立が意味の対立をもたらすとする考え方は、プラハ学派の研究による。

被動者(Patient)[2]、着点(Goal)の概念と比べて、主語、直接目的語などの文法機能が十分に基盤のある概念と考えた言語研究者によって、文法機能の研究は少なくとも 19 世紀半ば以来展開されてきた。動作主、被動者、着点の概念は、意味的直観に基づくが、言語によって異なり、また、同一言語でも分析者によって異なり、一貫した形で適用することができないと考えられていた。以降の議論では、文法機能の定義がわかりにくいこと、定義が言語ごとに異なり共有できないこと、主語の概念がすべての言語には適用できないことを見ていく。

10.2.1 文法上の主語

英語の主語、より正確に言えば、文法上の主語の定義には次のような要素が含まれる。まず、原則であるが、主語の基準は基本節 (basic clause) によって確立される。基本節とは、時制・相・法・態の範囲が最も広く、最も簡単に関係詞節や疑問文に変えられ、副詞の範囲が最も広く、意味的には、他の節より基本的である (主語に関する重要な文献はいまだに Keenan (1976) である)。主語名詞句の指示対象は、節によって表される活動や過程とは独立して存在する、自律性 (anutonomy) という性質がある。Skilled masons built the central tower in less than a year (熟練した石工が中央タワーを一年もかけずに建設した) は基本節であるが、Timothy was born on Halloween (ティモシーはハロウィーンの日に誕生した) は基本節ではない。主語は、再帰代名詞をコントロールし、不定詞の表面に現れない主語をコントロールし、不定詞や等位構文における軸 (pivot) として機能し、数量詞遊離 (quantifier floating) を制御する。能動節 (active clause) の主語名詞句は、受動節の by 句中の名詞句に対応する。主語は、節の中にある定動詞と人称・数の一致を起こし、典型的に動作主を表し、情報構造に関しては節の主題として機能する。[例文を伴う簡潔ではあるが包括的な概観については Miller (2008: 98–108) を参照のこと。]

10.2.2 直接目的語、間接目的語、斜格目的語

英語の直接目的語は、基本節において主動詞の直後に起こり、受動節の主語に対応する。基本節において、主語名詞句は通常、動作主を表し、直接目的語名詞句は被動者を表す。(動作主と被動者は後で定義される。)

斜格目的語 (oblique object) は前置詞が先行する名詞句である。たとえば、gave it to **Rene** (レネにそれをあげた)、bought it for **Pavel** (パベルのためにそれを購入した)、ran round **the garden** (庭の周りを走った)、threw it out **the window** (窓の

---

2 複数の用語があるが、本書では、動作主(Agent)、被動者(Patient)で統一する。

外にそれを投げた), the roof of the **house**(家の屋根)では、太字の名詞句はいずれも斜格目的語である。

英語やその他の言語の記述の多くに、(1a-c) の例のように、to や for が先行する名詞に対して間接目的語の概念が用いられている。

(1) a. Tatiana wrote to Onegin.(タチアナはオネーギンに手紙を書いた。)
b. Magnus went to Egilsay[3].(マグナスはエギルセイに行った。)
c. Frank bought a piano for Jane. (フランクはジェーンのためにピアノを購入した。)

間接目的語の概念には問題がある。英文法では、単に、tell や say、show、give などの動詞を指して、V NP_1 to NP_2 または V NP_2 NP_1 の構文で用いられるとされている。(Celia gave the car to Ben と Celia gave Ben the car (セリアがベンに車を与えた) では、the car が NP_1、Ben が NP_2 である)。間接目的語は、to が先行する名詞句であると言われ、He went to Dundee (彼はダンディーに行った) における to Dundee のような句に「間接目的語 (Indirect Object)」のラベルが付されるのを避けるために、関係する動詞は個別にリスト化されるか、伝達動詞 (verbs of saying) や授与動詞 (verbs of giving) などいくつかのクラスに分けられていた。

実際のところ、間接目的語を方向の副詞と区別することは困難である。この2つを区別する基準として、間接目的語は生物名詞を含み、一方で、場所の副詞は国名や都市名やその他の場所を示す無生物名詞を含むということが示唆されることがある。もしこれが正しければ、無生物名詞は (2) と (3) の sent の直後には出現しないことが期待されるであろう。

(2) a. Lucy sent a letter to Isadore.
b. Lucy sent Isadore a letter.
(ルーシーはイサドルに手紙を送った。)
(3) a. The Government sent an envoy to China.
b. (*)The Government sent China an envoy.
(政府は中国に使節を送った。)

(3b) の China は、地理的な単位ではなく、使節として派遣された人間と相互交流することができる組織体 (疑似生物) とみなさなければならない。(3b) の奇

3 スコットランドのオークニー諸島の1つで、ラウジー島の東に位置する。

妙さは、(4) のように異なる語彙項目を代用することで取り除かれる。(4) では、China は (ベテラン鉱山) 技師から利益を得ることになる団体として提示されている。

(4) The company sent China senior mining engineers to help plan the new mines.
(会社は新しい鉱山の計画を助けるために中国にベテラン鉱山技師を送った。)

(4) は、純粋な方向の副詞は動詞の直後には現れないが、間接目的語は動詞の直後に現れうるという別の示唆を支持する。(China は方向の副詞ではない。) この示唆は正しいが、それでもまだ間接目的語を区別できていない。多くの動詞は、NP_1 to NP_2 構文に現れるという点で tell や show に似ているが、二重目的語構文には現れない。attributed the picture to Raphael (この絵はラファエルのだとみなした) や forwarded the letter to Winfred (ウィンフレッドに手紙を転送した)、presented a gold watch to the foreman (親方に金の時計を贈った)、kicked the ball to John (ジョンに向けてボールを蹴った)、hit the ball to Martina (マルチナにボールを打った)、ascribed this play to Shakespeare (この演劇はシェイクスピアのだとみなした) はいずれも文法的に正しいが、対応する (5) の例は文法的には正しくない。

(5) a. *The experts attributed Rafael this picture.
b. *I forwarded Winifred the letter.
c. *The manager presented the foreman a gold watch.
d. *Kick John the ball.
e. *Monica hit Martina the ball.
f. *The critics ascribe Shakespeare this play.

(5) の例を学生がいるたくさんのクラスでテストした。何人かの学生はいくつかの例、特に (5b)、を容認したが、圧倒的大多数の学生はいずれの例も容認しなかった。give, show, tell などの動詞と共起する to 句を間接目的語とする伝統的な概念は維持できない。前置詞が先行する名詞句は、すべて単一範疇の斜格目的語として扱える。

gave Liza the doll (ライザに人形をあげた) と showed the lawyer the document (弁護士に書類を見せた) のような例は、二重目的語構文を形成していると言われる。どんな種類の目的語なのであろうか。「間接目的語」という用語を Liza に適用する分析もいくつかあるが、Liza が doll とは異なる格接辞をとる言語も確かにある。

ロシア語では、Liza と kukla (‘doll’) は両方とも女性名詞である。dala Lize kuklu は gave Liza the doll のロシア語訳であり、kukla は直接目的語に付加される対格語尾をもち、Lize は特に受領者 (Beneficial) を指す名詞に与えられる与格語尾をもつ[4]。

英語で問題になるのは、(6) のように直接目的語の基準は Susan に適用されても、money には適用されないことである。Susan は動詞の直後に起こり、受動文の主語に対応する。

(6) a. Monica gave Susan the money.(モニカはスーザンに金銭をあげた。)
b. Susan was given the money by Monica. (スーザンはモニカにお金を与えられた。)

受領者が行為によって直接的に影響される被動者 (Patient) として提示される出来事の解釈を与えるものとして (6a) の統語が扱われるならば、(6a) の統語構造は理解できる。そうすると、意味は、直接目的語としての Susan の統語的な地位 (syntactic status) と一致し、money は「2 番目の目的語」というラベルが付けられる。

10.2.3 通言語的な文法機能

文法機能は英語で統語と形態統語 (morphosyntax) に基づいて認定でき、主語と直接目的語はそれぞれ動作主と被動者を表すものとして扱えるように見える。しかし、文法機能は言語横断的に一般化できるのであろうか。この問いは、概念の深刻な弱点を明らかにする。一般化はおそらく不可能であろう。たとえば、フランス語の文法は主語、直接目的語等の概念を援用するが、フランス語の文法機能は統語と形態統語に基づいて確立される。英語の文法の直接目的語や主語を、フランス語の文法の直接目的語や主語と同定することはどのように正当化できるのであろうか。これは、品詞の分析に影響を及ぼしている問題と同根である。品詞は、ある時点の言語の分布の基準に基づいて確立されるので、英語の名詞を、トルコ語や中国語やジルバル語 (Dyirbal)[5] の名詞と同じものとみなすことがどのように正当化されるのであろうか。唯一の合理的な答えは、プロトタイプ的な名詞、動詞、形容詞の意味と、それらを用いて行われる指示・叙述・修飾の言語行為にある。同様に、英語の主語や直接目的語を、フランス語やトルコ語の主語や直接

4 ロシア語名 Lize の英語名が Liza である。

5 オーストラリア、クイーンズランド州に住む少人数のジルバル部族によって話されるアボリジニ言語の 1 つである。

目的語と同定する根拠は、どんな言語であれ、プロトタイプ的な動作主と被動者が認められるという事実にあると思われる。すなわち、プロトタイプ的な意味役割は、最も重要でかつ普遍的であるのに対して、文法機能はある時点のある言語にのみおいて妥当なのである。

もう1つの問題は、主語という主要な文法機能はそのまま直ちにいくつかの言語に適用できないことである。英語のような言語では、すでに述べたように、統語的、形態統語的、意味的、談話的な性質が、節中の1つの名詞(句)に収斂される。そのような名詞句は、「主語」と名付けられている。Schachter (1977) が示したように、タガログ語のような言語においては、英語の主語名詞句に集められていた性質が2つに分かれ、それがそれぞれ異なる名詞句に分散されるため、主語という概念を当てはめることはできない。第3の問題は、いくつかの能格言語(ergative language)、特にオーストラリアの諸言語においては、節の主語とみなされてよいような名詞句が、英語や他のヨーロッパ諸語の主語名詞句と合致しないことである。

10.3. 役割

意味役割や参与者役割はこれまで受けがよくなかった。動作主、着点/経験者(Goal/Experiencer)、主題/被動者(Theme/Patient)、道具(Instrument)、場所(Location)のような役割は、多くの言語学者に認知されているが、理論を横断してみると、役割のラベルについては、大いなる不満があり、それはFillmore(1968)が誘発し、Dowty (1991) が解消できなかった不満であると、Butt (2009: 33) は述べている。Butt (2009: 33) によると、「問題は、そのラベルがまったく直観的で、ある一定レベルの記述には役立つ一方で、今日までに提供されている定義があまりに漠然としているので、実際に使用することが難しいことである。」(その意味するところが何であれ、あるレベルでの記述に役立つことと、実際に使用されることの違いは説明されていない。) 同じ書物に掲載されている Primus (2009: 265–6) によれば、役割の主要な欠陥は、役割が限られ、かつ概念的に十分に動機付けられた意味の原初要素(primitives)の集合によって定義されていないという点である。その結果、「役割の数が核となる統語機能の数をはるかに超えており」、役割のリストを使って研究する分析者が「役割の違いを過小評価」して経験的に不正確な分析を導くことになるかもしれない。さらに、役割のリストは構造化されていない集合になっており、そのために、役割の階層関係や写像原理(mapping principles)を規定しなければならない。

Butt が Fillmore (1968) に言及したことは正しいが無関係である。なぜなら、Fillmore モデルの本質的な考えは、統語の樹形図では節の中のある名詞と主動詞との依存関係に焦点が当たるべきで、依存関係はラベル付きの枝(labeled branches)によって表示されるべきものだからである。参与者役割を示すラベルの適切さの問題は二次的なものである。多くの記述文法が動作主や被動者などの概念を用いている。問題は、形式モデルにおいて参与者役割にはどのような居場所が与えられるのかということになる。「きわめて多い」がその答えである。役割は、生成文法のさまざまなモデル、Jackendoff(2002)のモデルや、項構造が統語構造に結びつけられる語彙機能文法(Lexical Functional Grammar)のモデルなどにおいて登場する。Jackendoff (2002: 142)は「この分野の合意としては、[節中の名詞句の]序列は、対応する主題項(thematic arguments)の主題役割(thematic roles)によって決定される。」と明言し、とりわけVan Valin and La Polla(1997)とGrimshaw(1990)に言及している。

意味役割や参与者役割がもつ柔軟性自体、その概念が分析者の直観に大いに訴えるものであることを示しており、筆者JMのクラスの学生たちもFillmore(1968)には非常に強く共鳴していた。このことは、その概念を受け入れる理由とはならないが、その概念を廃棄せず、堅固な土台を与えようと努力することに対しては正当な理由となる。もう1つの理由は、豊かな体系の格接尾辞が統語と意味において中核の役割を果たすロシア語のような言語では、意味役割と格接尾辞の関係は、本質的でかつ興味をそそられる論点であるということである。

10.3.1 節構造、命題、役割

節の意味的な基盤は命題核(propositional core)である。命題核は節において記述される状態(state)・過程(process)・行為(action)、および状態・過程・行為に関与している参与者役割と関係がある。過程と行為は典型的に動詞と結びつくが、状態は動詞あるいは形容詞に結びつく。(すべての言語で、動詞と形容詞の区別がはっきりしているわけではない。その区別がない場合には、状態は動詞に結びつく。たとえば、英語には、He is illに見られる形容詞illがあるが、いくつかの言語には、He is ailing(加減が悪い)のような古風な英語にほぼ相当する動詞が現れる構文がある。) 典型的な状態は、病気であることや背が高いことである。典型的な過程は、氷が凍ることや死ぬことのような状態の変化である。典型的な行為は走ることや切ることで、状態の変化を引き起こしたり、make somebody do something(誰かに何かをさせる)のように、ある行為が行われるようにすることである。参与者役割は名詞句と結びつくのである。

補語と付加詞の概念は命題核の議論の中心部分となる。「補語」を拡張して主語を取り込むと(2.1.2–2.1.4参照)、動詞は一定数の名詞句を要求する、あるいは動詞が名詞句のための一定数の場所を確保していると言える。(名詞句が前置詞に

よって動詞と結びつけられるかどうかは重要ではない。）動詞は「一項（one-place）」（例：John ran）、または「二項（two-place）」（例：Sue sharpened the knife（スーは包丁を研いだ）、または「三項（three-place）」（例：Fiona gave the parcel to Angus（フィオナはアンガスに小包をあげた）をとると記述される。動詞と補語は命題核の内核（nucleus）を構成する。内核と結びつく「状況役割」を参照できることは有用である。状況役割は時・場所・様態・などの副詞句で表され、随意的な構成要素であるという点で、通常は動詞の付加詞である。また、これらは命題核においても随意的である。She sharpened the knife in the kitchen last night（彼女は昨晩、台所で包丁を研いだ）という文は、命題核の内核としてSHARPEN（SUE, KNIFE）をもつ。in the kitchen、last nightは付加詞であり、命題の内核の外側にある場所locationと時間の状況役割に相当する。文と命題核における役割の存在は、SHARPENが二項動詞であるという事実を変えるものではない。

10.3.2　役割の根拠と役割の基準

本章の残りの部分で、状態・過程・行為に適した参与者役割のタイプを議論し、役割のタイプ、役割はどう正当化されるのか、異なる役割はどれだけ必要なのか、異なる言語で役割はどのように指定されるのか等、さまざまな疑問を扱う。議論の出発点は英語であるが、他言語からのデータも示していく。前もって心に留めておくべき重要な点は、役割が文法的な根拠に基づいて正当化されるべきだということである。根拠は統語的であったり、形態的であったり、以下に提示される質疑応答形式のテストと関連するかもしれない。重要なことは、基準を設定することである。もし分析者がある言語の文法で合図されておらず、他のテストによっても支持されず、分析者の直観によりもっぱら引き出されるような参与者役割を提案すれば、疑ってかからなければならない。直観の有効性が否定されないとか、ある言語の話者がある種の直観を共有するという事実も同様に疑ってかかるべきである。問題の核心は、直観に誤りがないわけではないし、また、直観がいつも共有されるわけでもないので、公になっている証拠によって正当化される必要があるということである。

統語理論では基本的要素としての役割を含めるという標準的な議論がある。

- 役割のおかげで、同一の構成素構造をしていても異なる意味をもつ構文を扱うことができる。

(7)と(8)を考えてみる。

(7) a. Barnabas liked spaghetti.
(バーナバスはスパゲッティを好む。)
b. Barnabas ate the lasagna.
(バーナバスはラザーニャを食べた。)

(8) a. Sabrina made Freya her friend.
(サブリナはフレイヤを友だちにした。)
b. Sabrina made Freya a meal.
(サブリナはフレイヤに食事を作ってあげた。)

後述の議論を先取りし、ここで注意すべきは、(7b) で表された状況ではBarnabasは何かを行っているが、(7a)で表された状況では、Barnabaが何かを行っていることにはならないことである。すなわち、2つの文で記述された状況では、どちらでもBarnabasが主語名詞句であるが、Barnabasは異なる役割を担っているのである。(8a,b)ではFreyaは動詞句内部の動詞の直後に続く。にもかかわらず、Freyaは異なる役割を担っている。(8a) で示された状況では、SabrinaはFreyaに対して何かを行うが、(8b) で示された状況では、SabrinaはFreyaのために何かを行うのである。

・英語(およびその他の言語)では、名詞句は、たとえば、Pavel and Rene, the snow and iceなどのように等位接続できる。ある種の制約は等位接続に影響を及ぼし、その制約を破る(9a,b)のような例はおかしく聞こえる。

(9) a. The quiche and I were cooking.
(キッシュと私は料理中であった。[キッシュは焼けつつあり、私は料理しつつあった。])
b. Katarina made her mother an omelette and the kitchen a mess.
(カタリーナは母にオムレツを作り、台所をちらかした。)

奇妙さは役割から来ている。(9a) では、Iは動作主だが、the quicheは動作主ではない。(9b) では、her motherはオムレツの受領者だが、the kitchenは受領者ではない。等位接続された名詞句は同一の役割をもたなければならない。さもなければ、くびき語法(zeugma)[6]の例として扱わなければならない。

---

6 兼用法とも呼ばれる。1つの形容詞または動詞をもって異種の2個の名詞を強いて修飾または支配させること。(例) **weeping eyes and hearts** (= weeping eyes and bleeding hearts)

・(10)のように、役割は前置詞句の中立的な語順に関連づけられる。

(10) a. Juliet went on Monday to Newcastle.
(ジュリエットは月曜日にニューカッスルに行った。)
b. In Strasbourg my brother lives.(私の兄弟はストラスブールに住んでいる。)
c. With roses he planted the garden last November.
(彼は昨年の 11 月に庭にバラを植えた。)

(10a-c)は自然な語順の例として容認できない。...to Newcastle on Monday, ...lives in Strasbourg, ...with roses last November が通常の語順である。(10a) では通常、着点句 to Newcastle が時間句 on Monday に先行する。(10b) では、補語の場所句は動詞の後に続き、(10c) では「材料(material)」の with 句は通常、動詞と直接目的語の後に続く。もちろん、(10a-c) の語順は可能である。これらの語順は、起こりうるが、たとえば、会話の冒頭の文としては起こらないであろう。(10) の例は前置詞句に強勢が置かれているため、想定される会話の先行部分に対して反駁するために用いなければならないからである。重要な点は、すべての句は前置詞句なので、構成素構造には違いがないことである。違いがあるのは、前置詞句内の名詞句に与えられる役割である。

・役割は前置詞、格接辞、動詞接辞の分析に関連する。

当然のことながら、Butt (2009) と Primus (2009) のどちらも意味役割に対する明快な定義の欠如に不満を漏らしている。役割を確立するための基準がないことがそれに付け加えられる。たとえば、Culicover (2009: 67) は、The dog got sick(この犬は病気だ)の名詞句 the dog は、状態の変化を被るので、主題(Theme)であると述べている。筆者 JM が知る限り、誰もこの分析を支持する例をこれまで議論してきていない。Anderson (2006: 90–1) は、次の (11a) の the duck に動作主役割を付与することに対して Dowty (1989) を批判している。以下で見るように、the duck は、(11) の例で表される状況のうち、2 つの場合においてのみ動作主であることになるし、公平を期すとすれば、Dowty (1991) から考えると、Dowty はその時すでに当該の分析を放棄してしまっていたかもしれない。

『リーダーズ英和辞典』; She **took the time and the room** (= She took her time and cleaned the room)『ジーニアス大英和辞典』(太字部分がくびき語法)

(11) a.　The duck is swimming.（アヒルが泳いでいる。）
　　b.　The duck is dying.（アヒルが死にかけている。）
　　c.　The duck saw the frog.（アヒルはカエルを見た。）
　　d.　The duck swallowed the frog.（アヒルはカエルを一飲みにした。）

(11b) は What is happening to the duck?（アヒルに何が起こっているの？）という質問に答えられるので、the duck は被動者である。(11a) は What is the duck doing?（アヒルは何をしているの？）という質問に答えられ、(11d) は What did the duck do?（アヒルは何をしたの？）という質問に答えられる。したがって、(11a) と (11d) の the duck は動作主である。(11c) はどちらの質問にも答えられないので、経験者の役割が付与される。

Anderson (2006: 91) は、(12) のようなペアの分析を正しく批判し、(12a) も (12b) も「直観のレベルでは、たとえば、Max が動作主で、Mary が受領者だと仮定されるであろう」と述べている。

(12) a.　Max sold the piano to Mary for $1,000.
　　　　（マックスはメアリーにそのピアノを一千ドルで売った。）
　　b.　Mary bought the piano from Max for $1,000.
　　　　（メアリーはマックスからそのピアノを一千ドルで買った。）

ここで Anderson は Langacker や他の認知言語学の支持者と同じ路線をとる。(12a,b) は言語外の世界に直接写像しているのではなく、外界の心的表示 (mental representation) に写像している。通常、素朴な真理条件的な接近法では、そのような心的表示がまったく同じであると考えられる状況に対して異なる解釈を与えることを許容する。(12a) では、Max は動作主、the piano は被動者、Mary は着点として提示されている。(12b) では、Mary は動作主として、そして、the piano は再び被動者として提示され、Max はピアノが Mary に移動する起点として提示されている。しかし、売買に関する出来事の力学 (the dynamics of events) を考えれば、(12b) に対応する現実世界の状況では、Max が Mary に対してピアノを受け取って 1,000 ドル支払うように説得するのではなく、Mary が動作主で、Max に対してピアノを 1,000 ドルで手放すよう説得していることは十分にありうる。

10.3.3　文法的基準の重要性

(12a, b) はもう 1 つの重要なポイントを例証している。主題役割は、格語尾や接置詞 (adposition) の生起、語順や語彙動詞 (lexical verbs) のような文法的・語彙的証拠に基づいて設定しなければならない。文法の変更や語彙動詞の変更は、解釈の変更、また、おそらく初期の真理条件の変更という意味の変更を合図することになる。(12a,b) においては、語彙動詞が sold から bought へと変わっている。(12a)では Max は文法上の主語であるが、(12b)では Mary が文法上の主語である。(12a)では Mary が斜格目的語であるが、(12b)では Max が斜格目的語である。

The doctor left the ward (その医者は病棟を去った) という文を分析しなければならないとする。ward にはどのような役割を付与するのが最善なのであろうか。医者が病棟から別の場所に移動するのであれば、起点が適切なように思えるが、それは文法によって支持されない。(the) ward は left の直接目的語であり、被動者でしかありえない。起点の役割は、I dashed from the room (その部屋から急いで立ち去った) や I ran out of the room (私はその部屋から走り出た) のように、from や out of のような前置詞がある時にのみ正当化される。お粗末な方法論のために、対格不定詞構文が生成文法における例外的な格付与として扱われることになった。We believed the driver to be innocent (私たちはその運転手が無実だと信じていた) のような例において、the driver は the driver be innocent という節の主語であると分析され、節全体が believed の直接目的語となっている。さまざまな生成文法のモデルで、対格は通常は直接目的語に付与されるが、この節の主語は例外的に対格を付与されるとされる。参与者役割を付与する場合、文法的な基準が最も重要であるという原理を適用してみる。妥当な意味的分析をここで提示することができるであろうか。1つの可能性は、この構文では believe が「私たちの信念から、その運転手を無実の人々のグループに入れた」という使役の意味を獲得していると分析することである (構文と構文の意味に関する 4.3–4.6 の議論を参照)。

Lakoff (1968) が用いた例も同様に扱える。原文では Seymour cutting salami with a knife (Seymour がナイフでサラミを切ること) となっているが、ここでは (13) のように現代版に修正してある。

(13) a. Sue carved the turkey with the electric knife.
(Sue は電気包丁で七面鳥を切り分けた。)
b. Sue used the electric knife to carve the turkey.
(Sue は七面鳥を切り分けるのに電気包丁を使用した。)

electric knife は道具の一種を表すので、Lakoff は (13a) と (13b) のどちらにおいても electric knife は道具役割 (Instrument role) をもっていると仮定していた。(道具役割はより一般的な随伴役割 (comitative role) の下位類であることを、後ほど、議論はしないが提案する。) (13a) のみが道具役割に対する統語的な支持を与える。electric knife は with が先行する斜格目的語であるからである。(13b) では electric knife は used の直接目的語であり、この文は The electric knife was used by Sue to carve the turkey のように受動態にできる。(13a) は確かに (13b) を含意し、逆もまた成り立つが、(13b) の文法的な証拠は electric knife が被動者の役割をもつことを示している。論理的含意 (entailment) は、それぞれの文の中の名詞句に同一の役割が付与されなくても、文と文の間で成り立ちうる。後の議論を先取りすると、The gardener planted the garden with roses は The gardener planted rose in the garden を論理的に含意するが、roses と garden は異なる役割をもつのである。

(14) は、特に興味深く、言語外世界に対する参与者役割の地位 (status) に関与しており、統語と形態を真剣に考えるべきであるという忠告を補強する。(14) の例は非常によく知られている。

(14) a. The gardener planted rose-bushes in the garden.
(庭師は庭園に(一部)バラの木々を植えた。)
b. The gardener planted the garden with rose-bushes.
(庭師は庭園一面にバラの木々を植えた。)

(14a, b) は意味が同じではない。どちらかが真になる条件を記述するとするなら、庭師が庭園をバラの木々でいっぱいにすれば (14b) が真で、(14a) ではバラの木々が庭園全体にあるか一部にだけあるかはわからない。(14b) は (14a) を論理的に含意するが、(14a) は (14b) を論理的に含意しない。すなわち、大きな意味の違いがあるのである。

統語の違いには意味の違いが伴う。

・planted – rose – garden と planted –garden – rose のように語順が異なる[7]。
・(14b) とは異なり、(14a) では、garden が前置詞に後続する、すなわち、garden は斜格目的語である。(14a) とは異なり、(14b) では、roses が前置詞に後続する。
・(14a) の前置詞は in であるが、(14b) の前置詞は with である。
・(14a) の roses は planted の直接目的語である (Roses were planted in the garden by the gardener のように受動文にできる)。(14b) の garden が直接目的語である (The garden was planted with roses by the gardener のように受動文にできる)。直接目的語であるということが重要である。なぜなら、たと

7 ここでは (14a, b) の rose-bushes を roses に読み替えている。

えば、動詞の相(aspect)によって排除されない限り、直接目的語名詞句の指示物が行為や過程により完全に影響されるとみなされるからである。The gardener was planting the garden with roses では、植栽が完全に行われたのかどうかについてはわからない。It took him two days to do it のように続けると完了を意味するが、The gardener partly planted the garden with roses のように副詞 partly が使用されると未完了を意味する。

(14b) は、庭が庭師によって直接作業されているものとして提示されており、庭は被動者役割を担う。では rose bushes にはどんな役割が与えられるのであろうか。再び、この分析を論ずることなく (ただし Schlesinger 1979 を参照)、「同一の場 (same place)」という基本的な概念に基づいて、with を一般的な随伴役割を示すものとして扱う。(14b) の役割の構造には、庭師は、庭に手を加え、庭がバラと同じ場所に存在する状況をもたらすという一般的な解釈がある。(他の言語では相当する文が容認されないわけでもないが、) 英語では *The garden is with rose buds が容認されないと反論されるかもしれない。しかし、The garden with rose bushes is more attractive than the garden with heathers (バラの茂みのある庭園はヒースのある庭園より魅力的だ) のように、名詞句の the garden with rose bushes は完全に容認可能である。

10.3.4　状況タイプと役割の基準

3つの簡単なテストで、行為・過程を状態から区分し、動作主を被動者から区別することができる。行為か過程を記述する文のみが What happened? (何が起こったのか?) という疑問文への答えになるので、What happened? によって行為・過程を状態と区別することができる。いったん文が行為を記述することが確立されたら、(15) と (16) のような疑問文はそれぞれ動作主と被動者を拾い上げる。

(15) What did X do? (X は何をしたのか?)
(16) What happened to X? (X に何が起こったのか?)

What did Jacob do? (ジェイコブは何をしたの?) に対しては He shut the safe (金庫を閉じた) や He e-mailed Grandpa (祖父にメールをした) が適切な答えになる。What happened to Jacob? (ジェイコブに何が起こったの?) に対しては He fell off the ladder (彼ははしごから落ちた) や He was fouled by the defender (彼は守備の選手に妨害された) が適切な答えになる。

英語には、他にも動作主を識別するテストがある。1つのテストは、文が

What X did was... (X がしたことは…), What X is doing is... (X がやっていることは…) などの疑似分裂構文 (pseudo-cleft construction) に編入できるかどうかというものである。たとえば、Jacob shut the safe は疑似分裂構文に入れると、(17) ができる。

(17) What Jacob did was shut the safe.
(ジェイコブがしたことは、金庫を閉じることだった。)

他のテストは、さらに弱いが、文を進行相にできるかというものと、命令文にできるかというものである。Jacob shut the safe は、(18) と (19) に示すように、両方の基準に合う。

(18) Jacob was shutting the safe. (ジェイコブは金庫を閉じていた[最中だった]。)
(19) Shut the safe! (金庫を閉じなさい。)

進行相テストはより弱い。The patient is suffering a lot of pain (患者はひどい痛みに苦しんでいる) や He's not understanding a single thing you say (彼はあなたの言うことを 1 つも理解しようとしていない) や TV 劇よりの引用の You will soon be owning all the land round here (あなたはこの辺りのすべての土地をじきに所有するでしょう) のように、動作主役割をもたない動詞が進行形にできてしまうからである。これらの動詞は、動作主役割をもっていない。なぜなら、What is the patient doing? (患者は何をしているのか?) に対する応答として The patient is suffering a lot of pain は奇妙であるからである (He's annoying the nurses や He's complaining about the food (食べ物について不平不満をこぼしている) などと比較のこと)。

最後のテストは、文を be at it (やっている) で続けられるかというものと、enthusiastically や masterfully のような副詞を文に挿入できるかというものである。Jacob e-mailed Granpa は、(20) と (21) のようにテストの条件に合う。

(20) Jacob was e-mailing Grandpa when I left and was still at it when I got back.
(ヤコブは私が外出時におじいちゃんにメールしていたが、帰宅した時もまだしていた。)
(21) Jacob was enthusiastically e-mailing Grandpa.
(ヤコブはおじいちゃんに夢中でメールしていた。)

動作主役割をもたない動詞に戻ると、テスト疑問文 What is happening?(何が起こっている最中なのか?)と What will be happening?(何がこの先起こりそうなのか?)が suffering と owning を分けることがわかる。進行形で出現するにもかかわらず own は状態を表す。行為は動作主を必要とするので、suffer は行為ではなく過程を表す。むしろ、上の例の the patient は被動者の役割を持っており、He's suffering a lot of pain は What is happening to the patient? に対する適切な応答となる。過程を表す他の動詞は freeze (The loch[8] is freezing over (その湖は全面凍結しつつある))や die (The patient is dying (その患者に臨終が迫っている))、melt (The ice is melting (氷が溶けはじめている))である。最後に、すべての一項動詞が被動者名詞句をとるわけではない。疑問文 What is X doing? に対しては、たとえば、X is swimming (泳いでいる)や X is walking in the park (公園で歩いている)、X is working (働いている)と答えることができるからである。

10.3.5 役割と役割の担い手

役割と役割の担い手を区別するのは重要である。これまで動作主あるいは被動者を表す名詞を取り扱う基準を示してきた。どのような言語の文法でも非常に一般的な範疇だけを設定することを許容するが、おおざっぱな役割それのみによって記述すべき意味の区別を取り扱うのは不十分である。特定の節の意味解釈は一般的な参与者役割だけに依存するのではない。個別名詞の語彙項目 (lexical entries) の情報も解釈に貢献するのである。

役割と役割の担い手を区別する重要性は、動作主に加えて使役者 (causer) を認める提案によって例証できる。

(22) The Sun attracts the planets. (太陽は惑星を引きつける。)

(22)の Sun は、なぜ使役者と呼ばれるのであろうか。それを正当化する根拠は、Sun が生物ではなく、ましてや人間でもなく、理想的な動作主とはみなせないということである。統語的には、(22)が The new manager attracted more clients (その新しいマネージャーはより多くの顧客を呼び寄せた)のような文と同じ権利を有するとみなしても問題がないことも事実である。どちらの文も疑問文 What does X do? に対する答えになり、どちらも(23)や(24)の疑似分裂文を構成できる。

(23) a. What does the Sun do? It attracts the planets. (太陽は何をするの? 惑星

---

8 loch はスコットランド英語で lake (湖)の意味。

を引きつける。)

b. What does the new manager do? He attracts/is attracting more clients.
(新しいマネージャーは何をするの？　彼はより多くの顧客を呼び寄せる / 呼び寄せている。)

(24) a. What the Sun does is attract the planets.

b. What the new manager does is attract more clients.

両文とも受動化することができる。しかし、明らかに、太陽はホテルや商店のマネージャーほどには動作主らしくなく、そのことが統語に反映される。The manager attracted crowds of new clients last week and is still at it this week (マネージャーは、先週新しい依頼人の群衆を引き寄せたが、今週もまだ熱心にやっている) のように、構文 be at it (やっている) が適切な動作主存在を示すのとは対照的に、The Sun has attracted the planets for millions of years and is still at it (太陽は惑星群を幾億年もの間引きつけ、そしてそれをいまだに続けている) は間違いなく奇妙である。(話し手や書き手が太陽を生物として提示している場合、すなわち、比喩が用いられている場合にのみ上記の例は可能になる。) 明らかな動作主は enthusiastically や masterfully など副詞によって修飾できる。これらの副詞は (23b) や (24b) に挿入できるが、(23a) や (24a) には挿入できない。

10.3.5.1　プロトタイプ役割

Dowty のように論理的含意には依拠していないものの、Dowty の方法論を予期させる非常に初期の論文である Cruse (1973) (後述参照) は、プロトタイプ的動作主 (prototypical Agent) とさまざまな非プロトタイプ的な動作主 (non-prototypical Agent) の概念を利用することの有効性を中心的に論じている。Cruse は動作主役割を、意志的 (volitive) と結果的 (effective)、始動的 (initiative)、厳密に動作主的 (agentive proper) という、4つの構成要素 (strands) から成り立つとした。

・意志的要素は意志を行使して何かを成し遂げる存在 [物] と関係する。(25) の例を検討してみる。

(25) a. Captain Oates[9] died in order to save his comrades.

9　Laurence Edward Grace Oates 英国の探検家 (1880–1912) ; R. F. Scott 大佐の率いる南極探検隊に参加した (1910) ; 1912 年 1 月南極に到達したパーティのメンバーで、帰途自分の病が一行を遅らせるのを恐れて吹雪の中を独走して死に至った。(『リーダーズ英和辞典』)

（オーツ隊長は仲間を救おうとして死んだ。）

b. The fugitive lay motionless in order to avoid discovery.
（逃亡者は発見されないように身じろぎせず横たわっていた。）

(25) の動詞は活動を表さないが、Oates 隊長と逃亡者は意志を行使しており、弱いものではあるが、動作主と見なすことができる。Die a hero's death for Sparta!（スパルタのために玉砕せよ！）と Lie still or they will see you!（じっと横たわっていなさい、さもないと彼らに見つかる！）のように、die と lie は命令形にできるが、これは活動のテストではなく意志のテストである。accidentally のような副詞は活動が意志的でないことを示すが、命令文に生起させることができ、解釈を与えることもできる。つまり、Kick the defender accidentally は、偶然そうなったと見えるように守備の選手を蹴るように指示を出していると解釈できるのである。

・第 2 の構成要素は結果的であり、結果を産み出すことと関係するためにそう呼ばれる。(26) でこの要素を説明する。

(26) a. This column supports the weight of the pediment.
（この柱が切妻壁の重量を支えている。）

b. The falling tree crushed the car completely.
（倒木が車を完全に押しつぶした。）

(26a) において、柱は、単にある位置に立っているだけで何らかの結果をもたらす。(26b) の樹木は、たとえば、風から伝わった力で動いたために車を押しつぶしたのである。ここでは意志は関与していないが、注目すべきは、(26a) も (26b) も、What the column does is support the weight of the pediment や What the falling tree did was crush the car completely のように、疑似分裂文に生起できることである。(26a) も (26b) も What does the column do? や What did the falling tree do? という質問に対する的確な答えとして使用できる。

・第 3 の構成要素は始動的であるが、この構成要素が始動的と呼ばれるのは、名詞が表す人物が、たとえば、他に何もせずに命令を発するだけで活動が開始されることがあるからである。
・第 4 で最後の構成要素は、動作主に固有なものである。動作は、生物か機械か自然の力である存在物がそれ自体の力を行使する状況を表す文と関連づけられる。(27) に例を挙げる。

(27) a. The computer is playing six simultaneous games of three-dimensional chess.
(そのコンピュータは３次元チェスを６ゲーム同時にやっている。)

b. The machine is crushing the wrecked car.
(その機械は壊れた車を押しつぶしている。)

c. The flood swept away whole villages.
(洪水は村々全体を押し流した。)

プロトタイプ的な動作主(prototypical Agent)は、結果を得るか行動を開始するために自らの力と意志を行使する。このことは、日本製の第５世代のロボットが登場するまでは、最良の動作主は生物であり、その中でも人間が最良の動作主とみなされるであろうということを意味する。要するに、文法的およびその他の根拠により、動作主役割が確立されるのである。多様な基準が生き物(とりわけ人間)を最良のプロトタイプ的動作主として拾い上げる。英語の文法は、より弱くではあるが、生物以外の他の種類の存在物も動作主として認定する。人間、(人間以外の)動物、機械、自然の力は、いずれも動作主の役割を担うことができるタイプの担い手である。

10.3.5.2　プロト動作主とプロト被動者

Dowty(1991)は、動作者、被動者、起点などの明確に区別される伝統的な役割を放棄して、Dowty自身が名付けた２つの「群概念(cluster concepts)」であるプロト動作主(PROTO-AGENT)とプロト被動者(PROTO-PATIENT)に置き換え、それぞれをいくつかの言語的な含意(verbal entailment)によって特徴づけることを提案している。(28)がプロト動作主の含意で、(29)がプロト被動者の含意である。

(28) a. Volitional involvement in the event or state
(出来事や状態への意図的な関与)

b. Sentience (and/or perception)
(感覚(および/または知覚))
(例：John sees/fears Mary, is disappointed at X, knows/believes X)

c. Causing an event or change of state in another participant
(別の参与者の出来事や状態の変化を引き起こす)

d. Movement relative to the position of another participant
(別の参与者の位置に相対しての動き)

e. Exist independently of the event named by the verb
(動詞によって表された出来事とは独立に存在する)

(29) a. Undergoes change of state
(状態変化を被る)
b. Incremental theme
(漸増的な主題) (例：filling a glass, crossing a road)
c. Causally affected by another participant
(使役的に別の参与者に影響される)
d. Stationary relative to movement of another participant
(別の参与者の動きに相対して静止している)
e. Doesn't exist independently of the event, or not all
(出来事から独立には存在しないか、全く存在しない)

Dowty が述べるように、上記の特徴は Keenan (1976) が文法的主語の説明の際に用いた特徴の集合に酷似している (10.2.1 参照)。興味深いことに、プロト動作主の特徴、特に (28a-c) は、動作主の一般的概念の主要な構成要素として以前に Cruse によって提案されていた。異なる 2 つの方法論が酷似する結果をもたらしたことは納得できる。(Foley and Van Valin (1984) も動作主と被動者の一般概念であるマクロ役割 (macro-role) の概念を発展させたため、類似した結果をもたらした方法論は、実際には 3 つある。)

明確に区別された役割の伝統的なリストを廃止するという Dowty の目標の 1 つはおそらく達成できない。ここで構文に出番が再び巡ってくる。役割を設定する基準の議論、特に文法的特徴を無視する分析に関する Anderson の批判と、解釈の概念を念頭に置くと、Dowty の考え方は、動作主と被動者が関与する主要な構文に適用し、解釈の変更を構文の変更につなげたり、構文の変更を解釈の変更につなげたりすることを許容するものとして取り扱えるようになる。その 1 つの例は、Him like pears[10] から He likes pears (彼は梨を好む) へという歴史的な変化である。初期の構文では him は動作主ではなく経験者であり、文法上の主語は pears である。後年の構文では、he は文法上の主語であり、非常に弱い意味での動作主として扱うのがおそらく最善であろう。この構文は、以後さらに発達して、たとえば、進行中のすべての活動に参加することによって we の指示対象が

10 古英語から中英語を経て近代英語になる過程の中で非人称主語構文から人称主語構文への推移が起こったことは英語史でよく知られている。like 以外にも hunger, thirst, please, (me) think などに同様の構文変化が生じた。中世以前に人間がもっていた畏敬の対象、人智の及ばぬ存在、としての自然や神に代わって、人が自然 (現象) を支配しうる立場に自らを置くようになった意識の変化(人間中心主義)が言語表現に影響を及ぼしたと推測される。

活発な役割を担う者として提示されるWe're liking it hereのような進行形を許容するまでになった。マクドナルドの宣伝文句のI'm liking it[11]は、誰かが、ただ単にハンバーガーをできるだけ早く胃袋に入れてその場を立ち去るのではなく、ハンバーガーをむしゃむしゃ食べて、喜びを表現している様子を彷彿とさせる。

Dowtyの論文の3番目の目標は、動詞と2つの項を含む節について、いずれの項が文法上の主語で、いずれの項が直接目的語であるかを決定することである。Dowtyの提案は、述語が論理的に含意する最も多くのプロト動作主の性質をもつ項が主語として語彙化され、プロト被動者の論理的含意を最大にもつ項が直接目的語として語彙化されるというものである。このアプローチは最適性理論(Optimality Theory)の先駆的な扱いと非常によく似ている(de Hoop 2009を参照のこと)。

他にどんな役割が文法的パターン(および論理的含意)により必要とされ、正当化されるであろうか。一般役割の随伴(Comitative)は、道具(Instrument)から様態(Manner)までを包含する。(文法的なパターンとともに実験的な証拠にも基づいた意味役割の解説をしている数少ない研究の1つであるSchlesinger (1979) を参照のこと。)一般役割の起点(Source)または出発点(Ablative)は、行程の物理的な起点とともに、理由(Reason)、原因(Cause)も包括する。一般役割の着点(Goal)や方向格(Allative)は、行程の物理的終点から、お金や本などの具体的な存在物である受領者や助言や着想などの抽象的な存在物の受領者までを包含する。受領者(Recipient)と被動者(Patient)の違いが、「人を取り巻く空間への移動」対「人を取り巻く空間への移動、かつ人との接触」として把握できるかどうかという問題はここで議論する余裕はない(Anderson 2006とJackendoff 1983: 188–211を参照)。

10.4. 通言語的な役割

ここまで見てきた役割の集合のおそらく唯一の本質的特性は、役割が文法パターンに基づいていることである。2つのさらなる文法パターンを見ることで意味役割/参与者役割の議論を終えることにする。1つは、統語と形態統語に注意を払っても、役割の付与の複雑さに直面することを証明し、もう1つは、ある言語の文と別言語の翻訳がどのように異なる解釈に基づくかを示す好例となる。

第1のパターンは、動作主(Agent)と使役者(Causer)の区別(または動作主と

---

11 実際の広告文はi'm lovin' it(それって、やみつきになりそう)であり、著者JMの思い違いであると思われる。

水力、風力、河川、霜、降雨など自然の力（Natural Force）との区分）とみなされるものに関係する。以前、The manager attracts more customers や The Sun attracts the planets という例を使用したが、この２つの動詞＋名詞句の組み合わせは、英語においてさまざまな文法的特徴を共有する。しかし、別の言語では、同等の節が異なる統語構造をもち、おそらく、Sun が manager とは異なる前置詞や格接辞、語順を必要とすると仮定してみる。後者の言語は、英語と比べて、より狭い意味での動作主役割をもつと分析され、the Sun は動作主として具現されるとは言えないであろう。

実際、ロシア語には、自然現象を表現する文用の特別な構文がある。(30) と (31) を比較してみる。

(30) Solidaty zatoptali carevicu.
Soldiers-nominative crushed maize-accusative-sg
'Soldiers trampled down the maize.'
（兵士たちがとうもろこしを踏みつけた。）

(31) Gradom zadavilo carevicu.
Hail-instrumental crushed maize-accusative-sg
'Hail flattened the maize.'
（霰[ひょう]によって / がとうもろこしをなぎ倒した。）

(30) では、zadavili は３人称複数形で、soldaty と数の一致を示す。soldaty は主格・複数で、主格は伝統的に主語名詞の格とみなされ、また、zadavili と数の一致をしているので、明らかに文の主語であり、動作主を表している。(31) では、gradom は具格、すなわち道具（Instrument）役割を示す格として現れている。もしイワンがカナヅチで何かをしたら、具格の形式 molotom（'with a hammer'「カナヅチで」）が用いられる。Zadavilo は３人称単数形であるが、中性なので、gradom と性の一致はしない。(31) の主語を認定するのは容易ではないが、gradom に役割を与えるのは難しくない。文法パターンに従えば、使役者や自然の力という役割を創り出さなくてよい。むしろ、自然の力は道具として解釈され、gradom は道具であると言うことができる。(Schlesinger であれば、具格が随格（Comitative）の下位タイプであると言うことであろう。)

Dowty のプロトタイプ動作主についての上述の議論に関連して、ロシア語の話者は、霰がとうもろこしをなぎ倒すことを表現するのに、(30) と同じ構文、すなわち、Grad zadavil carevicu が使えることは、指摘しておく価値がある。ここでは、動詞 zadavil が grad と数と性の一致を起こし、grad は主格で現れている。

この構文では、自然の力は動作主と解釈されるが、弱い動作主である。注目すべきは、grad zadavil carevicu と gradom zadavilo carevicu は互いを含意するものの、全く同一の意味をもっていないことである。これまでの議論から、一方は grand を動作主として、他方はそれを道具として提示していると言わざるをえない。

ついでに付け加えれば、原因や自然の力という役割の提案が拒絶されるのであれば、結果 (Result) の役割の提案も同じことになる。「結果」が役割として受け入れられるのであれば、(32) の St Paul's Cathedral や pattern や hole には「結果」の役割が付与されるであろう。

(32) a. Wren built St Paul's Cathedral.
(レンはセントポール大聖堂を建設した。)
b. Siobhan carved a pattern on the piece of wood.
(シボーンは木切れに模様を彫った。)
c. The dog dug a hole in the lawn.(その犬は芝生に穴を掘った。)

これらの例の要点は、動詞 build, carve, dig が存在物を実在化するという創造行為を表すことである。3つの名詞は、単なる被動者で、プロトタイプ的な被動者ではない。

最後の例を (33)–(36) に挙げる。

(33) On prokolol plastmassu igloj
he pierced plastic-accusative needle-instrumental
'He pierced the plastic with a needle.'
(彼は針でプラスチックを突き通した。)

(34) Maša maxnula rukoj
Maša waved hand-instrumental
'Masha waved her hand.'
(マーシャは手を振った。)

(35) Sobaka majala xvostom
dog wagged tail-instrumental
'The dog wagged its tail.'
(その犬は尾っぽを振った。)

(36) Devocka razmaxivala palkoj
little-girl was-brandishing stick-instrumental
'The little girl was brandishing a stick.'

（その少女は棒を振り回していた。）

(33) の英語の例にもロシア語の例にも、動作主名詞、被動者名詞、それに道具の役割をもつ名詞がある。Igloj は igla (‘needle’「針」) の具格形である。(34) から (36) の英語の例では、her hand、its tail、a stick は、おそらく被動者として分析される。最もよい例は (34) で、A stick was being brandished by the little girl (棒は少女によって振り回されていた) のように受動文にできる。ロシア語の例では、対応する名詞は rukoj、xvostom、palkoj で道具格で現れる。文法のパターンに従えば、これらの名詞やその指示対象は道具の役割をもつとして扱わなければならない。この状況は Masha made a waving movement with her hand (マーシャは手で振り動かす動作をした)、The dog made a wagging movement with its tail (その犬は、尾で振り動かす動作をした)、The little girl made a brandishing movement with a stick (その少女は棒で振り回す動作をした) と解釈されていると注釈することができる。この解釈に対する代案としては、具格接辞を意味内容のない単なる奇態格 (quirky case) 標示であるとみなすことであるが、認知言語学や場所理論が実際に用いている文法の基準をよりどころにすると、その可能性は排除される。

10.5. 結論

文法的な基準を用い、主題役割の担い手 (role player) と役割を区別すること、すなわち、文法のパターンにより伝えられる情報と語彙項目により伝えられる情報を区別することによって、非常に限定された役割の集合を設定することができる。プロトタイプ的な役割は言語横断的に認められるが、たとえば、棒を振り回すことのように、同一の状況に見えるものでも、言語が異なれば、異なった表現になるかもしれない。他方、文法的な性質に基づいて設定され、どのような言語にも独自の文法の特徴の集合があるとすると、主語、直接目的語、斜格目的語の概念は、言語ごとに特有なものということになる。

訳者によるコラム：文法論と意味論

文法関係と意味関係の優位性について、主語、動詞、目的語という文法関係と、意味役割(動作主、被動者、着点)を同定する意味構造を想定する時に、どちらが節や文のよりよい分析方法なのかについての判断は、どちらが言語普遍的に適用しうる基準でありうるかに影響される。

遡れば1960年代後半のCharles Fillmoreの格文法(Case Grammar)(のちに構文文法に発展する)、M.A.K.Hallidayの他動性と「θ役割(thematic roles)」を情報構造とつなげて発展させた体系機能文法(Systemic Functional Grammar)などに端緒を有する意味論の主題役割の有効性を認め、著者JMは独自の議論を展開する。Agent/CauserやPatient/Experiencer以外のθ役割としてTheme、Instrument、Goal、Source、Location、Benefactiveなどさまざまな提案がされてきた。問題は、θ役割はいくつまで認められるのか、認めるのがよいのか、という点であろう。著者JMはCruseやDowtyなどの流れを引くプロト動作主やプロト被動者などの概念を援用しながらも、果てしなく意味構造になびくのではなく、客観的な文法構造とのバランスを保つ形で、意味構造を設定しようとする、ある種折衷的な立場を取ろうとしているように見える。(久屋孝夫)

第 11 章
言語の複雑さ

この章のアウトライン

11.1. はじめに

言語の複雑さは、ここ2年の間に出た出版物である Miestamo et al.(2008)、Sampson et al.(2009)、Givón and Shibatani(2009)がきっかけで流行の話題となった。これらの書物に掲載された多くの研究が言語の複雑さの進化の問題を扱っている。それは、(1) 言語間の比較、(2) ある言語がどのような要因で他の言語より複雑になるのか、(3) 複雑な形態論が単純な文法とバランスを保つ形で、あるいは逆の形で、すべての言語が実際に同等の複雑さを有しているのかという問題である。少数の研究は、British National Corpus のような大規模なデータベースにおける複雑な統語構造の生起や、英語の母語話者がそのような構造をどう用いるかを扱っている。

複雑さに関する言語の比較は脇に置いておくが、後の2つのトピックがここでの関心事である。その2つのトピックは大領域統語(magnasyntax)(5.2 参照)の議論と結びつき、話しことばと書きことばの問題、またこの両者は統語論、形態論、語彙において、どう異なっているのかとも関連する。そして、これらの問題はチョムスキーの生成文法との関連、すなわち、構造に適用される制約と変数との関連、および普遍文法(Universal Grammar)と第一言語獲得といったチョムスキー理論との関連の双方において重要である。そこで議論されることの1つは、書きことばよりも統語上はるかに単純で、かつ定型句あるいはそれに準じる句を多く含む自然発話の話しことばを子どもが獲得するということである。これと関連するのが、子どもは、第一言語の自然発話の構造や語句を獲得するために、生成文法学者が当然のこととしている非常に豊かな生得的な制約の体系を必要としないということである。(後で見るように、書きことばの習得は全く異なる過程である。)

これは重要な点であるが、第一言語獲得に関する理論は変形文法の標準理論の進展の後で精緻化された。生成文法学者は、最も単純なものから最も複雑なものに及ぶすべての構造、すなわち、大領域統語(magnasyntax)を処理するための規則・制約・原則を扱う。制約、原理などの理論装置は、母語話者に投影される(刺激の貧困の議論については 12.2 を参照)。

11.2. 話すこと、書くこと、複雑さ

Miller and Weinert (2009) は、英語に焦点を当て、フランス語、ドイツ語、ロシア語のデータも用いて、統語の複雑さを書きことばに結びつけている。Miller and Weinert は、自然発話の話しことばがある種の重要な性質をもっており、その性質は、運用の失敗を表すものではなく、ことばが発話され解釈される諸条件を反映する恒久的な設計の特徴であると論じている。

i. 自然発話はリアルタイムで、即座に、編集する機会なく発話されるのに対して、書きことばは一般的に思考するための休止や多くの編集を伴って産出される。
ii. 自然発話は、話し手、聞き手の双方の短期記憶の限界に影響される。心理学者 George Miller によると、短期記憶は 7 プラス・マイナス 2 ビットの情報を保持できるということである[1]。
iii. 自然発話は、通常、ある特定のコンテクストで対面して会話を行う人々によって産出される。
iv. 自然発話には、定義上、声の高さ(pitch)、振幅(amplitude)、拍子(rhythm)、声調(voice quality)が関わる。
v. 対面による自然発話は、身振り、視線、顔の表情、身体姿勢を伴い、そのすべてが情報を伝達する。

条件(i)-(v)は、以下のような、ある種の言語的な性質に反映される。

a. 情報は注意深く設定され、少量の情報が各々の句や節に割り当てられる。

---

1 George Miller によると、人間が一度に把握し操作できる情報の数は約 7 ± 2 であり、短期記憶の範囲であるとした。この数字は「マジカル・ナンバー」と呼ばれる。(『ブリタニカ国際大百科事典 小項目事典』)

b. 自然発話の話しことばは、典型的に、書きことばよりも文法的な従属構造がはるかに少なく、等位構造や単純な並列構造(parataxis)がはるかに多い。
c. 自然発話の話しことばの統語は、一般的に断片化され、統合されていない。句は書きことばの句ほどは複雑でなく、節構造も書きことばほど複雑ではない。直示詞(deictics)が統語のまとまりの関係を示す中心的な役割を果たす(第3章、第8章参照)。
d. 文はくだけた話しことばの有用な分析単位にはならない。
e. 構成素構造(constituent structure)のパターン、および主要語と修飾語の配列は、統語理論によって認められているパターンに必ずしも合致するとは限らない。
f. 自然発話の話しことばは、書きことばよりも語彙の範囲が狭い。
g. 自然発話の話しことばに出現しても書きことばに出現しないいくつかの構文があり、逆の出現パターンを示す構文もある。

1つの重要な性質がこのリストに付け加えられなければならない。自然発話の話しことばにおいて産出される多くの語の連鎖は固定句で、完全に固定した語の連鎖か、限られた代用や拡張を許す鋳型かのいずれかである(12.4参照)。実際の統語は以下に述べる意味で単純である。50%の名詞句は代名詞、25%は単一名詞または決定詞+単一名詞から構成される。課題を処理する対話や会話に出現する名詞句の詳細はThompson (1988) およびMiller and Weinert (2009) で議論されている。(形式ばった書きことばのテクストに用いられる複雑な名詞句の豊富な例はFeist (近刊)[2] に見つけられる。また、読み上げられている書きことばテクストに現れる名詞句の解釈が困難なことは、工場の管理者と従業員の間でうまく行かなかったコミュニケーションの議論において記述されている(11.4)。)

自然な話しことばにおける非常に単純な名詞句の構造は(1)の小さなテクストによって的確に例証される。一見、反例のように見えるかもしれないが、ユーモアあふれる葉書からのものである(1人の女性が食卓に着いてワインを飲み、煙草を吸いながらもう1人の女性に対して語ったことばである)。そのテクストにユーモアが感じられるのは、くつろいだ状況でほとんどの人は、2つ、3つの選び抜かれた堅苦しい形容詞でさえ即席には口に出すこともできず、ましてや9語の形容詞を連ねることなどはありえない、さらに最も流暢な話し手でさえ緊張する場面ではタイミングよく複雑な統語構造を産出することに大いに苦労するとい

2　原著に詳細は記されていないが、おそらくFeist (2012)を指していると思われる。

う事実による。

(1) Then he said why was I always trying to CHANGE him and I said probably because he's such an obnoxious thoughtless selfish overbearing self-righteous hypocritical arrogant loudmouthed misogynist bastard.
(その時、彼はなぜ私がいつも彼を「変えよう」としているのかと言ってきました。それで私は彼がとんでもなく鼻持ちならない、思慮の足りない、わがままで、威圧的で、独りよがりで、偽善的で、傲慢で、大口たたきの、女ぎらいの野郎だからだって言ってやりました。)

関係詞節は概して関係詞節標識が現れないか that によって導入され、前置詞は節の末尾に配置されるか省略されるかである。(関係詞節と大領域統語 (magnasyntax) の説明は 5.2 参照。) 補部節は概して補部節標識が現れない。副詞節の範囲は限られており、通常は、時間節、様態節、条件節である。主節に対する従属節の全体的な割合は書きことばより一般的にずっと小さい。(詳細については Miller and Weinert (2009)、Biber et al. (1999) の該当するセクションを参照。) Miller and Weinert によって報告された結果は、Sornicola (1981) のイタリア語の報告、Blanche-Benveniste (1991) のフランス語の報告、Zemskaja (1973) のロシア語の報告と合致する。Miller and Weinert は、トルコ語の話しことばの統語がより緩いことについてコメントしている Mundy (1955) を引用した。より最近の 2 つの著作では、関係詞節化と ki を伴う補部節に焦点を当て、緊密に統合され階層的な書きことばの関係詞節＋主要名詞＋補部節＋動詞のトルコ語の構造と比べると、話しことばのトルコ語の構文の並列的でかつ連鎖的な特徴が明確に証明される (Kerslake 2007、Schroder 2002 を参照)。

同様に、高度に統合された非定形節 (non-finite clauses) は、(話し手にもよるが) 概して自然発話には現れないか、現れるのが稀であるかのいずれかである。そのような非定形節には、自由分詞 (Jumping to her feet, she threw a book at the intruder (飛び起きると、彼女は侵入者めがけて本を投げつけた))、主語付きの自由分詞 (The intruder having escaped through the front door, she slammed it shut (侵入者が前扉から逃げ出したので、彼女は扉をバタンと閉めた))、所有格主語付きの完全な動名詞 (Brown's failing to foresee the collapse has cost the country dear (ブラウンが崩壊を予知しそこなったので国家にとって大きな損失になった)) などがある (詳細は Miller and Weinert (2009: 85–7) を参照)。さらなる例は、コピュラ構文である本段落の冒頭の文 (Also typically missing from or rare in spontaneous spoken English are highly integrated non-finite clauses such as free participles (...), free participles with subject NPs (...) and full gerunds with possessive subjects (...) である[3]。この文では、beの補部が文頭に位置し、主語自体はたいへん密になっている。highly integrated non-finite clause such asの後に、それぞれ括弧で括られた具体例を伴っている等位接続された3つの名詞句が続いているためである。

11.3. 書きことば英語のコーパスにおける複雑さ

即興で話す話者が単純な統語を用いるだけでなく、生成文法の分析に共通する、より複雑な統語構造は、書きことばの英語においてさえ、あまり使われないように思える。Karlsson (2009) は、British National Corpus (BNC)、Brown Corpus、London-Oslo-Bergen (LOB) Corpusに、2層の節の埋め込みが130例しか見つからないことを報告している。以下でも説明するように、この数はもっと少ないかもしれない。(2) は単純である。比較節のthan is common in modern politicsは関係詞節のinto which ... have goneに埋め込まれ、次に、その関係詞節が主節の主語名詞句a number of speechesに埋め込まれている。

(2) A number of speeches into which [a great deal of thought and preparation on a level much higher than is common in modern politics have gone] are not reported at all... (現代政治でありふれているよりもずっと高い水準で膨大な思索と準備が注がれたいくつかの演説が全く報告されていない…)

追加の2例は単純ではない。(3) において最も深く埋め込まれた節は、Karlssonの分析では、in which the theme of homosexuality remains latentである。だが、この節は埋め込まれているのであろうか。確かに、この節はwhen one compares ...with the shoddiness... の節の内部にあるが、ダッシュで別の節のまとまりから分離されており、このことが、この節に余談としての機能があることを示唆している。つまり、読者はまず脇道に逸れ、次にその文を貫く本筋に戻るように誘導されているのである。

(3) ...for that matter, when one compares *Swann* and *Jeunes filles* – in which the theme of homosexuality remains latent – with the shoddiness of the later volumes, one is inclined to wonder... (その件については、*Swann*や*Jeunes filles*ーそこでは同性愛というテーマは表立っていないがーを後に刊行された本の

3 この段落の最初の英語の原文が例に使用されている。

安っぽさと比較したら、…と思わざるをえないだろう…)

同様の問題が、一見したところ最も深く埋め込まれた節が as was the way of the world である (4) にも生じる。この節は、主節 (matrix clause) に見える部分からコンマによって分離されている。前の例と同様に、この節は、脇道、つまり、随意的で、厳密には必要のない語り手による物語の内容へのコメントを構成している。この脇道は、最初の脇道の内部にある。コンマによって主節から分離された who...shamba が非制限関係詞節であるからである。非制限関係詞節は、指示対象を選び出すのに役立つ情報を提供しているのではなく、余分な情報を持ち込んでいるのである。

(4) It was not until he was an old man that one day his son, who, as was the way of the world, had left the shamba[4], explained to him that...
(彼が老人になってようやく、ある日息子が、世にはよくあることだが、農園を捨てて去っていった、その息子が、彼に…だと説明した)

より多くの例が除外されると、2層以上の埋め込みはなおいっそう稀であることになる。

11.3.1 学生を対象とした複雑な書きことばの言語処理実験

ある特定の構文が、大きなデータベースにほとんど現れないかまったく現れないのであれば、言語の使用者が書きことばで、ましてや話しことばではなおさらのこと、その構文を避けていると推察してよいであろう。上記のタイプの用例の実験的な証拠は収集されないが、他の例ならば見つかる。Dabrowska (1997) は、英語の母語話者の異なる集団が Sandy will be easy to get the president to vote for (サンディーは 会長に投票してもらいやすい (候補者) であろう) や It was King Louis who the general convinced that this slave might speak to (この奴隷が話しかけてもよい相手だと将軍が確信させた人物はルイス王だった) のような複雑な文をどの程度理解したかを調査した。大学講師がこれらの例や、その他の例についての理解度が大学の学部生よりも高く、大学の学部生が大学職員の門衛や清掃係より理解度が高かったと Dabrowska は報告している。

Chipere (2009) は2つのグループの職業補習教育学校の学生で実験を行った。一方のグループには学力の高い学生を、他方のグループには学力の低い学生を集

---

4 (東アフリカにおける)「畑」や「小農園」の意味。スワヒリ語からの借用。

めた。学力のレベルはGCSE（イングランドおよびウエールズにおいて16歳で受ける修了証明試験）で得られた成績のレベルで決められた。第1の課題では、与えられた例を思い出すことを求められた。第2の課題では、複雑な文をもとにした質問に答えることを求められた。たとえば、Tom knows the fact that flying planes low is dangerous excites the pilot（飛行機を低空飛行させることが危険であるという事実が操縦士をワクワクさせるという事実をトムは知っている）が提示され、学生は、What does Tom know?（トムは何を知っているの？）やWhat excites the pilot?（操縦士はなぜワクワクするの？）と質問されたのである。両方の課題で、学力の高いグループが学力の低いグループより成績が著しく優れていた。学力の低いグループの一部に記憶の訓練を行い、残りの者に複雑な文を理解させる訓練をした。記憶の訓練をした者は想起課題（recall task）でははるかに優れていたが、質問の理解は同程度であった。理解の訓練をした者は文の想起においても質問に対する答えにおいても優れていた。

その結果に基づき、Chipere（2009: 191）は、母語話者の文法能力には差があるが、文法能力を完全に獲得する潜在力は等しいことを示唆している。「知能だけでなく言語獲得の諸条件に幅広い多様性があるにもかかわらず、同一言語の話者の間では、実際に形成される文法はほんのわずかしか違わないことがわかっている」という生成文法研究者の間で一致している見解（Chomsky 1968: 6–69）があるが、Sampson（2009: 9）は、イデオロギーに基づいたこの見解に異議を唱える難しさに言及している 。英国における標準的な話しことばと非標準的な話しことば、そして、さまざまな非標準的な変種間の多くの相違は、変異の幅が広いことを示唆している。エディンバラ大学の同じコースをとった1年生が提出する書き物における変異の幅の広さは、36年間にわたって観察してきた結果、Chomskyが非常に楽観的であったことを示唆している。Maher and Groves（1996）にはChomskyの写真がある。Chomskyに付けられた吹き出しには「私たちは物質的にも知的にも貧弱で、肉体的には病んでおり、意志と集中力に欠け、生涯にわたる境界性人格障害（borderline personality）の問題があるにもかかわらず、心［知性］の認知システムは、ひそやかに（quietly）、一様に（uniformly）、一見、私たちの制御を超えて、組織を構築し続ける。」という明快かつ力強いテクストがある。そこから引き出される推論は、誰しもが同一の文法をもっているということであるが、この仮定を支持する証拠はいまだ示されておらず、複雑なテクストの理解や書きことばのテクストの産出といった証拠や、Philpottのような研究（11.4を参照）は、すべてこの仮定に反する。

さらに、生成文法学者の一致した見解に異議を申し立てることなく，文法能力の変異可能性を許容しようとするChipereの試みに対して立ちはだかる1つの障害がある。彼の実験では，被験者が2つの学生の集団から選ばれた。大学生の集団は、学力の高い学生と学力の低い学生で大きな差があることはよく知られている。より大事なのは、現在、英国での義務教育終了者は、どの年度でもおよそ35% が高等教育に進むことである。このことは、学力が十分でなかったり、学校に対する関心がなかったり、家庭がよくなかったりという理由で、高等教育に進まない義務教育終了者が65% いることを意味する。Dabrowska の実験で門衛や清掃係が選ばれたのは、その65% からであり、Chipere の実験はこれらのことを考慮していない。

11.3.2　自然発話の話しことば：句か節か

偶然ではあるが、Chipere の研究は、話者の言語体験に注意を払うことがいかに重要かということを証明している。Chipere の被験者は能力の高いグループと能力の低いグループに分かれるかもしれないが、全員が高等教育を受けている。このことは、すべての被験者が形式ばった書きことばの複雑な統語構造と語彙にかなり触れてきて、そのような言語を相当集中的に読み書きしていたことを意味する。すなわち、被験者は、すでに概説した典型的な自然発話より密度の濃い文法をもつ多様な言語の変種にどっぷりと浸かっていたのである。実際、形式ばった書きことばと自然発話の話しことばの落差はさらに大きいかもしれない。Sornicola (1981) が、イタリア語のナポリ方言に基づいて、多くの自然発話には、句が組み合されて節になったり節が統合されて複合的な節になったりする統語構造の1つさえ生じないということを、説得力をもって議論している。構造は、むしろ、統語的な連結がないか、あってもごくわずかで、文脈と世界の知識に基づいて聞き手が推論の技術を駆使することが求められる統語(句)のかたまりから構成されている。Sornicola は、こうした断片は、運用上の誤り (performance errors) の結果生じた砕け去った節の残骸としてではなく、話者が自然発話で作り出そうとする構造として扱われるべきであることを証明している (Miller and Weinert 2009: 58–9 を参照)。

Sornicola の説明は Zemskaja (1973) が提示したデータによって支持される。ここでは(5)を検討する[5]。

(5) a.　moloko　raznosit/　ne　prixodila　ešče?
　　　Milk　she-delivers/　not　came　yet?
　　　'The woman who delivers the milk, has she not come yet?'

5　Miller and Weinert (2009: 62) を参照。

（牛乳の配達の女性、まだ来てないの？）

b. u okna ležala/ kapriznaja očen'.
At window she-lay/ moody very
'The woman in the bed by the window was very moody.'
（窓辺のベッドで横になってた人だけど、とても不機嫌だったね。）

(5a,b) にはそれぞれ 2 つの定形動詞と 2 つの節がある。(5a) では raznosit と prixodila、(5b) では ležala とゼロ・コピュラである。もし (5b) が過去時制であるなら、2 つめの節には明示的なコピュラの byla 'was' が含まれるであろう。この 4 つの節のいずれにも、動詞の直示人称接辞が第三者を指し、聞き手が指示対象を同定するのに十分な情報を完全な節の moloko raznosit と u okna ležala が提供しているため、主語名詞句が現れていない。書きことばのテクストでは、(6) のように、関係詞節に修飾される主語名詞句が現れるであろう。

(6) Ženščina, kotoraja moloko raznosit, ne prixodila ešče?
Woman who milk delivers not came yet
'The woman who delivers the mild has not come yet.'
（牛乳配達をする女性はまだ来ていません。）

(5a, b) の話しことばのテクストの moloko raznosit と u okna ležala をある種の短縮された関係詞節と分析する理由はない。それどころか、立派な主節である。転記の中の斜線 (/) は、発話が続いており、1 つめの節と 2 つめの節がつながれて節の複合体 (clause complex) を形成することを示す音調パターンを表している。Zemskaja (1973) からのこうした例およびその他の多くの例は、高等教育を受けた話者による形式ばらない自然な会話であるという強みがあり、非標準的なロシア語であるとすることはできない。これらは自然発話のロシア語では通常の統語法なのである。

この時点で、2 つの重要な但し書きをつけなければならない。1 つめの但し書きは、テクストのタイプにより、主節に対する従属節の比率が異なるということである。Halliday (1989) によれば、書きことばは、多くの語彙が詰め込まれた高度に緻密 (compact) で簡潔な構文があって複雑である。これに対して、話しことばは、かなりの比率の従属節を含む込み入った (intricate) 統語構造があり、違った意味で複雑である。Halliday の主張は、自然会話の Miller-Brown Corpus にも、Macauley (1991) で分析された語りにも、Blanche-Benveniste (1991) のフランス語データにも、Zemskaja のロシア語データにも全く当てはまらない。また、

Wellington Corpus of Spoken New Zealand English の私的な会話や視聴者参加ラジオ番組にも、ICE のオーストラリア英語部門のくだけた会話などの、より最近の話しことばコーパスにも当てはまらない。Halliday の主張は、たとえば、大学の講義や、公共の場面で話し慣れていて、討論にいろいろと貢献してもらうために一定の時間が与えられた参加者がいる討論番組の独話 (monologue) にも当てはまらない。大学の講義は、講義する人にメモがあったり、スライドや今日ではどこででも見かけるパワーポイントの提示があったりするために、「準脚本化 (semi-scripted)」されている。先ほど言及したスタジオ討論は、即座に反応することが期待される会話や電話による視聴者参加番組より、はるかに多くの準備時間をとることができる (話し手やテクストタイプについてのより詳しい議論については Miller and Weinert 2009 を参照)。

自然発話の話しことばのテクストは、たとえば、形式ばった書きことばのテクストや準脚本化された独話に比べて、従属節を伴った節の複合体の比率はずっと小さいが、節の複合体や従属節を提供しないと考えるのは誤りであろう。Fernandez (1994) が観察するように、くだけた会話でさえ、話し手のお気に入りの句から話し手が数回伝えた語りに及ぶ一定の言語表現の繰り返しが含まれる。こうした繰り返し表現は、実際に複雑かもしれないが、その場で構築されるのではない。他方、従属節の比率がかなり高いという Halliday の主張は、自然発話の会話コーパスにも Macaulay (1991) によって分析された語りにも当てはまらない。

11.3.3 節の結合とイントネーション

2つめの但し書きは、自然発話の話しことばの最も重要な性質に関わる。音調パターンは、2つ以上の節が節の複合体に統合される時点を示すのに用いられる (もし「統合」という用語が強すぎないのであればではあるが)。Zemskaja では、(5a,b) のように、単一斜線 (/) は、発話が話し手によって完結されていないことを示しているが、節の統合は転記で使用されている記号によって明示されていない。Fernandez は、この点を明示し、イントネーションが、単純な等位構造や並列構造ではなく、2つの節が統合される合図となることを指摘している。Zemskaja の (フランス語の) 例を (7) に挙げる。

(7) a. T'auras pas de dessert | t'es pas venu avec nous.
'You won't have any desert (because) you didn't come with us.'
(デザートはないよ、私たちといっしょに来なかった(から))

b. Il n'a pas plu | le linge est sec.
'It hasn't rained (since) the washing is dry.'
(雨が降らなかった 洗濯物が乾いている(から))

特別な音調パターンは、t'es pas venu avec nous と le linge est sec が自由遊離節(free-floating clause)ではなく、それぞれの例の最初の節に連結されていることを示している。もちろん、時間、理由、譲歩などの連結のタイプは、聞き手により再構築されなければならない。

2つの節を1つの節の複合体に統合することを示すイントネーションの使用に関する最新の議論は Mithun (2009) にある。Mithun の論文は、Zemskaja と Fernandez (現在は Fernandez-Vest) を支持するだけでなく、地理的にも統語的にも印欧語とはほど遠いモホーク語(Mohawk)[6] のデータを取り入れているため、重要である。Mithun は、ペアになったイントネーションの異なる節の例を2つ挙げている。1つめのペアは(8)で、2つめのペアは(9)である。

(8) a. 'Khe tóka' ioánere' Tóka' ne: iakenenhrénhawe'
I think it might be good. Maybe I should take the group in.
(それがいいかもしれない。たぶんそのグループを受け入れるべきだ。)

b. Iáh ki' teiotò:'on. kóen' niaontié: ren'.
It is just not possible. I could just do it there.
(それは不可能だ。私がそこでそれをするのは。)
'It is impossible for me to deal with it.'
(私にはそれをそこでやることはできない。)

(9) a. Sok iáken' tahontásawen'. Wa'tkanón: wahkwe'ki: awén: ke.
Then they say it started. It swirled this water.
(するとそれが始まったと言う声があがる。それは水流を渦巻かせた。)

b. Sók ne: 'etahatáhsawen'. Wa'thahséntho'.
So then he began it. He cried.
(そして彼はそれを始めた。彼が泣くこと。)
'So then he started crying.'
(それで彼は泣きはじめた。)

6 アメリカ合衆国とカナダの国境にまたがるニューヨーク州北部、オンタリオ湖南岸、カナダのオンタリオ州、ケベック州などの地域を暮らしの場としてきた先住民族の言語。

(8a) と (9a) では、1つめの節・文の最初から節・文の終わりにかけて下降調のイントネーションがある。2つめの節・文の最初でイントネーションはリセットされ、再び高く始まる。(8b) と (9b) では、2つめの節・文の最初でイントネーションはリセットされない。むしろ、1つめの節の最初で高く始まり、2つめの節の終わりまで徐々に下降する単一のイントネーションパターンがある。特に2つめのペアでは、2つの節が同一の主語をもつことで単一の抑揚のパターンが補強される。

Mithun は、モホーク語の共通の修辞パターンは、詳細な説明が後に続くことを指示詞で示すことである、と述べている。Mithun が挙げる例の注釈は 'we would go watch **this**; the men would play lacrosse' (私たちはこれを観戦しに出かけたものだ、男たちはラクロスをしたものだ) で、'we would go and watch the men playing lacrosse' (わたしたちは、男たちがラクロスをするのをよく観戦しに出かけたものだ) と翻訳される。(8b) や (9b) のように、指示詞によって認知的に統合されていることは、2つの節にまたがる単一のイントネーションパターンにより補強されていた。Fernandez は、結合されていない句を一貫したメッセージとして提示する際に談話不変化詞 (discourse particle) が重要な働きをすることを観察している。フィンランド語の例の (10) では、談話不変化詞が、それ自体では1つの命題を担う節を作らない統語のかたまりをつなぐ役割を果たす。

(10) **Nil** **mut** se oli **nys** se PIRtuaika **sitte** joka paikas.
OK but THAT was now THAT moonshine time afterwards all sides
'After that there was illicit alcohol everywhere'.
(その後、不法な密造酒がいたるところに出まわった。)

ここで私たちが見ているのは、節が埋め込まれずに隣接しているパターンである。節は、たとえば、補部節標識や法 (mood) の変更によって結びつけられていない。2つの節が結びつけられていることは、イントネーションや、後方照応の指示詞の出現によって示される。指示詞とジェスチャーが、節よりも小さくて節を形成しない統語のかたまりをつなぐ合図として用いられるのである。こうしたことは、自然な話しことばの特徴である。これに対して、書きことばには高度に統合された統語構造が存在する。

11.4. 自然な状況下における話しことばの研究

(自然発話の) 話しことばの統語構造を研究する2つの方法については既に述べ

た。第1の方法は、転記資料と録音を用いる話しことばコーパスの分析である（そして、データに埋もれてしまう危惧も大いにあるが、利用可能であれば、ビデオ録画も用いる）。録音資料には、たとえば、対話（dialogue）と独話（monologue）、家族や友人との気楽な会話、同僚や店員や学生などとの議論、講義、課題がらみの対話、物語、その他の多くのテクストタイプのように、多様な話しことばのものがある。この方法は、たとえば、Sornicola（1981）や Blanche-Benveniste（1991）、Thompson（1991）、Chafe（1980）、Miller and Weinert（1998/2009）で採られている。第2の方法は、特定の構造や特定の語彙項目に焦点を置き、情報を実験的に収集することである。これは Dabrowska（1997）と Chipere（2009）が採用した方法である。

第3の方法も実験的であるが、データは統制された条件下ではなく、自然な状況下において、そして、実際に行われているコミュニケーションに関わって収集される。研究者たちは特定の統語構造に焦点を合わせ、1つのテーマで被験者たちを変異に向き合わせるわけではないが、英語話者が形式ばった書きことばを扱う困難さに関する情報が得られる。この方法は、すでに概略を述べ、Miller and Weinert や Blanche-Benveniste などで詳説された構造的な性質の分析を可能にする背景を用意する。古典的な例は Heath（1983）である。Heath はノースカロライナ州 Trackton の工場の従業員がいかにして学校に通い、読み書きを学びながらも、教室外の生活で使う必要がまったくないゆえに、書きことば英語の能力を失うかについて記述している。Heath は、工場の管理者が、保健に関する契約であれ融資に関する契約であれ、公的な文書を従業員に対してどのように読み聞かせるかを記述している。Trackton のアフリカ系アメリカ人のコミュニティのメンバーが地方自治体から、たとえば、子どもの通学や健康診断についての手紙を受け取ると、その文書は、成人グループによって解釈される。重要な情報は、すでにそのような出来事に関する経験もあり、経験を謎の部分だらけの地方自治体の文書につなげることのできる成人からもたらされる。Trackton には複雑な書きことばに困難を感じない人々の集団がいる。大学教育を受け、工場やその他の職場で専門職や管理職として働く人々である。Heath の説明は Dabrawska と Chipere の発見に合致し、間接的な支持を与えている。

（英国で実施された）もう1つの調査は Dabrowska と Chipere にさらに強力な支持を与える。1997年の夏と秋、1997–98年の冬に、Rebecca Philpott は、夏期の仕事をした工場でコミュニケーションの研究を行なった。研究成果は Philpott（1998）として書き上げられた。Philpott は、従業員に対して、工場の出来事、現在の売り上げ状況、今後の展開などについて周知する管理部の試みを調査した。それらの情報は、管理部のチームメンバーによる通知を通して伝達された。それぞれの通知の中心となるものはオーバーヘッドプロジェクター（以下、OHP）のスライドであった。補足的な注釈は工場主任が板書し、発表者が大きな声で読み上げた。スライドのテクストと追加の注釈情報は、異なる報告集会で提供される情報に食い違いが出ないように一語一句そのまま読み上げられた。

テクストの言語は、部分的にはスライドのスペースが限られていたため、そして、部分的には専門的な業界用語であったため、高度に凝縮されていた。(11)のOHPのサンプルのように、凝縮は、主として非常に緻密な名詞句に現れていた。製品名はダミーのラベルに置き換えられている。

(11) The warm weather continued to depress soup sales.

X sales were 5% above the April 1996 level but year to date are 7% down on last year and 15% below a datum which assumed a major boost from the relaunch.

Canned Vegetables sales were better in April, 1% above last year, so year-to-date are 13% down on last year and 6% below datum.

While X is currently being relaunched with a new pack design, the full boost to volume will come towards the end of the year because of difficulties in developing sufficiently impactful advertising. Our plans for the year had assumed heavy advertising from April, so there has been a substantial reduction in the sales forecast. Partially offsetting this is a major sampling exercise.

（温暖な気候がスープの売り上げを圧迫し続けた。

Xの販売は1996年4月レベルから5%増だったが、直近の一年間は昨年比で7%減、再販売による強力な増大を想定したデータよりは15%減である。

缶詰野菜販売は4月時点ではよかった、昨年比で1%増、過去一年間では昨年比13%減、データより6%減。

Xは現在新しい包装のデザインで再販売されているが、十分にインパクトのある広告をまとめあげるむずかしさのために全面的な後押しは年度末になるであろう。当年度の事業計画は4月からの大規模な広告宣伝を想定していたので、販売予測値より相当な減少が生じている。部分的にこれを埋め合わせしているのは大きな試供品の販売促進活動である。）

depress soup sales（スープ販売を不振にする）は専門用語で、商業以外の文脈で見つかるdepressの用法ではない。同様に、year to dateはdatumとともに専門用語である。a datum which assumes a major boost（強力な増加を想定した基準）は高度に専門的で格式ばっている。この専門的な意味の語彙項目assumeはOur plans for the year had assumed heavy advertisingにも再度出現する。その他のぎこちない語句は the full boost to volume（最大限の増大）と developing sufficiently impactful advertising と a substantial reduction in the sales forecast である。最後の文は、Partially offsetting this という文頭に is の補部を伴う比較的めずらしい構文である。（これは一見、進行形のようであるが、*A major sampling exercise is offsetting this のように、この構文は通常の語順では容認されない。）

もう 1 つの OHP スライドには respectively を含む構文があった。こうした例は決してたやすくは解釈できない。

(12) Sales and profits are down about 5% and 10% <u>respectively</u> on the first four months compared to the equivalent period last year(.)
（販売額と利益は、最初の 4 ヶ月を昨年同期と比較すれば、それぞれ 5% と 10% 減である(。)）

Philpott は当時まだ若く、工場で長年働いており、多くの労働者とも顔見知りで、社交的でもあり、単なる学生ということで危険人物やスパイであるとは見られなかったため、かなりの人数の労働者に対してインタビューへの参加を取り付けることができた。インタビューの一部として、Philpott は OHP スライドからの抜粋を使って、被験者たちにその内容に関する質問をした。その抜粋は (13) に挙げてある。

(13) X sales were 5% above the April 1996 level but year to date are 7% down on last year and 15% below a datum which assumed a major boost from the relaunch.
（X の販売は 1996 年 4 月レベルより 5% 増だが、直近の一年間は昨年比 7% 減、販売再促進による大幅増加を想定したデータよりは 15% 減である。）

Philpott は、被験者に次の 4 つの命題のどれが真であるかを述べるよう求めた。

・Sales of the product are above the level they were at in April 1996
（製品販売は 1996 年 4 月時点より増えている）
・Sales are down on the same last year（販売は昨年同期に比べて減っている）
・Sales are currently below the projected target
（販売は現在計画目標に達していない）
・This target was set, thinking that sales would be improved because of a relaunch of the product（この目標が設定されたのは、製品の再促進で販売が向上するだろうとの思惑があってのことだ）

インタビューでは、格式ばった書きことばとその解釈に関する被験者の極度の不快感(discomfort)が明らかになった。過半数の被験者は課題を試みさえしなかった。課題を行った被験者のうち、何人かはどの命題も正しく理解しなかった。しかし、何人かの被験者は、満点を含め、高い得点をとった。多くの被験者たちはテストを終えるまでに長い時間がかかり、平均時間は10分ちょっとであった。想定外の障害は、多くの被験者が話しことばでは理想的な言い換えをしたが、その言い換えを書き留めることは拒否し、最も饒舌な被験者でさえ、自分が書き留めたものが正しいか確認を求めたことである。(何人かの被験者は、多くの家庭で、女性が書きことばの使い手であるという、現在ではよく知られた現象に対するさらなる証拠を提供した。インタビューの中で、男たちは「妻がいつも家でものを書いている」とコメントしたのである。）他の質問では被験者に特定の抜粋が日常言語(ordinary language)より抽象的(abstract)であるか仮説的(hypothetical)であるかを尋ねた。abstract, hypothetical, ordinary languageのような用語は混乱の種を撒いた。要約すると、Philpotの研究は、複雑な構造は自然な話しことばで避けられるだけでなく、多くの話者が書き物にある複雑な構造を解釈できず、どのようなテクストでも書きたがらないことを示した(Philpotの研究では英語の話者についてであるが、その発見は一般的に当てはまる)。

11.5. (書き)ことばはいかにして複雑になるのか

ここまで述べてきた言語の規則(language code)・意思疎通行為・工場従業員の説明は、言語の規則がそれ自体では、精緻化・複雑化しないという貴重な注意喚起となる。言語の規則の使用者は、特定の行為を行うためにその規則を精緻化し、その精緻化が統語や語彙に影響を及ぼす。これらはいずれも、標準的な言語と非標準的な言語を扱う社会言語学者にはよく知られている。社会言語学入門のコースを取る学生に詳しく説明されるように、1つの政治単位[7]にさまざまな変種が共存する場合、1つの変種が標準語として選ばれ、特定の目的のために規則化・精緻化が起こる。現実には、政治、軍事、経済の分野で優位な力をもつ話者の集団が、自分たちの変種を用い、格式ばった公的場面でその使用を押しつけるようになる。そして、その変種に対して分析・記述が始められる。記述者は、しばしば、言語を「改良する(improve)」ことや、標準的な文法規範を設立するために仕事をすることになる。また、特定の集団の使用者は、記録の保存、法律の起草、多様

7　政治単位の意味する部分は、「行政区画」「民族国家」以外に、政治(国境)を超えた単位での民族語やその変種も存在する。

な様式の詩の言語など、特定の目的のために言語を精緻化する。

Deutscher (2000) は、2000年にわたる書き物の伝統をもった言語であるアッカド語 (Akkadian)[8] に関する業績により、Guiraud (1963) と Palmer (1954) の見解に貢献している。Deutscher は、初期の文書の記録は単純で反復のない構造を含んでいたが、補部節と認められるようなものがないことを証明した。定形の補部節は、おそらくはバビロニア社会におけるコミュニケーションの必要性を満たすためであるが、遅くに出現した。Sampson (2009: 16–7) は、国連憲章の冒頭の文[9] を

---

8 紀元前3000年頃メソポタミア中央部に住んでいた古代セム族の言語（アフロ＝アジア語族の東部セム語派に属する）、現在では絶滅言語の1つ。

9 [United Nations Charter: Preamble
We the Peoples of the United Nations Determined to save succeeding generations from the scourge of war, which twice in our lifetime has brought untold sorrow to mankind, and to reaffirm faith in fundamental human rights, in the dignity and worth of the human person, in the equal rights of men and women and of nations large and small, and to establish conditions under which justice and respect for the obligations arising from treaties and other sources of international law can be maintained, and to promote social progress and better standards of life in larger freedom, And for these Ends to practice tolerance and live together in peace with one another as good neighbors, and to unite our strength to maintain international peace and security, and to ensure by the acceptance of principles and the institution of methods, that armed force shall not be used, save in the common interest, and to employ international machinery for the promotion of the economic and social advancement of all peoples, Have Resolved to Combine our Efforts to Accomplish these Aims Accordingly, our respective Governments, through representatives assembled in the city of San Francisco, who have exhibited their full powers found to be in good and due form, have agreed to the present Charter of the United Nations and do hereby establish an international organization to be known as the United Nations.]
（国連憲章前文）
われら連合国の人民は、われらの一生のうちに二度まで言語に絶する悲哀を人類に与えた戦争の惨害から将来の世代を救い、基本的人権と人間の尊厳及び価値と男女及び大小各国の同権とに関する信念をあらためて確認し、正義と条約その他の国際法の源泉から生ずる義務の尊重とを維持することができる条件を確立し、一層大きな自由の中で社会的進歩と生活水準の向上とを促進すること、並びに、このために、寛容を実行し、且つ、善良な隣人として互に平和に生活し、国際の平和及び安全を維持するためにわれらの力を合わせ、共同の利益の場合を除く外は武力を用いないことを原則の受諾と方法の設定によって確保し、すべての人民の経済的及び社会的発達を促進するために国際機構を用いることを決意して、これらの目的を達成するために、われらの努力を結集することに決定した。よって、われらの各自の政府は、サン・フランシスコ市に会合し、全権委任

古代中国語で適切に訳出するのはほとんど不可能であろうと述べている。その冒頭文は、数層の埋め込みがある極端に込み入った統語構造をもっているが、古代中国語にはそのような統語装置がなかった。文書化・精緻化の非常に長い伝統を有する現代中国語は、適当な翻訳を提供するのに使用できるであろう。Sampsonは、公的で形式的な書きことばとしてのインドネシア語が、ある程度ヨーロッパ言語の論理的特性を反映するように作られた人工的な構築物であるというGilの主張に言及している[10]。

複雑な書きことばは、特定の課題や言語使用に協力する使用者の集団によって発達させられ、次第に姿を現すのである。書きことばの複雑で精緻化された文構造が徐々に出現することは、書き物の長い伝統があるさまざまな言語において観察されてきている。文構造の発達は、たとえば、Palmer (1954) やGuiraud (1963)で論じられている。Palmer (1954: 119) は、ラテン語の書きことばの散文における複雑な文は、何世代もの書き手が意識的に発達させてきたもので、結果として生じた修辞的慣習 (rhetorical conventions) は教え込まれなければならなかったと述べている。ロマンス諸語は、一旦ラテン語から分岐すると、それぞれの言語が散文文学の媒体として用いられ始めたので、並列にならんでいる節を文にまとめあげる構成法が確立されなければならなかった。Guiraud (1963: 113) によると、古フランス語 (Old French) の文学の言語は、話しことばと非常に近く、節は本質的に並列に編成することで、より大きな単位にまとめられている。そのような統語法は「精緻な思考表現に変換するための訓練や練習もまったく経ず、科学的議論の論理構造にも哲学討論の紆余曲折にも無縁無関心なのである」[11] (フランス語原文の英訳は著者JM)。

大切なのは教養のある人間によって言語が使用されたとGuiraudが言及していることである。フランス語の統語は、神秘的な過程ではなく、フランス語を古典ラテン語が担っていた目的に合わせられる道具に変える教養のある人々による意識的な努力を通じて、複雑な節の従属構造が発達したのである。

Palmer も Guiraud も、従属節の発達が、書きことばのラテン語や書きことばのフランス語の発達の後に起こったとは示唆していないことを強調しておかなけ

状を示してそれが良好妥当であると認められた代表者を通じて、この国際連合憲章に同意したので、ここに国際連合という国際機関を設ける。

10 Haspelmath et al. (2005) における David Gil の主張を指すと思われる。

11 この部分の本文はフランス語で、フランス語の原文は以下のとおりである：n'a jamais eu l'entraînement ou la pratique qui l'auraient pliée á l'expression d'une pensiée élaboriée; elle ignore l'articulation logique de la démonstration scientifique ou les méandres de l'argumentation philosophique

ればならない。むしろ、Palmer と Guiraud は、数個または多数の節を 1 つの文にまとめる構成法と、その構成法を支配する慣行を書きことばの使用者が発展させた過程を、暗に示唆しているのである。Palmer と Guiraud は、科学的データ、実験、理論の正確な記述のために科学者が特別な言語を発達させていることも暗に示唆しているが、これは、特別な科学言語と仮説、データ、結論の論理的な提示法の出現を促すという 17 世紀末の英国王立アカデミーの役割に関する Ong (1982) のコメントと完全に合致している。Jocelyne Ferdinandes-Vest (私信による) は、話しことばの特徴である節の並列構成法に基づいた古スウェーデン語の法律言語について同様の観察ができることを指摘している。歳月とともに、この法律言語は精緻化され、精緻化された書きことばに特徴的な節を文に埋め込む従属構造の構成法が備わるようになった。

以上から、2 つの一般的な論点が出てくる。1 つは、単純に、最古の書きことばにはすでに現代語に見られる表現の多様さと文法の複雑さが十分に示されていると主張している Jackendoff (1993: 32) が間違っているということである[12]。たとえば、最古のシュメール語の記録は、略奪品、穀物の備蓄、王家の所有物、洪水、天文学的観察などに関するものである (Goody 1977: 90–9)。つまり、記録は一覧表で、統語構造を精緻化する機会を提供しないのである。Ong (1982) は、テクストの統語と談話の構成法が口承文化社会で産み出されたテクストの特徴の多くをもっていることを示す旧約聖書の言語の性質について説明している。重要な点は、精緻化された統語が存在しなかったことである。(Sampson2009: 6–7 は、古ヘブライ語に Ong が想定したよりもさらに多くの従属構造の構成法があったと主張して、Ong に言及したことが Linguist List[13] 上で怒りを捲き起こしたことを報告している。しかしながら、Ong は、古ヘブライ語全般ではなく特定のテクストの集合について主張をしている。) 上述の Palmer と Guiraud も Jackendoff の主張にも反論している。

第 2 の論点は、社会的・文化的現象としての現象と心理学的 (生物学的) 現象としての言語に関わる。Pinker (1994: 13) は、言語は、直立姿勢と同様に文化的な発明 (cultural invention) ではないし、私たちが時間の言い方を学ぶように学ぶ文

12 その証拠は聖書の英訳の変遷にも伺える。創世記第 1 章 4 節参照。'And God saw the light, that it was good' (John Wicliffe 1382; King James Version, 1611); 'God saw that the light was good' (New American Standard Version (1995) 前訳は並列構造をなし、後訳は従属構造を含む。前者では第 1 文内の the light が、第 2 文内の it と照応関係を有するが、後者では従属節内に the light が一度現れるだけである。

13 言語学に関心があれば、自由に登録して利用できるウェブサイト。言語学の新刊情報や学会情報、公募情報などを検索できる。https://linguistlist.org

化的な人工物 (cultural artifact) でもないと言明している。人類が一連のシンボルを操る過程は、Pinker のことばでは、大脳の生物学的特質の紛れもない一部とみなすことができるが、多様なジャンルや言語使用域 (register)、および、それらに対応する統語と語彙 (とりわけ、書きことばを自然発話の話しことばと区分けした精緻化された統語) は文化的な人工物であるとしている点で、Pinker の言明には大いなる真実が含まれている。これらは、書きことばの使用者が意識的に精緻化してきたもので、さまざまな文化においてさまざまな方法で発展させられてきた。実例は、Pepys[14] や Jane Austen[15] によって書かれた文で、たとえば、Penelope Lively[16] や Susan Hill[17] のような現代小説家の文と比べても長く、その長さはほぼ段落に相当する (Miller and Weinert 2009: 41–5 の議論を参照)。すべての種類の現代テクストには定形動詞 (形) を含まないテクスト文 (text sentences) がある。Miller and Weinert はフランス語とロシア語からの例を提示している (現代英語のテクスト文の例については pp.31–33 を参照)。Palmer と Guiraud の研究、インドネシア語の形式ばった書きことばが意識的に発達させられたという Gil の主張 (上記参照)、および、多くの非定形名詞構文があるために、伝統的なトルコ語の書きことばの緩慢な構造がより厳格でよりヨーロッパ的な文構造に取って代わられてきたという Lewis (1953) のコメントは、言語が部分的に (おそらくは大部分で) 社会的な事象であるという見解に支持を与える。より正確に述べれば、影響力があって、おそらく若い世代のトルコ語の書きことばの使用者が、より新しいタイプの文構造を採用していたということであろう。

ここまでの議論では、影響力のある書き手集団による意識的な社会的活動としての統語法の精緻化について取り扱った。Mair and Leech (2006) は、対立する (そして意識的に取り入れられた) 言語の慣行が英語の書きことばの精緻化の度合いを減少させていると指摘する。この言語の慣行の変遷は、Mair and Leech が「口語化 (colloquialization)」と呼ぶもので、you want to do it this way の準法助動詞、get 受動態、that もしくはゼロの関係詞節、単数の they のような、話しことばに関連する特徴を書きことばで使用するものである。これらはいずれも目新しいものではない。実際、最後の 3 つについては 17 世紀初頭にその存在が確認されて

---

14 Samuel Pepys (1633–1703) 英国の海軍大臣、1660–69 に綴った日記で有名。

15 Jane Austen (1775–1817) 英国の小説家。*Pride and Prejudice*『自負と偏見』(1813); *Emma*『エマ』(1816) など。)

16 Penelope Lively (1933–) 英国の小説家。*The Ghost of Thomas Kempe*『トーマス・ケンプの幽霊』(1973) でカーネギー賞、*Moon Tiger*『ムーンタイガー』(1987) でブッカー賞を受賞。

17 Susan Hill (1942–) 英国の小説家。代表作は *The Magic Apple Tree*『イングランド田園讃歌』(1982)。

いる。いくつかのものにはそれ自体の機能や意味がある。単数の they は書き手に不格好な he or she を避けることを可能にし、get 受動文は動的であり、頻繁に、しかし決してもっぱらというわけではないが、被害の出来事を表すのに用いられる。that はアメリカ英語の制限的関係詞節では標準である。これらの変遷のすべてが精緻さの減少を代表しているわけではない。長い受動文は、be でも get でも、等しく複雑である。しかし、ゼロ標識あるいは that の補部節標識をとる関係詞節は、wh をとる関係詞節よりは複雑でない（5.2.1 の関係詞節の議論を参照）、そして、they を使用することによって書き手は he or she, his or hers のようなぎこちない句を避けることができる。

文法の複雑さは、自然発話の話しことばと形式ばった書きことばの対比と、特定の言語のすべての母語話者に同一レベルの言語能力が備わっているかという論争のある問題に直接つながる、込み入った話題である。自然発話の話しことばと書きことばの対比は、一般に実証されていると考えられる。言語能力が同等であるのかという問題は未解決であるが、書きことばに長く接していない話者は、テクストを聴いている時であっても、書きことばの言語構造をうまく扱えないことは明らかである。どれくらいの量の書きことばに触れるのかという問題は、次章において、第一言語獲得、すなわち、子どもがどのくらい速く母語の知識を獲得するのかに関わる中心的な論点の 1 つである。

訳者によるコラム：言語使用と言語知識

本章は、話しことばと書きことばの対比を通して、文法の複雑さという観点から、言語能力の本質は何かという難解なテーマに挑んでいる。広く言語使用の実態を概観すれば、その表現形式はさまざまなジャンルや伝達モードによって異なり、その用途に応じた多くのパターンやスタイルを生む。従来の文法研究では、こうした運用上のばらつきは、文法体系の本質に関わるものではないという認識が常識的で、標準用法から外れるものは‘performance error’の一言で片付けられてきた。あるいは、それらは、文法論で扱う現象ではなく、語用論や社会言語学など、他の領域で処理されるべき問題とされた。しかしながら、著者J Mの主張は、そうではない。つまり、運用能力における個人差や言語間での文法発達の歴史的相違はあるにしろ、言語知識は時間をかけて獲得され、ヒトの一生においてダイナミックに働いていると主張する。事実、本書の随所で扱われた、書きことばにおける文法の精緻化へのプロセス、そしてその反動とも言える慣用がもたらす口語化の定着の事例は、ことばの使い手である人間の文法知識が反映することを示唆している。こうした言語事実は、英語以外の言語でも観察されることが例証されており、大領域統語の重要な証拠と言えるだろう。最後に、日本語文法においてもこの考え方につながる文法事例の報告がある。Iwasaki (2015) の提唱する多重文法モデル (Multiple-grammar model) は、言語使用に見られる多様なスタイルは、話者がもつ文法知識の一部であり、文法の本質の一部をなすものと捉える。言語横断的にすべての現象を同一視できるとは限らないが、言語知識の複雑さがヒトの成長と共に深化することを認めれば、主張の根っこにあるものは、共通する文法観で支えられているのではないだろうか。　(久屋孝夫)

参考文献

Iwasaki, Shoichi (2015) A multiple-grammar model of speakers' linguistic knowledge, *Cognitive Linguistics* 26 (2). pp.161–210.

第 12 章
第一言語獲得

この章のアウトライン

12.1. 概観

最終章では、第一言語獲得理論について批判的な分析を提示する。1.2, 1.3, 1.4 では、統語論とは何かという議論（記述的統語論 vs 言語能力の理論）を取り上げ、前章（第 11 章）では、言語の複雑性に関する話題を取り上げている。本章の中心的な考えは、第一言語獲得に関する生成文法の理論が、子どもが刺激として主に接触することになる自然発話の性質を考慮に入れておらず、また、書きことばの特徴、書きことばのテクストの性質、子どもが一定の読み書きの能力に到達する過程も考慮していないため、適切ではないというものである。より納得のいく言語獲得理論は、Tomasello のような研究者が提唱する方法論から出てくる可能性がより高いように思われる。

以下の議論には 5 つの論点がある。

- 特に、最も広い意味での読み書きの能力（literacy）について、子どもが得られるかぎりの母語の知識を獲得している年齢
- 刺激の貧困（poverty of stimulus）および否定的証拠（negative evidence）という考え方
- 最も単純で最も頻出する構文から最も複雑で稀な構文までの大領域統語（magnasyntax）を取り扱うために、分析者（すなわち、生成文法の枠組みで研究する分析者）が考案した複雑に入り組んだ分析を子どもに（そして成人話者）に投影すること
- 固定句や準固定句の頻度
- 文脈に依存する言語の獲得

Boeckx (2006: 2, fn1) は、言語能力が「何らかの生得的な要素」によって支えられない限り人間が第一言語を獲得できないという仮説を Boeckx 自身や他の多くの研究者が間違いなく論証したと考えているものの、必ずしもすべての人がその仮説を受け入れているわけではないという「悲しむべき状況」を嘆いている。しかし、Boeckx はこのことを詳細に論じているわけではなく、「生得的な言語能力に反対する議論は非常に弱く、かなり多くの場合、首尾一貫しないと指摘しているのみである」(たとえば、Cowie 1999 を参照)。Boeckx の見解は見当違いである。なぜなら、言語学者と心理言語学者の間には、子どもが言語を獲得するには何らかの生得的な能力が必要であるという一般的な合意があるからである。意見が分かれるのは生得的な能力の性質に関してである。可能な統語構造や指示関係に関する普遍的な制約の情報が生得的な能力に十分に授けられているのであろうか。言語能力とは、単に、(どのような種類のものであれ) 何度も繰り返し受ける一群の刺激を認知し、範疇の見地からその刺激を解釈する仮説を立て、より多くのデータに照らし合わせて仮説を検証する能力なのであろうか。

Tomasello (2003: 3–4) は、子どもは生成文法の言う生得的言語能力をもっていないが、単純な連想や知らず知らずのうちに行っている帰納的推論 (blind induction) という基本的なメカニズム以上のものを多様なパターンを習得するために持ち合わせていると提案している。子どもは、他者の意図を読み取る能力および受容した刺激からパターンを見つけだす能力という 2 つの重要なスキルを持ち合わせていると Tomasello は考えているのである。幼い子どもは、すぐに遠方の物体や出来事に対して向けられている他の人の注視やジェスチャーを追うようになり、次に、他の人の注意を遠方の物体や出来事に向けさせるようになり、さらに、意図を伝える基盤となる伝達行為はもちろんのこと、他人の行う意図的な行為を学習するようになる。また、子どもは、同じような物体や出来事に対して知覚的・概念的範疇を形成する能力、繰り返される知覚や行動のパターンから知覚運動スキーマ (sensory motor scheme) を形成する能力、さまざまな種類の知覚・行動の連鎖の分布を分析する能力、そして、異なる複合体の中にある要素の似通った機能から複数の複合体に共通する類似性を見いだす能力を持ち合わせている。

同様に、意味の獲得は経験を基盤としている。Tomasello (2003: 54) は、子どもが使用する相対的な関係を表す語および動詞の根底にあるあらゆる表示 (representation) が空間 (space)、時間 (time)、因果関係 (causality) や物体 (object) (そしておそらく所有 (possession)) にもとづいて規定されると提案する。これらはすべて、経験をもとに幼い子どもが構築できる概念である。たとえば、「与える」という動作は、ある人物がある物と同一の場所を占める、もしくは所有していたが、他の人物がその物と同一の場所を占める、もしくは所有するようになる、という一連の過程を経るものとして概念化される。抽象的な意味が、具体的な関係を示す意味をもとにどのようにして構築されるのかを示すこの見解は、10.4で言及した通言語的な統語・形態・意味の一般的な性質に基づいた格関係や相などの場所理論的分析や認知言語学の分析と、とりわけ相性がよい。

Tomaselloが概説した方法論は、話しことばと書きことばについての、ここでの説明とMiller and Weinert (2009) の説明を支持するものである。話しことばと書きことばの性質に焦点を置くため、Tomaselloの方法論と生成文法の方法論の対比はこれ以上追求しないが、Boeckx (2006: 8) の論点の1つについては、解説が必要である。ミニマリズム (Minimalism) はこれまでの生成文法モデルの構築物が、最適で効率的な計算システムの性質からどの程度まで導かれるのかを問うものであるとBoeckxは述べている。Boeckxは極小主義と現代理論物理学を比較し、ミニマリストプログラム (Minimalist Program) は、自然現象と理論構築に関するガレリオ的見解に特に強く傾倒していると言明している。「すなわち、ケプラー (Kepler) からアインシュタイン (Einstein) に至るまでの近代科学のすべての主唱者が抱く、自然は想像しうる限り最も単純な数学的概念を具現化しているという信念をミニマリストは擁護し、「変えられるものは何もないという感覚を理論が我々に与えてくれる」ならばその理論はより価値があるという考え方を是認するのである。(引用はWeinberg (2001: 39) に拠る。) 問題は、これまで一般的に受け入れられてきた見解は、言語が最適で効率的な計算システムではなく、多くの余剰性をもつシステムであることである。変えられるものは何もないという感覚を与える理論を構築することは実に結構なことであるが、理論が話しことばの性質と話しことばの獲得を説得的に関係づけることができず、かつ理論が話しことばと書きことばの違いを考慮に入れることができないのであれば、ガリレオ的見解 (Galilean vision) は修正、場合によっては放棄を求められる。

子どもが母語を獲得するのにどれほどの時間がかかるのであろうか。Pinker (1994: 44) は「子どもは、地域社会の話しことばの細かな決めごとの大部分を尊重しながら、生後3年目の間に突然流暢に話し始める」ことに言及している。どのような構文が地域社会の話しことばに含まれるかを明確にしてはいないが、後に著書の中で、書きことばで主に用いられる珍しい構文や、たとえば、The horse that the elephant kicked kissed the pig (象が蹴った馬が豚にキスした) のように、処理するのに精神的な負担がかかる構文を除けば、子どもが4歳になる以前に、すべての言語が同じように容易に獲得されると言っても差し支えないとPinker (1994: 273) は明言している。この見解は原理とパラメーター理論、およびミニマリズムの研究では定説である。たとえば、Adger (2003) は、Pinkerに倣って、ほとんどの子どもが、3歳になるまでに、母語の中核的な構文を使えるようになると述べている。Adgerは3歳2ヶ月の子どもが発話した(1)(2)の例を挙げている。

(1) Can I put my head in the mailbox so the mailman can know where I are and put me in the mailbox?(郵便箱に頭を突っ込んでいい? そしたら郵便屋さんが僕がどこにいるか分かって僕を郵便箱に入れられると思うんだ。)
(2) Can I keep the screwdriver just like a carpenter keep the screwdriver?
(大工さんがねじ回しをもっているみたいに、僕もそのねじ回しをもっていてもいい?)

Pinkerの主張の問題点は、4歳以降に学習される統語は例外として処理されるが、その例外が膨大なことである。そこには、空所化(gapping)、対格不定詞構文(accusative-and-infinitive structure)、完全動名詞(full gerund)、自由分詞(free participle)、WH関係詞節(WH relative clause)、譲歩節などのある種の副詞節、特に形式ばった書きことばに見られる種類の複合名詞句(complex NP)、そして、大量のギリシャ・ラテン語起源の動詞とそれらの独特な統語構造などが含まれる。(書きことばと話しことばの統語法については、Miller and Weinert 2009: 81–132; 書きことばと話しことばにおける名詞句については、同書第3章を参照。)

Adgerの例(1)と(2)における問題は、すべての人間が全く同じ言語能力をもっているという前提においてのみこれらの例が関係するデータとなる点である。もしその前提が受け入れられないならば(Sampson 2009を参照)、数例をもとに1人の子どもからすべての子どもに一般化することが正当化されるのはなぜなのかを問わなければならない。Adgerは「中核的な構文」が何を意味するのかについて定義していない。何が単一の構文となるかを決めることはそう簡単でないことが4.4の関係詞節の説明で示されていることを考えれば、構文の定義、もしくは少なくとも構文のリストが不可欠である。Chomskyの生成文法の初期のモデルでは、言語の中核文法(core grammar)は、移動の制約を受ける構文を含む、普遍文法の生得的な原理とパラメーターに基づくと考えられる構文から成り立っていた。wh関係詞節は、この構文の集合に入るが、wh関係詞節は書きことばに多く見られ、全体として単一の構文をなすのではなく、多くの関係詞節構文が存在するように思われる。

12.2. 子どもは何歳までに母語を獲得しているのか

Haegeman (1991: 16)は、「6歳までに英語に触れていた子どもは、英語の文法を構築しているだろう（中略）しかし、私たちは新語を生涯を通して学び続ける。加えて、私たちは英語ではあまり頻繁に使われない構文も学習する。これらの例外あるいは有標のパターンは中核文法の一部をなすとはみなされない」と述べている。確かに、子どもは幅広い統語構造と語彙を 4 歳になるまでに獲得するが、それでも、子どもはまだ習得に至らず、一般的な文法に対する些細な例外でもなく、珍しくも例外的でもないパターンの広範な書きことばの構文や派生形態や語彙が残る。これらのものは、子どもが何年かをかけ、異なる速度で獲得し、中等教育の最終学年までか、高等教育の最初の学年か、あるいはそれよりもっと後になるまで的確に使用することができず、さらには、多くの子どもがまったく獲得できない膨大な題材を形成している。

児童生徒が示す英語の知識を調べた研究者もいる。Perera (1984) は、生成文法の第一言語獲得に関する見解を擁護する誰しもが考慮に入れてこなかった膨大なデータを提供している。Perera のデータは Miller and Weinert (2009: 397–8) に提示されているが、再度ここで取り上げる。

i. 研究によって明らかになったことは、10 歳児の半数しか We showed her the book のような「主語＋動詞＋第 2 目的語＋直接目的語」の構文を正確に解釈できなかった。
ii. 11 歳児は、have been always trying のように、動詞句内で副詞を規則的に用いるが、6 歳児はたまにしか用いない。
iii. 5 歳から 12 歳までの間には「決定詞＋名詞＋前置詞句」という語の並びはめったに現れない。
iv. 一連の名詞前位置修飾語 (pre-nominal modifier) と名詞後位置修飾語 (post-nominal modifier) を扱う能力は 15、16 歳頃になって得られる。
v. mum and dad のような定型句を除いて、等位接続名詞句は 5 歳以前には広くは使用されず、8 歳から 13 歳までの間になってようやく頻繁に使われるようになる。驚くには当たらないが、話し手は複雑な主語名詞句を避けるため、最も初期の等位接続名詞句は直接目的語として機能する。
vi. 潜在的な否定 (concealed negative) は難度が高い。7 歳児の 44% しか Tom's mother was anything but pleased（トムの母は喜ぶどころではなかった）を理解せず、58% しか If only David had known, the dog was quite tame（デイヴィッドが知っていさえすれば、その犬はおとなしかった）を理解せず、さらに 38% しか Mary's dress was neither new nor pretty（メアリーの服は新しくもかわいくもなかった）を理解できなかった。

vii. 完全な受動態はかなり遅い時期に子どものことばに出現する。ある研究によると、11 歳児の 30% しか完全な受動態を使わなかった。

viii. 11 歳未満の子どもは、定形節や非定形節を主語としては使わない。

ix. 間接話法の WH 補部節は、I can't remember what it was about ではなく I can't remember what was it about のように、主節の疑問文の語順を保持することがある。

(Perera はこれを誤りとしているが、pp.4–7 と 1.4.6 の議論を参照)

x. 定形補部節を取る動詞は限定された集合（主に tell, know, show）に属する。

xi. ある研究によると Ask Helen which book to read.（どの本を読むべきかヘレンに尋ねなさい）のように、ask のような動詞の後に出現する自由関係節は、19 歳の 30% が解釈を誤った。

xii. 時間、理由、条件の副詞節は子どもの話しことばに現れるが、結果、場所、様態、譲歩の副詞節ははるかに少ない。

xiii. 子どもがさまざまな時間の副詞節を使える時期であっても、子どもがいつも主節と従属節の関係を理解しているとは限らない。

xiv. ある研究によると、9 歳児の 40% しか主語名詞句に関係詞節を使用しなかった。

xv. 小学生は、一般的に whom や whose、加えて、the shop in which we bought it（私たちがそれを買った店）のような、前置詞付き関係代名詞によって導かれる関係詞節を使用しない 。

(xv) は 4.4 で論じた関係詞節の議論を裏付けるだけでなく、Haegeman の主張にもかかわらず、子どもは 6 歳に到達するまでに生成文法における中核文法の一部をなす wh 関係詞を習得していないことがわかる。事実、学校現場での Perera の研究は、12 歳までのほとんどの子どもがこれらの wh 構文を使わないことを示している。(iii)、(iv)、(xiv) は、名詞句 (NP) がくだけた話しことばでは非常に単純であるという Biber の発見と符合する。年齢層を見ることも有用である。通常、6 歳児から 11 歳児は複雑な名詞句を扱えず、子どもが複雑な名詞句を発話したり解釈したりできるようになるのは 16 歳に達してからである。(x) は今や周知の特徴を示している。生成文法では規則によって自由に生成されることになる英語の構文は、最小限の操作をすればよい鋳型のように子どもの話しことばや書きことばに存在するのである。論点 (xii) は、Miller and Weinert (2009) による自然な話しことばの英語に見られる副詞節の種類と合致する。

Perera は、小学校の生徒や中学校の学生の大規模なサンプルからのデータを収集し、4.4で言及したCrain and Nakayama (1987)のような多くの研究もより小規模な被験者のサンプルからデータを収集している。個々の話者(この場合、子ども)の言語に関して徹底して研究することにもまた価値がある。大規模なサンプルで提供される広くはあるが表面的な見方を補う深く掘り下げた視点を提供するからである。Carr (2007: 674) は、彼が根源的な内在論 (Radical Internalism) と呼ぶ言語理論では、Carrが詳しく追跡していたフランス語と英語のバイリンガルの8歳児の言語能力と合致させることは難しいことを報告している。基本的には生成文法理論の根源的な内在論では、言語を生得的に心・脳に組込まれた言語モジュールと捉える。言語は、個別言語とは独立した存在で、当該の生得的な能力をもったすべての個人に及ぶ普遍的なものである。

Carrが研究した8歳児は、次のような、明らかに初歩的なフランス語の文法を習得していなかった。

・Je sais ce qu'il a dit (彼の言ったことが分かる)のような、補文標識ce que('that which')の用法
・仮定法の用法：仮定法現在は話しことばと書きことばのフランス語のある種の従属節で要求されるが、仮定法過去は形式的な書きことばのフランス語の特徴である。
・未来時制

Carrによれば、上記の事項が習得されていないということと、その子どもの二言語使用とは無関係である。教師は、この子どものフランス語を操る能力は、同世代の単一言語使用話者と同等であることを報告している。Carr (2007: 675) は、Chomsky, Pinker, Haegeman, Adger, その他の生成文法学者の一般的な信念に反して、言語の獲得はその複雑さゆえに時間がかかると論じている。(Carrは、ポーランド語を母語とする少年の言語習得に関するDabrowska (2005) の研究に言及している。その少年は、ポーランド語では中心的な格である属格を10歳までに適切な形で習得することができなかった。) Dabrowskaの観察から、Carrは、話し手によっては特に入り組んだ従属節構造など複雑なものすべてを習得することはできない、という見解にたどりつく。後者のこの見解は、Philpott (1998) とHeath (1983) の研究結果と完全に合致する (本書11.4を参照)。Carrは、自身の観察によっても、子どもが異なれば言語獲得の過程が異なるという結論に達している。生得的な能力は人により変わるわけではないとされているため、この変異 (variation) は生成文法理論とは相容れない。(変異については、あまり注目されないPeters (1983) の研究で暗示されており、多くの子どもは、小さい言語単位を獲

得し、それを基により大きい単位を結合させるのではなく、特定の目的のために大きな言語単位をまるごと使いつつ、次第にその大きな単位がどのように小さな単位に分割されるのかを学習するとPetersは提案している。）

12.3. 刺激の貧困

Chomsky (1986a: xxv-xxvi) は、生成文法理論における第一言語獲得の本質を説明している。Chomskyが「プラトンの問題 (Plato's problem)」と呼ぶものは、利用できる証拠が非常に少ないにもかかわらず、人間は母語に関する非常に多くの情報をいかにして知るのかを説明することである。言語に当てはめれば、問題は、子どもが母語を、量的に乏しく形式的にも不備なデータから、何ら指示も受けず、また、特定の形態素や語の配列が非文法的であるという否定的証拠もなしに、母語を習得する「刺激の貧困 (the poverty of stimulus)」と呼ばれる問題である[1]。生成文法理論によれば、子どもが触れるデータは、適格でかつ複雑な構文を作り上げるための十分な証拠を提供しないが、にもかかわらず、子どもは複雑な計算が関わる構造依存の規則を適用しながら、その構造を間違えずに使用する。第一言語獲得に関する生成文法理論のこの問題への解決法は、E−言語、すなわち、外的言語のデータにさらされずに、可能な統語構造に関わるさまざまな制約の操作を決定する生得的な言語能力を、人間は生まれつきもっていると仮定することである。いくつかの細かな変異の可能性は、どのような言語でも子どもが獲得している段階で触れることによってスイッチが入る。これらの本質はミニマリストプログラムの必須部分の1つとして引き継がれている。Boeckx (2006: 10) によると、ミニマリストプログラムの最終的な目標は、言語のデザインに影響を及ぼす、遺伝的要素 (生得的言語能力)、経験 (特定のE-言語に触れること)、そして適切に設計された最適なシステムという3要素の明確なモデルを構築することである。

ここで採用する方針は、刺激の貧困という概念と、子どもが量的に乏しく不備なデータにさらされているという主張は維持できないというものである。このことは、自然発話の話しことばの特徴、(形式ばった) 書きことばの特徴、そして、子どもが話しことばや書きことばの知識を獲得する過程、さらには、それらを獲得する年齢などを考慮に入れると、明らかとなる。但し、最後の点については、前節を参照のこと。子どもは3歳から6歳までに母語の統語構造の大部分を学

1　ここでの「刺激」とは、子どもが生後、外界から取り込む情報すなわち (言語) 経験のことである。「刺激の貧困とは、この入力 (経験) と出力 (獲得される能力) との間に質的な隔たりがある状態のことをいう (橋田ほか 1999: 13)。

習するというのではなく、10 代の終わり頃までに習得されない構文がたくさんある。Perera (1984) や Carr (2007) や Dabrowska (2005) は、言語習得が非常に緩やかに進んでいくという確かな証拠を提供している。

通常、子どもが人生の最初の 3 年間に獲得するのは、母語の自然発話の話しことばの知識である。(もちろん、日々、本を読み聞かせ、唄を歌ってくれる両親をもつ子どももいる。そういう子どもは、日常会話にはまず出てきそうにない語や句、さらには節を丸ごと覚えていることさえある。この話題には後ほど戻る。) 11.2 で言語の複雑さについて議論しているように、また、Miller and Weinert (2009) や Zemskaja (1973)、Blanche-Benveniste (1991)、その他多くの研究で詳述されているように、自然発話の話しことばの統語は非常に単純である。おそらく議論が分かれるところであろうが、Miller and Weinert (2009) は、節や句の拡張可能性と複雑性の度合いには厳しい制限があると提案した。先の文献のデータと類似のものではあるが、Miller and Weinert が検討したデータに基づけば以下の見解が当てはまる。

i. 主語名詞句は完全な名詞とともに {定冠詞、数量詞、数詞} の集合のうち最大 1 つを含む。または、主語名詞句は代名詞を含む。
ii. 他の名詞句は最大、決定詞、数詞、数量詞、2 つの形容詞と名詞を含む。名詞には 1 つの前置詞句、または 1 つの関係詞節が後に続く。(しかし Perera の (iii)、(v)、(xiv)、(xv) を参照。)
iii. 主節は、時、理由、条件の副詞節が 1 つだけ前に来たり、後に来たりしてもよい。
iv. 主節中の主動詞は、補部節が 1 つだけ後ろに来てもよい、またその補部節を支配する動詞はごく小さな集合に属する動詞の 1 つである－ Perera の (x) を参照。
v. 従属節は他の従属節に埋め込まれることはない。

これらの構文は非常に単純なので、簡単な学習のメカニズムによって獲得できる。しかし、子どもが触れる話しことばはどの程度不完全なものなのであろうか。もちろん、話し手は、文法的に不適切な表現や語頭音転換 (spoonerism)[2] や (大抵は話し手が選ぶべきだった語の音や意味に関連した) 誤った語彙の選択をして言い間違いをしてしまったりする。しかし、親しい家族や友人に簡単な話題について話す打ち解けた状況では、話し手は不完全なデータを産出しない、という証拠

2 単語の始めの音を入れ替えること。たとえば、take a shower を shake a tower とすること。

がある。つまり、話し手はどのような言語のどのような変種を話そうが、それに備わる文法ルールを見事に実行するのである。Miller and Weinert が調査したくだけた会話のさまざまなデータベースに不完全な言語はない。Miller-Brown の自然な会話のコーパスにおいて、25 万語につき 1 回の割合で統語的に深刻な誤りが発生する。興味深いことに、その場合、話者は比較的複雑な統語構造を用いて複雑な条件を表現しようとしている。

(3) a26 : no if we can get louise i mean her mother and father louise's parents would give us they've got a big car and keep the mini for the week but louise isn't too keen on the idea so
(いや、もしルイーズに、えっと、ルイーズの母さんと父さんが、ルイーズの両親がぼくたちに、彼女の両親は大型車をもっていて、その週は(ぼくたちの)ミニと交換してくれたらと、でもルイーズがその案にあんまり乗り気じゃないんだ)
m39 : what on driving the
(どうなんだろ、(両親の大型車)を運転するっていうのは？)
ms38 : no because louise is frightened to drive
(だめだね、というのもルイーズは運転を怖がってるから)
a27 : but she likes the big car better than the mini actually because the Austin it's got power steering she finds the mini difficult to drive
(でも彼女は大型車がミニより好きなんだよ、というのもオースチンはパワステ装備だから、ミニは運転しづらいってわかってる)
Miller-Brown Corpus, conversation 12

おそらく <a26> は、if we could get louise's mother and father to give us their big car and take the Mini for the week [that would be good], but louise isn't too keen on the idea so [we're stuck with the Mini] (ルイーズの両親が、その週は、彼らの大型車を貸してくれて、代わりに私たちの小型車ミニに乗ってくれたら[いいのにな あ]、でもルイーズがその考えにそんなに乗り気じゃないので[どうしてもミニになってしまう]。) のようなことを言いたかったのだろう。会話の他の参与者は支離滅裂な文法に気がつかないし、会話はためらいなく続き、<a> は次の順番に備えて、統語を整え直すが、これもまた内容がかなり込み入っている。事実、著者 JM は、初めてこの録音を聴いた時には支離滅裂な文法に気づかず、転写をした時に初めてそのことがわかった。

Labov (1972: 203) は日常会話の非文法性は神話であるとまで断言する。Labov

の実証研究によると、75% の発話は文法に則った文である。その数値は省略や言い淀み、出だしの言い間違いを除けば、98% にまで上昇する。Labov は、多数の他の言語学者たちが、たとえば、個人的体験など熟知した話題について学識者ではない話者が話す時、文法的に適格な文に相当するように編集する必要のある発話は全体の 10% に過ぎないという自身の見解を再確認したと言っている。学会における会話のように、話者が込み入った考えを即興で表現しようとする場合、統語構造を間違ってしまいかねないが、子どもはそのような集まりには参加しない。

見方を変えると、書きことばの文法は複雑で難解であるということである。Biber (1988) が示すように、多様な書きことばのテクストがあり、そのうち最も複雑なものは研究書や論文である。3 歳児に読ませることを狙った本の言語は極めて単純であるが、一方で、それ以上の年齢の子どもに向けた本になるとかなり複雑になる。しかし、このタイプの書きことばは、話しことばと違い、消えてしまうわけではないし、筆者によって慎重に書かれ、編者によって精査され、コピー編集者によってチェックされるため、不完全ではありえない。子ども向けの本は、一度きり読まれて捨てられるわけではない。もちろん、そうなる本もあるが、多くの子どもは、大半のテクストを記憶するまで、何度もくり返し読む。(また、飽きてしまった親が段落を飛ばしたり、2 ページまとめてめくったりしようとすると、通常、子どもはすぐさま文句を言う。)

12.4. 固定句

句や節を記憶するまで読み聞かされた子どもは、次に、これらのまとまりやその一部を自分で使えるようになる。これらは特異な形式 (idiosyncratic formulae) と呼んでよいかもしれない。固定句が広く使用されていることは過去 25 年にわたって徐々に明らかにされてきている。Bolinger (1976) は、分析されていない出来合いのことばのまとまりが、生産的な規則と同様に重要であることを当時すでに指摘していたし、それより以前の Lyons (1968: 416) でさえ「行動主義者 (behaviourist)」の用語で適切に記述できる日常表現が多くあり、これらの表現は、社会的に規定された「儀式的 (ritualistic)」な行動パターンを維持する際に私たちが特定の「役割 (roles)」を「演ずる (acting out)」ことに起因する」と書いている。Lyons は固定句を日常的なやりとりの決まり事や発話行為 (speech act) と結びつけたが、Peters (1983) は、第一言語獲得の基本には丸ごと覚え込んだことばのまとまりが関与していると見ていた。そして Pawley and Snyder (1983: 209) は、英語母語話者は誰しも多数の句や節を記憶として蓄積していると論じた。Pawley and Snyder

は、普通の成熟した英語話者がI thought better of it（私はそのことを考え直してやめた）やIt doesn't bear thinking about（考えるだけでもぞっとする）、Think twice before you VP (VPする前によく考えなさい)、I (just) can't think straight（まともに考えられない）など(Pawley and Snyder 1983: 213)、おそらく文レベルの長さの数十万もの表現を知っている。Pawley and Snyderは、そのような前もって出来上がっているパターンは容易に読み込むことができ、話者がより大きな単位の談話の形成に専念することを可能にしていることを観察している。同様に、そのようなパターンがあれば、聞き手側の解釈の負担を減ずることになる。これらの利点は、(4)に例示したスコットランドテレビ局が放映した討論番組からの抜粋で例証することができる。

(4) Presenter 1 you said that you know there was a time when you thought you might leave him and that he had a drink problem I mean do you take any responsibility for your marriage going the way it did?
（彼と別れるかもしれないと考えた時があった、そして彼には飲酒問題があったとあなたは言いましたね、ってことは、結婚生活がこんな風になっていったことに対して責任を感じているのですか？）

Roseanne 1 well obviously it takes two to tango but ehm I went to the Marriage Guidance Council he wouldn't go I went to Al Anon we went to one meeting together and to Alcoholics whatever it was counseling session and he came out that woman's bloody daft
（そうですね、それぞれに責任があることは明らかですが、でもね、私は結婚生活相談所に行ったのに彼は行こうとしなかった、私はアラノン(飲酒依存症支援グループ)に行きました、一度は私たちいっしょに行きました、アルコール中毒なんとかっていう、それはカウンセリングのセッションなんだけれど、彼は言ってしまったんです、そのカウンセラーの女性がどえらくまぬけだと）

Presenter 2 ...
（絶句）

Roseanne 2 I said that woman is a professional and eh you know we kept trying to make a go of it and be pleasant we went quite a few holidays together we had a good lifestyle but he just seemed to
（私は、その女性はプロの人間だと言ったのですが、でもまあ、私たちどうにかうまくいくようにと、楽しく過ごそうと、努力をし続けました、いっしょにかなり長く休暇にも行きましたし、穏やかな暮らしぶりでしたが、彼はどうもちょっと）

had a drink problem（飲酒問題を抱えていた）、it takes two to tango（喧嘩両成敗、問題は一方だけの責任にあらず）、counseling session（カウンセリング・セッション）、is a professional（プロに徹している）、make a go of it（うまくやっていく）、had a good lifestyle（上質の暮らしをしていた）は固定句である。まずhad a drink problemはwas dependent on alcohol（アルコールに依存していた）やwas suffering from alcoholism（アルコール依存症に苦しんでいた）やwas an alcoholic（アルコール依存であった）の婉曲表現である。その表現は軽動詞（light verb）であるhadと日常語彙の名詞drinkとproblemを含んでいる。It takes two to tangoは、「2人の当事者が関わっている状況で問題が解決されなければならない時には、両者とも理性的になり、妥協し協調しなければならない」という複雑な内容を伝え、複雑な表現を代用する便利で簡潔な表現である。もし一方が妥協や協調ができなければ、同意は得られず、前向きな行動もありえないのである。is a professionalは「適切な訓練を積んできて、資格を取っており、個別の状況型を分析し、助言を与える経験も重ねてきている。さらに、プロは相談者との面談中に適切にふるまい、また行動規範を遵守する必要がある。プロは相談者がすべきことの客観的かつ正確な評価を提供する」を代用する簡便な表現である。had a good styleは「頑丈な家、上質な家具、高価な車を所有し、映画・劇場・クラブに通い、（英国ならいつも決まって海外）での決まった休暇を取る充分な収入を得ていた」を代用する簡便な表現である。to make a go of itは、この文脈では、「不満足な現状の中で協力して2人の関係の活気を保つために、互いに不快なことがらに目をつむり、パートナーをおだてて分別のある行動をさせる」ということである。これらの例は、固定句のおかげで、話し手と聞き手は複雑な内容を簡潔なことばで語ることができ、そのことにより、認知的な負荷が減少し、討論がスムーズに流れることを示している。

Cruse（1986: 37–48）は、慣用句の文法は完全には固定されていないものの、その柔軟性には厳しい制限があることを証明した。慣用句は、まず、簡単に副詞を挟むことができない。Cruseは、?Arthur has a chip, apparently, on his shoulder（アーサーは一見すると喧嘩腰のようだ）、?We took them, after a shaky start, to the cleaners（私たちは彼らから、始めはごたごたしたが、お金を全部巻き上げた）のような疑わしい例を引用している。慣用句全体を際立たせるWH分裂文は、What John did was pull his sister's leg（ジョンがしたことは姉妹をからかうことだった）が示すように、問題ないが、*What John pulled was his sister's legのように目的語を際立たせることはできない。もちろん、後者の例は、文字通りの解釈では容認される。同様の意図で、Nattinger and Decarrico (1992) は、部分的あるいは全面的に組み立て可能で、文法規則による分析ができる、前もって出来上がっていることばのまとまりである「語彙句 (lexical phrases)」という概念を発展させた。Wray (2002) は、通常の大人の言語、失語症、第一言語および第二言語獲得における固定句の中心的な役割を証明した。

固定句は、この章の冒頭で言及した、子どもが複雑な計算をともなう構造依存的規則を獲得するという Chomsky の生成文法の中心的な主張に対して疑問を提起する点において、第一言語獲得(そして、まさに第二言語獲得)の理論にとって非常に重要である。膨大な数の多様な固定句が示唆する代案は、ことばの多くは紋切り型であり、学習および決まり文句の操作と組み合された模倣が第一言語獲得に重要な役割を演じるというものである。この代案は、近年進展した 3 つの研究から支持が得られる。模倣と定型の役割を強調する言語獲得の研究、語彙項目の可能性と生成文法モデルにおける語彙部門の中心的な役割を焦点に置く最近の統語論の研究、そして、語より大きい単位でありながら、1 つのまとまった単位として分析され習得されなければならない単位に焦点を当てた最近の統語論の研究である。

ここで再び固定句に戻る。ほとんどとはいかなくとも、多くの人に知られていて辞書や慣用句集に掲載されている公式の固定句 (public fixed phrase) は先ほど検討した。その他にも、慣用句ではないが、第一言語や第二言語を学習している子どもと共に、成人話者によって何度も繰り返し用いられる形態素や語の配列である、私的あるいは準私的な固定句表現もある。Blanche-Benveniste (1991) から引用する例は、それがフランス語であるという点だけでなく、一見ありふれた構文である関係詞節という点でも興味深い。Blanche-Beveniste は疑問代名詞や関係代名詞として機能するフランス語の代名詞 lequel を含む例を「固定句 (fixed phrase)」あるいは「決まり文句 (formula)」と呼んでいる。(5) について考えてみる。

(5) a. Tu choisiras lequel?
You will-choose which-one?(あなたはどちらを選びますか)

b. vous avez une canalization de gaz sur laquelle il y a un doute
you have a pipe of gas on which there-is a doubt
(あなたは[品質に]疑いのあるガスパイプをもっている)

(5b) のような例は、Blanche-Benveniste によると、学歴が高いか公的演説に慣れている人、あるいは両方を兼ね備えた人が使用する。しかし、たいていの話し手は、(6)に見られるように、少数の語彙で構成された少数の固定句の中でその代名詞を用いる。

(6) a. le milieu, le groupe, dans lequel je vis
the milieu, the group in which I live
（私が住む共同体、環境）

b. la mentalité, l'ambiance, dans laquelle il a été élevé
the outlook, the ambience in which he was brought-up
（彼が育った環境、ものの見方）

c. la raison pour laquelle il le fait
the reason for which he it is-doing
（彼がやっている理由）

d. le secteur dans lequel il intervient
the sector in which he is-intervening
（彼が介入している分野）

多数の固定句が存在することの重要な点は、固定句が言語処理における保存と検索に果たす大きな役割を指し示していることである。保存に比べて処理の容量には深刻な限界があることは以前から認知されていた（たとえば、Crick 1979を参照）。（過去25年間のコンピューターのハードウエアの1つの重要な発展は、一層多くの情報保存能力をもつ、より一層小さなチップを製造するナノテクノロジーの応用である。）人間にとって、事実を記憶し、それらを検索することには長けているが、複雑な文法をリアルタイムで即興で産出することにあまり熟達してはいない。（人間は、記憶の容量、保存の速度、保存期間、記憶から引き出す正確さが、それぞれ異なる。人の記憶は訓練可能であるが、これらの個人差は取り除けない。）語彙項目と大量の固定句の保存に主要な役割を与える言語獲得モデルは、複雑で強力な言語能力に依存する必要はないのである。

12.5. 生成文法の分析と子どもの言語

固定句とともに、自然な話しことばにおける節と句の単純な構造は、生得的で複雑な言語能力と難解な制約をもつ普遍文法の必要性を示すために生成文法が用いる例とは顕著な対照をなす。Boeckx (2006: 23–4)は、どのようなデータを根拠に、子どもが(7)のような文を産出するようになるのかと問う。

(7) Will the man who is tall leave now?(背の高い人は今立ち去りますか？)

言語学者にとっての一般化は、「主節の助動詞を文頭に移動せよ」である。平叙文を The man who is tall will leave now であるとする。この文には、疑問文を作るのに文頭に移動できる構成素が2つある。(The man is tall と Is the man tall? の) is と (He will leave と Will he leave? の) will である。(7) の is ではなく will を文頭に移動させなければならず、(8) が非文法的であることをどのようにして子どもは知るのだろうか。

(8) *Is the man who tall leave now?

いつも単純で文法的な言語をデータとして使うなら、子どもは正しい規則に到達できないであろうと Boeckx は論じる。しかし、(Boeckx 曰く) 子どもは (8) のような間違った例に遭遇することはない、つまり、子どもは、文法的な文のみを耳にし、否定的証拠に遭遇することがないのである。Boeckx は、(7) のような例は文法的ではあるが、複雑すぎて子どもの言語入力の一部となりえず、子どもは、複雑すぎる構造を飛ばし、発話しない可能性が大いにあるとコメントしている。Boeckx が言うことを言い換えれば、この事実が示唆するのは、子どもが目標言語の言語入力のみを土台にして正しい規則に到達するのではなく、言語入力のある種の性質というよりは、子どもの何らかの生物学的特徴によって導かれているということである。

未だ謎めいた生物学的特徴に頼らない別の答えがある。それは名詞句＋節構文の議論の中にある (本書 1.6.2)。(7) は自然発話の典型的な構文ではない。平叙文の The man who is tall will leave now は複雑な主語の名詞句をもつが、このような例は自然発話では非常に珍しい。起こりうる構文としては The man who is tall he'll leave now か、より可能性が高いのは The guy who's tall he'll leave now であろう。対応する疑問文は The guy who's tall will he leave now? である。

もちろん、子どもはいずれ (7) のような文に出くわすであろうが、それは書きことばに接する時である。このことから、2つの極めて重要な論点が出てくる。1つめは、3歳や4歳の子どもは、疑問文や平叙文を含む物語を聞きながら、理解できない部分は聞き流すか、その時点までの話や直後の物語の出来事などの言語外文脈 (extra-linguistic context) に基づいて解釈するかであるという点である。(9) に再掲する Miller and Weinert (2009: 410–11) からの例を考えてみる。

(9) a. Here is a car to put in the garage. (ここにガレージに入れる車があるよ。)

b. Oh – you've found a block to put on top of the tower.
(おや、塔のてっぺんに置くブロック見つけたんだね。)

c. Here is biscuit to give the doggie.（ここにワンちゃんにあげるビスケットがあるよ。）

これらの例の重要な性質は、その解釈が言語外の文脈に極めて大きく依存していることである。言語習得の第一歩を踏み出した幼い子どもは、小さな世界をもち、進行するままに出来事を語る。自明のことを何度もくり返し述べて、しばしば両親をイライラさせる。子どもはおもちゃの車は車庫に入るが、自動的には入らず、押し込む必要があることをすぐに学ぶ。塔を作るためには、ブロックを1つずつ上に載せればよいが、子どもか保護者がブロックを積まなければならない。ビスケットは食べられるもので、犬もビスケットを食べる。すなわち、(9) のような例を解釈するのに、子どもは言語外世界の知識を活用できるのである。たとえ、子どもが統語を理解できなくても、その子は、car や garage、block、tower、biscuit、doggie などの重要な語を覚えることができる。その子の世界では、当該の実在物間の関係は明らかである。もし明らかでない場合には、保護者がその関係を説明するだろうし、このような小さな始まりから、最終的に複雑な実例に辿りつくであろう。しかし、それは、子どもの読書経験にも拠るが、おそらく8歳以前には起こらないであろう。

第2の重要な論点は、子どもの多くは学校教育でしか書きことばに出会わないことである。日頃から物語を読み聞かされ、学齢期に達する以前に読むことができるような子どもでさえ、書きことばに取り組まなければならない。文章を完成させたり、適切に完全な文を作りだしたり、完全な文の質問に答えたり、名詞や動詞、形容詞を含む例文に○をつけたりし、さらには、数年の間、定形節 (finite clause) と非定形節 (non-finite clause) を結合して複雑な文にするというような統合された統語構造を産出することや、そのような複雑な文を読んだり解釈したりすることを学んだりするのである。これらの活動には、生徒の作るテクストをどのように修正し、明確にすればよいかという提案から、たとえば、自由分詞 (free participle) や、より複雑な種類の wh 関係詞節、譲歩の副詞節などの使い方を指導することまで、さまざまなタイプの否定的証拠が含まれる。統語法に関する作業はすべて、子どもの語彙力の増大、詩や科学実験が詳細に記述される言語などさまざまな種類のテクストを理解するなどといった、より包括的な練習の一部をなす。子どもは、難解な統語構造という肯定的な例とともに、多くの否定的証拠にさらされるのである。

子どもは、学齢期に達する以前に否定的な証拠を得られるのであろうか。一般的に受け入れられている考えは、就学前の子どもの親は非文法的と見なす表現を実際に修正するということであるが、同時に幼い子どもも親の修正に注意を払わないことも自明である。他方、子どもは、もし話し相手が自分の言ったことを理解しなかったら、行動することを強いられる。もし単純にくり返しがうまくいかなかったら、文法、および、おそらく語彙を練り直さなければならない。これは間接的な否定的証拠とみなせるであろう。

第一言語習得に対する生成文法のアプローチの弱点は、大領域統語(magnasyntax)を扱うのに必要な原理と制約を言語の学習者に投影することである。最も単純な構造から最も複雑な構造に至るまでいかなる構造も産み出せるように構築されたモデルは、つまるところ、最も複雑な例を産み出すのに必要となる複雑な装置である。先ほど議論した重要な論点は、複雑さは自然な話しことばを扱っている子どもには関係しないことである。第一言語獲得の理論家や生成統語論の専門家がデータを誤って解釈する際に生じる歪みにも留意しておかなければならない。この論点については pp.5–7 でのミニマリズムの強い素性と弱い素性の問題との関係で議論している。このことは、若年層の学習者に関係する。素性の知識は学習者に帰されるべき普遍文法の一部であるからである。それはまた別の方向にも関連してきて、I wondered who Medea had poisoned（メディアは誰に毒を盛ったのだろうか）、I enquired when we could leave（いつ出発できるのか尋ねた）のような正しい例にだけではなく、Adger (2003: 357) が容認不可能とした I wondered who had Medea poisoned, I enquired when could we leave のような例にも子どもは遭遇する。もう 1 つ、可能性として高いのは、幼い子どもがそのような間接疑問文に遭遇しないことであり、またはもし出会ったとしても、その統語を立ち止まって分析しないということである。第 3 の可能性は、子どもがそのような例に遭遇するのは物語の中だけであり、物語の内容から意味を割り出すというものである。

Horrocks (1988: 154) の例は、大領域統語の広範な影響により大人の不適切なデータが、どのように子どもの言語獲得に関して引用されることになるか、ということを示している。Horrocks は Graball found a new set of clients to fleece（グラバールはお金をむしり取る新たなカモを見つけた）などの作例を論じている。子どもは Granball が fleece の主語、set of clients が目的語（または、動作主と被動者）であることをどのように学ぶのだろうかと Horrocks は問うている。子どもは、解釈の原理を前もって知らずに、どのようにその文を正しく解釈しうるのだろうか。もし、解釈を間違ったとしたら、いかにして間違ったのかを知るのだろうか。2 歳児の誰もが、原則的にこの種の文が何を意味するのかについて理解する意識の過程を経て、正しい解釈以外のすべてのものを排除するというのは事実であろうかとHorrocksは問うている。

最初の反応は、2歳児は誰ひとりとしてHorrocksの例に注意を払わないであろう、したがって、Horrocksの懸念は見当違いであるということかもしれない。(clientsやfleeceはせいぜい童歌'Mary had a little lamb'(メリーさんの羊)に出るぐらい、setはどうだろうか。)第2の反応は、たとえば、3歳児、4、5歳児ならなおよいが、Mister Menシリーズの本[3]でなら、When Mr Bump had annoyed all the people in Bluetown, he went to Greentown and found lots of other people to annoy.(Mr Bumpはブルータウンの住民すべてを悩ませていた時、グリーンタウンに行って、悩ませる別の住民をたくさん見つけた)のような文に出くわすかもしれない。すでに述べた、車や車庫やビスケットや犬が関係する例と同様に、4、5歳児なら、それまでのストーリーからMr Bumpと他の多くの住民の間の「苦悩(annoy)」について理解できるであろう。

Horrocks (1988: 156) は、等位構造を論じ、幼い子どもがWho do you love me and, Mummy?(ママ! 誰をママは私と好きなの?)のような質問が変であることをどのように知るのかを論じている。語用論の観点から、発話をandで締め括らないのには十分な根拠がある。andは後に情報が付加されるという期待をもたせる。andで発言をやめた保護者は、おそらく、何か別のことを言うつもりであったか、気が変わってしまったのであろう。発話をandで終わらせた子どもは、付加情報を補うように促されるであろう。典型的な言語ゲームは、たとえば、Who's coming to see you? Granny. Uhuh, and ? Granpa. Uhuh, and? Aunt Lucie(誰があなたに会いに来るの?—おばあちゃん!—うん、それで?—おじいちゃん—うん、それで?—ルーシーおばさん)のように、保護者が質問をし、子どもがそれに答えていく。発話をandで終わらせてはいけないことを子どもが早期に発見するのに完全に正当な語用論的な理由があるのであれば、純粋な文法制約を探る必要性はない。

子どもの言語獲得の議論で、大領域統語(magnasyntax)が誤って適用された事例として、最後にManzini (1990) を取り上げる。ManziniはJohn and Peter like each other's pictures(ジョンとピーターはお互いの写真を気に入っている)とJohn and Peter thought that each other's pictures were on sale(ジョンとピーターはお互いの写真が売られていると思っていた)を引用している。(each otherの例はMaher and Groves (1996) でも大々的に取り上げられている。)これらの例は、each otherの統語と意味を扱う文法にとっては中心的なものであるが、これは年長の子ども、

3　Mr. Menは1971年に始まった英国の作家Roger Hargreavesによるの児童書のシリーズである。

ましてや年少の子どもが使う構文ではない。(もちろん、子どもは each other を使うが、we kicked each other(私たちは互いに蹴り合った)のような例である。) 年少の子どもが耳にする例は、each と other が隣接した they're very like each other (彼らはお互いによく似ている) のようなものであり、所有格形の構文でもなく、先行詞が離れた節に現れたりもしない。

Chomsky や他の言語学者がこれまで議論してきたさまざまな仮説は間違っていることを論じてきた。書きことばに関しては、子どもは、乏しく不完全なデータにさらされているのではないこと、書きことばでは、子どもは先行文脈で提示されたデータに実際にアクセスできること、さらに、書きことばに関しては、明示的な指導を受けることを論じた。自然発話に関しては、非文法的な構造の発生が著しく誇張され、明示的な指導が欠如していることも誇張されてきた。自然な話しことばの構造は、第 11 章およびその他の個所で例証したとおり、書きことばの構造よりもずっと単純である。子どもは第一言語を、何もないところからではなく、豊かな社会環境の中、指示解釈の作業範囲が極めて限定された世界の中で獲得するのである。自然発話の話しことばについて私たちが知っていることを考えると、一連の複雑な生得的な原理という仮説はあまりに極端すぎる。必要なのは、仮説の形成と丸暗記 (rote learning)、社会的相互行為 (social interaction) の 3 つが合わさった理論である。

訳者によるコラム：言語獲得における固定句の役割と言語の本質

第一言語獲得に当たり、幼児の脳に最初から理想的完成品としての「ことばありき」というのは神話であると言ってよいだろう。ひとはまず、自らと相対する話し相手の話しことばの中の指示物を、広く豊かな(社会的・文化的・歴史的)場面・文脈・体験のなかから思い当たる事物とつなげて、発話の意味を、まず大きく、総合的に受け止める。やがて徐々に、より細かく、より分析的に捉える営みを、時間をかけて、限りなくくりかえし類推した結果、直観と呼ばれる言語感覚を形成していくのであって、豊かで高度に複雑な生得的原理による言語体系という形の完成品がひとの大脳に最初から与えられているものではない。

固定句という概念を取り出し、それが個々の対人的・社会的文脈との緊張関係の中で産み出す意味を手掛かりに、著者 JM は、単純で簡潔でくだけた話しことばから高度に複雑な、関係詞節・補文構造を多数有する形式ばった書きことばまでを意のままに自由自在に操る、理想の話し手を想定する生成文法理論とは相容れない言語獲得の実際を描く。理想的にあらざる言語の個々の使い手、すなわち、生涯を賭けてもおそらく完成には至らないだろう巨大な言語体系を構築しようともがく大多数のひとの真実の姿を、冷静に描こうとする。

定型句というチャンク(塊)が分析的ではなく、総合的に受容し理解すべき存在であることを強調するのは、そもそも言語そのものが広く定型として成り立つからで、著者 JM は言語の定型性を、固定句という隠喩によってわかりやすく説明しようとしたように思われる。このことは、生成文法理論とは距離を置く言語習得の根本的な考え方・捉え方のちがいを反映していると言えよう。　(久屋孝夫)

第 13 章
エピローグ

2009 年に執筆した著書の導入部 (Miller and Weinert 2009: 5) で Claire Blanche-Benveniste の研究から得た着想と激励について言及した。このエピローグは、話しことばを研究する学者たちにとって特に大きな痛手となった Claire の死から 6 週間を経た 2010 年 6 月初旬に書いている。私が Claire に会ったのは 2000 年 4 月のただの一度限りであった。会話をしているうちに、彼女は、書きことばではなく、話しことばのフランス語に焦点を当てた研究を真剣に考えてもらうことがいかに難しかったか、ということを語った。その状況は 10 年過ぎて改善はされたが、期待されたほどではなかった。導入で提示された 3 つの中心的な考えは時期を異にして発展してきた。多くの言語の記述文法は、見事なまでにその数が増え続けている。意味が文法のパターンの理解に中心的な役割を果たすという信念が、まさにその存在理由であり、それは多くの研究者たち、とりわけ認知言語学の支持者に採り入れられてきた。

それほど進捗していないのは、自然発話の話しことばが、統語論、言語獲得、類型論、言語進化、言語変異という中心的な理論分野において重要であるという考え方である。言語変異を考察する研究者は、個別言語の非標準的変種とテクストのタイプに焦点を当てる。彼らは、これまでのところ、文字を有する社会の中での自然発話の話しことばと形式ばった書きことばの文法のパターン・談話のパターンとの対比や緊張関係に同様の注意を払ってはいない。言語変異理論というこの可能性を秘めた流れは第一言語獲得に直結している。第一言語獲得の妥当な理論は、これらの対比と緊張関係を考慮に入れなければならない。これらのすべての論点は Claire Blanche-Benveniste にはすでに認知されていた。本書が彼女の研究を継承し、さまざまな理論領域で自然発話の話しことばの研究がさらに前進することを願っている。

付録 3.1

S1A-057(A):3 How's mum and firstname1

S1A-057(B):4 Oh they're alright I've been to see them this morning and there's a crowd of visitors there so

S1A-057(A):6 Who was there

S1A-057(A):7 Ah mother and father and Mother and brother and firstname2 and firstname3

S1A-057(A):10 firstname3 was there firstname3 rang me this morning actually

S1A-057(B):12 Yes She said she'd been in touch with you this morning

S1A-057(A):14 Mmm And fullname4 Do you know firstname4

S1A-057(B):16 No I don't think I do

S1A-057(A):17 She rang as well and firstname5 rang

S1A-057(B):18 Oh yes Did you know there was a fire on the harbour bridge

S1A-057(A):21 No What happened

S1A-057(B):22 Oh the workmen were doing some work on it and apparently the what do they call that that ox oxywelding caught fire and they went for the fire extinguishers and when they got the fire extinguishers there was nothing in the fire extinguishers so they couldn't put out the fire

S1A-057(A):28 Yeah

S1A-057(A):29 Oh really

S1A-057(A):30 Where abouts was the fire On the road Or up on the top

S1A-057(B):33 NoUp on the top I think

S1A-057(A):34 On the very top

S1A-057(B):35 Somewhere up on the top I think I don't know I didn't hear much about it but anyway that was the harbour bridge

S1A-057(A):39 And how long what how did they get it off How did they get that get the fire out

S1A-057(B):42 Well they had to call the fire brigade but it held up all the traffic

S1A-057(A):45 This morning

S1A-057(B):46 Yes

S1A-057(A):47 Was this this morning In peak hour

S1A-057(B):48 Yes

S1A-057(B):49 This was not very long ago Only about well it probably would've been in peak hour but it was on the actually it was it wasn't on the news I don't think

S1A-057(B):52 It was a news flash between the news reports that I heard it

S1A-057(B):53 Mmm Yes

S1A-057(A):54 Oh

S1A-057(A):55 So who else was ov who who was firstname6 and firstname7 there were they

S1A-057(B):57 Yes

S1A-057(A):58 Oh and how's firstname1 Is he alright today

S1A-057(B):60 Yes He's sitting out on the chair and

S1A-057(A):61 Has he still got a drip

S1A-057(B):62 No He didn't have the drip Well I don't think so

S1A-057(B):64 I didn't see any drip but I didn't stay I just went sort of in and out and when they were all there I took the flowers and put them in water for them

S1A-057(A):68 Oh

S1A-057(A):69 Did mum

S1A-057(A):70 Ho what flowers

S1A-057(B):71 We got about three bunches of flowers that we bought them

S1A-057(A):73 What did ah mum have a drip in

S1A-057(B):74 Yes She's still got it

S1A-057(A):75 Did they say how long she's gonna be in hospital for

S1A-057(B):76 Well I really wasn't talking to anybody this morning but see they've gotta get her back on food and see how that goes

S1A-057(A):79 Yeah

S1A-057(A):80 Did you get in contact with the doctor

S1A-057(B):81 No I haven't seen the doctor

S1A-057(A):82 Oh

S1A-057(B):83 It's hard to see the doctor unless you're there right when he's there you don't see him

S1A-057(B):84 And I'd rather talk to doctor ah surname8 is it surname8

S1A-057(B):86 What's the his

S1A-057(A):87 Yeah

S1A-057(A):88 Names

S1A-057(B):89 Yeah What's the doctor's name

S1A-057(A):90 The one who operated on mum I think it was surname8 'cos firstname1's got Dr surname9

S1A-057(B):93 Yes

S1A-057(B):94 Yes

S1A-057(B):95 Yes But it hard to get to see the doctors 'cos they're so busy and getting around to being busy they're building another hospital

S1A-057(B):98 In the southwest I think In the southwest

S1A-057(A):100 Yeah

S1A-057(A):101 They're clo
S1A-057(A):102 They're closing Balmain ye yesterday when I went down there
S1A-057(A):103 Oh well they're not closing it but they're not doing any operations
S1A-057(B):105 Really
S1A-057(B):106 And it's going to take in Concord Balmain and another couple of hospitals I think to service the area
S1A-057(A):109 Really
S1A-057(A):110 'Cos it's a long way
S1A-057(B):111 That's when you go out the Hume highway you go through Gordon don't you
S1A-057(A):113 Yeah Oh no You don't have to go that way
S1A-057(A):114 You can go the back way
S1A-057(B):116 Yes It's still a long way when they've got hospitals already here for convenience
S1A-057(A):118 Yeah
S1A-057(B):120 Did you get in touch with firstname1
S1A-057(A):121 Yep
S1A-057(B):122 Is he coming in to see mum
S1A-057(A):123 Yeah He's I don't think he could handle coming in yesterday but um ah he's gonna come in today with firstname2
S1A-057(B):127 Oh that's good Yes And did he work at the weekend firstname1
S1A-057(A):130 Yeah He worked on Saturday ah Saturday and Sunday and um and then I'm going to get him to come in on Saturday for four hours 'cos I'm gonna go shopping
S1A-057(A):134 So I'm gonna work from ten till one and then he's gonna work from one till fiveand then firstname2 will probably work on Sunday
S1A-057(B):137 Mmm
S1A-057(B):138 Mmm That's good
S1A-057(B):139 Mmm
S1A-057(B):140 I see I see said the blindman but he couldn't see at all
S1A-057(B):141 Oh anyway I've got some pumpkin and some cauliflower and I'm going to make pumpkin soup and cauliflower soup for the weekend
S1A-057(A):144 Is that for when mum and firstname1 come out
S1A-057(B):146 Yes But you can have some if you like pumpkin soup and cauliflower soup
S1A-057(B):148 Do you
S1A-057(A):149 Are you making two different soups or putting them both in one
S1A-057(B):151 No Making two different ones

S1A-057(A):152 Oh I like pump I like pumpkin soup

S1A-057(B):153 Yeah And if there's any over it can be frozen

S1A-057(A):155 We usually freeze it don't we though

S1A-057(B):156 Oh yes but in the deep freeze

S1A-057(A):157 Oh we don't have any

S1A-057(B):158 Yes you do You've got a freezer at the top of the fridge

S1A-057(B):159 That freezer

S1A-057(A):160 Oh I thoughtyou meant a big freeze like a

S1A-057(B):161 NoThe freezing compartment at the top of the fridge

S1A-057(B):163 You put it in there I've got some little plastic containers to put it in so there's just enough for one serving

S1A-057(A):167 Oh New conversation on same tape

付録 3.2

S2B-036(A):175 There are many factors which determine how dangerous a snake is

S2B-036(A):176 Even the most toxic snake with the longest fangs and the worst temper can hardly be considered dangerous if it doesn't come into contact with humans

S2B-036(A):179 Unfortunately Australia's most dangerous snake is found all too commonly in our backyards

S2B-036(A):181 Until nineteen fifty four a full bite from a taipan meant certain death

S2B-036(A):183 Although it was the most urgently needed taipan anti-venom was one of the last to be developed

S2B-036(A):184 Fortunately taipan venom isn't the most potent but in all other aspects it rates equal with or above Australia's other venomous snakes and has earned the reputation as the most dangerous snake in Australia

S2B-036(A):188 It's the longest of the venomous snakes and this is an advantage when striking

S2B-036(A):190 If cornered it will go on the attack Its length means it can strike high making the bite more effective

S2B-036(A):193 Unlike their cousins the vipers which can fold their fangs back they have permanently erect fangs which limits the length that they can grow

S2B-036(A):195 They average about four to five millimetres

S2B-036(A):196 The taipan's fangs can grow to be twelve millimetres that's about the length of my fingernail which makes for greater killing power

S2B-036(A):198 Like the snake the taipan uses a strike and release method of attack

S2B-036(A):200 Unlike the snake it will bite repeatedly

S2B-036(A):201 Its long fangs mean the venom can be injected to a far greater depth and therefore have a greater effect

S2B-036(A):203 In one reported attack a twelve year old boy died less than an hour after being bitten twelve times by a taipan

S2B-036(A):206 Taipans are most commonly found in well grassed tropical woodlands but their preferred diet of small rodents birds and the occasional bandicoot means they're often found near farm outbuildings and even urban backyards

S2B-036(A):210 In comparison the tiger snake isn't considered as dangerous as the taipan yet it accounts for far more bites than any other snake in Australia

S2B-036(A):212 This tiger snake is shedding its skin

S2B-036(A):213 The process called sloughing happens about five times a year

S2B-036(A):214 Immature snakes slough as they grow but in adults it occurs to replace damaged and worn skin

S2B-036(A):216 The eastern tiger snake is found from the south-eastern corner of Queensland down through New South Wales and most of Victoria and up into South Australia the most densely populated corner of the continent

S2B-036(A):220 This brings it into contact with humans far more often than most snakes

S2B-036(A):221 When it does come into contact with us it's unlikely to flee

S2B-036(A):222 If you do happen to find a snake in a building discretion is the better part of valour

S2B-036(A):224 Don't try to remove it Just give it a wide berth and it will usually go out the way it came in

S2B-036(A):226 An overexcited snake is more likely to attack so if it comes towards you simply move quietly out of the way

S2B-036(A):227 It's probably just curious or even lost

S2B-036(A):228 This is a Chapel Island tiger snake

S2B-036(A):229 Its darker colour is due to its cold habitat in the Bass Straight

S2B-036(A):230 When it feeds it works its jaws in a chewing motion

S2B-036(A):231 The fangs are very small but the venom is extremely potent

S2B-036(A):232 By injecting large amounts the venom quickly begins the process of breaking down the food

S2B-036(A):234 The fangs also aid in the act of swallowing

S2B-036(A):235 The snake literally walks along its victim forcing it down its throat

訳者注の参考文献

第 1 章

Givón, T. (1983), *Topic Continuity in Discourse: A quantitative cross-language study*, Amsterdam/Philadelphia: John Benjamins.

Chomsky, N. A. (1995), *The Minimalist Program*, Cambridge, MA: The MIT Press.

Anderson, A.H., Bader, M., Bard, E.G., Boyle, E., Doherty, G., Garrod, S., Isard, S., Kowtko, J., McAllister, J., Miller, J., Sotillo, C., Thompson, H.S., Weinert, R. (1991), 'The HCRC Map Task Corpus' *Language and Speech* 34(4), 351-366.

第 11 章

Feist, J. (2012), *Premodifiers in English: Their Structure and Significance*, Cambridge: Cambridge University Press

第 12 章

橋田浩一・大津由紀雄・今西典子・Yosef Grodzinsky・錦見美貴子（1999）『言語の獲得と喪失』（岩波講座　言語の科学 10）東京：岩波書店

参考文献

Aarts, B. (2004), 'Modelling linguistic gradience'. *Studies in Language* 28, pp. 1–49.

Aarts, B. (2007), 'In defence of distributional analysis, *pace* Croft'. *Studies in Language* 31/2, pp. 431–443.

Abney, S. P. (1987), *The English Noun Phrase in its Sentential Aspect*. Ph.D. thesis, Massachusetts Institute of Technology.

Adger, D. (2003), *Core Syntax. A Minimalist Approach*. Oxford: Oxford University Press.

Anderson, J. M. (1971), *The Grammar of Case*. Cambridge: Cambridge University Press.

Anderson, J. M. (1973), *An Essay Concerning Aspect*. The Hague: Mouton.

Anderson, J. M. (2006), *Modern Grammars of Case*. Oxford: Oxford University Press.

Anderson, S. R. (2008), 'The logical structure of linguistic theory'. *Language* 84, pp. 795–814.

Austin, P. (1981), *A Grammar of Diyari, South Australia*. Cambridge: Cambridge University Press.

Baker, M. (1996), *The Polysynthesis Parameter*. Cambridge: Cambridge University Press.

Ball, R. (2000), *Colloquial French Grammar. A Practical Guide*. Oxford: Blackwell.

Bard, E. G., Robertson, D. and Sorace, A. (1996), 'Magnitude estimation of linguistic acceptability'. *Language* 72, pp. 32–68.

Barlow, M. and Kemmer S. (eds) (2000), *Usage-Based Models of Language*. Stanford: CSLI.

Bavin, E. L. (2006), 'Syntactic development'. In Brown, K. (ed.), *Encyclopaedia of Language and Linguistics, Volume 12* (2nd edition). Oxford: Elsevier, pp. 383–390.

Bauer, W. with W. Parker, Te Kareongawai Evans and Te Aroha Noti Teepa (1997), *The Reed Reference Grammar of Maori*. Auckland: Reed Publishing.

Bennett, M. (1992), *Scottish Customs from the Cradle to the Grave*. Edinburgh: Polygon.

Biber, D. (1988), *Variation Across Speech and Writing*. Cambridge: Cambridge University Press.

Biber, D., Johansson, S., Leech, G., Conrad, S., and Finegan, E. (1999), *Longman Grammar of Spoken and Written English*. London: Longman.

Blackman, R. (1908), *Composition and Style: A Literary Handbook*. Edinburgh: John Grant.

Blanche-Benveniste, C. (1991), *Le Français Parlé: études Grammaticales*. Paris: editions du Centre National de la Recherche Scientifique.

Bloomfield, L. (1933) *Language*. London: George Allen and Unwin.

Boeckx, C. (2006), *Linguistic Minimalism. Origins, Concepts, Methods, and Aims*. Oxford: Oxford University Press.

Bolinger, D. (1976), 'Meaning and memory'. *Forum Linguisticum* 1, pp.1–14.

Börjars, K. (2006), 'Description and theory'. In B. Aarts & A. McMahon (eds) *The Handbook of English Linguistics*. Oxford: Blackwell, pp. 9–32.

Bosworth, J. and Toller, N. (1972), *An Anglo-Saxon Dictionary*. Oxford: Oxford University Press.

Bowe, H. J. (1990), *Categories, Constituents and Constituent Order in Pitjantjatjara, An Aboriginal Language of Australia*. London: Routledge.

Brazil, D. (1995), *A Grammar of Speech*. Oxford: Oxford University Press.

Bresnan, J. (1982), 'The passive in lexical theory'. In J. Bresnan (ed.) *The Mental Representation of Grammatical Relations*. Cambridge, MA: MIT Press, pp. 3–86.

Bresnan, J. and Grimshaw, J. (1978), 'The syntax of free relatives in English'. *Linguistic Inquiry* 9, pp. 331–391.

Brown, G., Anderson, A., Shillcock, R. and Yule, G. (1984), *Teaching Talk: Strategies for Production and Assessment*. Cambridge: Cambridge University Press.

Brown, G., Currie, K. L. and Kenworthy, J. (1980) *Questions of Intonation*. London: Croom Helm.

Brown, K. and Miller, J. (1996), *Concise Encyclopedia of Syntactic Theories*. Oxford: Elsevier.

Burchfield, R. W. (1981), *The Spoken Word: a BBC Guide*. London: BBC Publications.

Burchfield, R. W. (1996), *The New Fowler's Modern English Usage.* 3rd edition. Oxford: Oxford University Press.

Butt, M. (2009), 'Modern approaches to case: An overview'. In A. Malchukov and A. Spenser (eds) *The Oxford Handbook of Case.* Oxford: Oxford University Press, pp. 59–71.

Calude, A. (2008), 'Demonstrative clefts and double cleft constructions in spontaneous spoken English'. *Studia Linguistica* 62. pp. 78–118.

Cameron, D. (1995), *Verbal Hygiene.* London: Routledge.

Cann, R. (1993), 'Patterns of headedness'. In G. G. Corbett, N. M. Fraser and S. McGlashan (eds.), *Heads in Grammatical Theory.* Cambridge: Cambridge University Press, pp. 44–72.

Carnie, A. (2002), *Syntax: A Generative Introduction.* Malden, MA: Blackwell Publishing.

Carr, P. (2005), 'Philosophy of linguistics'. In Brown, K. (ed.), *Encyclopaedia of Language and Linguistics, Volume 9* (2nd edition). Oxford: Elsevier, pp. 331–337.

Carr, P. (2007), 'Internalism, externalism and coding'. *Language Sciences* 29. pp. 672–689.

Carter, R. and McCarthy, M. (1997), *Exploring Spoken English.* Cambridge: Cambridge University Press.

Carter, R. and McCarthy, M. (1999), 'The English *get*-passive in spoken discourse: Description and implications for an interpersonal grammar'. *English Language and Linguistics* 3/1, pp. 41–58.

Chafe, W. (ed.) (1980), *The Pear Stories: Cognitive, Cultural and Linguistic Aspects of Narrative Production.* Norwood, NJ: Ablex.

Cheshire, J. (2005), 'Syntactic variation and spoken language', In L. Cornips and K. P. Corrigan (eds.) *Syntax and Variation: Reconciling the Biological and the Social.* Amsterdam: John Benjamins. pp. 81–106.

Cheshire, J., Edwards, V. and Whittle, P.(1993), 'Non-standard English and dialect levelling'. In Milroy, J. and Milroy, L. (eds.), *Real English: The Grammar of Dialects in the British Isles.* London: Longman, pp.53–96.

Chipere, N. (2009), 'Individual differences in processing complex grammatical structures'. In G. Sampson, D. Gil and P. Trudgill (eds.) *Language Complexity as an Evolving Variable.* Oxford: Oxford University Press, pp.178–191.

Chomsky, N. A. (1957), *Syntactic Structures.* The Hague: Mouton.

Chomsky, N. A. (1965), *Aspects of the Theory of Syntax.* Cambridge, MA: MIT Press.

Chomsky, N. A. (1968), *Language and Mind.* New York: Harcourt, Brace and World.

Chomsky, N. A. (1986a), *Knowledge of Language: Its Nature, Origin and Use.* Westport, CT: Praeger.

Chomsky, N. A. (1986b), 'Principles and parameters in syntactic theory'. In N. Hornstein & D. Lightfoot (eds.) *Explanation in Linguistics: The Logical Problem of Language*

Acquisition. London: Longman, pp.32–75.

Chomsky, N. A. (1995), *The Minimalist Program*. Cambridge, MA: MIT Press.

Clark, B. (2005), 'Linguistics as a science'. In Brown, K. (ed.), *Encyclopaedia of Language and Linguistics, Volume* 7, 2nd edition. Oxford: Elsevier, pp. 227–234.

Collins, P. and Hollo, C. (2000), *English Grammar: An Introduction*. Basingstoke and London: Macmillan Press.

Collins, P. and Peters, P. (2008), 'Australian English: Morphology and syntax'. In K. Burridge and B. Kortmann (eds.) *Varieties of English 3: The Pacific and Australasia*. Berlin/New York: Mouton de Gruyter, pp.341–361.

Comrie, B. (1985), *Tense*. Cambridge: Cambridge University Press.

Corbett, C., Fraser, N. M. and McGlashan, S. (1993), *Heads in Grammatical Theory*. Cambridge: Cambridge University Press.

Cornips, Leonie and Corrigan, Karen, P. (eds.) (2005), *Syntax and Variation: Reconciling the Biological and the Social*. Amsterdam: John Benjamins.

Coulthard, R. M. and Robinson, W. P. (1968), 'The structure of the nominal group and the elaboratedness of code'. *Language and Speech* 11, pp. 234–250.

Cowie, F. (1999), *What's Within? Nativism Reconsidered*. Oxford: Oxford University Press.

Crain, S. and Nakayama, M. (1987), 'Structure dependence in grammar formation'. *Language* 63, pp. 522–543.

Crick, F. H. C. (1979), 'Thinking about the brain'. *Scientific American* 9, pp. 219–232.

Croft, W. (2001), *Radical Construction Grammar: Syntactic Theory in Typological Perspective*. Oxford: Oxford University Press.

Croft, W. (2007), 'Beyond Aristotle and gradience. A reply to Aarts'. *Studies in Language* 31/2, pp. 409–430.

Croft, W. and Cruse, D. A. (2004), *Cognitive Linguistics*. Cambridge: Cambridge University Press.

Cruse, D. A. (1973), 'Some thoughts on agentivity.' *Journal of Linguistics* 9. pp. 11–23.

Cruse, D. A. (1986), *Lexical Semantics*. Cambridge: Cambridge University Press.

Crystal, D. (1976), 'Neglected grammatical factors in conversational English'. In S. Greenbaum, G. Leech and J. Svartvik (eds.), *Studies in English Linguistics*. London: Longman, pp. 153–166.

Crystal, D. (1987), *The Cambridge Encyclopaedia of Language*. Cambridge: Cambridge University Press.

Culicover, P. (2009), *Natural Language Syntax*. Oxford; Oxford University Press.

Dabrowska, E. (1997), 'The LAD goes to school: A cautionary tale for nativists'. *Linguistics* 35, pp.735–766.

Dabrowska, E. (2005), 'Productivity and beyond: Mastering the Polish genitive inflection'. *Journal of Child Language* 32, pp. 191–205.

Dahl, Ö. (1999), 'Perfect'. In Brown, K. and Miller, J. (eds.), *Concise Encyclopaedia of Grammatical Categories*. Oxford: Elsevier, pp. 290–291.

de Cat, C. (2007), 'French dislocation without movement'. *Natural Language and Linguistic Theory*, 25, pp. 485–534.

de Hoop, H. (2009), 'Case in Optimality Theory'. In A. Malchukov and A. Spencer (eds.) *The Oxford Handbook of Case*. Oxford: Oxford University Press, pp. 88–101.

Denison, D. (1993), *English Historical Syntax*. London: Longman.

Denison, D. (1998), 'Syntax', In S. Romaine (ed.), *The Cambridge History of the English Language: Volume IV 1776–1997*. Cambridge: Cambridge University Press, pp. 92–329.

Deutscher, G. (2000), *Syntactic Change in Akkadian: the Evolution of Sentential Complementation*. Oxford: Oxford University Press.

Dickens, C. (1853), *Bleak House*. (References to the 1996 Penguin Classics edition.)

Dixon, R.M.W.(1972), *The Dyirbal Language of North Queensland*. Cambridge: Cambridge University Press.

Donaldson, T. (1980), *Ngiyambaa: The Language of the Wangaaybuwan*. Cambridge: Cambridge University Press.

Dougherty, R. (1970), 'Recent Studies in Language Universals'. *Foundations of Language* 6, pp. 505–561.

Dowty, D. (1989), 'On the semantic content of the notion "thematic role"'. In G. Chierchia, B. H. Partee and R. Turner (eds.) *Properties, Types and Meanings, Volume 2: Semantic Issues*, Dordrecht: Kluwer, pp. 69–129.

Dowty, D. (1991), 'Thematic roles and argument selection'. *Language* 62, pp. 547–619.

Elson, B. and Pickett, V. (1967), *An Introduction to Morphology and Syntax*, 5th edition. Santa Ana, CA: Summer Institute of Linguistics.

Elsness, J. (1997), *The Perfect and the Preterit in Contemporary and Earlier English*, Berlin/New York: Mouton de Gruyter.

Fernandez, M.M.J. (1994). *Les Particules Enonciatives*, Paris: Presses Universitaires de France.

Fillmore, C. J. (1963), 'The position of embedding transformations in a grammar'. *Word* 19, pp. 208–231.

Fillmore, C. J. (1968), 'The case for case'. In E. Bach and R. Harms (eds.), *Universals in Linguistic Theory*, New York: Holt, Rinehart and Winston, pp. 1–88.

Foley, W. A. and Van Valin, R. D., Jr. (1984), *Functional Syntax and Universal Grammar*, Cambridge: Cambridge University Press.

Gazdar, G., Klein, E., Pullum, G. K. amd Sag, I. A. (1985), *Generalized Phrase Structure Grammar*, Oxford; Basil Blackwell.

Gee, J.P. (1974) "*Get* passive": On some constructions with "Get". Bloomington, Indiana:

Indiana University Linguistics Club.

Gil, D. (2009), 'How much grammar does it take to sail a boat' In Sampson (2009): pp.19–33.

Gilles, C. (2007), 'Prosody and emergence of the senses: propositions for a cognitive study of intonation', *The Canadian Journal of Linguistics / Revue canadienne de linguistique* vol. 52, no. 3, pp. 255–277.

Ginzburg, J. and Sag, I. A. (2001), *Interrogative Investigations: The Form, Meaning and Use of English Interrogatives*, Stanford, CA: CSLI Publications.

Givon, T. (1990), *Syntax: A Functional-Typological Introduction*, Amsterdam: John Benjamins.

Givon, T. and Shibatani, M. (2009), *Syntactic Complexity. Diachrony: Acquisition, Neuro-Cognition, Evolution*. Amsterdam: John Benjamins.

Givon, T. and Yang, L. (1994), 'The rise of the English *get*-passive'. In B. Fox and P. J. Hopper (eds.), *Voice. Form and Function*. Amsterdam: John Benjamins, pp. 119–149.

Goldberg, A. (1995), *Constructions: A Construction Grammar Approach to Argument Structure*. Chicago: University of Chicago Press.

Goody, J. (1977), *The Domestication of the Savage Mind*. Cambridge: Cambridge University Press.

Green, M. (2006), 'Levels of adequacy, observational, descriptive, explanatory'. In K. Brown (ed.), *Encyclopaedia of Language and Linguistics, Volume 7* (2nd edition). Oxford: Elsevier, pp. 49–51.

Grévisse, M. and Goose, A. (1993) *Le Bon Usage*. Paris : Duculot and Louvain-la-Neuve: De Boeck, DL.

Grimshaw, J. (1990), *Argument Structure*. Cambridge, MA: MIT Press.

Gronemeyer, C. (1999), 'On deriving complex polysemy: The grammaticalization of *get*'. *English Language and Linguistics* 3, pp. 1–39.

Gropen, J., Pinker, S., Hollander, M., Goldberg, R. and Wilson, R. (1989), 'The learnability and acquisition of the dative alternation in English'. *Language* 65, pp.203–257.

Guiraud, P. (1963), *Le Moyen Français*. Paris: Presses Universitaires de France.

Haegeman, L. (1991), *Introduction to Government and Binding Theory*. Oxford: Basil Blackwell.

Hale, K. (1981), *On the Position of Warlpiri in a Typology of the Base*. Bloomington, IN: Indiana University Linguistics Club.

Hale, K. (1982), 'Preliminary remarks on configurationality'. In J. Pustejovsky and P. Sells (eds), *NELS* 12, pp.86–96.

Hale, K. (1983), 'Warlpiri and the grammar of non-configurational languages'. *Natural Language and Linguistic Theory* 1, pp. 5–47.

Halliday, M. A. K. (1967a), 'Notes on transitivity and theme in English. Part 1'. *Journal of Linguistics* 3, pp.37–81.

Halliday, M. A. K. (1967b), 'Notes on transitivity and theme in English. Part 2'. *Journal of Linguistics* 3, pp.199–244.

Halliday, M. A. K. (1968), 'Notes on transitivity and theme in English. Part 3'. *Journal of Linguistics* 4, pp.179–215.

Halliday, M. A. K. (1989), *Spoken and Written Language*. Oxford: Oxford University Press.

Harris, Z. S. (1946), 'From morpheme to utterance'. *Language* 22, pp. 161–183. Reprinted in M. Joos (ed.) (1957) *Readings in Linguistics I*. Chicago and London: University of Chicago Press.

Haspelmath, M. (1993), 'Passive participles across languages'. In B. Fox and P. J. Hopper (eds) *Voice. Form and Function*. Amsterdam & Philadelphia: John Benjamins, pp. 151–177.

Haspelmath, M. (1997), *Indefinite Pronouns*. Oxford: Oxford University Press.

Haspelmath, M. Dryer, M. S., Gil, D., and Comrie, B. (eds.)(2005), *The World Atlas of Language Structures*, Oxford: Oxford University Press.

Hawkins, P. (1969), 'Social class, the nominal group and reference'. *Language and Speech* 14/4, pp. 125–135.

Hays, D. (1964), 'Dependency theory: a formalism and some observations'. *Language* 40, pp. 511–525.

Heath, S.B. (1983), *Ways with Words*. Cambridge: Cambridge University Press.

Held, W. H., Schmalstieg, W. R. and Gertz, J. E. (1987), *Beginning Hittite*. Columbus, OH: Slavica.

Henry, A. (1995), *Belfast English and Standard English: Dialect Variation and Parameter Setting*. New York: Oxford University Press

Henry, A. (2002), 'Variation and syntactic theory.' In J.K. Chambers, P. Trudgill and N. Schilling-Estes (eds.) *The Handbook of Language Variation and Change*. Oxford: Blackwell, pp. 267–282.

Henry, A. (2005), 'Idiolectal variation and syntactic theory'. In L. Cornips and K. P. Corrigan (eds.) *Syntax and Variation: Reconciling the Biological and the Social*. Amsterdam: John Benjamins, pp. 109–122.

Hockett, C. F. (1958), *A Course in Modern Linguistics*. New York: Macmillan.

Holthausen, F. (1963), *Altenglisches Etymologisches Wörterbuch*. Oxford: Oxford University Press.

Horrocks, G. (1988), *Generative Grammar*. London: Longman.

Huddleston, R. (1984), *Introduction to the Grammar of English*. Cambridge: Cambridge University Press.

Huddleston, R. (1988), *English Grammar. An Outline*. Cambridge: Cambridge University Press.

Huddleston, R. and Pullum, G. K. (2002), *The Cambridge Grammar of the English Language*. Cambridge: Cambridge University Press.

Hudson, R. A. (1987), 'Zwicky on heads'. *Journal of Linguistics* 23, pp. 109–132.

Hudson, R. A. (1990), *English Word Grammar*. Oxford: Blackwell.

Hudson, R. A. (1998), *English Grammar*. London : Routledge.

Hudson, R. A. (2007), *Language Networks: The New Word Grammar*. Oxford: Oxford University Press.

Jackendoff, R. S. (1976), 'Toward an explanatory semantic representation'. *Linguistic Inquiry* 7, pp. 89–150.

Jackendoff, R. S. (1983), *Semantics and Cognition*. Cambridge, MA: MIT Press.

Jackendoff, R. S. (1990), *Semantic Structures*. Cambridge, Mass.: MIT Press.

Jackendoff, R. S. (1993), *Patterns in the Mind*. New York: Harvester Wheatsheaf.

Jackendoff, R. S. (2002), *Foundations of Language*. Oxford: Oxford University Press.

Jacobs, R. A. and Rosenbaum, P. S. (1970), *English Transformational Grammar*. Waltham, MA: Xerox College Publishing.

Jakobson, R. (1936), 'Beitrag zur allgemeinene Kasuslehre: Gesamtbedeutungen der russischen Kasus'. *Travaux du Cercle Linguistique de Prague* 6, pp.240–283.

Jelinek, E. (1984), 'Empty categories, case, and configurations'. *Natural Language and Linguistic Theory* 2/1. pp. 39–76.

Jespersen, O. (1924), *The Philosophy of Grammar*. London: Allen & Unwin

Jespersen, O. (1961a), *A Modern English Grammar on Historical Principles*. Part III Syntax Second Volume. Reprinted 1974, London: George Allen and Unwin.

Jespersen, O. (1961b), *A Modern English Grammar on Historical Principles*. Part IV Syntax Third Volume. Reprinted 1970, London: George Allen and Unwin.

Jucker, A. H. (1992), *Social Stylistics: Stylistic Variation in British Newspapers*. Berlin: Mouton de Gruyter.

Kapanadze, M and Zemskaja, E. O. (1979), *Teksty*. Moscow: Nauka.

Karlsson, F. (2009), 'Origin and maintenance of clausal embedding complexity'. In G. Sampson, D. Gil and P. Trudgill (eds.) *Language Complexity as an Evolving Variable*. Oxford: Oxford University Press, pp.192–202.

Keenan, E. L. (1976), 'Towards a universal definition of "subject"'. In C. N. Li (ed.) *Subject and Topic*. New York: Academic Press, pp. 303–333.

Keenan, E. L. and Comrie, B. (1977), 'Noun phrase accessibility and universal grammar'. *Linguistic Inquiry* 8, pp. 63–99.

Kennedy, A. L. (1994), *Looking For the Possible Dance*. London: Minerva.

Kerslake, C. (2007), 'Alternative subordination strategies in Turkish.' In J. Rehbein, C.

Hohenstein and L. Pietsch (eds.) *Connectivity in Grammar and Discourse*. Amsterdam: John Benjamins, pp. 231–258.

Kimball, J. (1973), 'Get'. In J. Kimball (ed.) *Syntax and Semantics* 2. New York: Academic Press.

Klein, W. (1992), 'The present perfect puzzle'. *Language* 68, pp. 525–552.

Kurath, H. and Kurath, S. M. (1963), *Middle English Dictionary.* Ann Arbor: University of Michigan.

Labov, W. (1972), 'The logic of non-standard English'. In P. Giglioli (ed.) *Language and Social Context.* Harmondsworth: Penguin, pp.179–215.

Labov, W. (1975), *What Is a Linguistic Fact?* Lisse: Peter de Ridder.

Lakoff, G. (1968), 'Instrumental adverbs and the concept of deep structure'. *Foundations of Language* 4, pp. 4–29.

Lakoff, G. (1970), *Irregularity in Syntax*. New York: Holt, Rinehart and Winston, Inc.

Lakoff, G. (1987), *Women, Fire and Dangerous Things. What Categories Reveal About the Mind*. Chicago: University of Chicago Press.

Lakoff, R. (1971), 'Passive resistance'. *Papers from the 7th Regional Meeting, Chicago Linguistic Society*, pp. 149–182.

Langacker, R. W. (1982), 'Space grammar, analyzability, and the English passive'. *Language* 58, pp. 22–80.

Langacker, R.W. (1987), *Foundations of Cognitive Grammar.* Volume 1: *Theoretical Prerequisites.* Volume 2: *Descriptive Application*. Stanford, CA: Stanford University Press.

Langacker, R. W. (1991), *Concept, Image and Symbol. The Cognitive Basis of Grammar.* Berlin: Mouton de Gruyter.

Lapteva, O.A. (1976), *Russkij razgovornyj sintaksis*. Moscow: Nauka.

Leech, G. N. (1971), *Meaning and the English Verb*. London: Longman.

Leech, G., Myers, G. and Thomas, J. (1995), *Spoken English on Computer*. Harlow: Longman.

Levin, B. and Rappaport Hovav, M. (2005), *Argument Realization.* Cambridge: Cambridge University Press.

Lewis, G. L. (1953), *Teach Yourself Turkish.* London: Hodder and Stoughton.

Lewis, G. L. (1978), *Turkish Grammar.* Oxford: Clarendon Press.

Linell, P. (1988), 'The impact of literacy on the conception of language: The case of linguistics'. In R. Saljö (ed.), *The Written World.* Berlin: Springer, pp. 41–58.

Lyons, J. (1968), *Introduction to Theoretical Linguistics*. Cambridge: Cambridge University Press.

Lyons, J. (1975), 'Deixis as the source of reference'. In E. L. Keenan (ed), *Formal Semantics of Natural Language*. Cambridge: Cambridge University Press, pp. 61–83. Reprinted in John Lyons (1991), *Natural Language and Universal Grammar*. Cambridge: Cambridge University Press, pp. 146–165.

Lyons, J. (1977a), *Semantics. Volume* 1. Cambridge: Cambridge University Press.

Lyons, J. (1977b), *Semantics. Volume* 2. Cambridge: Cambridge University Press.

Lyons, J. (1981), *Language, Meaning and Context.* London: Fontana.

Macaulay, R. K. S. (1991), *Locating Dialect in Discourse.* Oxford: Oxford University Press.

Maher, J. and Groves, J. (1996), *Chomsky for Beginners.* Duxford, Cambridge: Icon Books.

Mair, C. and Leech, G. (2006), 'Current changes in English syntax'. In B. Aarts & A. McMahon (eds.) *The Handbook of English Linguistics.* Oxford: Blackwell, pp. 318–342.

Manzini, R. (1990), 'Locality and parameters again'. In I. Roca (ed.) *Logical Issues in Language Acquisition.* Dordrecht: Foris, pp.137–156.

Massam, D. (1999), '*Thing is* constructions: the thing is, what's the right analysis?' *English Language and Linguistics* 3/2. pp. 335–352.

Matthews, P. H. (1979), *Generative Grammar and Linguistic Competence.* London: George Allen and Unwin.

Matthews, P. H. (1981), *Syntax.* Cambridge: Cambridge University Press.

Matthews, P. H. (2007), *The Concise Oxford Dictionary of Linguistics,* 2nd edition. Oxford: Oxford University Press.

McCarthy, M. (1998), *Spoken Language and Applied Linguistics.* Cambridge: Cambridge University Press.

McConvell, P. (1988), 'To be or double be? Current changes in the English copula'. *Australian Journal of Linguistics* 8. pp. 287–305.

Michaelis, L. A. (1994), 'The ambiguity of the English present perfect'. *Journal of Linguistics,* 30, pp. 111–157.

Michaelis, L. A. (2006), 'Tense in English'. In B. Aarts and A. McMahon (eds) *The Handbook of English Linguistics.* Oxford: Blackwell, pp. 220–243.

Miestamo, M., Sinnemäki, K. and Karlsson, F. (eds.) (2008), *Language Complexity: Typology, Contact, Change.* Amsterdam: John Benjamins.

Miller, G. and Johnson-Laird, P. (1976), *Language and Perception.* Cambridge, MA: Harvard University Press.

Miller, J. (1973), 'A generative account of the 'category of state' in Russian'. In F. Kiefer and N. Ruwet (eds.) *Generative Grammar in Europe.* Dordrecht: D. Reidel, pp. 333–359.

Miller, J. (1985), *Semantics and Syntax: Parallels and Connections,* 2nd edition. Cambridge: Cambridge University Press.

Miller, J. (2000), 'The Perfect in spoken and written English'. *Transactions of the Philological Society,* 98, pp.323–352.

Miller, J. (2003), 'Syntax and discourse in Modern Scots.'. In J. Corbett, J. D. McClure and J. Stuart-Smith (eds.) *The Edinburgh Companion to Scots.* Edinburgh: Edinburgh

University Press, pp. 72–109.

Miller, J. (2008), *An Introduction to English Syntax*. Edinburgh: Edinburgh University Press.

Miller, J. (2009), '*Like* and other discourse markers'. In P. Peters, P. Collins and A. Smith (eds.), *Comparative Studies in Australian and New Zealand English: Grammar and Beyond.* Amsterdam, John Benjamins, pp. 317–337.

Miller, J. (2012), 'Contemporary English'. In L. Brinton and A. Bergs (eds.) *Historical Linguistics of English. Volume* 1. Berlin: Mouton de Gruyter.

Miller, J. and Weinert, R. (1998/2009), *Spontaneous Spoken Language. Syntax and Discourse* (2nd edition). Oxford: Clarendon Press.

Milroy, L. (1987), *Observing and Analysing Natural Language*. Oxford: Basil Blackwell.

Mithun, M. (2009), 'Re(e)volving complexity: adding intonation'. In T. Givon and M. Shibatani, M. (eds.) *Syntactic Complexity. Diachrony, Acquisition, Neuro-Cognition, Evolution*. Amsterdam: John Benjamins, pp. 53–80.

Morozova, T. S. (1984), 'Nekotorye osobennosti postroenija vyskazyvanija v prostorečii'. In E. A. Zemskaja and D. N. Šmelev (eds), *Gorodskoe prostorečie*. Moskva: Nauka, pp.141–162.

Mundy, C. S. (1955). 'Turkish syntax as a system of qualification'. *Bulletin of the School of Oriental Studies* 17(2), pp. 279–305.

Mustanoja, T. (1960), *A Middle English Syntax*. Helsinki: Société Néophilologique de Helsinki.

Naismith, R. (1985), *Buildings of the Scottish Countryside*. London: Victor Gollancz.

Nattinger, J. and DeCarrico, J. (1992), *Lexical Phrases and Language Teaching*. Oxford: Oxford University Press.

Newmeyer, F. J. (2003), 'Grammar is grammar and usage is usage'. *Language* 79, pp. 682–707.

Ochs, E. (1979), 'Planned and unplanned discourse'. In T. Givon (ed.), *Syntax and Semantics xii. Discourse and Syntax*. New York: Academic Press, pp. 51–80.

Ong, W. (1982), *Orality and literacy*. London: Routledge.

Onions, C.T. (1904), *An Advanced English Syntax*. Oxford: Oxford University Press.

Palmer, L. R. (1954), *The Latin Language*. London: Faber and Faber.

Pawley, A. and Syder, F. (1983), 'Two puzzles for linguistic theory: nativelike selection and nativelike fluency'. In J. C. Richards and R. W. Schmidt (eds.), *Language and Communication*. London: Longman, pp.191–226.

Payne, J. (1993), 'The headedness of noun phrases: slaying the nominal hydra'. In C. Corbett, N. M. Fraser, and S. McGlashan (eds.), *Heads in Grammatical Theory*. Cambridge: Cambridge University Press, pp. 114–139.

Pensalfini, R. (2004), 'Towards a typology of configurationality'. *Natural Language and*

Linguistic Theory 22. pp. 359–408.

Pereltsvaig, A. (2008), 'Split phrases in colloquial Russian'. *Studia Linguistica* 62. pp. 5–38.

Perera, K. (1984), *Children's Writing and Reading*. Oxford: Basil Blackwell.

Peters, A. (1983), *The Units of Language Acquisition*. Cambridge: Cambridge University Press.

Peters, P., Collins, P. and Smith, A. (eds.) (2009), *Comparative Studies in Australian and New Zealand English: Grammar and Beyond*. Amsterdam: John Benjamins.

Philpott, R. (1998), 'Spoken and written language in employee communication'. MA dissertation, Department of Linguistics, University of Edinburgh.

Pinker, S. (1994), *The Language Instinct. The New Science of Language and Mind*. Harmondsworth, Middlesex: Allen Lane, Penguin Books.

Pollard, C. and Sag, I. A. (1994), *Head-Driven Phrase Structure Grammar*. (2nd edition) Stanford: CSLI; Chicago and London: University of Chicago Press.

Postal, P. M. (1970), 'On so-called pronouns in English'. In R. A. Jacobs and P. S. Rosenbaum (eds.) *Readings in English Transformational Grammar*. Waltham, MA: Ginn and Company, pp. 56–82.

Primus, B. (2009), 'Case, grammatical relations, and semantic roles'. In A. Malchukov & A. Spencer (eds.) *The Oxford Handbook of Case*. Oxford; Oxford University Press, pp. 261–275.

Quirk, R. and Greenbaum, S. (1973), *University Grammar of English* . London: Longman.

Quirk, R., Greenbaum, S., Leech, G. N. and Svartvik, J. (1985), *A Comprehensive Grammar of the English Language*. London: Longman.

Quirk, R. and Wrenn, C. L. (1957), *An Old English Grammar* (2nd edition). London: Methuen.

Radford, A. (1988) *Transformational Grammar: A First Course*. Cambridge: Cambridge University Press.

Robinson, J. J. (1970), 'Dependency structure and transformational rules'. *Language* 46, pp. 259–285.

Ross, J. R. (1967), *Constraints on variables in syntax*. Ph.D. dissertation, Massachusetts Institute of Technology.

Ross-Hagebaum, S. (2004), 'The *That's X is Y* construction as an information structure amalgam'. *Proceedings of the Berkeley Linguistics Society*, pp. 403–414.

Sampson, G. (2007), 'Grammar without grammaticality'. *Corpus Linguistics and Linguistic Theory* 3/1, pp. 1–32.

Sampson, G. (2009). 'A linguistic axiom challenged'. In G. Sampson, D. Gil and P. Trudgill (eds.), *Language Complexity as an Evolving Variable*. Oxford: Oxford University Press, pp.1–18.

Sampson, G., Gil, D. and Trudgill, P. (eds.) (2009), *Language Complexity as an Evolving Variable* . Oxford: Oxford University Press.

Scatton, E. A. (1984), *A Reference Grammar of Modern Bulgarian.* Columbus, OH: Slavica.

Schachter, P. (1977), 'Reference-related and role-related properties of subjects'. In P. Cole and J. Sadock (eds.) *Grammatical Relations. Syntax and Semantics* 8. New York: Academic Press, pp. 279–306.

Schlesinger, I. M. (1979), 'Cognitive and linguistic structures: the case of the instrumental'. *Journal of Linguistics* 15, pp. 307–324.

Schmalstieg, W. R. (1983), *An Introduction to Old Church Slavic.* Columbus, OH: Slavica.

Schroeder, C. (2002), 'On the structure of spoken Turkish.' *Essener Linguistische Skripte-elektronisch.* 2, pp. 73–90. http://www.elise.uni-essen.de.

Searle, J. R. (1969), *Speech Acts: An Essay in the Philosophy of Language.* Cambridge: Cambridge University Press.

Selting, M. (2007), 'Lists as Embedded Structures and the Prosody of List Construction as an Interactional Resource', *Journal of Pragmatics.* 39, 3, pp. 483–526.

Shaumjan, S. K. (1965), *Applikativnaja Grammatika.* Moscow: Akademija Nauk.

Siewerska, A. (1984), 'Phrasal discontinuity in Polish'. *Australian Journal of Linguistics* 4, pp. 57–71.

Smitterberg, E. (2000), 'The progressive form and genre variation during the nineteenth century'. In: R. Bermudez-Otero, D. Denison, R. Hogg, and C. B. McCully (eds.), *Generative Theory and Corpus Studies. A Dialogue from 10 ICEHL.* Berlin: Mouton de Gruyter, pp. 283–297.

Sode-Woodhead, K. (2001), 'Making suggestions in business meetings'. University of Edinburgh, Ph.D. thesis.

Sonnenschein, E.A. (1921), *A New English Grammar.* Oxford: Oxford University Press.

Sornicola, R. (1981), *Sul Parlato.* Bologna: Il Mulino.

Švedova, N. Ju., (ed.) (1970), *Grammatika sovremennogo russkogo literaturnogo jazyka.* Moscow: Nauka.

Swan, M. (2005), *Practical English Usage.* 3rd edition. Oxford: Oxford University Press.

Sweet, H. (1892), *A New English Grammar: Logical and Historical.* Oxford: Oxford University Press.

Ščerba, L. V. (1928), 'O častjax reči v russkom jazyke.' Russkaja Reč', Novaja Serija, Moscow. ('On parts of speech in Russian'). Reprinted in Ščerba, L. V., 1957, *Izbrannye Raboty po Russkomu Jazyku.*

Thompson, S. A. (1988), 'A discourse approach to the cross-linguistic category "adjective"'. In J. A. Hawkins (ed.), *Explaining Linguistic Universals.* Oxford: Oxford University Press, pp. 167–185.

Thompson, S. A. (1991), 'On addressing functional explanation in linguistics?' *Language and Communication* 11 (1–2), pp.93–96.

Thompson, S. A. and Mulac, A. (1991), 'The discourse conditions for the use of the complementizer *that* in conversational English'. *Journal of Pragmatics*. 15, 3, March. pp.237–251.

Thubron, C. (1987), *Beyond the Great Wall.* London: Heinemann.

Tixonov, A. N. (1960), *Kategorija Sostojanija v Sovremennom Russkom Jazyke*. Samarkand. 'The Category of State in Modern Russian'.

Tomasello, M. (2003), *Constructing a Language: A Usage-based Theory of Language Acquisition*. Cambridge, MA: Harvard University Press.

Trask, R. L. (2001), *Mind the Gaffe: The Penguin Guide to Common Errors in English*. London: Penguin Books.

Traugott, E. (1972), *The History of English Syntax*. New York: Holt, Rinehart & Winston.

Trudgill, P. (1983), *Sociolinguistics*. Harmondsworth: Penguin Books.

Van Valin R. D., Jr. and LaPolla, R. J. (1997), *Syntax: Structure, Meaning and Function*. Cambridge: Cambridge University Press.

Vargas, F. (2008), *Un Lieu Incertain*. Paris: Viviane Hamy.

Vinogradov, V. V. (1938), *Sovremennyj Russkij Jazyk*. Moscow. ('Modern Russian')

Wackernagel-Jolles, B. (1971), *Untersuchungen zur gesprochenen Sprache: Beobachtungen zur Verknüpfung spontanen Sprechens*. Göppingen: Alfred Kümmerle.

Weinberg, S. (2001), *Facing Up*. Cambridge, MA: Harvard University Press.

Weinert, R. and Miller J. (1996), 'Cleft constructions in spoken language'. *Journal of Pragmatics* 25, pp.173–206.

Wray, A. (2002), *Formulaic Language and the Lexicon*. Cambridge: Cambridge University Press.

Zemskaja, E. A. (1973), *Russkaja razgovornaja reč'*. Moscow: Nauka.

Zwicky, A. (1985), 'Heads'. *Journal of Linguistics* 21, pp. 1–29.

訳者による解説

この書物の解説をマグナ・カルタ800年の記念すべき年(2015年)に書き始めることができたことは深い歓びである。意味深長な、謎めいた響きをもつ創作語「マグナ・シンタックス」(大領域統語)を軸として、この壮大な言語学研究入門書は構想され、記述される。ただし、網羅的ではないという意味で入門書と控え目に表現されているものの、質的には、限定的ながら、本格的な研究書と言える。これには母体となる「源書」がある。1998年にRegina Weinertとの共著として上梓された*Spontaneous Spoken Language: Syntax and Discourse*(自然発話：統語と談話)である。450頁を超える(本書の倍量の)書には、より体系的な文法が自然発話のコーパスデータに基づいて記述されている。

さて「マグナ」という接辞には「ミニマリスト」の名を冠せられた文法理論との対置が意図されていることがこの書を通読すると見えてくる。筆者は実は「マグナ」という響きに「萬倶那」という漢字(「多い・総て」の意の合成)を密かに当て、それが伝える深い含蓄と豊穣を感じつつ、翻訳に挑戦してきた。翻訳過程では、話しことば文法と書きことば文法の大きな相違に幾度となく直面させられた。その労苦に見合うわかりやすい翻訳になっていることを願う。

著者の存命中に本書を上梓する計画で進めてきたが、さまざまな困難により、それが叶わぬまま、今日に至ったことは心残りである。謹んで著者の冥福を祈り、ここに本書を捧げる。以下は、訳者のひとりである久屋孝夫の見解として、読んでいただければ幸いである。本書の提示する学風が言語研究を志す若き学徒に受け継がれんことを希っている。

管見：ジム・ミラーの言語観と研究法について

1)「理想的話し手」と母語話者の直観という幻想の放棄

本書は「理想的話し手」という輪郭の曖昧な存在を排し、「理想的話し手」ではない市井の話し手が展開する言語生成過程の観察を通して言語に生じているできごとを実証的に分析する。同一(単一)言語の背景となる同質的な共同体を前提とする「理想的話し手」はどこにもおらず、現実の言語共同体は「理想的話し手」から成り立ってはいないからである。この辺りの議論はジム・ミラーの「データと理論」(1.3参照)と「話し手の文法的知識と直観の限界」(Limitations on speakers' grammatical knowledge and intuitions)(5.5参照)の節冒頭で端的に言明される。

とりわけ話しことばに関する話者の直観には疑問符を付ける。時空間的に制約されたすべての個は、特定的かつ唯一無比の存在として、過去から現在までの流れの中で、常に言語生成過程に関与しつづける。本書は、「理想的話し手」という固定概念こそ、理性という視点のみから言語を静的で安定した存在として固定化する非現実的・非生成的な言語観だと考える。その当然の帰結として、母語または第一言語の「理想的話し手」がもつとされる言語的直観を明確に否定する。これまで直観を否定したり疑問視したりすることはタブーに近かったが、その聖域に踏み込み、直観が支持（かつ指示）する唯一の真実とされるものが、じつは主観的、恣意的にすぎないことが指摘される。どれが正しいか、何が論理的、合理的であるかについて、人は判断に迷うことがある。正誤判断を迫られた時の揺らぎと迷いは、これまで育んできた言語習得の過程を当人に直視させるきっかけとなるだろう。そこに先入主が含まれていなかったかどうかは検討に値する。全能で〈理想的〉な他者から受け注いだ〈理想的〉で体系的な言語体験を可能とする〈理想的〉な社会が正誤判断の前提とされるべきではない。個々の言語的直観が教育や支配的な言語観に影響され中立的でないとき、正誤判定は言語を超えた政治のあり方にも影響される可能性があるからである。このことは下記2）に深く関与してくる。

2）〈標準的〉言語観の否定と〈非標準的〉言語諸変種の包摂

言語は政治、経済、情報帝国主義と無縁ではない。社会言語学の知見を待つまでもなく、この世は、表向きの「平等」や「人権尊重」と裏腹に、「不平等」や「人権軽視」に満ち、謂れなき「正義」や根拠なき「正当性」は「正しさ」や「美しさ」の神話的虚飾に彩られている。その政治・経済力学を暗黙の前提とする（あるいはそれに無意識的、潜在的に影響された）言語観、言語理論、標準的言語観から逸脱した〈非標準的〉言語は「正しくない」「美しくない」周縁的なものとしてしばしば非難され、無視され、見えない存在とされてきた。ローカルであるがゆえに非効率的でもある地域限定の言語は理論的研究の対象に組み入れられず、グローバルで効率のよい、ユニバーサル・デザインの象徴的道具としての〈標準的〉言語がデフォルト値として認定され推奨されてきた。その現状に警鐘を鳴らしたのが本書である。

舌には味覚センサーとしての機能と言語的発声のための調音を司る機能という、ふたつの重要な機能がある。前者の舌には味蕾（taste bud）が備わっている。後者の舌は「母語」（mother tongue）の隠喩として用いられる。前者は後者に比べて普遍性が高い。旅に出てみればその機能の働き具合がわかる。旅先で出会うローカルな風味の料理なら嗜好の差はあれ、「舌」鼓を打ち「違和感」を楽しむことができる。言語はどうだろう。母語と異なる「異文化語」の響きを意味と無関係に異国情緒として漠然と楽しむことはできても、ローカルな舌の感覚を知覚することは容易ではないはずである。幼い時から自らの母語とは異なる支配的な異文化語を強制され従うしかない少数派境界人はそれができる点において幸いである。一方、グローバルに流通する支配的言語を母語とする者たちはそのような舌の「違和感」をほとんど経験せずに過ごす。最初からグローバルなデフォルト値を内在化している地政学的に優位な世界の人たちの「特権」、または、単一言語しか知らずに一生を終えるある種の「不幸」は、言語のもつ政治的背景に無自覚になっていくことを意味する。それゆえに〈標準的〉言語研究は言語帝国主義の陥穽にはまりやすい。いきおい、言語のユニバーサル・デザイン化に情熱を燃やすことになる。

個人のもつ言語体系は多様で、かつ個人内でも言語体系のゆれと変容は間断なく続いている。そのことを自覚しつつ、(多様な体系の並立性を押さえたうえで) ダイナミックな言語の動きを冷徹な眼力で見抜くことこそ、言語研究者に求められる使命であろう。「(書き) ことばはいかにして複雑になるのか」(How (written) language becomes complex) (11.5 参照) の冒頭にはこの点への興味深い社会言語学的言及がある。言語の標準化を促進するものとしての「政治・軍事・経済の分野で優位な力をもつ話者の集団」が押しつける言語の権威といった考えが端的に示される。言語と社会の関係が言語分析のありように無縁ではないことの証である。

多様性 (variation)、あるいは社会言語学的変種 (varieties) の知見を随所に取り入れている点が本書の特徴である。著者がスコットランド出身であることがその要因のひとつであることは疑いようがない。文例 It needs mended (vs. 標準型 it needs mending.) は著者ジム・ミラーにとって違和感がないどころか、適切な「正しい」ものである。出自がイングランドでなくスコットランドであることは、一方で、作りあげられた「正しさ・美しさ」を完備した一枚岩の標準的英語モデルに寄りかからずにすむことを意味する。他方で、自らが育った歴史的な経過の中で劣位に置かれた出自を意識しないで何かを成し遂げずにはいられないことも意味する。著者の多様性への関心は、話しことばと書きことばの相違に対する気づきだけでなく、著者自身のアイデンティティの自覚を通して高まったにちがいない。訳者である久屋孝夫も、島根東部と鳥取西部地域にまたがり話される俗称「出雲弁」の母語話者として、その話しことばに向けられる視線によくもわるくも違和感を感じてきたがゆえに、ジム・ミラーの多様性への眼差しに共感せずにはいられない(出雲弁は中舌母音が特徴的であり、その点では北関東から東北地方一帯に広がる変種と酷似している)。

3) 言語の動態に迫るために不可欠な実例に基づく言語研究

「理想的話し手」による理想的なアウトプットという名の恣意的な作例の文法

度・容認度のチェックは出発点から手順に信頼がおけない。それらはたいてい言語研究者の狭いサークル内で完結する、知的ではあるが閉鎖的な世界内のできごとだからであるとジム・ミラーは主張する。人は知っていることと現実に遂行していることの落差に気づかないものだ。だから、大切な点は実際の用例そのものを、つまり研究者の恣意の介在しないコーパスを活用することである。作為的な、個別の用例の文法性や容認可能性を判定するだけでは、言語の動態の本質に迫れない。「文法性についての直観はどれくらい信頼できるのか」(How reliable are intuitions about grammaticality?) (5.3 参照) という疑問符付きの節には、生成文法研究に対する反論がある。コーパスを利用することは、単に実証研究に戻ることではなく、それをも含めたより大きな射程(領域)の言語研究に挑戦することだ。

これまでの言語理論(本書では特に生成文法を指す)によると、「生成」という名に反して、すでに完成した静的な体系としての言語の解明を目指してきた。ことばは理性の結晶であるという譬えは、ある種の真実を穿っているが、言語の働きのすべてがそれにより明らかになるわけではない。言語は、人類の長い進化の過程で知性と感情が交わる混沌から徐々に姿を現わしたものである。それは、一次的に音声として、二次的に文字として具現化され、恣意性、文節性、線条性、複合性を有する有機的構築物である。有機体は、より小さい単位(たとえば音素や語)が特定の規則に従って組み合わされ、より大きい単位(たとえば、区や節、単文、複文、段落)として成り立つそれぞれの段階において独自の意味を獲得する、動的で可変的な存在である。

生成発展する力をもたない静態としての言語を研究することは、言語を体系として記述したり言語の合理性を示したりするのには好都合であろうが、そこで完結する研究は充分とは言えない。ジム・ミラーによれば、実際の用例を無視することを止め、弾力性と多様性をもつ生きた有機体としての言語そのままを積極的に受け入れて研究することが大切である。また、隣接する言語研究のさまざまな部門(統語論、言語獲得、類型論、言語進化、言語変異)が本書の研究方法に同意することで新たな知見が得られるであろうことは、本書の結語(エピローグを参照)にも触れられているとおりである。

4)話しことば、とりわけ自然発話の優位性

古今東西の言語のうち、文字をもちながら音声をもたなかった言語はない。逆に音声をもちながら文字を長年もたなかった言語は多いし、さらに人類史上一度も文字として記されず絶滅させられた言語は多かったにちがいない。言語はそれを用いる人間が生きている限り生成され続ける。生き続けるためには話され、伝えられ、交わされ続ける必要がある。ただし、書きことば単独では自律的とは言えない。書かれることは話されることと表裏一体で、書かれるだけで生き延びる言語は通常ありえないからである。(書きことばとしてのみ生存するラテン語など一部の例外はある)。

英語の公用語化(教会を除く)は話しことばから始まり書きことばに及んだ。中英語を例にとれば、ことの始まりは、ノルマン王朝の始祖征服王ウイリアム(フランス名ギョーム)がロンドン塔を居城として二言語(書きことばのラテン語と話しことばのフランス語)を統治の手段とした1066年である。それ以降、プランタジネット王朝期1399年までイングランドの支配階級において上記二言語が併用されることになる。その間、多数派を占める非支配階級(庶民)の話しことばとして存続していた英語はさまざまな理由(故郷ともいうべきフランス本土の領地喪失・黒死病など)から徐々に勢いを増し、1362年になると議会用語として採用される。支配階級における二言語主義の伝統は崩壊していき、1399年、ついにHenry IVは公式の勅を口頭で伝える際の言語をフランス語・ラテン語から英語に変更した。続く1417年には、Henry V(1387生まれ；在位1413–1422)が、王の命令を文書に記録する際の言語を英語に変更するという大きな改革に踏み切った。

このような書きことばとしての英語復興の予兆は、およそ14世紀より姿を表しはじめる大法官庁英語(Chancery English)に見ることができる。大法官庁英語は公文書の記述に使われた当時の標準的英語で、15世紀の印刷技術の導入とともにその後高度に精緻化され発達を遂げることになった(本書5.1参照)。書きことばが精緻化されるに従い、話しことばと書きことばは乖離していった。この二種類のことばの差は想定以上に大きく、両者には質の違いが存在するとジム・ミラーは明言する。そしてそれを無視する文法の記述には賛成できないとする。

基本的に、話しことばと書きことばの間には大きなちがいがある。あるいは依って立つ基盤や言語外条件が全く異なるといってよい。話しことばは、通常言語外情報を最大限取り込んでようやく解釈が成立することが多い。無論、あらかじめ入念に準備された講演や学術的専門的議論や質疑応答などは書かれたものに近似することもある。それゆえ著者ジム・ミラーはここで研究対象とする話しことばに、前もって準備され、それゆえに時に書きことばに近づく発話と対比して「自然発話」(spontaneous speech)と名付けた。自然発話の特徴のひとつは、即座に双方向的に交換し処理できる程度に構造が単純であるということである。よって、ひとまとまりの単位として一時的に記憶に留めておくことができる容量を超えることはまずない。また、自然発話は、対話であれば必要な場合にはすぐその場で語の用法や意味についてのフィードバックを受けることができるため、文脈依存的に進んでいくという特徴を有する。

他方、特定の文脈に依存しない書きことばには、文脈依存度が高い話しことばとは別種の可能性が生まれた。書きことばは、言語として提供されたものが総てで、自己完結するのが通例である。文章構造はしばしば複合的で重層的にならざるをえず、言語内にすべての情報を余さず配置しないと自律的なテクストにはならない。その結果、多様かつ複雑な構文が産出され定着していった。とはいえ、数百年前の歴史的文献を、時を隔てて理解しようとするのは容易ではないし、その特定のテクストがあらかじめ後世に解読されうるような用意周到さをもって記録されるわけではない。こうした点から言えば、想定されるすべての要素を書きことばに具現化することには限度がある。二種のことばの特質は相対的に捉えるべき部分もある。

研究上書きことばが重視されがちであるのは、音声言語が扱いにくいという事情があるだけで、本来は話しことばこそ、言語が新しく創造されたり生まれ変わったりするきっかけとなる現場である。文法構造の漸次的な変容も、話しことば、中でもとりわけ現在進行中の自然発話にその萌芽があるはずである。自然発話ほど言語の動態をあらわにしたものはない。思わず見せた姿にことばのしくみの真実が宿ると考えられる。自然発話のデータを言語構造分析の核にすえたジム・ミラーの統語研究は、以上の流れの中にあって水先案内役を務め、今後長く波に隠れることのない澪標となるであろう。

自然発話データを分析した結果、たとえば、時制・相の体系は、公式的書きことばと自然発話において（重なる部分はあるにしろ）それぞれ異なる体系として現れると指摘される。ジム・ミラーが「用法基盤文法」(Usage-based grammar) を推奨する所以である。同様の視点を共有しつつ、「多重文法モデル」(multiple-grammar model) を提案する研究者もここに付記しておこう (Iwasaki, Shoichi (2015) 第 11 章の訳者コラムも参照)。

ジム・ミラーによると、発話の現場で生きていることばの変化を物語る興味深い例がいくつもある。たとえば、I'm liking/loving it.（世界的に広がるあるファストフード企業の宣伝広告の謳い文句）の考察がある (10.3.5.2. 参照)。アメリカにおいて（現在）完了形が単純（過去）形で表される傾向 (Just came back)、現在完了に（現在時とのつながりを断ち切るとされる）明示的過去副詞 (yesterday, etc.) が伴う例が提示される (6.2.6 参照)。それらの現象は孤立的ではなく、しばしば過去の歴史的文脈から掘り起こしたデータを援用して論じられる。というのも言語変容は突然変異的に一気に起こるわけではないからである。

他方で通信環境の急激な技術革新に呼応する言語変容もある。これまでに登場してきた伝達動詞 (cable, radio, telegram, letter, e-mail, Skype etc.) の容認度に関する考察は、社会と言語の変化の関わりの深さを示す証左である。That 節を伴う構文が容認されるかどうかによる伝達動詞化の進行の度合いについて論じる部分(5.3.1参照)は、文法性判断の基準が個人によってどれだけ変異幅があるかを提示してくれる。この「開かれたクラス」に通信技術の変容がどれほどのメンバーを今後送り込むことになるかは言語外の条件に依拠することになる。

さらに短期間の個人史—せいぜい50年か100年—の中で生じたと感知される変容が、英語の長い歴史(1500年以上)の中で生じたさまざまな現象と絡めて論じられている場合もある。特に、ジム・ミラー自身が存命中折に触れ気づいた言語慣用の変化例を挙げているのは興味深い(Hopefully, access, whatever/howeverは5.5を、scatter leaves on the lawnとscatter the lawn with leavesの交替については5.3を参照)。

5)通時的視点と共時的視点の交点

本書は、通時的視点と共時的視点を包括した言語体系の記述をめざす。言語の柔軟性、言語構造の可塑性へも踏み込んで言語の動態をとらえようとする、その広くて深い言語分析の姿勢に感銘を受ける。著者の中では、言語の共時的多様性と通時的変化の両者が矛盾なく共存している。20世紀のソシュール言語学以来訣別していたこの両者を再統合し、変容する言語の姿をとらえようとしたのがジム・ミラーである。

現代の例を説明する中で、古い時代の例を援用し、両者に共通する真実を見出す史的考察がなされる。上記4)とも関連するが、単純過去(simple past)と現在完了(perfect)の対比において、明確な過去時を指す副詞を伴う「完了形」は標準的英語では皆無ないし極めて稀であるという言説に対し、口語英語ではむしろ標準的であることを突き止めた上に、書きことばにおいてさえもしばしば生じていることが指摘される(6.2.6参照)。このことは、本来の所有・結果構文(possessive-resultative construction)が複雑な文法化(grammaticalization)の過程に晒され、多様に進化(分化)した結果であると説明される。また「言語」横断的に類似の文法化現象が起きていることも言及される(たとえばbare interrogative, complex interrogative pronounsについては8.2を参照)。さらに変容のメカニズムを解明するために必要な場合、「時間」横断的に、現代から時の隔たったテクストもしばしば参照される。William Shakespeare(16世紀末)、Dryden(17世紀後半)、Jane Austen(19世紀初頭)、Charles Dickens(19世紀中葉)など、詩、戯曲、小説からの文例も取り込まれている。またSamuel Johnson辞書(1755)の定義と引用例文への言及がある(robとstealの差異については5.3.2参照)。John Mortimerなど現代の作家も当然引用の中に含まれる。

6) 固定句の習得—部分からか、全体からか—

パターン化され繰り返し出現する意味単位・句例・文例の照射を浴びることで、その構造が「全体」(ひとまとまり)として理解され、一方で部分的に不明な統語・意味構造が文脈から推定される表現、すなわち幅広い意味での定型的表現を指して、ジム・ミラーは「固定句」(fixed phrases) と名付けた。ここでいう固定句は、辞書に掲載され万人に膾炙しているものや、慣用句としては通常認知されないまでもゆるやかながらある種の定式的特徴を有する構文や表現を含む。この辺りをミラーは「自然発話において産出される多くの語の連鎖は固定句で、完全に固定した語の連鎖か、限られた代用や拡張を許す鋳型かのいずれかである」(11.2 参照) と説明する。固定句は数語 (tell you what) からなることもあれば、より長い連鎖 (I thought better of it; I (just) can't think straight; (someone) is a professional; (someone) had a drink problem; it takes two to tango) からなることもある。そしてそれが母語の習得に大きな影響力をもつとした。ものごとを大きな単位・まとまりとして理解することは、言語習得の過程を思い起こさせる (12.4 参照)。

音素から形態素へ、形態素から語へ、文へ、談話へと、分析的、段階的、体系的に積み上げて特定の言語を習得した、まるで理論言語学者のような人間がこれまでいただろうか。仮想の「理想的話し手」を除いては想像し難い。そうではなく、現今の自動翻訳の手法のように、特定の文脈に取り囲まれた表現の最大単位を起点とし、大きい単位とより小さい単位の意味を順次あるいは同時並行的に相互参照しつつ、言語外文脈、言語内構造の支援を受けながら理解するというのが実際の自然な手順であろう。なぜならマクロレベルの発話の場で発せられる言語の個別の断片は、特定の言語外文脈とのつながりの中で理解され、言語単位の分解・統合も行なわれるのだから。特定の言語外文脈の支えなしに言語を習得した子どもがいるかどうかに想いを致せば自明なことであろう。

言語とは、言語と言語外のものごと・できごとの照応関係と言語内の単位どうしの相互参照のネットワークであり、これらが全体として慣用の巨大集合をなしている。狭義の慣用句だけが慣用的であるわけではない。語彙項目の意味用法も、文法構造・文型・構文も、すべて、人間の認知・思考の発達に呼応する慣用・慣習の積み重ねによって成立している。それらは時代軸に沿って絶えず変容しつつ後世に伝えられていく巨大な有機体である。それが理性と感情の交差する点に生じた言語という構築物の宿命であると言えよう。

7) あらゆるレベルの多様性を取り込む「大領域統語」

ジム・ミラーはウォルター・オング (Walter Ong) が *Orality & Literacy* (1982) (邦訳『声の文化と文字の文化』藤原書店、1991) において命名した「大量の語彙」

(magnavocabulary) に倣い、本書において「マグナ統語論」(magnasyntax) という新語を創造した。聞き慣れない名称も、その研究の根本を知れば納得が行くだろう。「マグナ統語論」は歴史的・空間的に多様な人々の話しことばと書きことば両方を網羅しうる言語体系の記述を目指す。生きたことばは、特定の個人から個人へ、過去から現在へ、現在から未来へと、拡大縮小を繰り返しながら受け継がれていく。本書は、「理想的話し手」ではなく、生身の人間ひとりひとりが一生をかけても、なお完成には至らず、有為転変する生きたことばの動態を総合的に記述するという意味で「マグナ統語論」と呼ぶに相応しい研究書になっているのではないかと信ずる。本書の原タイトル (*A Critical Introduction to Syntax* 批判的統語論入門) の趣旨に近づけて言えば、「マグナ統語論入門〜自然発話をとりこんで」であろうか。しかし原著の核心を示す名称「マグナ」は採用には至らず、紆余曲折の後「大領域統語」という本書中の訳語に辿りついたものの、最終的にタイトル名には入れず現在の形に落ち着いた。

8) 著者のひととなりと独特の書きことばスタイル考

結語として、謝意をこめて個人的な交友体験を述べれば、ジム・ミラーと久屋が出逢ったのは、本書の原著が上梓される 6 年前の 2005 年 4 月、久屋が在外研究先としたオークランド大学であった。彼が "down under" なる「慣用」表現でかつて呼ばれた南半球の穏やかな彼の地で公的研究の最後の数か年を過ごしていたときのことである。スコットランド英語の響きに包まれた朴訥で穏やかな人となり、そして旧き善きフィロロジストを彷彿とさせる教養人の雰囲気に、個人的にも学問的にも大変感銘を受けた。Like (形容詞、副詞、接続詞、談話詞) の機能変容、構文変化について研究セミナーで話した時の彼のようすも忘れることができない (JM と Regina Weinert の共著 (1998/2009) *Spontaneous Spoken: Syntax and Discourse Speech* の like を扱う 6 章 3 節 (pp.306-334) 参照)。この奇遇こそ本訳書の訳者代表である吉田の導きによるのである。日英語の自然発話コーパスを用いて直示現象 (deixis) の実証研究に語用論的視点から挑んでいた吉田の博士論文の指導教員がジム・ミラーであったという訳である。したがって、本書は、英語の通時的および共時的多様性の視点を文法論ないし統語論に組み込んで言語を記述することを主眼とすることを改めて強調しておきたい。

翻訳に当って苦慮した点は、ジム・ミラー独特の文章スタイルであった。著者のスコットランドの純朴で「誇り高い」ローカルな響きの肉声を知っている訳者は、本書で頻繁に見られる言語の構成の複雑さ、言い換えると洗練され昇華された「文字の文化」と、息づく「声の文化」の差異にあらためて想いを致すことになった。楽しみが苦労と相半ばしつつ翻訳を進めることになった理由の主なものとして、英語以外の言語、たとえばロシア語、トルコ語、オーストラリアの土着言語が扱われていることや、自然発話に見られる断片的な言語構造を統語的・意味的に再構築して解釈しなければならなかったことなどが挙げられる。それにも増して苦慮した点は、上記のような断片的な話しことばとは真逆の、同格表現や関係詞節を畳み掛けるように多用した、的確であろうとすればするほど長々しくなる時にJohnsoneseを思わせるようなジム・ミラーの高度に「書きことば的」な文章構成法にあった。特に一見独立している文が接続詞（たとえばand）によらず、セミコロンやコロンにより断続しながら積み木のように重ねられ、綴られていくようすをあるがままのスタイルで最適な日本語文脈に移すことは、困難な知的挑戦であった。論理的文章の姿を装いながら、セミコロンの多用による文間の浮遊性が論理性とは逆に行間に詩的両義性を漂わせる場合もあった。言語を話しことばと書きことばを両極にもつ連続体とするならば、一方の端に位置する書きことばの特性を駆使して織り上げられた織物としての著者の統語論は、究極の複合性を存分に発揮しており、それ自体が精緻化された書きことばのデータとして分析対象になるように思う。

久屋孝夫（訳者のひとりとして）

ジム・ミラー氏への追悼と謝辞
訳者あとがきに代えて

まず、本書の日本語訳を出版するまでの経緯を報告する。翻訳は、2011年の原著の出版と同時に構想され、Jim Miller氏（以下Millerとし敬称略）の同意を得て、筆者を含む4名の共同訳として翻訳作業を進めてきた。とはいえ、出版までの道のりは決して順調とは言えず、足かけ12年かかってしまった。翻訳の企画を持ち込んだ筆者の作業が滞り気味で、訳者の皆様には大いにご心配をおかけしたが、生成文法から歴史・社会言語学、語用論、コーパス研究まで、多様な研究背景をもつメンバーで協力し合い、刺激的な入門書としてまとまったと感じている。翻訳に当たっては、訳者間で作業を分担したのち、原稿を相互に読み合い、訳語の修正や調整のやり取りを通して、原著の理解を徐々に深めていった。そして、なんとか全体の調整に向かっていた矢先、2019年2月8日に、Millerの突然の訃報に接することになった。つい一ヶ月前まで、論文に関するメールのやり取りを繰り返していただけに、しばらくは意気消沈する日々が続いた。しかし、気持ちと予定を立て直しながら、訳者一同、全訳の読み直しと一部の難解な箇所の解決に取り組んだ。この時点で、岸本秀樹氏に、監訳という立場で批評的に全体を読んでいただき、必要な修正を依頼した。このため、最終調整までにさらに1年を要することになったが、翻訳の完成まで何度も全ての原稿に目を通していただいた岸本氏には、訳者間で不統一な文章スタイルや表現の不備を大幅に修正するとともに、有益な指摘を数多くいただいた。訳者一同、心より感謝したい。同時に、共同訳者として忍耐強く細部まで文章を検討した久屋孝夫氏、三浦香織氏、久屋愛実氏の多大な貢献と素晴らしい連携に改めて敬意を表したい。誰1人が欠けてもこの翻訳は仕上がらなかった。この頼りない舵取り役を終始支え、導いていただいた寛容さに感謝申し上げる。

本書の翻訳は次のような分担で行った。序論と謝辞、第1章と第2章は吉田、第3章は三浦と久屋（愛）、第4章は三浦、第5章と第6章、第9章から第12章、第13章「エピローグ」までを久屋（孝）、第7章と第8章を久屋（愛）が担当した。各章に、脚注として部分的に書き込まれた訳者注は、訳出担当者が読者の理解を助けるために記載されており、原著には含まれていない。この注には、補足的であるが原著の理解を促進するために必要と判断される情報を盛り込んでおり、原著のオリジナリティを損なうものではない。また、章末の訳者によるコラムは、一部を除いて、基本的にその章を担当した訳者が、章の内容理解の手助けとなるよう工夫して執筆した。いずれのコラムも各章の言語学的な意義を捉えた解説であり、読者にわかりやすく伝える役目を担っていると理解していただきたい。なお、原著において訂正すべき誤植や、変更すべき記述と思われる部分、記述内容の不明な点や用語については、可能な限り、直接Millerに問い合わせて確認し、最終的には矛盾のないように調整を行った。原著で使われている専門用語の訳語については、定着しているものを選択し、本書の初出部分では英語と併記している。また、できる限り日英で用語の対応ができるように索引は日英併記とした。

著者Millerのプロフィールは、キース・ブラウン(Keith Brown)氏(ケンブリッジ大学)の序で簡略にまとめていただいた通りである。1965年にロシア語とフランス語に関する修士論文、1970年にロシア語のテンス・アスペクト研究でPh.D.の学位を取得して以来、Millerのほとんどの研究と教育の基盤はエディンバラ大学にあり、生涯に亘ってスコットランドへの愛着にあふれた研究者であった。1997年からLinguistics and Spoken Languageの学科を統括しながら(筆者が同大学でPh.D.を始めた年と重なる)、さらに精力的に話しことばデータから文法研究に挑む業績を次々と発表し続けた。2003年から2007年までは、ニュージーランドへ渡って、オークランド大学(University of Auckland)で認知言語学の教授を務め、イギリスに帰国後、エディンバラ大学の名誉教授となられた。退職後の2009年5月に、複数の基金の支援によりMillerを日本へ招聘する機会が得られたのは幸いだった。Millerは、早稲田大学において開催された地図課題対話コーパス研究の国際ワークショップに講師の1人として参加し、その後国内数カ所で講演を行った。参加者からの質問に根気強く耳を傾けて、丁寧に応じていたその誠実さに感銘を受けたことを、今でもよく覚えている。Millerの存命中に翻訳書の出版を報告できなかったことは、誠に遺憾であり、痛恨の極みである。また、本来は、Miller本人に依頼する予定であった、「日本語訳への序」は永遠にかなわぬものとなった。思案の末、夫人のマーガレット・ミラー(常に我々の共同プロジェクトを応援してくださった)に相談し、著者の盟友であるキース・ブラウン氏にお願いしたところ、快諾をいただいた。著者と共に推進してきた言語研究の最大の理解者であるブラウン氏には、深い示唆に富む、素晴らしい序文を提供いただき、訳者一同、心より感謝している。

翻訳書の完成までには、多くの方々にお世話になった。岩崎勝一氏には、翻訳に着手した頃に、多重文法モデルの構想について解説していただき、翻訳への励ましをいただいた。レジーナ・ワイナート(Regina Weinert)氏には、イギリスで何度か時間を割いていただき、マグナ・シンタックスの概念についてのヒントを教示していただいた。さらに定延利之氏には、翻訳の原稿がほぼ完成した頃、氏が主宰される研究会で発表する機会をいただき、有意義な議論の場を作っていただいた。本書が拠り所とする理論的基盤や関連する事例について、定延氏や出席者から刺激的なご質問やご意見、貴重なコメントを多くいただいた。ここに記して感謝申し上げる。さらに、ひつじ書房の松本功氏には、原著に込められた文法理念の解釈を有機的に拡げていただき、多くの示唆をいただいた。出版に至るまでの編集や校閲において細部まで緻密に点検してくださった。ここに深く感謝申し上げる。なお、本書の一部は、三重大学人文学部出版助成(2012年度)、およびJSPS科学研究費JP15K02477の助成を受けている。

最後に、原著名に含まれるcriticalが意味するものを改めて考えてみる。とても一言では言い尽くせないけれども、それはMillerがたどり着いた言語研究への究極的な指針とも、若手研究者に向けて投げかけられたメッセージとも捉えられる。本書が、その方向性をできる限り正確に捉え、誤解を生じることなく、日本の読者にも伝える役目を果たすことができれば、望外の喜びである。

2023年12月

(訳者を代表して)吉田悦子

索　引

さ

た

な

は

ま

や

ら

著者・訳者紹介

著者

Jim Miller　(ジム・ミラー) (James Edward Miller) (1942–2019)

1961年エディンバラ大学入学 1965年エディンバラ大学M.A.取得 (ロシア語・フランス語) 1970年エディンバラ大学Ph.D.取得 (言語学) 1967年よりエディンバラ大学講師、1997年から2003年までエディンバラ大学言語学科教授 (Personal Chair, Linguistics and Spoken Language)、2003年から2007年までオークランド大学 (New Zealand) 認知言語学教授、2007年からエディンバラ大学名誉教授。専門は文法論・意味論・話しことばと書きことばの文法と談話・言語獲得・スコットランド語[英語]

著者近影、愛犬と一緒に。

主な著書・論文

Concise Encyclopaedia of Syntactic Theories. (Keith Brownと共編著) (1997) Oxford: Elsevier

Spontaneous Spoken Language. Syntax and Discourse. (Regina Weinertと共著) (1998/2002) Oxford: Clarendon Press

Concise Encyclopaedia of Grammatical Categories. (Keith Brownと共編著) (1999) Oxford: Elsevier

An Introduction to English Syntax. (2002/2007) (Edinburgh Textbooks on English Language) Edinburgh: Edinburgh University Press

"Syntax and discourse in modern Scots". (2003) In *Edinburgh Companion to Studies in Scots* ((ed.) J. Corbett, J. D. McClure & J. Stuart-Smith), 72–109. Edinburgh: Edinburgh University Press

"Scottish English: morphology and syntax". (2004) In *Varieties of English 1. The British Isles.* ((ed.) B. Kortmann & C. Upton), 299–327. Berlin and New York: Mouton de Gruyter

Various articles in the *Elsevier Encyclopaedia of Languages and Linguistics, Second Edition* (2005)

Cambridge Dictionary of Linguistics. (Keith Brown と共編著) (2013) Oxford: Elsevier

他多数。

監訳者

岸本　秀樹(きしもと　ひでき)

神戸大学大学院人文学研究科教授。神戸大学大学院文化学研究科修了(学術博士)。専門は統語論、語彙意味論。著書論文：*Handbook of Japanese Lexicon and Word Formation*(共編著、De Gruyter Mouton, 2016)、"Adverbial particle modification and argument ellipsis and in Japanese." *Journal of East Asian Linguistics* (共著、2022)、「複雑述語の縮約現象：形態構造と隣接性条件」『分散形態論の新展開』(開拓社、2023)

訳者

吉田　悦子(よしだ　えつこ)

滋賀県立大学人間文化学部教授。エディンバラ大学 Ph.D. (言語学)。専門は語用論、談話分析、職場談話研究。著書論文：*Referring Expressions in English and Japanese: Patterns of Use in Dialogue Processing* (John Benjamins, 2011)、「やりとりの不均衡さをどう調整するか—課題達成場面における共通基盤化」『動的語用論の構築に向けて』(開拓社、2019)、「中国人技能実習生が就労する養鶏場で語られた問題の分析—日本人雇用者・従業員のインタビューにおける言語的特徴に着目して」(共著)『ナラティブ研究の可能性—語りが写し出す社会』(ひつじ書房、2020)

久屋　孝夫(くや　たかお)

西南学院大学名誉教授。広島大学大学院文学研究科修了(文学修士)。専門は歴史社会言語学。著書論文：『ことばと文学と文化と—安藤貞雄博士退官記念論文集』(共編著、英潮社新社、1990)、「Authorship とコンピュータと脚韻語— 16 世紀前半の劇の言語について」『英語英文学研究とコンピュータ』(英潮社、1992)、"A historical survey of un-English & its socio-political context: A case of "nation" -centrism"『近代英語の諸相—近代英語協会 10 周年記念論集』(英潮社、1993)、「サミュエル・ジョンソンの規範主義とジェンダー問題—孤高の苦力:監視者か観察者か ?」『西南学院大学英語英文学論集』59(3)(西南学院大学、2019)

三浦　香織(みうら　かおり)
九州産業大学国際文化学部教授。エディンバラ大学 Ph.D.(言語学)。専門は統語論、語彙意味論。著書論文:「認識副詞の肯定極性に関する一考察」『構文形式と語彙情報』(開拓社、2023)、"Psych-Adverbs in Japanese and the Edge Generalization." *Papers from the Secondary Predication Workshop 2020* (2021)、"Japanese subject-oriented adverbs in a scope-based theory of adverbs." *Proceedings of the Linguistics Society of America* (6) (共著、2021)

久屋　愛実(くや　あいみ)
立命館大学文学部准教授。オックスフォード大学 Ph.D. (Comparative Philology and General Linguistics)。専門は言語変異・変化。著書論文:*The Diffusion of Western Loanwords in Contemporary Japanese: A Variationist Approach* (Hituzi Syobo, 2019)、"Is the use of sentence-initial *but* language change in progress?" *The Japanese Journal of Language in Society* 23(1) (2020)、"A corpus-based variationist approach to the use of *it is I* and *it is me*: A real-time observation of a syntactic change nearing completion in COHA" *Gengo Kenkyu* 159 (2021)

言 語 学 翻 訳 叢 書 第 22 巻

これからの言語学
ダイナミックな視点から言語の本質に迫る統語論

発行	2024年5月30日　初版1刷
定価	3200円+税
著者	ジム・ミラー
監訳者	岸本秀樹
訳者	吉田悦子・久屋孝夫・三浦香織・久屋愛実
発行者	松本功
装丁者	渡部文
組版所	株式会社 ディ・トランスポート
印刷・製本所	株式会社 シナノ
発行所	株式会社 ひつじ書房

〒112-0011 東京都文京区千石2-1-2 大和ビル2階
Tel.03-5319-4916 Fax.03-5319-4917
郵便振替 00120-8-142852
toiawase@hituzi.co.jp
https://www.hituzi.co.jp/

造本には充分注意しておりますが、落丁・乱丁などがございましたら、
小社かお買上げ書店にておとりかえいたします。ご意見、ご感想など、
小社までお寄せ下されば幸いです。

ISBN978-4-8234-1091-8